翔安古志 马巷厅志

香山文化丛书 第二辑

厦门市翔安区文化和旅游局 编

【清】万友正 修纂
【清】黄家鼎 续修
　　　陈炳南 点校

厦门大学出版社 国家一级出版社
XIAMEN UNIVERSITY PRESS 全国百佳图书出版单位

## 图书在版编目（CIP）数据

翔安古志：马巷厅志／（清）万友正修纂，（清）黄家鼎续修，陈炳南点校．-- 厦门：厦门大学出版社，2022.10
（香山文化丛书．第二辑）
ISBN 978-7-5615-7487-4

Ⅰ．①翔⋯ Ⅱ．①万⋯ ②黄⋯ ③陈⋯ Ⅲ．①区（城市）-地方志-厦门-清代 Ⅳ．①K295.74

中国版本图书馆CIP数据核字(2021)第006403号

| 出版人 | 郑文礼 |
| --- | --- |
| 责任编辑 | 王鹭鹏 |
| 美术编辑 | 张雨秋 |
| 技术编辑 | 朱 楷 |

出版发行　厦门大学出版社
社　　址　厦门市软件园二期望海路39号
邮政编码　361008
总　　机　0592-2181111　0592-2181406(传真)
营销中心　0592-2184358　0592-2181365
网　　址　http://www.xmupress.com
邮　　箱　xmup@xmupress.com
印　　刷　厦门市竞成印刷有限公司

开本　720 mm×1 000 mm　1/16
印张　30.25
字数　350 千字
版次　2022年10月第1版
印次　2022年10月第1次印刷
定价　120.00 元

本书如有印装质量问题请直接寄承印厂调换

厦门大学出版社
微信二维码

厦门大学出版社
微博二维码

# 翔安古志 编委会

## 丛书编委会

顾　　问：陈佳锻
策　　划：颜莉莉
总 主 编：郭　敏
副总主编：张世强　洪炳举　吴国强
执行主编：潘志坚

执行机构：　　厦门市翔安区文化馆

# 总序

　　翔安区地处福建省东南沿海,扼闽南金三角要冲,历史文化悠久,与海峡对岸有"五缘"之亲。

　　翔安虽是新区,却历史悠久,因"紫阳过化"而得"海滨邹鲁之乡,声名文物之邦"美誉,具有深厚的文化底蕴。翔安丰厚的历史文化资源是厦门文化发展的沃土,翔安的民间文学成为重要的文化遗产,是发展文化创意产业的重要资源。

　　翔安区委区政府十分重视文化创意产业,近几年来,为了推动文化遗产的保护与利用,彰显翔安的人文,文化部门以"以文促旅,以旅彰文"为发展目标,投入相当的人力物力,对境内的民俗文化、民间艺术、文物古迹进行发掘与整理,期望藉由丰富的文化遗产促动翔安与外界的交流发展,促进翔安历史文化的繁荣昌盛。

　　在翔安区委、区政府的重视与支持下,区文化部门编辑出版了"香山文化丛书"第一辑五册,获得良好的社会反响,受此鼓励,又采录编撰"香山文化丛书"第二辑,包含《翔安非遗》《翔安古厝》《翔安掌故二》《翔安地名》《翔安古志——马巷厅志》《翔安名人——林希元研究》等六册。

其中,《翔安非遗》集民间艺术、工艺、制作、工具、童玩、美食等非遗文化为一体,记录当地的非物质文化遗产,这些遗产既有闽南非物质文化遗产的共同特征,又有翔安独特的历史遗传,内容精萃,涉猎甚广,瑰丽传承,能留住乡愁。

《翔安古厝》则用十一个章节详述翔安古民居、宗庙、寺院等古建筑营造规模的形制与布局、技艺与特征,全书近二十万字,图片六百余幅,图文并茂。

《翔安掌故二》在《翔安掌故》一书的基础上,用《戏曲人生》《古风遗训》《豆棚闲间》《溯本追源》四个章节整理续录一百余则掌故、趣闻,风格独特,语含机锋,亦庄亦谐,散发泥土芳香。

《翔安地名》全书共分八章,虽然重心放在阐释地名由来,但有独特的编辑角度,着力探究其内涵,挖掘、传承、吸纳和弘扬传统文化,以丰厚文化内涵融史料性、知识性和故事性于一炉,增强趣味性与可读性,读者可从中明了翔安古代的历史、地理。

《翔安古志——马巷厅志》第一部分于乾隆四十一年由万友正编纂,清光绪十九年黄家鼎接着编纂第二部分。观览厅志,可知地理之变迁,经济之盛衰,政治之得失,文化之发展,鉴古察今,继往开来,惠及后昆。但由于修志的时间久远,现代人阅读已有较大障碍,方便大众阅读,丛书编辑委员会请专人本着求真务实的精神,以科学态度加以校注。

《翔安名人——林希元研究》文集,是对我区新店街道垵山社区山头村林希元这一明代理学名宦和廉直诤臣,福建历史文化名人的学术思想,对其执政为民,刚正不阿人生轨范研究成果的结晶。此书的出版对于深化林希元的学术研究,推进厦门地方文化建设,廉政建设,弘扬传统文化,促进两岸和海内外文化交流有积极意义。

"香山文化丛书"第二辑付梓,值得庆贺。这是文化强区之举,整理出的珍贵文化遗产可供后人学习与借鉴。

我们期待传统文化的传承更加有序,期盼民间艺术在翔安这块沃土上得到更良好的发展,祝愿"香山文化丛书"越出越好,思想性与艺术性结合得更加完美。

是为序!

中共厦门市翔安区委常委、宣传部部长

二〇二二年六月

# 序

　　马巷古镇位于翔安地理中心,处于闽南金三角的中心地带,为福泉漳厦交通枢纽。据考古资料推测,千年前就有先民在此繁衍生息,至南北宋,这里已是"人文荟萃""冠带诗书"之地。清康熙时,马巷尚称"马家巷""马厝巷""马家港",属绥德乡民安里十一都马厝巷图,商贾云集,贸易昌隆。乾隆四十年,为加强地方统治,马巷设厅,称"马巷厅",辖区为今翔安的大嶝、新店、马巷、内厝、新圩及金门,据说"店铺栉比,烟火万象"。宋代儒家大师朱熹任同安主簿路经马巷时,曾口占一谶"五百年前利不通,五百年后通利地",因"紫阳过化"得誉"海滨邹鲁之乡,声名文物之邦"。马巷古镇,地杰而人灵,古有江南提督林君升、闽浙提督李长庚,今有著名科学院院士蔡启瑞、中国工艺美术大师(漆线雕)蔡水况等。

　　二〇〇三年成立的翔安新区,其前身是原马巷厅所辖领域。"泉郡别驾,盖四易其治矣,始而附郡，继移安海，再迁金门，乃移驻马巷。其初虽经征晋邑兵米，统辖同邑海防，然地县地，民县民也，县则志之，不必自为一书。今划地分疆，各理其事，各治其民，仍佐理五城之名，而考成之责，同于望县，不得不与县分，此《马巷厅志》所以不可无也。"（引自《泉州府马巷厅志原序》）为此，万友正于乾隆四十一年编纂《泉州府马巷厅志》。《泉州府马巷厅志》是古同安（包含今翔安）最早的志书之一，是研究古同安（包含今翔安）历史、地理、人文等的重要工具。该厅志为翔安新区保存了珍贵的地方资料，为建设提供借鉴，为爱国爱乡教育提供乡土教材，为海内外翔安人了解家乡风土人情提供史实资料，也是与金门同胞及海外同胞感情联络的桥梁和纽带。观览厅志，可以熟知地理之变迁，经济之盛衰，政治之得失，文化之发展，风俗之淳漓，人物之贤愚，鉴古察今，继往开来，服务四方，惠及后昆。因此，校注《泉州府马巷厅志》并出版，是保护古典籍的需要，也是文化强区之举。

星移斗转，沧海桑田，《泉州府马巷厅志》已问世二百多年了。当时受条件限制，印刷比较简陋，加上繁体字，造成当代人阅读之障碍。为了保护珍贵的文化遗产，今对《泉州府马巷厅志》加以整理校注。校注者以科学的态度，慎重地对待古典籍，不辞辛劳，不厌其繁地参考多种版本，多次对全书进行通读，去伪存真，减少不必要的错误。校注者本着尽量保持古志原貌的原则，未予增删，以保证真实性，以简体字编排，方便广大读者阅读使用。遗漏无法校正的字和模糊不清的字，权用□代替。期盼今后丛书内容更加丰富，越臻完美！

厦门市翔安区人民政府副区长

二〇二二年六月于翔安

泉郡别驾,盖四易其治矣,始而附郡,继移安海,再迁金门,乃移驻马巷。其初虽经征晋邑兵米,统辖同邑海防,然地县地,民县民也,县则志之,不必自为一书。今划地分疆,各理其事,各治其民,仍佐理五城之名而考成之责同于望县,不得不与县分,此马巷厅志所以不可无也。

银同海滨斥卤,俗趋利轻生,一言不合,聚众械斗;重洋内港,舣舟横劫,不第白昼祛箧探丸于都市,命盗两大案岁不绝爰书,而民安、同禾、翔风三里为尤甚。大宪廑念思转移之,乾隆三十九年七月,奏割其地,移金门通判以治之。建署易篆,都图、户口、赋役、税课、船政、铺递、科甲、贡监等类,由县册送,咸隶于厅;唯学校未设生童之两试,驿站未更辎轩之信宿,二者仍属之县。则凡郡邑志例,所有之条目,不区别而汇萃成书,无以大分割经始之义。厅志之成若出于创,然从府县志择别而出,则又主于迷其建置、沿革之故,佐于府,异于县,见今昔责任之重轻焉。

前任胡公邦翰相宅土中不禄;马公淮格于部议,未竟厥事;友正以玉田下吏承大宪檄委,新厥堂构既葳,复命苍止,愧无以报称,凡厅治经营皆经手拮据,则厅志原委,安可不言之详备。若争长于笔削润色,则非今日修志之本意也。

**勅授承德郎、署泉州府马家巷通判、古田县知县阿宁万友正撰**

# 重刊马巷厅志序

尝考周官：小史掌邦国之志，诵训，掌道方志，志之权舆尚矣。

国朝省、郡、州、邑亦各有志乘，皆所以彰政绩，占土风，鉴人才之盛衰，通民情之休戚，以及综山川险易，核古今异同。非直扬播幽芬，撷拾遗事，侈文采之美观已也。

马巷昔为同安辖境，自乾隆甲午七月，奏割同邑之民安、同禾、翔风三里，移金门通判以治其地而始有厅。厥后两易其官，迨署厅万君友正创修厅乘，而始有志。溯自建厅以迄今日，我国家休养教化历百余年，摩义渐仁，浃髓沦肌，固已移海滨之风而成邹鲁之俗。其异于古所云者，盖亦远矣。庚辰仲夏，惠深奉檄权是厅篆，见厅志卷帙残阙，拊膺者久之。询诸缙绅，知为兵燹所致，非特板遭毁烬，而旧本亦甚寥寥。案牍之余，曾拟修辑，奈五日京兆未就绪而卸篆去，恒以是事为憾。壬午初夏，复倅于兹，欲修志以遂初心，爰捐廉而倡厥首。幸彼都人士亦踊跃酿金，为之赞襄，乃缘需费不赀，致绌于力，遂广搜旧本，择此存以补彼缺，集全一编而重刊焉。

是举也，请诸绅职其事，而惠深总其成，数阅月而蒇功。虽百余年之名宦、人物、忠孝、贞烈，未经续入，是刻似属有美弗彰，然旧志能存，尚可征文以传信，是曩以拟修未遂为憾者，兹转以能刊旧编为慰矣。窃愿后之官斯土者，宣上德，纪民风，毅然以重修为已任，补阙续新。令是编获臻美备,以昭海曲同轨同文之盛而彰圣朝一道同风之休,岂不懿哉,是为序。

光绪九年癸未夏四月
丰顺丁惠深撰

# 校补泉州府马巷厅志序

　　癸巳之春，余服阙来闽。夏六月，以役炮捐旅于厦岛，适马巷通判戎君陈猷调判兴化大府，檄余承其乏。既受篆，欲询厅之故以资治，而绅衿耆老言焉弗详，乃喟然曰："厅固有志乎？吾取其便于古者通于今，庶有当乎？"取而读之，则志凡十八卷，自星野、建置、都里，以讫艺文、杂记，虽繁简互异，而宋、元以前，因革之迹炳然具存。于是，厅之利弊十得五六，而吏胥不得因缘以售其奸；又喟然曰："志之有裨于治者若此。"厅设于乾隆四十一年，是冬，为阿迷万君友正接署，乃倡为此志。割厅之后，迄今百十余稔。追光绪九年，厅倅丰顺丁君惠深，始翻刻一次，鲜有取是志而续修之者，亦守土之羞也。然以作志之难也，夏、殷以前尚矣。周礼：小史掌邦国之志，而四方志外史职之。说者曰，若晋乘、楚梼杌、鲁春秋是已。《春秋》为孔氏特笔，垂示万世，大义昭然。然但纪事目而其说不书"子曰"。我欲载诸空言，不如见诸行事，以是为鉴戒足矣，奚取乎空文直削之耳？左氏之徒不达，复取已删薙者，附以侈靡不经之谈，启佞诲邪，失其旨矣。

　　由是观之，志者，志行事而已。秦汉以还，郡县曷尝无志，居位者矜贤，簪毫者骋说，势家侈其谱牒，文士滥其词章，如是，虽勿志可耳！余年少弃学，未谙吏治，虽欲披榛莽，走里间，以求隐微之迹，其能无遗愿乎？虽欲访故家遗老，多闻广识，以拾古今之眇论，其能无遗说乎？虽欲集诸子百家载笔之书，以求其事之备者，其能无遗览乎？况马巷东南面海，为金门、烈屿、槟榔屿，楼橹所指，适当其冲。自郑氏降，蔡牵灭，烽堠不举者，几将百年。今则万国通商，海禁尽弛。电灯若镜，铁舰如梭。其海防一门，尤当思患豫防，绸缪未雨，以基隆为前车之鉴，壮厦岛后路之威，特非庖代者，所遑卒业耳。此编刻时，丁君但期留存旧本，未经雠对，鲁鱼亥豕，杂出其间。板藏舫山书院，久废刷印，间有霉烂。使及今不为校补，则新者未续，旧者复亡，将千百年一方掌故，日就湮没。后之操丹漆者，其何以发汲冢以考安厘，问蜀老而询诸葛耶？乃于案牍之暇，息心披阅，讹者正之，脱者补之，惜无万君原本可资讨论，其必不可通者，姑沿其旧存之，亦阙疑之义也。

是役也，穷匝月之力，校出讹字二百三十有一，重刊烂者一十七板；别刊万君原序，冠于卷标籤，例得更署。既竣工，仍庋书院，嘱董事陈训导德莹慎守之。若夫赓续成书，深望于后之君子，或请俟以期月三年云。

光绪拾玖年八月既望<br>鄞县黄家鼎撰

# 前言

《马巷厅志》是同安最早的志书之一,是研究古同安历史、地理、人文等的重要工具。此次在编纂"香山文化丛书"第二辑过程中,我们整理了《马巷厅志》电子文档,经过对全书进行多次校对,尽量减少不必要的错误。《马巷厅志》大体分为两大部分。第一部分是万友正于乾隆四十一年(1776)编纂,分为十八卷,其中异体字较多,也有部分地方特有用字;第二部分为清光绪十九年(1893)厅倅黄家鼎编纂的上、中、下3卷附录,是为以后《马巷厅志》重修做准备的,虽有异体字,但因是新版,字体端正清晰。本着认真对待的态度,不敢对原版有任何增删,以保证原版本的真实性,并以简体的版本编排,方便广大读者阅读使用。

黄家鼎《校补泉州府马巷厅志序》在原本开头《序》中和《附录下》中各有一篇,大同小异，但同一篇文章中，开头"厅设于乾隆四十一年，是冬，阿宁万君友正接署，乃倡为此志"，而《附录下》则"顾厅设于乾隆三十九年，其冬，阿宁万君友正接署，乃倡为此志"。设厅时间如此重要，却出现两个时间。马巷设厅应于乾隆四十一年（1776年）为始。

原本遗漏无法校正的字，模糊不清的字，权用□代替。

编辑过程中，承蒙上级领导的关怀、指导和相关单位的支持，在此表示衷心感谢。倘若编者因学识浅薄，编排中出现错误，敬请读者不吝赐教。

| 卷之首 | 1 |
| --- | --- |
| 凡　例 | 1 |
| 卷之一 | 3 |
| 星　野 | 3 |
| 气　候 附 | 4 |
| 建　置 | 5 |
| 沿　革 | 9 |
| 都　里 | 10 |
| 形　胜 | 15 |
| 卷之二 | 17 |
| 山　川 | 17 |
| 卷之三 | 22 |
| 水　利 | 22 |
| 卷之四 | 28 |
| 赋　役 | 28 |
| 户　口 | 39 |
| 积　贮 | 40 |
| 社　谷 | 41 |
| 经　费 | 42 |
| 铺　递 | 44 |

| | |
|---|---|
| 卷之五 | 45 |
| 　　船　政 | 45 |
| 　　盐　政 | 51 |
| 卷之六 | 53 |
| 　　学　校 | 53 |
| 　　书　籍 | 53 |
| 卷之七 | 55 |
| 　　海　防 | 55 |
| 卷之八 | 66 |
| 　　军　制 | 66 |
| 　　师　旅 | 76 |
| 卷之九 | 78 |
| 　　官　署 | 78 |
| 卷之十 | 82 |
| 　　庙　宇 | 82 |
| 　　古　迹 | 84 |
| 卷之十一 | 89 |
| 　　风　俗 | 89 |
| 　　祥　灾 | 94 |
| 卷之十二 | 96 |
| 　　物　产 | 96 |
| 卷之十三 | 112 |
| 　　职　官 | 112 |
| 卷之十四 | 117 |
| 　　选　举 | 117 |
| 　　贡　生 | 135 |
| 　　封　荫 | 148 |

| 卷之十五 | 151 |
|---|---|
|     人　物 | 151 |
|     乡饮宾 | 189 |
|     方　技 | 191 |
| 卷之十六 | 193 |
|     列　女 | 193 |
| 卷之十七 | 214 |
|     艺　文 | 214 |
| 卷十八 | 232 |
|     杂　记 | 232 |
| | |
| 重刻马巷厅志后序 | 236 |
| 附录序 | 238 |
| 附录目次 | 240 |
| 附录卷上 | 244 |
| 附录卷中 | 297 |
| 附录卷下 | 394 |
| 后　记 | 454 |

# 卷之首

## 凡　例

一，关防始更，文物维旧，事起于分，功取乎述，庶免穿凿附会之讥。

一，宿度所及，一度管二千九百三十二里。马巷仅一隅，隶府统县，毋庸分别，妄侈谈天。

一，山川、人物、选举、艺文等类，凡属三里者，从省、府、县三志采择而成，以备大观。

一，户口、人民、科甲、贡监均归厅籍，因未议设学，童试附县考。顾三里内两试录额，辄分县小半，文武乡科，亦复不减，学校一途，日跂望之。

一，晋邑秋谷原属旧管，同邑秋屯乃系新收，均关支放，兵糈并载，仍自分别，以昭经管。

一，廉俸役食支给，异地悉照原编。其通融调剂，俾无偏枯，另立章程。

一，海防军制，割归厅辖，金门水师，既应核实，即厦汛、陆塘，凡在三里，亦备载不遗，以重防护。

一，职官以四十一年为始，但郡倅不易。从前设官，不应节略，悉从省志考订胪列。唯照磨设裁，与马巷无涉，以现职为定。

一，厅《志》义重分割，疆界、赋税、户役详析划清，其丙洲湾船只，四小埕盐馆，虽在厅界，均仍县管，备载原委，以尚考成。

一，节目烦琐，缕析条分，依类并载。不更立提纲，以省烦文。

一，志内所载，悉从省、府、县三志，诸绅士分任采辑，间有新增，务查确实，录送内署考核，庶免滥觞之讥。

一，志不设局，因无修费，分任各绅士，拔贡黄天助，贡生林中桂，监生魏文英、林占梅、朱君宝，生员黄河清、林天球、陈捷魁、许连月、傅弼，踊跃襄事，例得附书。

# 卷之一

## 星　野

　　山河两戒之说，千古不易，修德而荧惑退位。人事尽于下，天事应于上。理固不爽，智恶其凿。在地成形，在天成象。固志例所必先矣。志星野。

　　《周礼·保章氏》：以星土辨九州之地。所封之域，皆有分星，以视妖祥。郑注：十二次之分也。星纪，吴越也。

　　《尔雅·量纪》：斗，牵牛也。郭注：牵牛，斗者，日月五星之所终始，故谓之星纪。邢疏：星纪，吴越也。

　　《史记·天官书》：斗，江湖，牵牛、婺女，扬州。《汉书·天文志》同。

　　《汉书·地理志》：吴地，斗分野也。粤地，牵牛、婺女之分野也。

　　《后汉书·天文志》：牵牛，主吴越。

　　《后汉书·郡国志》：自斗十一度至婺女七度，一名须女，为星纪之次。于辰在丑，谓之赤奋若，于律为黄钟。斗建在子，吴越之分野。

　　《晋书·天文志》：自南斗十二度至须女七度，为星纪。于辰在丑，吴越分野，属扬州。

　　《隋书·地理志》：扬州于《禹贡》为淮海之地。在天官，自斗十二度至须女七度为星纪，于辰在丑，吴越得其分野。

　　《唐书·天文志》：南斗、牵牛，星纪也。

　　《唐书·地理志》：福、建、泉、汀、漳，为星纪分。

《宋史·天文志》：牛宿下三星，主南越。又云，须女占越分。

《元史·天文志》：斗四度三十六分六十六秒入吴越分，星纪之次，扬州之分。

《明史·天文志》：福建布政司所属，皆牛、女分。

## 北极出地偏度

国朝《皇舆全览图》以地平当极度，度方当二百五十里，率以极为准，立界线以实测其直者，以定东西。正中为南，南中之东二线，曰东一度；四线，曰东二度。泉州府治，当极东二度半朒①，南安附焉。东属曰惠安，当极东二度半赢，尽大定海屿，为东三度；西曰安溪，当极东二度朒；又西曰同安，当极东一度半赢，尽下地，为一度半。徐州隘为一度半朒。澎湖并大定之度。金厦两岛并同安之度。其横者，以定南北，据极星出地高下，以辨远近，起于琼崖、黎山南麓。北极出地十八度，以次而上。泉州府治，北极出地二十五度，南、惠如之，安溪则北于南安，北极出地二十五度半。其南为同安，北极出地二十四度半。金、厦两岛并焉。又渡海而南曰澎湖，北极出地二十四度赢，尽南至二十三度半，则越海矣。

按《明史》及《大清会典》云：福建省北极出地二十六度，与此微有不同。

## 气候 附

厅治系泉之南界，与霞、漳接壤。地愈南则气愈煖，海多于山，故东北风亦三时不绝。飓风所发之势不下于郡城，降及诸岛，如烈屿、金门之属，则冬月或连旬负暄，宛如春气。春月或服单夹衣，乘风纳凉。草木华实，四时不改。冰雪绝无而海雾时或昏霾。耕获视晋邑尤早，朱阳之气转盛故也。

---

① 朒：不足。

# 建　置

剖符分疆，申画郊圻，所以昭职守，重考绩也。三里分割虽异于辟丛披荆，而酌时地以移驻，俾银同无鞭长不及之处。义取维新，同于开创，居是位以莅治厅政，其勿忘经营伊始乎。志建置。

乾隆三十九年七月十七日，闽督钟等谨奏："为仰恳圣恩，改驻海疆要地厅员，以资治理事，切照设官分职，贵乎因地制宜，而今昔情形，尤在随时调剂。"

查泉州府属之同安县，系边海要区，共辖二百四十七保，延袤三百七十余里。其幅员之辽阔，政务之殷繁，甲于全省，素称难治。年来生齿益繁，物产益盛。流寓之人日众，刁悍之风日炽。命、盗几无虚日，讼狱倍于往时。而该县东界之翔风、民安、同禾三里，共五十八保，内有土名山后、内官、井头、柏头、洪厝、马家巷等处，皆系沿海村镇，多属大姓聚居，每恃离城窎远，尤为逞强不法，知县一官，鞭长莫及，查察难周。若不设改大员分理，海疆要地恐启废弛之渐。

臣等与潘、臬两司并兴泉永道悉心筹酌，查该县东南之金门地方，前以岛屿孤悬，兵民杂处，每多不法事案。于乾隆三十一年，以晋江县分驻之安海通判，奏明移驻金门。数年以来，文武和协，兵民安辑，习俗渐就朴淳。而该通判所管兵民交涉事件仅有十保，案牍寥寥，经征钱粮亦只一千余两，其余命、盗重案仍归县管，兼有总兵大员带领重兵驻扎，足资镇守。该通判名为要缺，公事实属清简。

查有同安县东之翔风、民安、同禾三里，与金门仅隔海汊，一水可通，较之该县，甚为切近，若将此三里五十八保，并原管之十保，共六十八保，一切刑名、钱谷事件，统归该通判管理，即移驻于翔风等三里，适中扼要之区，马家巷地方，内外控制，近在肘腋，呼吸可通，不难实力整理。而同安二百四十七保之内，分出六十八保，事务已减去十分之三四，亦不致有顾此失彼之虞。并请于金门镇标抽拨千总一员、外委千把总二员，带兵四十名移驻其地，以重弹压。所需通判衙署，即以金门旧署移建，需费无多。请照请项修署之例，于该通判养廉内匀扣归款，其汛署、兵房，亦各以原建通融移设，毋需动项，仓库、监狱，在所必需。查翔风等三里，照额分征地丁等项，每年不过五千余两；秋屯粮谷亦止五百余石，应设仓库并所需监狱工料有限，容俟另行设法筹办，均毋庸请动正项。所有审理重大案件，仍由府核转。该处现设有踏石司巡检一员，并请改为通判衙门照磨①，兼管司狱事务。至于常平积贮，从前每遇赈粜，向由县仓碾米拨运，嗣后，如遇有青黄不接，应行粜济，仍由县仓拨运，设厂开粜事竣，仍将粜价归县买补，毋庸另议建仓。

惟该通判分管地方事务较前稍增，原编养廉岁支银五百两未免不敷，应于同安县养廉内，分拨银二百两加给通判，以资办公；原设皂役二十名，亦不敷差遣，应于同安县民壮四十名内分拨二十名，改归通判衙门，拨充库子二名、斗级二名、禁卒二名，其余一十二名仍充民壮，以资役使②。所有俸工役食，仍按原编，悉照旧额更正支给。再该通判向有监放金门镇标兵米，会阅金门镇兵丁之责，及原管郡城征支粮务各事，宜均仍其旧，仍照例作为要缺，在外拣选调补。

现在通判胡邦翰，老成干练，办事实心，在闽年久，熟悉地方，克胜改驻要缺之任。其踏石巡检，本系选缺，今请改为照磨兼司狱，事务亦简。现任巡检黄承暄，业已闻讣丁忧，应请仍归部选，

---

① 照磨：官名。即"照刷磨勘"的简称，元朝建立后，在中书省下设立照磨一员，正八品，掌管磨勘和审计工作，另肃政廉访司中负责监察的官员也称照磨。

② 库子：掌管官库的人。斗级：主管官仓、务场、局院的役吏。斗谓斗子，级谓节级。禁卒：牢房看守。

并请换给泉州府分驻同安县马家巷通判之关防,及泉州府通判照磨兼司狱事印,以昭信守。原领关防印信,另行送部查销。如此一转移间,繁简适均,于官制并无更张,而地方不无裨益矣。

谨奏,奉朱批,该部议奏、吏部等部谨题为仰恳圣恩,改驻海疆要地厅员,以资治理事。该臣等会议,得内阁抄出闽督钟等,奏前事等因一折。奉朱批,该部议奏,钦此钦遵,抄出到部,应如该督等所请:

金门通判准其移驻马家巷地方。所有同安县界东之翔风、民安、同禾三里五十八保,并原管之十保,共六十八保,一切刑名、钱谷事件,概归通判管理。并准其于金门镇标抽拨千总一员,外委千把总二员,带兵四十名移驻,以资弹压。仍将移驻弁兵姓名,报明兵部查核。所需通判衙署,准其将金门衙署移建。其建署银两,亦应如该督等所奏,准其于闲款银两借动修建,仍咨报工部核销,并将借过银两照例于通判养廉内匀扣,报明户部查核。至汛署、兵房,亦各准其以原建通融移设;仓库、监狱,应准其设立。其审理重大案件,仍由该府核转。踏石司巡检准其裁汰,改为该通判衙门照磨兼司狱事务。其添给通判养廉银二百两,即于同安县养廉内分拨,毋庸另请动项。该通判原设皂役二十名,不敷差遣,亦准其于同安县民壮内拨二十名,改归通判衙门。拨充库子二名、斗级二名、禁卒四名,其余一十二名仍充民壮。至俸银、役食,仍按原编于奏销册内,分晰详报。至每年如遇青黄不接,应行平粜谷石,仍听同安县拨运。该通判设厂开粜,将粜价归县买补,于平粜谷石案内分晰,报明户部查核。其该通判向例监放兵米、会阅兵丁及征粮各事,宜照旧办理。

新移通判准其仍旧作为要缺,在外拣调。该督等既称现任通判胡邦翰老成干练,办事实心,在闽年久,熟悉地方,克胜改驻要缺之任。其踏石司巡检,本系选缺,今请改为照磨兼司狱,事务亦简。现任巡检黄承暄,业已闻讣丁忧,应请仍归部选,并请换给泉州府分驻同安县马家巷通判之关防,及泉州府通判照磨兼司狱事印,以昭信守。原领关防印信,另行送部查销等语,亦应如该督等所请。胡邦翰准其改移新建要缺之任。其同安县踏石司巡检黄承暄丁忧员缺,吏部于乾隆三十九年五月分,将告降从九品,颜立品选授,业经具题,奉旨尚未给凭赴任。今员缺既经裁改,应将该员扣除,归八月分,另行铨补外。其新改通判照磨,准其仍为选缺,俟命下之日,送部归八月分铨选。其通判关防,照磨印信,亦应如该督等所请。泉州府分驻同安县马家巷通判之关防,泉州府通判、照磨兼司狱事印字样,兼写清、汉,移咨礼部,照例换铸颁发。至原领关防、印信,俟新关防、印信颁发到日,咨送礼部销毁。所有各项事宜,应令该督等分别题咨,到日再议。

再此案系吏部主稿,合并声明。恭候命下,臣部等部,遵奉施行,谨题,奉旨依议。

乾隆四十一年六月二十九日
巡抚部院准
工部咨营缮司案呈,先准福抚余咨称:

查泉州府属通判移驻同安县马家巷地方一案,奉准部覆,准其移驻,所需通判衙署,准其将金门衙署移建。其建署银两,亦应准其于闲款银内借动修建,照例于通判养廉内匀扣等因,随即转行遵照。

续据该通判详报,金门旧署已历年久,料多损坏。其搬运脚费需用繁多,不无糜费,按料同地基估变银一千两充建;并据署通判万友正在马家巷地方,估建通判、照磨二署,监狱等项,共需工料银二千七百九十三两七钱二分九厘。请照例借支通判养廉银一千两,分作四年匀扣,照磨养廉银二百两,分作八年匀扣,还项不敷银五百九十三两七钱二分九厘,在该通判现支养廉内凑用,无须动项等情,随于库贮会奏项下,照数借支给领,建盖完竣,造具实需细册,由府勘验结报,无浮申请报销。前来除饬令,将借支通判、照磨养银一千二百两，于乾隆四十年八月二十日竣工起，各按年限匀扣还项外，理合转造清册咨送等因。

经本部以建盖监狱银两，应否汇同衙署内，一并借支养廉移建之处，移咨户部定议去后，今于本年四月初八日，准户部文开查，泉州府金门通判移驻同安县马家巷地方，系吏部、刑部会同本部议覆，准其移建。所有修署银两，准其于闲款银内借动；至建盖监狱，亦系原奏内准其设立。今该抚咨请前项移建新署及应建监狱，于通判养廉内借支银一千两，分作四年匀扣，照磨养廉内借支银二百两，分作八年匀扣，相应准其借支，仍令该抚照例匀扣，还项报部查核，并知照工部等因。前来查泉州府金门通判，移驻同安县马家巷地方，建造通判、照磨衙署、监狱等项，先据该抚将借廉建盖，完竣之处造具册结送部。经本部以建盖监狱银两，应否汇同衙署一并借廉移建，移咨户部定议。今户部既经查明原奏内准其设立，将移建新署及应建监狱，于通判养廉借支银一千两，照磨养廉支银二百两之处，准其照数借支，应将前项建竣衙署、监狱，移咨福建巡抚，转饬造入交代册内，前后交代。再前项衙署、监狱，俱新建之项，并令遵照新例，保固十年。至所借银两，户部既经行令，照例匀扣还项，应令遵照户部原行办理可也。转行八月初四日到厅。

## 沿　革

通判军州事。宋建炎间设。

添差通判军州事。元庆元间设。

通判。明洪武间设。

国朝因之。治在府廨右，雍正七年移驻安海。乾隆三十一年，改驻金门，四十年奉文，移驻马家巷，分同安县三里属通判，以四十一年为始。

照磨。元至元间设，国朝雍正四年裁，乾隆四十年奉文，改同安县踏石司为马家巷通判照磨。

元设浯洲盐场，司令一员、司丞一员。

明设浯洲盐课，司大使一员，副使一员，后裁副使。

浯洲场盐大使。雍正元年设。

烈屿场盐大使。同。

原金门县丞一员。雍正十二年，以同安县丞移驻；乾隆三十一年，移驻灌口。

原烈屿司巡检一员。康熙十九年，改驻石浔。

原官澳司巡检一员。康熙十九年，改驻踏石，即今马家巷。

原峰上司巡检一员。康熙十九年，改驻下店，旋裁。

原陈坑司巡检一员

原田浦司巡检一员。俱明初设，万历间裁。

明设金门司副使一员。顺治十六年裁。

按，栉比崇墉，都城百雉，不徒壮形势，固疆舆，即犷悍跳梁之民心风俗，先有以约束而不敢逞。厅治赋税、仓储，分同之半，狱讼繁多，囹圄常满，虽置照磨以司狱事，移水师以资防护，而曲突徙薪，宗子维城之义，盖有不可缓者矣。

# 都　里

沿海昔怵寇盗，村自为封，保自为守，经界一分，遂若敌国。盛朝生聚教训百数十年，而械斗轻生之风，犹未尽除。巨族强宗，豢盗庇贼，莫之过问。族约保练，即古里正、闾师，不得其人，与回澜障川，良有司，何道以处此？志都里。

厅治广三十二里，袤五十里，至府城一百一十里，至县三十里，至省五百一十里，至台湾府内地六十里、海洋十一更，至京师七千三百六十五里。

东至小盈岭二十里，界南安。

西至下崎头、丙洲港十二里，界县治。

南至澳头三十里,大海。

北至白灰宫二十里,界县治。

东南至老岭二十里,界南安;至浯洲料罗六十五里,界大海。

西南至柏头十五里,界大海。

东北至黄岗二十里,界溪。

西北至三忠宫大路石桥十二里,界溪。

民安里。十六保。

十一都马巷保。

八都曾林保。即东园保。

八都莲塘保。

八都西塘保。即港墘保。

十都蓬莱保。

白头保。即十都保。

九都鸿鼎保。

黄厝保。有村无保。

九都董水保。蓬莱保兼管,有村无保,系添入。

内林保。

山前保。有村无保。

陈塘保。

市头保。

内垵保。

刘厝保。

小崎保。内县留丙洲村,以丙洲澳未议厅管。

前厝保。

上吴保。

五都、六都、七都同禾里。十八保,内留十保县管。

三忠宫保。

内官保。

洪坑保。即东魁保。

僻埔保。

山头保。

郭山保。

梨宅保。即李宅保，县送册。

郭田溪保。即天溪保。

七里保。

沈井保。

辜宅保。即后田保。

陈库保。

宅吴保。

施王保。

锄山保。

路坂尾保。

新圩保。

山岬保。

十二都翔风里。二十四保。

后莲保。

窗兜保。

浦尾保。

城场保。

井头保。

柏头保。即《县册》龙头保。

新宅保。

封侯保。即山后陈保。

十二都曾吴保。

十三都洪林胡保。即洪厝保。

圣林保。

洪前保。

炉山龚保。即《县册》普陀保。

文崎保。

浦南保。

桂园保。

东界保。

刘五店保。

澳头保。

欧厝保。

李彭蔡保。

山前保。有村无保,《县册》新添。

后仓保。即《县册》后村。

奉文拨五十八保,实止五十四保。

原管金门十保。

后浦保。

古湖保。

琼山保。

古贤保。

仓湖保。

刘浦保。

阳田保。

汶沙保。

烈屿保。

大小嶝保。

属下阕。

按《府志》。

## 东　界

**五都**。内官、三忠宫等乡,宋为同禾里,统于绥德乡。

六都。沈井、施坂等乡，宋为同禾里，统于绥德乡。

七都。山岬、何宅等乡，宋为同禾里，统于绥德乡。

八都。曾林、莲塘、店头等乡，宋为民安里，统于绥德乡。

九都。山溪、小盈等乡，宋为民安里，统于绥德乡。

十都。白石头、东园、董水等乡，宋为民安里，统于绥德乡。

十一都。丙洲、小崎、内林、马厝巷等乡，宋为民安里，统于绥德乡。

十二都。浦尾、城场、石崎、郑坂、封侯亭等乡，宋为翔风里，统于绥德乡。

十三都。普陀、洪厝、文崎、洪前、刘五店、射浦、东界、浦南城等乡①，宋为翔风里，统于绥德乡。

十四都。澳头、大庭、后仓、彭厝等乡，宋为翔风里，统于绥德乡。

十五都。大嶝乡海屿，宋为翔风里，统于绥德乡。

十六都。半大嶝、半小嶝等乡海屿，宋为翔风里，统于绥德乡。

十七都。浯洲陡门、后山、田墩、西黄、官澳、阳翟、水头、蔡厝、浦边等乡，隔水，宋为翔风里，统于绥德乡。

十八都。平林、西洪、田浦、东西仓、兰厝、陈坑、林兜、湖前、新堘、料罗等乡，隔海，宋为翔风里，统于绥德乡。②

二十都。浯洲辛头、李厝、烈屿等乡，隔海，宋为翔风里，统于绥德乡。

## 街　坊

一甲。卧龙边、草仔市、提督街、新街内、土地宫、东边相公

---

① 原版"浦南城场"，可能多一"场"字。城场不可能既归十二都，也归十三都。

② 原版少十九都。十九都一图：后浦、颜厝；十九都三图：古宁、金门、湖下、浦头。

宫、上店头、猪仔市、西边西街、完王宫、通巷、米市埔、金王宫、顶苏、仙帝宫。

二甲。后亭内、元坛宫、店仔口、东路街、土地宫。

三甲。鸡仔市、上元街、槛门外、蛙仔巷、西边后街、朱王宫、下苏、东边后亭墓。

四甲。四甲街、相拔宫、通利庙、西边横街、关帝庙、鱼街、叶厝、水尾元坛宫、东边后埋、观音宫。

五甲。五甲街、池王宫、五甲尾汛防、西边牛磨巷、六路口、东边山仔尾。

## 街　市

民安里。沙溪街。

同禾里。内安渡头圩，新圩。

翔风里。澳头圩，刘五店圩。

　　浯洲大街，在总镇衙前。　　横街，在右营衙边。

　　新街，在泥山头下。　　沙米市，在沙美社中。

## 形　胜

来脉贵秀，砂水翕从，凤舞于左，斗印列右。

前任胡邦翰云："马家巷店铺栉比，烟火万家，洵村落巨镇。镇之西北隅孔沟地方，有园一片，丰隆高突，铺毡而下，直约数百丈，横约五十余丈。建置之所，后坐高坡为屏障，前临高坡作堂案，左右界沟分明，内外明堂大会大聚。青龙山高耸，白虎山驯伏，而巽峰特起，将来文风更盛。随龙之水自东北至东南，遂由东过而出坤申衰方，以入溪注海；而白虎山适蹲水口，作下砂之护。其马家巷前街、后街，东西相向，绵长四五里，民居市肆，由署前观之，宛如左手之回抱。新建衙门直踞其顶，天造地设，甚为雄壮。以形势论之，风行草偃，布政临民吉地。"

《林次崖集》:"七泉之巨郡,南北之要冲。"

《方舆纪要》:"三面距海,金尤为险要,门户之防也。"

郑普《平寇记》:"浩浩乎波涛之大,渺无际涯,而浯洲一山逆流高出,此天地设险,为环海屏藩。"

《海国闻见录》:"金为泉郡之下臂。"

庄光前《海防论》:"金门旧城在原金门所,高耸临江,目极东南,为备海要地。平台而后,以城稍圮,移驻总镇,署于后浦。夫兵以卫民居,金门则一望了然,贼艘不敢逼境。今丛杂市中,未免有巡哨不及之患,斯可谓保守之得地欤?"

# 卷之二

## 山 川

登太岱,山皆嵽嵲;望沧溟,水尽杯勺,以形其高大也。三里山海交错,名胜不乏矣。千古不易,显晦有时。肇锡嘉名,溯所自始。问壑寻丘,讵仅作卧游图哉。志山川。

### 山

东大帽山,距厅治十里,广袤十余里,形若大帽。上有距石如阶九级,下有岩,天成石室,镌石佛其中。又有龙潭。山之阳曰"白云山清水岩",宋绍兴三十一年建,以祀昭应慈济大师。建时有童子衣缁坐险石上,谓人曰:"岩成之后,当名龙归。"忽不见,寻有甘泉涌于石下,遂名"圣泉"。

鸿渐山,离厅二十里,与南安分界,耸拔高骞,如鸿之渐于逵。多产黄菊异花,又名"黄菊山"。浯洲隔海,遥望竦秀。

鹊山,在鸿渐南,其形如鹊之跂,故名。

香山,在厅东南十五里,山巅有石状如香炉,晨夕云烟袅绕,旧名"荒山",明邑令朱徽改今名。

磨山在香山之南,其石可砺,故名。

三魁石,在厅东十五里,三峰奇秀,为群山冠。

乍画山,在磨山西,盘踞十余里,上有"乍画山"三字,中多奇石,如鼓、如笏、如龙、如鱼,崚嶒奇幻,松柏苍翠,俨若画图,故名。

东山,在乍画山之东,崚嶒苍蔚,上有石鸡、石猿,与香山之土鼓相对。立春前后,村中夜闻有猿、鸡之声者,其年必丰。

登连山，在民安十一都，为诸都溪流锁钥，其形如狮，与昆岭象山隔溪对峙。旧谶云"狮象把水口，文章高北斗"，山之西麓为浯屿，通衢坑道险阻。古同安林廷杰造石桥以济行人。

鹫山，一名"灵鹫"，在厅东北同禾里六都，旁分两翼，若鸾凤舞。

福船山，在厅东北三十里六都，宋时有福船院。闽书《宋福船院记略》曰："吾泉之山，莫多于西南。其高绝者，莫福船俪也，云开雾卷，群峰列秀，势若船矣。乡人奇之，加名曰'福'云。"按，福船以其形似覆船，故名，后人易"覆"为"福"焉。

印斗山，在厅西边，山形延袤，顶如印斗，有巨石仙人迹，居人常于此祈雨。

昆岭山，在民安八都，自东大帽山逶迤至此，平地突起，高厚如象形。

庐山，在厅西南三十里十三都，柏浦洪青松即山颠建亭，以祠朱子，今渐颓废。

金山，在厅南三十里，其山圆丽，属金星，旁有九保山。

五营山，在金山南，北突起一山，下多磐石，上有墩阜。前明倭寇，土人团练乡兵防御，多于此瞭望焉。又海氛未靖时，官军尝置营垒，故名"五营"，今有烽墩遗址。

普陀山，与金山相连，上有清水岩。

金龟尾山，峭石嶙峋，上有塔，俗云"塔仔"。山脚海中海翁沙汕一道，亘数十里，分内外洋。渡台往北，由汕外经过。

双乳山，在金门琼山保。

北太武山，在金门汶沙保，台澎来船先见之。

双髻山，两峰并峙，亦名钟鼓山。

东山，在翔风里十三都洪前东面，峰高耸，石巍峨，中有双鲤朝天石。又有石壁，周围数丈阔，古树阴翳，名曰"不见天"。前后有金箱、玉印石，遥遥辉映。士人多游览，吟咏其间。

广化山，在民安里九都，上有广化寺，故名。今寺颓废。寺后有寨，系民人筑以御寇，寨成而寇平，号曰"太平寨"。

龙潭山，在民安里九都，上有龙潭，都人于此祈雨辄应。今潭已塞。

出米岩，在民安里八都，山顶上有岩。宋幼主驻跸于此，有石穴出米，以赡军士。乾隆四十年间，鸠金重建，庙宇巍峨。山后有五议洞，相传为五臣议事之所。前有宝盖峰、御罗石、圣泉水、饮马池诸胜。

石符山，在民安里十都，前有土鼓，投石能作鼓声。

## 屿

白屿，在翔风里十三都，周广四里，同邑东西二溪之水夹流而行，由是屿入海。屿两头昂起，状如双鲤朝天，中间低伏，望之若与海平，有清泉一泓，渔人常于此汲焉。

大嶝屿，在厅南翔风里十六都，周广十里，多村落。屿之西与十四都交界，有沙线在海中，号"东粮线"，广袤二三里，潮则没，汐则现，多产海错，以资民食，故谓之"粮线"。

小嶝屿，在大嶝东，宋邱钓矶家于此，下有品泉，一名"仙人井"。又有石天然，方二尺，琢为棋局，中道镌"万几分子路 一局笑颜回"，逾局稍西，钓矶在焉。又东半里许，为钟山，宋时有章法寺，今废。

浯洲屿，在大海中，距厅治六十里，明金门千户所也。《闽书》："地广袤五十余里，民业渔盐，士笃诗书，科目为盛。"临海有石镌字云："金门外，谷神完，贼舟泊，谁有生还？"明俞大猷守金门，题其石曰"虚江啸卧"。其门人杨宏举继治于兹，命构亭曰"啸卧亭"。旁有宝月庵，上有太武山。山有十二胜：曰太武岩，曰玉几案，曰蘸月池，曰眠云石，曰偃盖松，曰跨鳌石，曰石门关，曰古石室，曰蟹眼泉，曰倒影塔，曰千丈壁，曰一览亭，士大夫多题咏。上有海印室。其南又有南太武，特立海中，昔人有"要知海印分明处，一点青山下大江"之句，为人传诵，惜失其名。太武之南为太文山,为双山,二山大小突兀,形若双乳。大山面结平林诸乡,小山南为后浦。金门又有虎山,伏如伏虎,与青屿狮山相对,俗呼"五虎朝狮"①。转而西南,三山突起,圆若连珠,其大者如龟,左右二山,会绕如蛇,名曰"金山"。

变山,亦海岛也,将雨则现,暗则隐海中。礁石潮退时,露马迹。

夹屿,周围五里,在金门、大小嶝之间。

烈屿,在浯洲之东②,居民多业渔盐。屿前有牧祠,有军营;屿后有马寨,有草堂。相传唐监察柳冕置万安牧监处。

槟榔屿,与小担相望,以形似名。

虎仔屿,在烈屿、大担之间,皆水师分汛处。

## 川

莲溪,在厅东十里,发源鸿渐山,自民安里萧外村,经蔡塘;又一发源东大帽山,经长兴、同禾二里,合于林溪、宝溪,经昆岭、登连与蔡塘会流,至董水村,过通济桥,东入于海③。

小崎温泉,在民安里十一都,一在田中,一在地岸,皆从石中流出,大旱不涸。天然石池,不假修砌。

蟹眼泉,在浯洲太武山上。

龙井泉,在浯洲贤聚乡。

华岩泉,在浯洲城南门外。

将军泉,在浯洲前水头金龟尾。

洪前盐泉,在翔风里。《方舆记要》:"在厅东南十三都东山浮洋中,海潮所不到。每风日晴明,辄有小盐自沙土流出,乡人因取而淋之,可煎成盐。"

---

① 伏如伏虎,疑应为"状如伏虎"。
② 烈屿应在浯洲之西。
③ 发源于大帽山,流经长兴里的溪流,汇入同安东溪;汇入莲溪的只流经同禾里。"东入于海"应是东南入于海。

侯山龙潭，在同禾里六都。

饮马池，在出米岩山麓，大可五六尺，深仅尺许，虽旱不涸。相传宋幼主驻跸时，曾于此饮马。

许坑湖，在金门城东门外，今为总镇，畜鱼以供武庙祭祀。

安岐湖，一名"湖尾湖"，在金门古湖保。

东店湖，原名"东湖"，在金门阳田保翟山后，今沙压殆尽。

七尺湖，一名"田央湖"，在金门阳田保。

湖头湖，原名"白湖"，在金门仓湖保白石山坡，今废。

按，马家巷山环水聚，天然都会。其山蜿蜒曲折，自小盈岭右旋则拱会山、出米岩、大帽山、白云山，层叠顿伏。由施坂折七里山，过路山、曾林至塘仔头，平衍突起，为石茂山，铺毡而下，以结厅治。治右为印斗山，迄内垵；治左为卧龙、马头至于庐山，有金山、五营、普陀、双髻，以为南面之案。自小盈左峙为鸿渐、三魁、鹊山、香山、磨山、乍画山、东山，至于海，界南安之莲河①。海中门户则有丙洲、白屿、槟榔、虎仔、烈屿、浯洲、变山、夹屿、角屿，森罗于烟波森茫之中。其水则东北小溪有九②：一自香山北，流经蔡塘；一自茶山经黄厝，至横溪；一自九都老岭，经内头；一自小盈，经后垵，均自岭下溪；一自覆鼎东，经沙溪、官塘社后；一自覆鼎西，经西塘保塘头社后；一自杏坑，经店头汛赵岗社后；一自出米岩，经官路下社前；均至内田溪。岭下、内田，均至溪尾合流董水，过通利桥入海。以上诸溪潦溢晴涸，源无常流。至同禾里之锄山、宅吴、新圩、山岬、施王五保之水，俱经郭山后大溪，即同邑东溪之源，与三忠宫溪，上由郭山前，下底龙窟桥，皆分界之水也。治后孔沟，本系干溪，下底内田。治右林柄亦无长流，下达内垵。此其大概之可指者。

---

① 三魁应在小盈岭右侧。
② 九溪只写八溪，少一条，自白云山西，经桂林、七里，至赵岗社西的小溪。

# 卷之三

## 水　利

周官设稻人,董治水利,以资民用,有备所以无患也。厅治原同邑东界,昔人谓不患潦而患旱。泉坝陂塘,载诸邑乘,为问今之枯涔涸辙,厅属中尚有由旧乎。有志兴复者,追寻而濬瀹之①,则三里皆沃壤矣。志水利。

### 民安里

垅钩塘,在马巷新建天后庙右畔,为蓄注之所,居民每以午节斗龙舟于此,灌田二十余石种。县志作"垅交"。

漏塘,在马家巷东边,私垦殆尽。

观音塘,在马家巷通利庙边上,在观音亭,灌田石余种。

日月池,在石茂岗下。

林塘,在十一都古安乡,灌田六石余种。

西塘,在八都许家乡前,灌田四十五石种。

缺塘,在八都莲塘下,灌田二十五石种。

可塘,在八都溪上乡,灌田十六顷。

莲塘,在八都莲塘乡,灌田二顷四亩。

白文塘,在八都,填塞殆尽。

塘头塘,在九都柯厝乡前,灌田三十余石种。

蔡宅塘,在九都施家乡前,灌田二十三石种。

官塘,在九都官塘乡,灌田十六顷。

---

① 濬瀹:疏通水道,使水流畅通。

陈塘，在十都达家乡，灌田二十顷。

塘边塘，在十都李家乡尾，灌田五十余石种。

西林塘，在十都柳家乡外，灌田五石五斗余种。

萧垅塘，在十都王家乡前，灌田十六石种。

东园塘，在十都张家乡外，灌田十五石种。

苏塘，阔六丈六尺，深五尺，灌田十一顷。

叶塘，阔七丈六尺，深五尺，灌田二十八顷。

蒋家塘，阔八丈，深六尺，灌田二十九顷五亩。

史林塘，阔七丈二尺，深五尺，灌田二十六亩。

弥塘，阔五丈四尺，深五尺，灌田十五顷八亩。

界头洪塘，阔五丈，深五尺，灌田十六顷七亩。

续后洪塘，阔五十丈，深二丈。

续后院塘，阔四十丈，深二丈。

以上诸塘俱存。

小鲲塘，阔六丈三尺，深五尺，灌田八顷。

张塘，阔七丈四尺，深四尺，灌田地一十一顷一亩。

庄门前塘，阔五丈，深五尺，灌田二顷。

杜门塘，阔二丈，深五尺，灌田四顷。

禾里塘，阔五丈，深五尺，灌田四顷五亩。

以上五塘俱废。

## 翔凤里

林头陂，深四尺余，现存。

浦园塘，深五尺余。

竹浦、林厝前塘，阔七丈，深五尺，灌田三十顷，二塘现存。

马陂，阔四丈三尺，深四尺，灌田七顷。

宋陂，阔四丈，深五尺，灌田二十二顷。

吴陂，阔三丈九尺，深四尺，灌田四顷八亩。

以上三陂废。

信塘,阔七丈九尺,深六尺,灌田二顷二亩。

南塘,阔七丈三尺,深五尺,灌田七顷一亩。

盈塘,阔八丈,深五尺,灌田二顷二亩。

庄塘,阔七丈七尺,深五尺,灌田二顷。

白牛塘,阔六丈三尺,深五尺。

吴塘,阔一丈七尺,深五尺,灌田一顷二亩。

王塘,阔五丈五尺,深四尺八寸,灌田七顷。

牛尾塘,阔四丈,深二尺余,灌田四十顷。

孙辇塘,阔一丈六尺,深二尺七寸,灌田三顷。

上九塘皆废。

仙人井,在小嶝屿,三石如品字,泉涌其中,潮来则没,汐则清甘。

将军井,在崎头白屿。国朝施琅造战舰时,祈祷得甘泉,砌以石。

## 同禾里

道士坝,在七都新墟,灌田二百五十余石。塘现存。

僧坝,在七都坛头乡东岸,现被水冲坏。居民就坝内垦田六石余种,并无征粮。

龚陂,阔四丈八尺,深五尺,灌田三十五亩。

钟陂,阔六丈三尺,深四尺,灌田四十五亩。

李陂,阔四丈九尺,深五尺,灌田三十五亩。

曾陂,阔三丈九尺,深四尺,灌田二十四顷。

葛陂,阔四丈七尺,深六尺,灌田七十顷。

上五陂俱废。

洪坑陂,阔一十丈,深六尺,灌田二十四顷。

慈氏塘,阔六丈九尺,深五尺,灌田一顷三亩。

林塘,阔六丈,深五尺,灌田五顷二亩。

枣林塘,阔七尺,深六尺,灌田一十五顷三亩。

洪官塘,阔一十三丈,深一丈,灌田七十顷五亩。

郑塘,阔七丈二尺,深六尺,灌田七顷一亩。

苏塘,阔三丈九尺,深五尺,灌田一顷七亩。

承天上塘,阔六丈五尺,深五尺,灌田一十九顷三亩。

东洪塘,阔七丈五尺,深五尺,灌田一十五顷三亩。

崎坑塘,阔八丈四尺,深五尺,灌田五顷三亩。

莲塘,阔四丈五尺,深四尺,灌田一十四顷。

鹿苑塘,阔六丈九尺,深五尺,灌田五顷。

枣塘,阔九丈,深七尺,灌田一十八顷。

掘巷塘,阔十二丈,深八尺,灌田三十顷六亩。

侯塘,阔八丈二尺,深六尺,灌田二十顷二亩。

莲塘,阔十二丈,深九尺,灌田四十顷。

苏厝塘,阔十丈,深六尺,灌田一十顷。

李塘,阔九丈,深七尺,灌田一十顷。

承天下塘,阔九丈二尺,深六尺,灌田一十三顷三亩。

樟塘、排塘,二塘,明万历间刘崇爵筑,共灌田一百三十亩,有记。

上二十一陂塘俱废。

沈井,在六都沈井乡大路边,大旱不竭,足资汲取灌溉。

## 埭

山崎埭,在民安里。

内安埭,在民安里。

浦南埭。

新埭。

刘五店埭。

湖头埭，在翔风里十三都。

吴埭。

傅埭。

董水埭。

长春庄埭，在翔风里十四都。

后浦埭。

浦头埭。

## 桥　梁

翁墓桥，在马家巷，水口关钥之要，建于前明。国初废，里民黄世斌鸠工重建，桥侧有叶道士墓，俗呼道士为翁公祖，故桥以此名。

石步桥，在民安里八都，去府署十里许。

通济桥，在民安里十都董水溪，去府署二十里。宋庆历元年始创。淳熙间，僧善应修。泰定三年，敬斋乐礼公重新。高一丈八尺，广一丈，长一百八十九丈。万历癸卯八月，飓作石漂，蔡云程重修。今废。

五版桥，在民安里九都造店乡，傍有三榕，荫可数十丈，为东南行李孔道。

宏济桥，在翔风里十五都，去府署二十里。宋建隆初，叶侃始甃石为路，遇港架桥。乾道中，僧崇寿修未就。淳熙间，僧慈震成之。潮退，石礁摄屉可涉，港中桥依然横亘。

利便桥，在翔风里汪厝港。乾隆辛巳年，邑侯邹召南倡造，举人郭英、乡人郭治显等鸠金共建。

便安桥，在同禾里沈井铺，去府署八里。《通志》初名"五马桥"。嘉靖乙未圮，知县叶允昌修，更今名。万历三十五年，通判陈钦福修。复圮，邑人陈廷佐重修。国朝康熙二十五年，施俊复修。明林希元记："同安负山襟海，上达京国，下通百粤，七泉之巨邑,南北之要冲,孔道也。去沈井五里而近,地曰坝山,有溪一带,横溪为桥,以渡行人。郡守经之,因名五马桥。据溪上流,受谿涧诸流之委□,□□遭雨潦则猛湍,冲决击啮,故恒善坏。其路逶南而北折,而东行道污焉。乙未冬,适桥圮,邑侯后林叶公,顾而叹曰:'善坏弗安,行迂弗便,弗安弗便,其曷善政。'乃相地势移道自南,在属之东,去其环折,移桥于下流,以避汛湍。为梁三接,厥途孔迩,厥桥孔硕。侯顾而乐曰:'迩则弗迂,弗迂则便。硕则弗坏,弗坏则安。'乃更名'便安'。于是,耆民某辈相率以记,请次崖。林子曰:'吾于斯桥而知侯之政矣。'昔先王经理天下,城邑、山川、井野、市里罔弗条悉,至于桥梁、道路,亦罔或后。然则非政之所先而可以观政也。侯制百里之命,僚佐弗具,政事如猬毛,人将日给不暇而顾若无事,于桥梁、道路,尤有余力焉,可谓难矣。侯讳允昌,字某,别号后林,浙之慈溪人。"

吏房科吏翁春录

# 卷之四

## 赋 役

任土作贡,经费良多。圣朝永不加赋,含哺鼓腹,歌咏太平久矣。顾生齿日繁,自奉文确查实数,弹丸三里增至三千七百九十余名目。濒海居民,鱼盐逐末,抗欠成习。漏于下,何以不损于上?剔奸厘弊,厥惟首务哉。志赋役。

### 金门原征田地亩数

一则,官三斗下田地五顷六十二亩四分七厘一毫五丝一忽一微。

每亩征银五分七厘五毫四丝九忽八微六纤八沙。

该征银三十二两三钱七分一毫六丝一忽二微一纤一沙八尘一埃二秒。

一则,官三斗上田地七分七厘四毫三丝三忽。

每亩征银一钱一分八厘二毫四丝八微二纤七沙。

该征银九分一厘五毫五丝七忽四微一纤九沙五尘七埃九漠。

一则,官七斗职田地三亩一分五厘二毫四丝九忽五微。

每亩征银一钱七分九厘一毫五丝三忽三微五纤三沙六尘四秒六漠。

该征银五钱六分四厘七毫八丝五纤一沙四尘七埃一秒七漠。

一则,匀派本色征料①,差增民户田地一十七顷七十亩三分五厘六毫六丝四忽八微。

---

① 本色:原定征收的实物田赋称本色,如改征其他实物或货币,称折色。《明史·食货志二》:"于是谓米麦为本色,而诸折纳税粮者谓之折色。"清代承用之。

每亩征银八分五厘三毫四丝五微二纤二沙四尘一埃九秒。

该征银一百五十一两八分三厘一毫六丝一忽二微八沙二尘六埃九秒七漠。

每亩征本色米六合七勺七撮五圭三粟七粒二黍。

该征本色米一十一石八斗七升四合七勺三抄三撮七粟三粒三黍。

一则,不派本色征料,折差增民户田地二十八亩六厘三毫三丝二忽五微。

每亩征银八分九厘三丝一微二纤八沙一尘九埃六秒。

该征银二两四钱九分九厘一丝五忽六微三沙一尘二埃五秒二漠。

一则,匀派本色盐户征料,增十分差三盐田地一顷四十九亩九分七厘八毫五丝八忽三微。

每亩征银五分六厘一毫七丝八忽一微五纤一沙五埃。

该征银八两四钱二分五厘五毫一丝九忽四微九纤三埃九秒。

每亩征本色米二合一抄二撮二圭五粟一粒九黍。

该征本色米三斗一合七勺九抄四撮六圭八粟八粒六黍。①

一则,不派本色盐户征料,增十分差三盐田地三顷七十三亩五厘四毫六丝三忽。

每亩征银五分八厘六丝三忽六纤一沙五尘一埃七秒。

该征银二十一两六钱六分六毫九丝一忽六纤五沙五尘一埃二秒。

一则,不派本色盐户征料,增十分差一盐田地一百三十七顷八十三亩九分一厘五毫四丝五忽九微。

每亩征银五分二毫九忽八微六纤七沙一尘九埃五漠。

该征银六百九十二两八分八厘五毫六丝四忽五微七纤一沙五尘三埃九秒九漠。

---

① 九抄,原版"九秒"。

一则，渡头官海米折田地一亩七分六厘三毫三丝九忽三微。

每亩征银五分七厘五毫四丝九忽八微六纤八沙。

该征银一钱一厘四毫八丝三忽三纤四沙三尘八埃二秒一漠。

一则，新垦官三斗下田地三顷二十五亩五分五厘一丝二忽。

每亩征银七分三厘七毫八忽七微二纤五沙三埃七秒。

该征银二十三两九钱九分五厘八毫八丝七忽四微九纤一沙七尘四埃三秒二漠。

一则，新垦官租下田地三十七亩四分一厘八毫二丝。

每亩征银二分一厘四毫三丝四忽三微七纤四沙五尘九埃一秒。

该征银八钱二厘三丝五忽七微一纤五沙三尘二埃九漠。

一则，新垦匀派本色征料，差增民户田地一十七亩八分六毫六忽五微。

每亩征银八分五厘三毫四丝五微二纤二沙四尘一埃九秒。

该征银一两五钱一分九厘五毫七丝八忽八微八纤九沙三尘二埃六秒六漠。

每亩征本色米六合六勺七撮五圭三粟七粒二黍。

该征本色米一斗一升九合四勺三抄四撮八圭四粟三粒四黍。

一则，新垦不派本色征料，折差增民户田地九亩七分二厘六毫四丝。

每亩征银八分九厘三丝一微二纤五沙一尘九埃六秒。

该征银八钱六分五厘九毫四丝二忽六微三纤八沙八尘八埃五秒六漠。

一则，新垦匀派本色盐户征料，差增十分差三盐田地三亩七分一厘七毫四丝二忽九微。

每亩征银五分六厘一毫七丝八忽一微五纤一沙五尘。

该征银二钱八厘八毫三丝八忽二微八纤七沙八尘七埃九秒七漠。

每亩征本色米二合一抄二撮二圭五粟一粒九黍。

该征本色米七合四勺八抄四圭三粟六黍。

一则,新垦不派本色盐户征料,增十分差三盐田地四顷二十一亩七厘四毫三丝八忽四微。

每亩征银五分八厘六丝三忽六纤一沙五尘一埃七秒。

该征银二十四两四钱四分八厘八毫六丝七忽八微六纤一沙四尘二埃四秒九漠。

一则,新垦不派本色盐户征料,增十分差一盐田地一十三亩五分七厘九毫三丝八忽四微。

每亩征银五分二毫九忽八微六纤七沙一尘九埃五漠。

该征银六钱八分一厘八毫一丝七忽四微二纤八沙六埃三秒三漠。

一则,新垦匀派本色征料,增民户田地九十亩六厘一毫一丝一忽二微。

每亩征银四分六厘九毫三忽八微三纤七尘七埃四秒六漠。

该征银四两一钱五分一厘二毫六丝一忽六微五纤五沙九尘三漠。

每亩征本色米六合七勺七撮五圭三粟七粒二黍。

该征本色米六斗四合八抄八撮二圭五粟九粒一黍。

一则,新垦不派本色征料,增民户田地三十三亩六分九厘七毫五丝九微。

每亩征银四分九厘七毫八丝三忽四微三纤八沙六尘六埃一秒六漠。

该征银一两九钱五分六厘五毫八丝五微三纤八沙三埃六秒七漠。

一则,新垦官折寺田地四分二厘一毫八丝。

每亩征银一钱二厘六毫二丝一忽九微一纤三尘九埃五秒。

该征银四分三厘二毫八丝五忽九微二纤一沙八尘四秒六漠。

雍正八年报垦，雍正十三年分起科项下。

一则，新垦不派本色征料，折差增民户田地二分二厘五毫。

每亩征银八分九厘三丝一微二纤八沙一尘九埃六秒。

该征银二分三丝一忽七微七纤八沙八尘四埃四秒一漠。

一则，新垦不派本色盐户征料，增十分差三盐田地三十五亩三分六厘九丝五忽一沙二尘。

每亩征银五分八厘六丝三忽六纤一沙五尘一埃七秒。

该征银二两五分三厘一毫六丝五忽一纤五沙一尘四埃九秒五漠。

雍正十一年报垦，于乾隆三年分起科项下。

一则，新垦匀派本色征料，增民户田地一亩五分一厘九毫三丝一微五纤四秒。

每亩征银四分六厘九丝三忽八微三纤七尘七埃四秒六漠。

该征银七分一厘二毫六丝一忽六纤二沙三尘七埃七秒五漠。

每亩征本色米六合七勺七撮五圭三粟七粒二黍。

该征本色米一升三勺六抄九撮八圭五粟二粒。

一则，新垦不派本色盐户征料，增十分差三盐田地二十亩二分七厘三毫九丝八忽七微。

每亩征银五分八厘六丝三忽六纤一沙五尘一埃七秒。

该征银一两一钱七分七厘一毫六丝九忽八微四沙二尘八埃五漠。

共田地一百七十六顷八十三亩九分六厘一毫九丝八忽五微五纤五沙二尘。

共征银九百七十一两二分七厘一毫五丝三忽六微一纤八沙八尘六埃七秒七漠。

### 奉文匠班就于田粮项下匀征

每两匀银一毫六丝一忽一微六纤。

该征银一钱五分六厘二毫八丝九忽五微四纤二沙五埃一秒四漠。

## 奉文匀丁

民户男子成丁六十八。丁六分五厘五毫三忽。每丁征银三钱二分八厘五毫一丝七忽一微八纤四沙八秒九漠。

该征银二十二两五钱五分四厘三毫五丝七忽六微八纤四沙八秒九漠。

盐户男子成丁四百九十七。丁六分七厘九毫七丝八忽六微。

每丁征银四分九毫九丝六忽三微四纤。

该征银二十两四钱三厘五丝四忽三微一纤九沙六尘六埃七秒六漠。

食盐课五百九十口。

每口征银一分六厘三毫二丝三忽。

该征银九两六钱三分五厘七丝。

通共正征并新垦升科地丁,匀征匠班共额银一千二十三两七钱七分一厘四毫二丝五忽一微六纤四沙五尘九埃五秒六漠。

共征本色米一十二石九斗一升七合九勺。

折谷二十五石八斗三升五合八勺。

同安县册送分管三里田产亩数：

一则,官折寺田地一十四顷二十三亩一分九厘。

每亩征银一钱三厘六毫二丝一忽九微一纤三尘九埃五秒。

该征银一百四十六两五分。

一则,官七斗职田地六十三亩六分。

每亩征银一钱七分九厘一毫五丝三忽三微五纤三沙六尘四秒六漠。

该征银一十一两三钱九分四厘。

一则,匀派本色征料,差增民户田地四百五十一顷三十二亩一厘八分。

每亩征银八分五厘三毫四丝五微二纤二沙四尘一埃九秒。

该征银三千八百五十一两五钱九分。

每亩征本色米六合七勺七撮五圭三粟七粒二黍。

该征本色米三百零二石七斗二升四合七勺。

一则,不派本色征料,折差增民户田地三十四顷五十六亩五分一厘五毫。

每亩征银八分九厘三丝一微二纤八沙一尘九埃六秒。

该征银三百七两七钱三分四厘。

一则,匀派本色盐户征料,增十分差三盐田地一十六顷六十一亩三分四厘。

每亩征银五分六厘一毫七丝八忽一微五纤一沙五埃。

该征银九十三两三钱三分一厘。

每亩征本色米二合一抄二撮二圭五粟一粒九黍。

该征本色米三石三斗四升三合。

一则,不派本色盐户征料,增十分差三盐田地六十二顷三十亩八分七厘五毫。

每亩征银五分八厘六丝三忽六纤一沙五尘一埃七秒。

该征银三百六十一两七钱八分四厘。

一则,不派本色盐户征料,增十分差一盐田地一十一顷二十四亩四厘。

每亩征银五分二毫九忽八微六纤七沙一尘九埃五漠。

该征银五十六两四钱三分八厘。

一则,征料,折增无征田地一十九顷三十二亩二分五厘。

每亩征银四分六厘二毫八丝一忽八微三纤八沙八尘六埃六秒。

该征银八十九两四钱二分八厘。

一则,新垦官三斗下田地三十一亩八分一厘。

每亩征银七分三厘七毫八忽七微二纤五沙五尘三埃七秒。

该征银二两三钱四分五厘。

一则，新垦匀派本色征料，差增民田地二顷七十亩六分二厘七毫。

每亩征银八分五厘三毫四丝五微二纤二沙四尘一埃九秒。

该银二十三两九分九厘。

每亩征本色米六合七勺七撮五圭三粟七粒二黍。

该征本色米一石八斗一升五合二勺。

一则，新垦不派本色征料，折差增民户田地二十亩六分二厘。

每亩征银八分九厘三丝一微二纤八沙一尘九埃六秒。

该征银一两八钱三分六厘。

一则，新垦匀派本色征料，增民户田地四十四亩三分三厘。

每亩征银四分六厘九丝三忽八微三纤七尘七埃四沙六漠。

该征银二两四分三厘。

每亩征本色米六合七勺七撮五圭三粟七粒二黍。

该征本色米二斗九升七合三勺。

一则，新垦不派本色盐户征料，增十分差三田地一顷三十六亩八分九厘。

每亩征银五分八厘六丝二忽六纤一沙五尘一埃七秒。

该征银七两九钱四分八厘。

一则，新垦匀派本色征料，增民户田地一顷五十亩八分四厘一毫。

每亩征银四分六厘九丝三忽八微三纤七尘七埃四秒六漠。

该征银六两九钱五分三厘。

每亩征本色米六合七勺七撮五圭三粟七粒二黍。

该征本色米一石一升一合八勺。

## 奉文匀丁

民户男子成丁一千七百七十三丁。

每丁征银三钱二分八厘五毫一丝七忽一微九纤四沙。

该征银五百八十二两四钱六分一厘。

盐户男子成丁三百三十四丁。

每丁征银四分九毫九丝六忽三微四纤。

该征银一十三两六钱九分三厘。

食盐课一千九百五十五口。

每口征银一分六厘三毫二丝三忽。

该征银三十一两九钱一分一厘。

匀匠银七钱九分九厘。

通共正征地丁银五千五百九十两八钱三分三厘。

共征本色米三百九石一斗九升二合。

折谷六百一十八石三斗八升四合。

连原征金门,共正征地丁银六千六百一十四两六钱四厘。

连原征金门,共本色米折谷六百四十四石二斗一升九合八勺。碾给同安营兵米之用。

## 附征泉州卫

本折色屯田二顷五十三亩一分四厘二毫八丝九忽。内。

本色折价田一顷六十三亩五分一厘三毫,每亩科米一斗九升二合四勺四抄七撮二圭四粟五粒一黍,共征本折色价米三十一石四斗六升七合六勺三抄。

每石原编折色价银五钱二分五厘一毫七丝四忽二微五纤一沙。

共征银一十六两五钱二分六厘。

本色田八十九亩六分二厘九毫八丝九忽。

每亩征本色米一斗九升二合四勺四抄六撮九圭六粟。

共征本色米一十七石二斗四升九合。

屯丁一十一丁。

每丁征银三钱一分八厘四毫三丝六微六纤九沙。

共征银三两五钱零三厘。外。

雍正七年,开报溢额银五分四厘。

共征屯丁银三两五钱五分七厘。

以上泉州卫屯田屯丁,共征银二十两八分三厘。共征本色米一十七石二斗四升九合。

## 附征永宁卫

本折色田共九十四亩四分五厘一丝。内。

折色田三十七亩九分三厘九毫一丝。每亩征米二斗一合三勺四抄三撮二圭六粟八黍。

共征折色米七石六斗三升八合七勺八抄二撮三圭七粟八粒九黍七稷八糠八粃。

每石原编折色银三钱五厘八毫七忽五微一纤七沙五尘一埃五秒。

共征银二两三钱三分六厘。

本色田五十六亩五分一厘一毫。

每亩征米二斗一合三勺四抄二撮九圭五粟。

共征本色米一十一石三斗七升八合。

屯丁六丁。

每丁征银三钱一分八厘四毫三丝六微六纤九沙。

共征银一两九钱一分一厘。

金门地丁正银一千零二十三两七钱一分一厘。

耗羡银一百二十二两八钱五分二厘零。

渔课银一百两零六钱二分八厘。内六钱二分八厘系每年发交同安县,不征耗羡。

耗银一十二两。

渡税银一十一两七钱七分五厘。

耗银一两四钱一分三厘。

盐折银一百四十两六钱七分六厘。

河工银四两六钱三分一厘。

普育银一两四钱零四厘。

解费银四两二钱二分。

水脚银一两四钱零四厘。

盐灶丁银四钱三分三厘。每年缴发同安县汇解。

马巷三里地丁,正银五千五百九十两八钱三分三厘。

附征耗羡银六百七十两零八钱九分九厘九毫六丝。

寺租银七十三两八钱一分九厘。

耗银八两八钱五分八厘。

屯丁银五两四钱六分八厘。随征耗银六钱五分六厘一毫六丝。

屯折银十八两八钱六分二厘。随征耗银二两二钱六分三厘四毫四丝。

盐折银八十八两五钱七分八厘。

河工银二两八钱八分七厘。

普育银八钱八分四厘。

解费银二两六钱四分。

水脚银八钱八分六厘。

渔税银六十四两七钱一分一厘一毫。年无定额,另款批解,不入附征渔课。

渡税银四两七钱一分。

耗银五钱六分五厘二毫。

当税银每间五两,四十一间,共二百零五两。

旧管金门九间,共四十五两。

税契银无定额。

猪牛牙税银,猪牙税一两一钱二分五厘,牛牙税三两。发同安县汇解。

额征晋江县秋粮谷四千七百六十四石三斗二升三合。

附征耗羡谷三百八十五石八斗四升四合四勺。抵养廉。

三里秋粮谷六百一十八石三斗八升四合。

附征耗谷七十四石二斗零六合零八抄。

三里屯谷五十七石二斗五升四合。附征耗谷六石八斗七升零四勺八抄。

原征泉州永宁二卫屯米一千二百七十一石三斗九升三合一勺，于雍正十三年奉文，以乾隆元年为始，将屯粮改归晋江县征追。今只征晋江秋粮，碾奉兵米。

金门秋谷二十五石八斗三升五合八勺。

耗谷三石一斗零二勺。

按，历来庸租、身调、差役免役、一切杂徭，扰民极矣。自丁归于粮，尽扫其弊。定例四月完半，十月全完，令民赴柜投封，裁里长图差名目。

圣朝所以恤民者，法已尽善。乃闽省各属犹存乡征，或请委员分收，或吏书持串下乡。由小民僻处偏远，惮赴城市，虽曰便民，已为非例，官从民便而顽抗如故。三里向属同邑，积习拖欠，三年带征，官长亲临，公然躲避；书差催呼，抢票殴辱。食租衣税，累比差役，不得已而移那①，奏销则愈视为可缓。绅士犹然，编户可知。昔试宰江西，见有纸皂滚单，单首立限，不烦催科之苦，欲举以为法，无如习俗各异。乡老不能约束族人，子弟亦不遵其教令，并不知有朝廷维正之供者，流弊伊于胡底，书之以示惩，实以示劝也。

## 户　口

乾隆四十年，金门十保民户男妇大小丁口，共六万零六百二十三丁口。

---

① 移那：今作移挪。

同安县册报民屯户共一十万一千六百三十丁口。乾隆四十一年，新编共增民屯户，成丁男妇一千八百二十七丁口。

幼丁一千九百五十五丁口。

屯户成丁五丁口。

幼丁十一丁口。

开除民户成丁九百九十七口。

幼丁一千三百七十六口。

屯丁成丁一丁口。

幼丁二丁口。

实在民屯户成丁，共一十六万三千六百九十三丁口内。

土著成丁男妇一十万八千零四十丁口。

幼丁男女五万五千一百九十二丁口。

屯丁成丁男妇一百八十七丁口。

幼丁二百七十四丁口。

汪厝、海头、大嶝、蔡后四埕均入民户，派载晒丁。

乾隆四十一年，浯洲、烈屿二场，户口共一万二千九百八十八口内。

男三千六百三十一名。

妇二千八百三十九名。

幼男四千一百六十名。

幼女二千三百五十八名。

## 积　贮

旧管郡城广平仓，筹议监谷二千四百二十五石，系雍正三年奉文，由府拨贮，春夏秋冬，买补还仓。

常平仓贮谷三千石，旧在金门署左。乾隆四十年奉文，变价移建马巷署右。以运谷脚费无着，碾米代放。厦仓应放金门两营兵米,以厦仓应贮台湾谷,饬船户运交马巷仓收贮;遇放同安营兵米,预借碾给,征收还仓。

## 秋屯仓

征收三里秋屯谷,秋冬两季,碾放同安营兵米。

平粜之年,由同安县拨运,厅设厂开粜,价归县买补,照原文办理。

## 兵 糈

陆路提标中营防府兵,米四百六十六石二斗。

左营防府兵,米四百六十六石二斗。

前营防府兵,米二百五十三石八斗。

泉州城守营防府兵,米一百四十六石二斗三升二合一勺。

分防安海汛兵,米五百六十三石四斗。

金门镇标左营,分防晋江县属法石等汛兵,米三百六十石。

金门镇标右营,分防晋江县属围头汛兵,米一百二十六石。

同安营兵,米三百五十石七斗三升六合九勺 内。

三里内,新圩、店头二汛,额兵一百五十六名,派支米二百八十石八斗。尚剩米六十九石九斗三升六合九勺,依照水师闽安协营之例,该营派拨弁兵,自赴领运,回营分给。

# 社 谷

旧管金门十保,社谷本息六百零九石五斗六升四合九勺。

同安县分割三里,本息社谷一千八百五十六石七斗二升一合五勺。马巷、新圩二社,经县解交,尚存县仓一千二百一十九石四斗零八合未解交。乾隆四十一年奉文,粜金门十保息谷一百九十六石六斗八升四合九勺;三里息谷四百一十石五斗六升一合五勺,变价易银解司。

实贮金门十保社谷四百一十二石八斗八升。

三里社谷四百八十三石零六升四合。

后浦保社长林德老,谷三十五石。

古湖保社长李世远,谷七十五石四斗四升。

琼山保社长许志祥,谷二十七石四斗。

刘浦保社长陈端,谷五十石。

烈屿保社长洪永顺,谷六十五石零四升。

古贤保社谷四十石。

仓湖保社谷三十石。

汶沙保社谷三十石。

阳田保社谷三十石。

大小嶝保社谷三十石。

马巷社谷三百零三石四斗零九合七勺五抄。

贮于生员陈捷魁处。

新圩社副苏元利,谷一百七十九石六斗五升四合二勺五抄。

存同安县仓未据解交,社谷九百六十三石零九升六合。

# 经　费

## 通　判

俸银六十两。由晋江县解送。

养廉银旧五百两,以乾隆四十一年移驻,增银二百两。

府仓征谷耗羡,折米易银二百八十五两八钱四分四厘四毫四丝四忽四微。

南安县凑解银二百一十四两一钱五分五厘五毫五丝五忽。四十二年奉文,以分割同邑征收耗羡足敷通判,毋庸南安再行凑解。

三里地丁粮谷耗羡内支银二百两。

养廉内,每年解。

捐助银七两。

报资银十六两,南安县米耗内,扣解司库。

门子二名,一十二两四钱。

轿、伞、扇夫七名,四十三两四钱。

广平仓斗级一名,六两二钱。

皂役十二名,七十三两六钱。

金门旧管民壮二十名,一百二十四两。

健步八名,四十九两六钱。

以上各役工食,由晋江县解给。

铺司兵二十五名,共银一百六十二两六钱零三厘,由厅征给。又厅前、后铺各一名,共六两二钱四分。由同安县解给。

仵作①一名,六两二钱。

常平仓斗级二名,二十四两八钱。

禁卒四名,二十四两八钱。

库子二名,十二两四钱。

分拨同安县民壮存十二名,七十四两四钱,内拨给府医学工食银二两七钱。

府禁卒工食银九两。

府更夫工食银三两一钱。以上由厅征给。

金门马快②二名,八两七钱二分。由同安县解给。

按,民壮旧管、新拨共三十二名,配腰刀三十二把,鸟枪三十二杆。乾隆四十二年奉文,罢演鸟枪,只习寻常技勇。

## 照　磨

俸银三十一两五钱二分。

---

① 仵作:旧时官府中检验命案死尸的人,工作性质如现代的法医。
② 马快:旧时官署中担任缉捕事务的役吏。

养廉银四十两。

弓兵十九名，三十六两三钱零九厘。

皂隶十二两四钱。以上由厅征给。

囚犯口粮、棉衣等项，奉文，马巷既设有监狱，自应照例支给。详请藩司拨发存公动用，未便归入同安县监之犯报销，按季造册，详送臬司核明，汇册请销。

# 铺　递

厅前铺，铺司兵三名。内二名年工食银一十六两八钱八厘四毫。内一名工食银三两一钱二分，由同安县解给，系就店头、沈井二铺，各汰一名拨充。

三角埯铺，铺司兵二名。无人承充业，详拨厅前一名，下尾店一名兼办。年工食银六两二钱四分。

大路小盈岭铺，铺司兵五名。县东岭铺，下接店头铺。

店头铺，铺司兵四名。年工食银三十三两三钱七分六厘八毫。

沈井铺，铺司兵四名。年工食银三十三两三钱七分六厘八毫。上接店头，下接同县洪塘。以上二铺原额五名，乾隆四十一年，各裁一名入厅前铺。

小路下尾店铺，铺司兵三名。年工食银九两三钱六分。上接小盈岭铺，下接圣林铺。

圣林铺，铺司兵四名。年工食银玖两三钱六分。以上二铺，乾隆二十六年，设四名。乾隆四十一年，各裁一名，设三角埯铺。

刘五店铺，铺司兵四名。年工食银一十二两四钱八分。以上由厅征给，上接圣林铺，下接厦门五通铺。

后浦铺，铺司兵一名。年工食银三两一钱二分，系同安县解给。原设二名，乾隆四十一年，裁一名入厅前。

# 卷之五

## 船　政

府海官山，昔传内政。三里沿海要区，户以渔盐为业，帆樯出没，透漏营私，盖百弊丛生矣。虽盐务不属厅管，而场在厅辖，讵容视同秦越，宽其稽查也。志船政。

刘五店澳，在翔风里，离厅三十里，系水师后营管辖，设澳甲一名，稽查船只。澳内商、渔、渡船、小艇，俱领照票，在厅征税。

澳头澳，在翔风里，离厅三十里，系水师后营管辖，设澳甲一名，稽查船只，领照票，在厅征税。

大小嶝澳，在翔风里，离厅治水程三十里，系水师金门左营管辖，设澳甲一名，稽查船只，俱领照票，在厅征税。

陈坑澳，在翔风里，离厅水程三十里，陆路七十里，系金门右营管辖，设澳甲一名，稽查船只，俱领厅照，在厅征税。

乾隆四十一年奉文，据陈坑、刘五店、澳头、大小嶝四澳，归厅管理稽查，各设澳甲一名。

其大商船梁头一丈以上者，领给关牌厅照，前往奉天、天津、浙江、广东、台湾等处贸易，各赴关征税，编马巷厅新字号。

小商船梁头七尺以下者，领厅照前往南北各港及本省等处贸易，在厅征税，编马巷厅管字号。

小艇梁头五尺以上者，领厅照，在厅属采捕、贸易征税，编马巷厅坑、刘、头、嶝，本澳字号。其梁头三尺上下者，名为讨海，朝出暮归。

小商上则每船征银一两，中则每船征银五钱。

小艇上则每船征银一两,中则每船征银五钱,下则每船征银三钱,小艇有不上征者。

渡船每只征银二两三钱六分。

陈坑、大小嶝縺缉税九钱三分六厘。

刘五、澳头海税四两一钱九分,均附地丁项下批解。其遭风失水,买卖归籍,随时升除。

同安县详送船只。

## 陈坑澳

小商船十五号。内归关一号,中则二号。

小艇上则船五号。

小艇中则船九十八号。

小艇下则船九十五号。

小艇不上征一百三十四号。

## 刘五店澳

大渔船十九号。均归关。

小渔船二号。

小商船八号。内归关一号,中则一号。

小艇上则船九号。

小艇中则船八号。

小艇下则船五号。

小艇不上征十三号。

## 澳头澳

小商船二号。内中则一号。

小艇上则船一号。

小艇中则船六号。

小艇下则船三号。

小艇不上征五号。

## 大小嶝澳

小商船五号。内中则一号。

小艇上则船三号。

小艇中则船八号。

小艇下则船十号。

小艇不上征十四号。

新收归籍船只。

乾隆四十一年

## 陈坑澳

小商上则船十八号。

小商中则船一号。

小艇中则船一号。

小艇下则船三号。

## 刘五店澳

小商上则船六号。内归关一号。

小商中则船二号。

小商下则船一号。

小艇不上征一号。

## 澳头澳

小商上则船一号。

### 大小嶝澳

小艇中则船一号。
小艇下则船一号。

乾隆四十二年

### 陈坑澳

小商上则船八号。
小商中则船二号。
小艇下则船一号。

### 刘五店澳

小商上则船一号。
小商中则船一号。
澳头澳 无。

### 大小嶝澳

小艇下则船一号。

乾隆四十一年三月奉文,渔船出洋为匪,先经定海镇议禀,添刊书篷。随据闽侯、连江三县先后详请,将渔各项大小船只,彻底清厘,编烙给照。又据护海坛镇议请,渔船只许配载舵、水八名、十名,随带小船一只。

经两司会核议请,凡有商船改换渔照者,如梁头在一丈以外,酌定配舵、水十六名;梁头一丈以内者,酌定配舵、水十二名。倘原系渔船及现在报造渔船者,均应照定例,梁头不得过一丈,所配舵、水亦不出一十二名,均只准随带小船一只。各属商、渔,每年于春、冬二汛,渔期产旺之时,定例原准呈请改换渔照出洋采捕,与渔船事同一体。除商船照常贸易者,仍照旧办理外,其有商船请换渔船采捕者,亦照渔船新例,在船篷面背及两旁头尾,分别添刊书写,以臻画一。

又据晋江县请,设循环簿二本,一发澳甲,一发口员,饬将出入船只、船户的实姓名,于某年月日领给某县某字号照票,现装某货,各计若干;报往某处贸易、采捕,管驾某人,保结船户行保某人。临出口时,舵、水有无更换,其有先经出口,今始回籍者,亦令照式填注;并声明前船于某年月日,由某处装载某物入口,逐一填明,循去环来,按月送县互核。倘有违例船只,务即禁阻出口,解县讯究,治以应得之罪,船只入官。并请饬令温、台、福、宁府等所辖各属县,申严私租船只之禁,将此等民人严饬地保查明。有室家者编入保甲;无室家者必须有人保结,方许在地生理。否则概行逐回,俾无赖之徒,无从托足,而海洋自臻宁谧矣。

## 渡　船

同安渡,船二只,自后浦至同安石浔,水途七十里。渡户许兴宅,纳税银二两三钱五分五厘。

烈屿,无设渡税,有底无盖小船二只。船户方统、方庆,各纳船饷银五钱,自后浦至烈屿水途十里。

后浦,渡船二只,自后浦至厦门,水途七十里。渡户许时新,纳税银二两三钱五分五厘。

官澳渡,船四只,自官澳至安海,水途八十里。渡户杨秀顺,纳税银二两三钱五分五厘[①]。

后丰渡,非渡船,系与后浦争渡,只船一只。船户洪万金,纳船饷银一两,均往厦门。

水头渡,非渡船,系与后浦争渡,只船一只。黄汝试自置,备本行洋船接运。船户黄永兴,纳船饷银一两,来往厦门。

---

① 原版作"渡渡户杨秀顺",多一"渡"字,删。

西黄渡,非渡船,西黄至莲濠,水途三十里。船户聪约,纳船饷银一两。

董水渡,船原三只,今只二只。自鸡笤头至董水,水途三十里,至厦门八十里。渡户蔡廉、蔡垣,各纳船饷银二两三钱五分五厘。

刘五店渡,二只。一往五通。船户刘应虬,年征税银二两三钱五分五厘。一往石浔。船户洪随履,年征税银二两三钱五分五厘。

以上各船无工食修费。

内垵渡,船二只,互渡厦门。

唐厝港东畔,渡船二只,一在渡头,名山后陈渡,一名下潭尾渡,互渡厦门。

下潭尾渡,船二只,尚由宝珠屿入同安县之鼎尾渡。

以上渡船六只,俱在厅辖民安里内,因前属丙洲澳,未议拨管。

乾隆四十一年九月初十日,为仰恳圣恩等事,窃照马巷厅分管民安、同禾、翔风三里地方内,有小崎保之丙洲乡,居处水中,大小商、渔船数百只。同安县向立丙洲澳名色,未议拨归厅管。

据县原详,以丙洲上流小溪为界,溪左归厅,溪右属县,界址分明。职因分割伊始,亲行履勘,有溪左小崎保西炉乡、前厝、内垵属厅;民安里窗兜、浦尾、曾吴属厅;同禾里井头、柏头、山后陈、城场属厅;翔风里均附近溪左,此数保船只,谕令归籍换照造报,以便稽查。乃各该船户以系丙洲澳管,向来县无给照验烙,不服稽查,不遵归籍。伏查前列数保,地系厅辖,而小艇又属县管,将来设有失察,接盘偷渡,以及剥载逃盗、匪徒潜行出境等事,咎将谁归。若以地属三里,责成通判,未免向隅。所有溪左之小崎、西炉、前厝、内垵、窗兜、浦尾、曾吴、井头、柏头、山后陈、城场等保,将来如有前项接盘偷渡之案,在厅先既无从稽查,后难代人受过。应请以专管丙洲澳之同安县是问,与通判无涉。

职为地方责成起见,相应据实预为禀明。伏候宪台监察,批示立案。抑将厅辖小崎等各保小船,饬县造册归厅,照例给照稽查,以专责成,统听核示,只遵批府议详。

# 盐 政

浯洲场,晒丁八百零八名;沙美、永安、浦头、南垵、宝林、官镇、田墩共七团垾,四千三百五十四坎;年产盐十一万担。

烈屿场,晒丁二百九十八名;青岐、上林、西方、上库共四团垾,一千一百一十七坎;年产盐三万六千六百担八百十四觔十五两。

## 四 埕

汪厝(附蔡后),年定产额盐一千六百担。

海头,年定产额盐一千三百担。

大嶝,年定产额盐一千一百担。

晒丁一百零八名。

## 六 馆

刘五店,年应销(民、渔)盐五千一百三十五担。

配渔盐四千二百三十担。

销民食盐九百零五担。

澳头,年应销(民、渔)盐一千五百六十九担六十觔。内。

配渔船盐一千零九十四担。

销民食盐四百七十五担六十觔。

马巷,年应销(民、蜊)盐一千担①。

配蜊盐一百担。

销民食盐九百担。

唐厝,年应销(民、渔)盐一千五百九十四。

销民食盐五百担。

董水,年应销盐六百八十六担二十一勺。

新圩,年应销盐七百零六担三十一勺。

库房吏庄萱录

---

① "蜊",《康熙字典》查无此字,不知何意。

# 卷之六

## 学 校

厅治未议设学,童子试附县,廪增仍县,博士弟子员登文武科,则由厅籍结送。青青子衿,集我泮林。跂予望之,书院义学之旧,可听鞠为茂草,不力图维新乎？志学校。

虚舫书院,在城隍庙后,乾隆四十二年,署通判万友正捐建。

舫山书院,在民安里,乾隆十一年,知县张属里中绅士建于通利庙后院。中有杰阁,以祀文昌神,其阁下奉朱子像,士子会文其间。

浯洲义学,在通判署西,旧为县丞署。雍正己未年,县丞卢国泰建。

新圩社学。

马家巷社学。

刘五店社学。

金门社学。

朱文公祠,在金门署右。

金沙书院,即金门旧署,变价建马巷署,金门士民共捐二千余员,以后进五间,书房两间,又三间并两厢,给士子肄业。其二堂花厅、大堂以外,仍为往来厅治之所。

## 书 籍

《上谕》全部。二十四本。

《钦定四书讲义》全部。十二本。

《驳吕留良讲义》。八本。

《大清律续纂条例》。三本。

《钦定科场条例》一部。四本。

《钦定物料价值则例》全部。二本。

《上谕》全部。十本。

《大清律纂修条例》三本。共八本。

《学政全书》二部。共十一本。

《福建通志》全部。四十七本。

《康济录》全部。六本。

《兴禁教养册》。四本。

《保中条款》。一本。

《社仓规例》。一本。

《明季殉节锡谥》。一本。

《圣谕广训》。一本。

《督补则例》一套。二本。

《大清律例》一部三套。共二十四本。

# 卷之七

## 海　防

自郑寇荡平,海道烽烟靖者百数十年。顾厦岛为艨舻所指,烈屿先当其冲,辅车犄角,在金门城,纵横指顾,几席有折冲万里之势,固宜重译梯航莫不来朝。然山海交错,思患预防,专阃之寄,讵可狃于晏安哉。志海防。

金门,在厅东南海中,旧名浯洲屿,明初改今名,置守御千户所。《闽书》:"浯洲屿西连烈屿、中左,南达担屿、镇海,料罗尽其东,官澳极其北。"

金门镇城,在浯洲屿,北阻山,东西南阻海。明洪武二十年,江夏侯周德兴造。周六百三十丈,高二丈五尺,窝铺三十六,为门四,各建楼其上。西南北月城三,城外环以濠,置千户所于此。永乐十五年,都指挥谷祥增高城垣三尺,并砌西北二月城。正统八年,都指挥刘亮、千户陈旺增筑四门敌台。万历二十七年毁。

国朝康熙间重修,设总兵驻扎。

烈屿,在金门镇城南海中。《方舆纪要》:"屿周二十余里,大小山数十,唐时尝置牧马监。此《闽书》与金门隔潮并峙,海上有警,则烈屿先受其锋。"

烈屿城,在二十都,明江夏侯周德兴造为司城,周一百八十丈,基广一丈一尺,高一丈七尺,窝铺四,门一。

峰上城,在金门镇城东。《闽书·汛居》:"浯洲屿最东,其澳曰料罗,同海外大嶝、小嶝、鼓浪屿诸岛相望。"

峰上城,在十八都,明江夏侯周德兴造为司城,周一百九十三丈,基广一丈,高一丈八尺,窝铺四,门一。

田浦城，在十八都，明江夏侯周德兴造为司城，周一百六十丈，基广一丈，高一丈八尺，窝铺四，东西门二。

官澳，在金门镇城北，去峰上二十里。《闽书》："峰上民勇战斗，置精兵其处，倭来必不越而攻官澳，然非官澳则峰上之守亦孤，唇齿相依也。"

料罗，在金门镇城东大海中。《闽书》："料罗处金门极东地，船只往来必经之所，为泉门户。"

明蔡献臣《浯洲建料罗城及二铳城议》："同安海屿，地最而山高者，惟浯洲、嘉禾为最。嘉禾之南，中左之所城也，而洪济为之镇；浯洲东北曰巡检之所綦置，而南则金门之所城也，而太武为之镇。"

嘉禾去邑五十里，一海可乱，而浯洲之西则缘溪入海，行六十里出澳头，而淼乎不见水端矣。其之邑则有金门渡、后浦渡、埔下渡、平林渡、金山港，盐船之董水，则有平林渡；之莲河，则有西黄渡；之安平，则有官澳渡，此皆内海也。其东则外海为澎湖，为东番、琉球诸国，凡夷贼之由泉而南，由漳而北者，必取水而维舟焉。其澳最平深，于北风尤稳，而登岸尤便者，曰"料罗"。故设汛以来，岁勤郡营戍守，汛毕乃归。承平久而戍撤，仅仅浯、铜游春秋汛及之，然亦寄空名耳。癸亥冬，红夷登岸，把总丁赞死之，于是抚镇出二标以戍，而一民居寓兵八九人，大为民苦，未几复散去，而分金门营兵守焉。

本澳有官厅，有妈宫，妈宫之前营房对列，兵居之。近左起一小阜，其下二盘石并入海，大各四五丈；又左则一石山如虹，直亘海中。甲子夏，议建铳台于盘石上。予谓三山横亘，海外澎湖闽南之界石；浯洲、嘉禾泉南之捍门也。曩时，诸夷之风帆犹在旬月之外，自倭奸潜贩东山，而红夷城台湾，寇贼奸宄，渊薮往来，其指同安、海澄间信宿耳。嘉禾、澎湖设将宿兵，贼或未敢遽窥；独浯易而无备，实启戎心。急而图之，不已晚乎？则料罗之城，讵非百年硕画哉。

大嶝，在金门镇城西海中。《方舆纪要》："屿广六七里，西有小嶝，亦海中要地。"①

澳头砦，在厅极南，《漳州府志》："地近江东，距果堂寨一里，船只往来必经之地。"

刘五店砦，在厅东南海滨，往来要地，道路必经之所。

欧厝砦。

青崎山砦。

洪山砦。

西山砦。

牛头砦。

秽林砦。

天宝砦。俱在金门，以上城砦皆明旧，今俱废。

附载万历《府志》："泉郡滨海，绵亘三百里，与外岛为邻，其最险要宜防之地有三。一曰崇武，在惠安之东，北接湄洲与兴化连界，西通泉州大港，东接海洋，南与祥芝对峙，正当泉之上游，海寇入犯首当其冲。一曰料罗，在同安县极东，突出海外，上控围头，下瞰镇海，内捍金门，可通同安、高浦、漳州、广、潮等处，其澳宽大可容千艘。凡接济崔苻之徒，皆识其地以为标准。嘉靖间，倭寇由此登岸，流毒最惨。一曰旧浯屿，在同安极南，孤悬大海之中，左连金门，右通崎尾，水道四通，乃漳州、海澄、同安门户，国初设寨于此最为远虑。至崇武而南有永宁；料罗而上有围头；旧浯屿之北有担屿、烈屿，南有卓岐、镇海，皆海寇出入之路，抑其次也。今汛兵屯崇武、永宁，分哨则獭窟、祥芝、深沪、福全一带有赖；屯料罗、围头，分哨则丙洲、安海、官澳、田浦、峯上、陈坑一带有赖；游兵屯旧浯屿、担屿，巡哨则镇海、岐尾、乌沙港有赖。澎湖绝岛，旧为盗贼渊薮，今设有游兵防守，则贼至无所巢穴，又泉郡藩篱之固也。乃若选将校，核卒伍，修艨舰，明赏罚，使水军狎风涛而不敢偷安；内澳则在人而不在地，故曰地利要矣，人和急焉。"

---

① 《方舆纪要》有误，小嶝应在大嶝东面。

《筹海图编》:"三四月,东南风汛,番船多自粤趋闽而入于海。南澳、云盖暨走马溪乃番船始发之处,匪徒交接之所也,附海有元钟、铜山等哨守之兵,若先分兵守此,则有以遏其冲而不得泊矣,其势必抛于外浯屿。外浯屿乃五澳之地方,番人之窠窟,附近有浯屿、安海、径边等哨守之兵,若先会兵守此,仍拨小哨守把紧要港门,则必不敢以泊此矣,其势必趋于料罗、乌沙。料罗、乌沙乃番船等候接济之所也,附近有官澳、金门等哨守之兵,若先会兵守此,则又不敢泊此矣,其势必趋于围头、峯上。围头、峯上乃番船停留避风之门户也,附近有深沪、福全哨守之兵,若先会兵守此,则又不敢泊此矣,其势必趋于福兴。若越于福兴,计其所经之地,南日则有岱坠、湄洲等处,在小埕则有海坛、连盘等处,在烽火门则有官井、流江、九澳等处,此贼船之所必泊者,若会兵守此则又不敢泊矣。来不敢停泊,去不敢接济。船中水米有限,人力易疲,将有不攻而自遁者,况乘其疲而夹力攻之,岂有不胜者哉。"

赵鸣珂《传烽歌》:

> 传烽号令妙无穷,闽地烽烟更不同。
> 浯屿水寨第一险,形势直与厦门通。
> 一炮一旗控泉郡,一炮二旗南日烽。
> 一炮三旗烽火路,一炮四旗望悬钟。
> 八闽上游号南澳,一旗独举加两炮。
> 云盖斜连走马溪,春深只恐东风到。
> 脱有风帆泊外浯,两旗两炮梆声报。
> 小埕北接烽火门,屏藩福郡号长城。
> 海坛雄踞虽称险,贼船必泊要当心。
> 菱蕉诸司如有警,两炮三旗梆不停。
> 五澳金门齐会剿,贼若败走出何方。
> 峰上围头避风好,一旗三炮响如雷。
> 福全深沪两军来,兵逼涛冲停不得。

不走连盘走坛壁,官井流江合力攻。

岱坠湄洲齐把截,东断江浙西断广。

内防接济外防汲,日旗夜火梆如风,

小丑么魔自消灭。

国朝万正色《闽海善后疏》:"题为边海要岛,防汛宜周谨,陈分镇之详,以图善后之策事。窃惟捣巢之举,固当议战;保安之道,尤贵能守。盖闽地窄狭,非山即海。居民生计,半藉渔盐。故不亟展边界,则无以惠残黎而充国课;不历设边防,则无以杜寇萌而固疆圉。故臣窃谓,闽省之患,海甚于山。防守之宜,水重于陆。若以陆师谨守内地,而以水师沿海设镇,内外交防,庶可无虞。兹展界之议,已听督抚诸臣,另疏题请外,至分防之举,臣职专水师,请按地图,按兵力,而历指之。一镇海澄,上至石码三叉河,下至海门圭屿、古浪屿,须兵五千。一镇厦门周围属辖,须兵三千;浯屿一营,须兵一千。一镇金门,自料罗乌山头至金门港,须兵三千;围头一营,须兵一千。一镇海坛至磁澳,下至湄洲、南日,须兵三千;一守平海,须兵一千,而江阴三江口属之。一镇定海,上至北茭,下至官塘、梅花港,移闽安兵三千守之;而烽火门至沙埕,则设一营,辖兵一千守之。一守日湖辖至祥芝,以晋江营兵一千守之;一守獭窟须兵一千,辖至崇武;一守永宁须兵一千,辖至深沪。一镇铜山,须兵三千辖至镇海。一镇南澳须兵三千辖至铜山,但南澳逼近澎湖贼穴,难以驻扎,铜山两镇会艍,兵力方厚。以上共兵三万。盖所以列地势,或孤悬海上,或滨海要冲,皆海寇出没之地,不严加防备,使贼得窃据泊舟,则游移豕突,祸且蔓延。若以三万之数,设镇分防,以时巡缉,南风则由南而哨北,北风则由北而哨南。无事合操,有事夹击。纵使贼党匪徒,希图入寇,而海滨辽阔,势不能合艍齐至,我师乘机扑灭,可以就歼,又何至养成羽翼,滋害地方哉。"

## 风　信

　　海船利在风,风起灭顺逆,一军安危系焉。汛期多在夏秋之间,西北风倏起,或曰早白暮黑,天边有断虹、散霞如破帆、鲨尾;西北黑云骤生,昏夜星辰闪动;海水骤变,水面多秽及海蛇浮于上,蝼蛄放洋,乌鲭波弄,必有飓风将至,须急收安澳。兵船在海,遇晚须先酌量收泊之处,以防夜半风起。追贼亦然,审风信为进止。当局者不可不知也。

　　清明以后,南风为常;霜降以后,北风为正。南风壮而顺,北风烈而严。南风时发时息,恐风不胜帆,故舟以小为稳。北风一发难止,恐帆不胜风,故舟以大为稳。海中之飓四时皆发,夏秋为多,所视气如虹,如雾,有风无雨,名为飓。夏至后,有北风,必有台当作灾。信风起而雨随之,越三四日台即倏来,少则一昼夜,多则三日。或自南转北,或自北转南,必候西风,其台始定,然后行舟。土人谓:"正二三四月发者为飓,五六七八月发者为台,台甚于飓,飓急于台。舟在洋中遇飓可支,遇台则难受,盖台风散而飓风聚也。"

　　飓风起自东北者,必自北而西;自西北者,必自北而东,而俱至南乃息,谓之回南,凡二昼夜乃息。若不落西,不回南,则逾月复作,必对时。日作,次日止;夜作,次夜止。盖其暴者不久,或数时,或一日夜;其柔者久,或二三夜。有一岁再三作者,有数岁不作者。凡岁有"打鬼节",则有一飓,有二打鬼节,即有二飓。鬼,鬼宿也。打节者,或立春、立夏等节,值鬼宿也。飓初起时,有雷则不成;飓作数日,有雷而止。

　　台无定期,必挟大雨倾洞,拔木发屋,操舟最忌,惟得雷声则止。占台风者,每视风向反常为戒。如夏月应南而反北,秋冬与春应北而反南。三月二十三日,妈祖暴后,便应南风。白露后至三月皆应北风。惟七月北风,主多台。旋必成台。其至也渐,人得而避之。或曰

"风具四方为飓",不知虽暴,无四方齐至。如北风台必转而东、而南、而西,或一二日,或五七日,是四面递至,非并至也。飓骤而轻,台缓而久且烈。春风畏始,冬风虑终。又非常之风,常在七月。腊月自二十四日至二十九日,有南风,则占来年有台。如二十四日则应四月,二十五日则应五月,按日占月至二十九日为应九月也。

夏秋之交,凡有大风即是飓,有此风必有大雨,其先有断虹之状见者,名曰飓母,又名破帆。柳子厚、杨升庵、李西涯俱作"飓",盖从《佛经》"风虹如贝"而言也;《投荒杂录》《南越志》《广东新语》俱作"飓",因其四面风俱至也。一言其象,一言其势,俱可称。舟行以四八十月为稳,盖天气晴和也。六七月多台。谚云:"六月防初,七月防半。"六月有雷则无台。谚云:"六月有雷止九台,七月一雷九台来。"九月天色晦冥,狂飙叠发,俗呼为"九降",或为"九横"。上声台飓俱挟雨,惟九降恒风而无雨。飓之以时异者,谓之暴。每月值初三十八日。凡风随潮发,此两日潮为最大,故潮满,恒有风来。每旬值七八九日,为暴期。谚云:"七无暴,八凄皇。八无暴,九夜不得到天光。"又云"无事七八九,莫向江中走",皆言其必有也。

月别有暴,或先期即至,或逾时始发,不出七日之内,大约按其信期,系以神明故事,便于省记。正月初四日为"接神暴"。初九日"玉皇暴"。是日有暴则四季飓期皆准,否则惊风骤作,多不及防。谚云:"玉皇无暴,渔家莫做。"十五日"上元暴"。廿九日"窈九暴"。是日,闽俗合枣栗作"窈九节"。二月初二日"白须暴"。三月初三日"元帝暴";十五日"真人暴",多风;二十三日"妈祖暴",多雨。四月初八日"佛诞暴"。五月初五日"屈原暴";十三日"关帝暴";二十日"分龙暴"。六月十二日"彭祖暴";十八日"彭婆暴";二十九日"文丞相暴"。七月十五日"中元暴"。八月初一日"灶君暴"。九月初九日"重阳暴";十六日"张良暴";十九日"观音暴"。十月初十日"水仙暴";二十六日"翁爹暴"。十一月二十九日"普庵暴"①。十二月二十四日"送神暴"。

明戚继光防倭海上,于风信最为详审,尝作《风涛歌》,使军士咸诵之,其词曰:

日晕则雨,月晕则风。何方有缺,何方有风。
日没脂红,无雨风骤。返照没前,胭脂没后。
星光闪烁,必定风作。海波云起,谓之风潮。
名曰飓风,大雨相交。单起单止,双起双消。
早晚风和,明日更多。暴风日暮,夜起必毒。
风急云起,愈急必雨。雨最难晴,仍防暴生。
春易传报,早生晚耗。一日南风,一日北到。
南风防尾,北风防头。南吹愈急,北即不专。
云车形大,必主风声。云下四野,如雾如烟,
名曰风花,主有风天。云若鳞次,不雨风颠。
雨阵西北,风如泼墨。起作眉梁,风雨先飐。
雨急易霁,天晴无防。水生靛青,主有风行。
海燕成群,风雨便临。白肚风作,乌肚雨淋。
海猪乱起,风不可已。逍遥夜叫,风雨即至。
一声风,二声雨,三声四声断风雨。
虾笼得纬,必主风水。蛇蟠芦上,水高若干。
头垂立至,头高稍延。月尽无雨,来朔风雨。
廿五六若无雨,初三四莫行船。
春有廿四番花信风,梅花风打头,楝花风打尾。
正月忌七八,北风必定发。
二月忌初二,三月忌清明,五月忌夏至②。

---

① 按"普庵暴"应为十一月二十七日。
② 原版作"五月忌雪至"。

正月落雪起，算至百廿日，期内必难已。

欲知彭祖忌，六月十二日，前后三四宵，必不爽此朝。

七八三日南，必有北风还。九九当前后，三四日内难。

十月忌初五，三四之后前，冬至风不爽。

腊月廿四间，月临箕、毕、翼、轸四宿，风起最准。

**海船出洋推算风信名为"飓期"，按期多验，统载于后：**

**正月初九日。**玉皇飓，此日有飓风，各飓皆验。若无，则各飓亦多有不验者。

**十三日。**关帝飓。

**廿九日。**乌狗飓。

**二月初二日。**白须飓。

**三月初三日。**上帝飓。

**十五日。**真人飓。

**廿三日。**妈祖飓。真人飓多风，妈祖飓多雨。

**四月初八日。**佛子飓。

**五月初五日。**屈原飓。

**十三日。**关帝飓。

**六月十二日。**彭祖飓。

**十八日。**彭婆飓。

**廿四日。**洗蒸笼飓。以上三日皆系大飓，船虽内港，亦宜避。

**七月十五日。**鬼飓。

**八月初一日。**灶君飓。

**初三日是日。**龙神大会有飓。

**十五日。**魁星飓。

**九月十六日。**张良飓。

**十九日。**观音飓。

**十月初十日。**水仙王飓。

**廿六日。**翁爹飓。

十一月廿七日。普庵飓。

十二月廿九日。火盆飓。自二十四日至年终，每遇大风名"送年飓"。

## 潮　汐

　　船之进港出港，全视潮之平涨，以卜难易迟疾。古人水上用兵，因潮分成败者，不可胜计，则防海者，潮汐洄不可不知也。《府志》："同邑之潮，初一、初二、十六、十七午时；初三、初四、十八、十九未时；初五、初六、初七、二十、二十一、二十二申时；初八、二十三酉时；初九、初十、二十四、二十五卯时；十一、十二、二十六、二十七辰时；十三、十四、二十八、二十九巳时；十五、三十巳末午初，以此候验之，自无差矣。今潮经翔风里者，尽属厅至丙洲上小溪左为界；自丙洲小溪乘潮退而出至白屿，东至浯洲五十里。又南至嘉禾五十里，又乘潮至晋江七十里。由是东西南北，则无不之也。日夜潮候，信若符契。凡浙、粤、漳、泉贩舶往来者，无不待潮而入云。"

　　潮汐之说，古人论之详矣。谓晦朔前后，月行差疾，故潮长大，望亦如之；月弦之际，月行差迟，故潮之去来，合沓不尽。今海滨人以初一、十五，潮至日中满；初八、二十三，潮至早暮满；初十、二十五，日暮则潮平；余日以此推之，无不准，即其说也。又谓月临卯酉，则水涨乎东西；月临子午，则潮平乎南北。今海滨人以月初上而潮生，月中天而潮平，月落则汐而复长，即其说也。

　　据同安潮候，质之古人之言不爽矣。然，余安道又云："远海之处，潮候各有远近之期，东海、南海其候各不同。岂非方之不同而气有独盛。海之极远者，其得气尤专，故潮亦因之耶？要之，东与西对，东海月临酉而潮平，言西则卯如之；南与北对，南海月加午而潮平，言午则子如之。是亦不外乎水月之相应也。至昼潮大于春夏，夜潮大于秋冬。潮极涨，常在春秋之中，涛极大，常在朔望之后，则天地常数，四海皆然。"

明蔡献臣《潮说》："潮水往来,视月盈虚。故海滨人云:'月上水长头,月落水分流。'又有以'长半满,汐半竭'六字指掌顺推者,岂不信哉。然晋惠潮平之候其同者犹三之一,而以同安溪潮考之,无一符者,非以稍回远之故耶?夫海若一嘘,万里皆平。今一郡之中,悬较若此,何况乎东南西北,海相去不可为量数者乎,则蠡不能测矣。总之,土人举其大凡,非晷漏而定之者。郡志所谓,按刻为正,良有以也。"

按,同邑滨海都分民安、同禾、翔风、嘉禾、从顺、仁德、积善、安仁诸里。今民安、同禾、翔风分割马巷,自西炉、小崎、内安、山后、柏头、新宅、井头、施场、窗兜、浦尾、曾吴、洪林湖、炉山拱①、文崎、浦西、刘五店、澳头、欧厝、李彭蔡、后仓、东界、桂园、蓬莱各保,皆沿溪迄海;而金门、烈屿、大小嶝,则孤悬海中。不但虎仔以东,沿金门北太武至角屿,属陈坑澳,即内洋全面,皆隶之矣。番舶商艘竞趋厦门,俗有"船到金门停不住"之语。若往北各省贸易,海关挂验出口,则金为附近,锦帆双篷尽出大担、白衣、赤眉半系三里,故强劫多在外洋远地,横窃多在内洋近地。游巡哨船闻声莫应,火炮钩镰横行海道。唯外洋责成于提镇,内洋责成于汛口,澳甲互为稽查,勿兼容隐,成法具在实心,督率海疆,庶以日靖乎。

---

① 炉山拱,应为"炉山粪"。

# 卷之八

## 军　制

东南一尉，西北一堠，三里滨海，古制遂足防维哉。登金门城水汛，舟师指臂连络，制精而详，海不扬波，宜矣。专阃重镇，縻饷千万。以投石超距之勇，养乘风破浪之威，训练诚不可以无术也。志军制。

金门水师镇标。康熙十八年开标。

### 额设官员

总兵官一员。标下二营。

中军游击一员。兼管左营事。　　守备一员。

千总二员。　　　　　　　　　　把总四员。

右营游击一员。　　　　　　　　守备一员。

千总二员。　　　　　　　　　　把总四员。

### 额设兵数

左营步战兵四百六十四名，守兵五百五十名。

右营步战兵四百六十四名，守兵五百五十名。

### 额设坐马　各官自备

左营马三十八匹。

右营马二十二匹。

**额设战船** 三年小修,五年大修,十二年折造,俱兴泉永道衙门承办

左营金字号,赶绘船七只 每只配战守兵六十名。

小赶绘船一只

双篷艍船八只 每只配战守兵三十五名。

右营汤字号,赶绘船七只 每只配战守兵六十名。

双篷艍船九只 每只配战守兵三十五名。

## 驻扎金门官兵实额

左营游击一员。守备一员。千把总四员。

兵六百四十四名。

战船九只。

右营游击一员。守备一员。千把总四员。

兵五百四十一名。

战船七只。

按《府志》云:"《大清会典》:'原设援剿右镇总兵官。康熙十九年,改为金门镇总兵官,标下中左右三营,兼辖铜山、枫岭、云霄、诏安、海澄五营。后将铜山、枫岭二营改归福宁镇管辖;云霄、诏安、海澄三营改归漳州镇管辖。本镇只领标下三营。康熙二十七年,裁中营,现左右二营。'"

总兵官一员,驻扎同安县金门,每年于二月初一日起至九月底,于两营各汛拨出战船六只,出洋总巡,北至涵江,与海澄镇会哨;南至铜山,与南澳镇会哨。

左营中军游击,兼管左营事一员,驻防金门。

守备一员驻防金门。康熙二十二年裁,二十七年复设。

千总二员。

把总四员。原三员,康熙五十七年,增设一员。千、把总俱轮防金门附近汛地及晋江之深沪、祥芝,惠安之崇武、黄崎等汛。

步战兵五百五十二名,守兵六百名。康熙二十七年,增战兵二百名。三十五年,裁战兵四十八名。现存今额。

各官自备战马三十八匹。

战船一十七只。

左营防守同安县金门及附近汛地,并泉属晋江之深沪、祥芝,惠安之崇武、黄崎等汛地方。本营所辖泉州地方水汛,南至晋江石圳,与本标右营水汛分界;北至香炉屿,与海坛镇湄洲水汛分界。陆汛在金门西南临海,北至欧厝与本标右营陆汛交界;又东北渡海至董水与陆路提标石井汛交界。

驻防金门汛兵三百八名,战船一只,每年二月初一日起至五月底,游击哨期;六月初一日起至九月底,守备哨期。于本营水汛拨出战船三只,每月初六日,驾赴围头与水师提标会哨;十九日,驾往湄洲与海坛镇标会哨。

分防同安金龟炮台汛。兵三十七名。许坑汛。兵七名。欧厝汛。兵六名。双乳山汛。兵八名。彭林汛。兵三名。古陵汛。兵五名。烈屿汛。兵八十八名,战船一只。大嶝汛。兵十五名。小嶝汛。兵五名。董水汛。兵五名。又于金门汛,安战船九只,配兵四百六十五名,巡防诸汛。

分防晋江深沪水汛。兵三十五名,战船一只。所辖有乌浔、永宁、东店等小汛。

分防晋江祥芝水汛。兵三十五名,战船一只。所辖有日湖、蚶江、后渚、径边等小汛。

分防惠安崇武水汛。兵九十五名,战船二只。所辖有大岞、獭窟、臭涂、下坂等小汛。

分防惠安黄崎水汛。兵三十五名,战船一只。所辖有小岞、辋川、峰尾、沙格等小汛。

右营游击一员,驻防金门。康熙二十二年裁,二十七年复设,其弁兵新旧额数与左营同。

守备一员,驻防金门。

千总二员。把总四员。

千、把总俱轮防同安、官澳、料罗及漳洲之镇海等汛。

步战兵五百五十二名,守兵六百名。

各官自备坐马二十二匹。

战船一十六只。

右营防守同安县金门附近汛地,并泉属晋江之围头,漳属海澄之镇海,漳浦之井尾、将军澳等汛地方。本营所辖泉州地方水汛,北自晋江石圳,与本标左营水汛分界;南至南椗以外,系本营所辖漳州地方。陆汛在金门,北至陈坑与本标左营分界;东西南三面临海,隶漳属者不载。

驻防金门汛。兵六百八十七名,战船七只。每年官员哨期、船只皆与左营同,唯每月十九日系驾赴将军澳与铜山营会哨。

分防同安料罗炮台。兵五十三名。陈坑汛。兵八名。峰上汛。兵八名。田浦汛。兵十一名。西岑汛。兵五名。青屿汛。兵五名。官澳汛。兵五十名,战船一只。西黄汛。兵五名。金山港汛。兵五名。刘澳汛。兵五名。又料罗水汛,安战船二只,配兵八十五名巡防诸汛。

分防晋江围头水汛。兵三十五名,战船一只。

以上在泉州地方,兵共九百六十二名,官坐马共二十匹,战船一十一只。其余兵马船只,在漳州地方,凡水陆各营兵数,皆系内地实额。其拨戍澎湖、台湾等处,另有班兵。

国朝军制,官弁俸薪,论品支给,岁有定额。其马战兵一名,每月支饷二两;步战兵一名,每月支饷一两五钱;步守兵一名,每月支饷一两。官兵马一匹,每月支草料银一两。不论马步战守兵,每名每月另支米三斗。又有恩颁生息银两,每遇营兵丁丧,支银四两。嫁娶支银三两。至换班澎台者,另有优恤。

## 额设官兵俸粮

总兵官,年俸银五百一十一两五钱七分九厘六毫。

参将,年俸银二百四十三两三钱三分九厘六毫。

游击,年俸银二百三十一两三钱三分九厘六毫。

守备,年俸银九十两七钱零五厘六毫。

千总,年俸银四十八两。

把总,年俸银三十六两以上闰月皆不加支。

外委,千把总各食步战粮二名。

额外外委食步战兵粮。

步战兵每名月支饷银一两五钱,米三斗。

守兵每名月支饷银一两,米三斗。

马每匹月支草料银一两以上,闰月加支。

## 金门兵饷

春季分支银七千九百四十三两三钱三分九厘,又出洋饷银二千六百七十七两四钱二分。

夏季分五千一百六十八两四钱二分二厘。

秋季分三千五百二十一两一钱零四厘。

冬季分八千二百七十一两三钱三分二厘。除扣除各款委弁,赴藩库领回,向系贮金门总镇署。乾隆四十年十二月二十八日奉文,给运贮马巷库,按月差弁赴领,会同唱给。

左营步战兵五百五十二名,内除各官养廉九十七名,实兵四百五十五名。除明扣外,实给饷银一两四钱五分,共银六百五十九两七钱五分。

守兵六百名,内除公粮三十四名,舵工、炊粮一十五名,实兵五百五十一名。除明扣外,实给饷银九钱七分,共银五百三十四两四钱七分。小建月,每名扣五分。

右营步战兵五百五十二名,内除各官养廉九十七名,实兵四百五十五名。除明扣外,实给饷银一两四钱五分,共银六百五十九两七钱五分。

守兵六百名,内除公粮三十四名,舵工、炊粮一十五名,实兵五百五十一名。除明扣外,实给饷银九钱七分,共银五百三十四两四钱七分。小建月,每名扣五分。

## 燂　洗

金门两营战哨船只,按月燂洗,其出差往厦附近,金门汛澳者,奉文临船勘验,会衔结报。

赶缯船。

赶艍船。

大艍船。

小艍船。

大八桨。

小八桨。

共三十二只。

## 会　阅

闽、浙两省营兵,每年冬季,同城道、府、州、县会同营员阅看,合操一次;兵备道春冬二季,各会阅一次。察点器械,操演技艺,分别奖赏,以励戎行,届期本道檄委阅看结报。

## 巡　哨

海洋出哨每年春冬各一次。厦门派游击、守备带战船、兵丁随哨。中路听金门镇调度,在涵江会哨;南路听南澳镇调度,在铜山会哨;北路听海坛镇调度,在镇下关会哨。金门则总兵官,于二月亲自出洋,三月往北洋与海坛镇会哨;六月往南洋与南澳镇会哨;九月再往北洋与海坛镇会哨,俱带战船若干只及标下官弁、兵丁随哨。其左右营游击①、守备又于四季自为巡哨,每月初六日,

---

①　原版作"其左在营游击",应为"其左右营游击"。

赴围头洋面与提标分巡船会哨;十九日,赴陆鳌洋面与铜山分巡兵会哨。夫哨者,所以察其将萌;防者,所以拒其突至。原不容废一,然能使外洋宁谧,盗之劫掠无所试其技,啸聚勿能遂其谋。将驻泊之处,自可无虞而哨不为尤要欤。

演武厅二处,小较场在后浦东门内;大较场在后浦东南社外。

军器局、火药局二处,一在后浦西门地方;一在后浦南门地方。

## 分防塘汛

翔风里。左营。

烈屿汛。烟墩三座,左营兵八十八名,船二只。

金龟尾炮台汛。烟墩三座,大炮六位,左营兵三十七名。

许坑汛。左营兵七名。

双乳山汛。左营兵八名。

欧厝汛。

平林汛。

古宁汛。以上三汛,烟墩各三座,左营兵共十四名。

大嶝汛。

小嶝汛。

民安里。

董水汛。以上三汛,左营兵共二十五名。

翔风里。右营。

料罗水汛。右营制弁一员,兵八十五名,战船二只。

料罗炮台汛。烟墩三座,右营兵五十三名。

官澳水陆汛。烟墩三座,右营兵八十八名,战船一只。

田浦汛。

峰上汛。

陈坑汛。以上三汛,烟墩各三座,右营兵各汛三名。

西岑汛。

青屿汛。

金山港汛。

西黄汛。

刘澳汛。

厦门水师后营塘汛。

民安里。

柏头汛。拨兵二十名。

翔风里。

圣林汛。兵六名。

刘五店汛。制弁一员,兵五十名,战船一只。

澳头汛。拨兵二十名。

新拨三里内陆路,同安营所辖塘汛。

同禾里。

新圩汛。把总一员。

沈井汛。安兵五名。

民安里。

店头汛。把总一员,安兵四十五名,坐马二匹,战马一匹。

店头塘。安兵五名。

沙溪汛。安兵六名,战马一匹。

下尾店汛。安兵五名。

马家巷汛。安兵二十名,战马一匹。

以上塘汛三十二所,系同安县应修交代现在行催。

南门口,旧金门厅挂号。

金山口,旧厅、营同挂号。

料罗口,旧厅、营同稽查。

刘五店口,厦门营员挂验。

按:汛口之设,原以稽查洋盗、奸民偷渡为务,乃武弁以汛口为美差，以纵放为利数。商民船只往北及各省贸易，均载重货，往往被劫。一经呈报，非汛口稽留，即衙门待质，未获分毫之赃，先受失事之累。其全货被劫、伤人，万不得已，始行呈究。烟波森茫，巡哨不及，大帅不欲认外洋处分，责成汛地；汛弁惟以无事为利，多方阻吓，否则诱以失水报销。受劫之船，仅免守候，隐忍吞声，不知凡几。故盗贼得志，放胆横行，海洋强劫之案，关提岁见。劫窃虽在外境，案无三里之人，由巨族强宗护蔽不肖，从不肯擒送出首，及兵捕拿获，反率众抢夺，此三里所以几成盗薮，风俗偷薄，良由此也。偷渡全凭客头招引，多在厦门、蚶江两处，及至遭风倚岸，或漂流粤省，奸梢、舵工妄供别地出口登舟，至烦案牍。如近年黄德裕揽客偷渡三百一十七人，漂至广东归善，隐厦门而供金门塔仔。查金门塔仔既无渡船客头，且隔海翁沙汕，凡过台船只，出大担由汕外经过。非粤省复诘得实，则金门塔仔遂为借口谢过之地。故偷渡务究客头，文武守口，胥役严禁纵放，庶风马云樯，布帆无恙矣。若内洋匪窃，多系小艇，名曰讨海，许在本澳采捕，朝出暮归，乃乘潮游荡，窃蚝割网，勒赎争诬，动成讼案。申明禁例而守口者，更诘非时夜行，或稍遏其流乎，涓涓不息，遂成江河。除盗安民，何以不负斯任也。

## 水　程

马辰国，三百二十更。

以下俱西南洋。

噶喇吧国，二百八十更。

柔佛国，一百六十五更。

旧港国，二百一十五更。

麻剌甲国，一百九十二更。

丁机宜国，一百四十七更。

暹罗国，一百八十更。

大连国，一百五十五更。

大崑国，一百五十更。

港口国，一百三十二更。

垛仔国，一百八十更。

安南国，六十六更。

交趾国，七十四更。

占城国，一百更。

柬埔寨，一百四十更。

吕宋国，七十二更。

以下俱东南洋。

苏禄国，一百四十六更。

日本国，六十三更。

琉球国，四十五更。

文莱国，一百五十更。

浙江宁波港，四十八更。

以下俱内地。

江南上海港，五十六更。

广东澳门口，三十二更。

直隶天津港，一百一十二更。

本省台湾，十二更。

澎湖，七更。

按，海洋水程以厦之大担门起，而虎仔屿与三脚礁、九节礁为水师提标、金门镇标分界管辖。厦金一潮往来，所历外洋内地，按程计更，自两相符，因备载以资考核。

# 师　旅

《易》垂师贞之吉，《书》称克诘之文，师旅之事，盛世不废。厅属滨海，慎防围以保苍黎，其思患豫防之道乎。志师旅。

## 明

嘉靖二十七年，海寇阮其宝掠小嶝，知府程秀民遣兵讨平之。其宝与林剪毛等十八种，积年为海滨患。四月，其宝大掠小嶝，死与被执者二百余人，小嶝遂墟。五月，秀民合战舰，遣南安丞马一洪、指挥孙廷槐进剿，战于小嶝南岸，斩获三千人。贼退保草屿，屿崩贼溃。官军合围击之，杀其宝。

三十七年五月，倭掠大嶝。大嶝民保于虎头寨。贼破寨，杀戮蹂躏，备极毒苦。

三十九年三月，倭大掠浯洲。知县谭维鼎率民兵却之。嘉靖丁未，始置闽浙总督，议于料罗设战船二十余只哨守。至是，料罗指挥王鳌径移舟避于厦岛。漳贼林三显等知之，三月二十三日，结倭酋阿士机等自料罗登岸，掠十七都。二十八日，据平林，掠十八都。四月初二日，攻阳翟。阳翟合社与战败。于是，诸乡相率窜于官澳巡司城，男女万余人。贼党复大至。拒守不能出，乃推杨克绍为首，募壮士四千人与战。而城高无水，人气郁蒸，众渴且急，遂于初九日夜，溃围出，出者甫二百人。贼纵火屠城，积尸几与城埒。城外亦复纵横一二里许，妇女相系而自浮于海者无数。贼四散饱掠，前后死者凡万余人，乡社为墟。复攻后浦，时后浦筑城未就，列栅固守。前己未冬，谭维鼎莅同，令民练乡兵自卫，旬月之间，筑堡百有三座，结社百有六十，用以相助守望。及闻浯洲残毁，乃率乡兵载火具浮海赴援。贼一再攻城，与战皆捷，获倭酋阿士机、尾安哒等七人。贼始奔轶于湖下诸乡，劫杀而去。

四十年夏六月，倭党马三岱掠东界，维鼎率民兵败寇于三魁、出米岩下。时贼合党数万，环匝晋南。三岱自南来侵，维鼎出乡兵战于三魁、出米岩之间，斩获无数。三岱仅以身免。

崇正二年①,海寇李魁奇陷后浦。贼泊浯洲,攻后浦,城陷,死者百余人,大掠联艘而去。

## 国　朝

顺治元年,郑彩、郑联据金、厦二岛。彩、联皆芝龙之族也。彩自岛移海坛征派,乡民不服。彩攻之,被诱深入,失兵无数,退回厦门。

六年秋,郑成功并郑联军,遂据金、厦。时鸿逵据潮之揭阳。成功常与会兵寇潮。联在厦事游宴,其党多暴。成功自揭阳以中秋抵厦。郑彩见成功军容藉盛,欲移军出避。联方醉万石岩,成功见联曰:"兄能以一军见假乎?"联未对,诸执锐者前,唯唯惟命。于是,成功麾军过联船。未几,邀联游万石岩,刺之。

十三年,陈霸据丙洲劫掠。霸沿海勒饷,烧毁房屋。夜则纵横郭外,劫掠男女,异刑逼赎,温饱之家,尤藏身无地。康熙二年,破岛始平。

康熙二年十月,官军大搜两岛,墟其地而还。时会兵剿岛,耿继茂、李率泰合红夷舟出泉州,马得功出同安,施琅、黄梧出漳州,与伪将周全斌战于浯屿乌沙。得功被围死之。全斌败走铜山。官军入岛堕其城,迁其民于界内而还。

十九年春,提督万正色破金、厦。郑经遁台湾。自刘国轩败后,姚启圣筑修来馆于漳州,不爱官爵银币,降者皆恣其所欲,于是,豪猾望风争款。是年正月,正色师伐岛。巡抚吴兴祚以陆师驻于崇武应援。正色与伪将朱天贵等战海坛、南日、崇武等处,皆捷,进扼料罗。国轩自漳还岛,启圣乘虚破十九寨,复海澄。正色入岛,经走台湾。二十年春,经死于台,子克塽伪袭,以国轩守澎湖。二十二年六月,靖海将军施琅破澎湖,国轩遁归,遂奉克塽请降,故宁靖王朱术桂阖家自缢死。八月,大师入台受降,置一府三县。

闽县人王联奎录

---

① 崇正,即崇祯,明第十六位皇帝朱由检年号。

# 卷之九

## 官　署

　　通判署，一座六进。照墙一座。东西栅各一座。头门一座三间。班房二座各三间。仪门一座三间。东西科房各五间。大堂一座五间。门子把衙房二座各四间。宅门一座五间。两披攊各二间。二堂一座五间。卷篷二间。上房一座二进，连东西披攊，共十一间。书房一座二进共八间。厨房一座五间。马房二间。堂边船政科一座七间。

　　福德祠，一座三间，在大堂东。

　　仓神庙，一座三间，仓厫六间，在大堂西。

　　大门内西畔，监口堆房三间。监内更堆房二间。监狱一座，内观音堂三间。东西监各四间。提禁一间。

　　照磨署，一座三进。上房三间，厢房各二间，大堂三间，大门三间。照墙一座。

　　金门水师千总署，一座三进。上房三间，厢房各三间，大堂三间，左右兵房各三间，大门三间。照墙一座。演武厅三间。

　　乾隆四十年奉文，以原建通融移设。外委千把总二员，带兵四十名，居住以资弹压。千总施如宪督修。

　　同安营陆路外委汛房，一座三间。左右披攊各一间。大门一座。马房一间。

　　烟墩三座。望楼一座。照墙一座。乾隆四十一年三月，署通判万友正捐买五甲尾李藏兴民地，横七弓，直七弓修建，共银六十两二钱零。移营拨弁兵居住，粮二分入马巷厅。官户完纳详明，不在同安县塘汛应交数内。

旧通判署，在府署右。雍正七年，移驻安海，以原设通判署基建盖。乾隆三十一年，移驻金门浯洲屿，就县丞署栖止。县丞移驻灌口。其金门县丞署，雍正十三年建，乾隆三十五年署通判程煜重修。三十九年，以仰恳圣恩改驻海疆要地厅员，以资治理事，于马家巷孔沟建治。前任胡邦翰详变价给金门士庶为书院，前为公馆，价银一千五百元，同借支通判、照磨养廉一千二百两，修马巷署。

浯洲场盐大使署，在翔风里阳田保，乾隆八年，就踏石司废宇重修。

烈屿场盐大使署，在烈屿下林乡。

踏石巡检署，向在金门金山宫，乾隆十三年，移驻马家巷，在五甲尾。均未建署。

峰上巡检司，旧在县十八都，从南安莲河徙此，后改下店。

田浦巡检司，旧从安溪源口渡，徙置十八都浯洲屿。

陈坑巡检司，旧从晋江石井镇，徙置十八都浯洲屿。

官澳巡检司，在十七都，国朝移驻踏石。

烈屿巡检司，在二十都，从澳头徙此，国朝移驻石浔。

以上七司皆洪武二十二年建。

澳头巡检司，在县西十一都，正统年间设。

按，金门一岛，孤悬海中，与厦犄角，当其左冲。厥土有黄、白、赤三种，画家所需碗青一种，江西景德及本省德化诸窑所重；银砂一种，匠作者用以磨拭铜、锡器皿黮黝之气，盖五色备具，文彩灿然矣。前明科甲仕宦，实繁有徒，许钟斗尤为文章之杰，故有"无金不成同"之谣。其风气近淳，异于内地。三里琼山、古湖、仓湖、汶沙四保近盐场。碗青民趋利，稍为刁悍，然亦教唆者窜迹饵食耳。有谓建治移驻无益于马巷，而有害于金门，议置知事、巡检之属，以代通判之跋涉，庶悍卒骄兵不为民害，未免杞人之忧，有鉴于前车乎。

## 署地变给价银

乾隆三十九年八月十八日，职蒙委署金门通判，接办修署工程。查马家巷新建通判衙署、监狱、仓库、照磨厅，并移驻水师弁目署房，计用民地东西四十五丈，南北六十丈。经同安县会勘吊验，契据折算实亩九亩八分零，该价银一百二两八钱零，应县给发。据同安县邬令详称，无项可动，请照原题借支养廉修署项下支给。职查前通判胡邦翰，原估修费三千八百余金，除借支养廉一千二百两，金门旧署变价一千五百员，合算二千二百两。尚不敷，一千六百余两未有着落。署通判马淮办过工程不及十分之二，存银无几。职接手现在续捐垫办，计日完竣，以符限期，更无别银可给地值。而各地主，王送、孙五等十二户，尤属赤贫，日赴工所泣诉，伏思原奏设法通融，办理民间地亩，经官建署，现俱失业，则无碍官地，自当变价偿民，以公完公。传询乡保，有新寨地方基一片。据民人许富称系同安中营旧汛地，久经荒废，汛弁今住马巷。该地与马巷毗连，将来无须再设汛房。量得自南至北四十丈零五尺，自东至西三十三丈，与新建地势差越不多。若以变售，将所得价银分给厅治营房所用地各主，不独贫民失地得金，职亦免棘手报颜。如蒙俞允，职一面移会同安营知照，一面招买收价。取领给发，另详立案。

署地土名孔沟。按中则例，就地契三斗折一亩，每亩地给银八两三钱。

陈佛观地，四分又八分七厘五毫。

魏钻观地，八分一厘又一亩九分三厘四毫又五分。

陈让观地，五分七厘一毫又九分五厘又八分二厘五毫。

魏裕观地，七分二厘八毫。

苏贡观地，七分七厘五毫又八分二厘五毫。

陈并观、取观地，五分八厘又二分三厘五毫又九分六厘五毫又七分六厘五毫。

陈暹观地，二分又二亩六分。

陈神宝地，八分。

苏赐观地，三分七厘四毫。

陈天祐地，一亩三分二厘九毫。

潘怡地，一分八厘六毫。

李概地，九分二厘五毫。

王送地，九分五厘又四分八厘五毫又八分八厘三毫又九分。

孙五观地，一亩七厘一毫。

陈三元地，一分六厘。

陈蕴地，一分四厘又二厘九毫。

陈学地，二厘九毫又四分三厘八毫四丝。

陈天祖地，一分。

陈天祐地，三分三厘三毫三丝。

魏愿地，四分零五毫。

苏天相地，四分。

南北深六十丈，东西宽四十五丈，共虚亩二十四亩四分六厘六毫七丝。建盖文武衙署、仓监，共给价一百零二两八钱二分二厘一毫四丝二忽。立官户，完银二两四钱二厘九毫二丝，秋米一斗六升四合二勺五抄。

废营地土名新寨二十二坵。

计丈虚亩九亩八分四厘七毫九丝一忽六微，照二亩五分折一亩。

该实亩三亩九分三厘九毫一丝六忽六微，照新垦匀派本色征料增民地例，每亩该银四分六厘九丝三忽八微三纤七沙七尘四埃六秒，其征银一钱八分二厘。

每亩配米六合七勺七撮五圭三粟七粒二黍，

共征米二升六合五勺。

据生员黄河清承买，徼番银一百五十元给照，收粮一钱八分二厘，米二升六合五勺，入民安里十都六甲本户，详立案。

# 卷之十

## 庙　宇

凡食报于民，非有御大灾，捍大患者，谓之淫祀。《白虎通》曰"淫祀非福"，盖将破人以渎媚之惑也。然苟生而为英，死而为灵，其于水旱疾疫不无裨补，则非淫祀者。比夫迎佛崇祀，使梵呗之声于今不衰者，亦以其能护国安民也。有类乎此者，讵可没之哉。志庙宇。

城隍庙，在孔沟上，前倅胡邦翰议建南向，未及经始而殁。署倅马淮改议北向，委解京饷。署倅万友正倡率乡人士为之。

关帝庙，在鱼街，市廛湫隘，里人公建，今权为朔望行香之地。一在后浦西门，一在金门城，一在金门古贤保。

天后庙，在墩仔头，乾隆四十二年建，现在兴工。一在小崎保渡头。

通利庙，在四甲大街，朱子簿同时过此曰"五百年后，必有通利之所"，里人因此建庙。

上帝宫，在后浦北门，一在金门城，一在同禾里沈井。

元威堂，在五甲街，相传神为武进士，池姓，于耆老梦中得之，后现像里社。乡人鸠众建庙，遇有疾疫，祷告甚灵，时称为池王爷。

保生庙，在民安里赵岗乡，里民私建。厅治既设，迎春于此。

格思堂，在三甲后街，顺治年间建，乾隆二十二年重修。

拱市宫，在四甲大街，北向，祀日月二大使。

东镇庙，在民安里十都乍画山，今废。

三忠宫，在同禾里七都大道之旁，祀宋文天祥、陆秀夫、张世杰。盖张、陆二先生过此，而文丞相后驻霞、漳，故汇祀之。人因以此为里号。后,宫遭兵马蹂躏殆尽。康熙癸巳,县令朱奇珍捐俸建屋二椽,延僧奉香火,仍蠲其地租夫额,以充祠费。

## 寺　观　附

出米岩寺,距店头铺半里,详见古迹。

南泉堂,在同禾里六都,俗名草埔宫,祀清水祖师。其神甚灵,有祷辄应。岁正月,往彭岩进香,四方从者以数千计。近遭折毁,成讼案,未兴修。

清水岩寺,在东大帽之阳白云山,宋绍兴三十一年建,以祀昭应慈济大师。

观音亭,在后浦东门。

普陀岩寺,在翔风普陀山上,山有两崖,其次崖为明林希元读书处。

龙腾宫,在翔风刘五店,负山面海,塑吴真人像。其神赫濯,有祷必应。宫左右有旗鼓石,前数百步又有石双排海中,状如筊形,名曰筊石。

鼓锣岩寺,在翔风十四都,其神为古押衙官,有功德于民者,故岁时伏腊,乡民报赛不衰。[①]

后寮岳,在翔风十三都,城场、山后、柏头三乡同建。

坡山庵,在翔风十八都西浦,一名东菴,未详建所自始,甚庄严壮丽。

大妈宫,在金门后浦,康熙年间建。一在金山港,一在料罗,一在大嶝。

小妈宫,在金门后浦,乾隆四十一年重修。

宝月庵,在金门城南,又名南菴,负城面海。

香山寺,在民安十都,创建不知始自何代。朱子簿同时,已有登眺之迹,手书"真隐处"三字,在寺后山麓,半被凿坏。

---

[①] 报赛:《周礼·春官·小祝》云"将事侯禳祷祠之祝号",唐贾公彦疏"求福谓之祷,报赛谓之祠"。泛指谢神。

水仙宫，在刘五店，建时年代无可考。

锂鱼石下埔宫，在刘五店，祀天后神。

妈祖宫，在澳头海仔墘，前朝天启年间建。

苏岩，在澳头上苏，康熙五十一年建。

武德宫，在十三都柏埔，乾隆二十年建，祀吴真人，其神甚灵。

厉王庙，在金门城南门外，居民私建，岁时以此逐疫。

# 古　迹

孤峰绝壑，亦有佳趣。厅负山揖海，而名胜之区，终不数觏，甚至闻人之颓檐断碑，尽归荒凉。闻之地以人传，前代人文辈出，岂尽无山林之癖，抑或陵谷变迁湮没者多欤。然登诸邑乘者，尚有一二，缺而不录，后之人将何所凭吊哉。志古迹。

出米岩，在民安里八都店头铺北数百步，距厅一十里，岩边有巨石一片，号华盖石。相传宋幼主驻此，石中一穴，日出米以供扈从，故名。互见山川。

宝盖峰，在出米岩后东畔，峰峦耸秀。宋幼主坐此乘凉，曰"此峰宛如宝盖"，故名。

御罗石，在出米岩前面，五色斑斓。相传宋幼主宫中人遗下罗巾化成，故名。

五议洞，在出米岩后，洞中两石如床。陆秀夫、文天祥等五人常于此谋议中兴，故名。

攀辕石，在民安里九都小盈岭路傍。朱子簿同秩满将去，士民送至此，攀辕不忍离，镌此以志慕。

次崖别业，在狮子山普陀岩后，距厅一十五里，岩右稍上有崖，曰"次崖"。明林希元构书舍次崖下，故学者称曰"次崖先生"。

棋局石，在小嶝石虎寨，仙人井西南，距厅三十里。有天然方石，周二尺许，镌为棋局，中分一道，镌"万几分子路，一局笑颜回"十字，已遭琢没。惟"万几分""回"四字尚完善可摹，盖宋邱钓矶手笔也。踰局稍西，钓石在焉。互见山川。

仙洲，一名海印，即太武山。在翔风十七都浯洲屿。有太武岩、玉几案、醮月池、眠云石、偃盖松、跨鳌石、石门关、古石室、蟹眼泉、倒影塔、千丈壁、一览亭十二景。士大夫多题咏。

　　啸卧亭，在金门城南磐石之上，明都督俞大猷平倭后建，极目东南，一望无际，为备海要地。石镌"金门外，谷神完。贼舟泊，谁有生还"十三字，不知为何人所题，年月姓氏，俱无可考。

　　金门古坑湖，南有石沟达于海，旁石洞中有一石，色状如冬瓜，有蒂，有瓣，海浪冲激，浮沉出没，听之有如磬管。

## 第　宅

　　宋处士邱葵宅，在小嶝钟山下。明灵壁令张日益《访记邱钓矶故居》：同邑遵海而南，巨岛错列，小嶝于诸岛若沤浮海上，最渺也，而五百钟灵，宋邱钓矶先生独产其上。先生后朱考亭百余年，而道学独祖考亭，运当阳九，敛德自全。盖自读书论世，知有先生久矣。蔡虚台公重修邑乘，独高先生之风，而予居去先生一水，不能详言其遗宅故墟，予病焉。乃于季夏之八日，戒小舟，约王茂才诸君，诣小嶝访焉。舟行而东，过石虎寨之前，旋及悬崖。崖下白沙数武，有泉出沙之三石间，莹澈而甘，即泉郡《志》所载"仙人井"者。于是，缘崖西南行，多石，或峭或圆，有方石周几尺许，镌为象马嬉局，而于中分一道，则镌"万几分子路，一局笑颜回"十字，已遭琢没。"万几分"及"回"四字完明可摹，草甚工，盖先生手笔云。踰局步渐西，则先生钓石在焉。从此东行半里许，为钟之南，有寺曰"章法"，肇于宋，而北则先生之宅址，不半亩，黍秀离离。盖自明高祖以倭故徙嶝民，一屿皆墟。成化初，乃复旧籍，邱氏俱望钟山之麓列屋，而先生之旧址竟废。予与诸君抚景低徊，就先生之裔朝准君别业休焉。君因出所藏先生诗一编读之。先生之洞天人，彻性命，触发皆真，而为生人明大义，为天地辨大分，考亭统绪，存以不坠，则先生之功，诚大矣。然先生之高踪逸韵，亦今而后，知其详，则岂非有数也哉。既归释楫，遂记之。

　　明侍郎洪朝选宅[①]，在翔风里柏埔。

　　编修许獬宅，在浯洲太武山下，后徙县城内东市后。

---

　　① 原本无"宅"字，补。

## 冢　墓　附

宋承事郎陈彬墓，在浯洲东店潮边地东北。

承事郎陈灿墓，在浯洲山柄乡，号"美人梳妆"。

明同安县训导林同墓，在石慕冈。同，字于野，福州人，寓龙田乡。

主事许廷用墓，在浯洲山灶。

封按察洪真源墓，在民安八都崑岭象山。

宪副陈基虞墓，在十二都山后郑。

知州陈荣祖墓，在同禾和详山。

赠礼部主事蔡宗道墓，在浯洲平林乡。

按察蔡贵易墓，在民安董水桥北，西山黄凤翔铭。

给事中李献可墓，在翔风十四都楼山。

赠礼部蔡希旦墓，在浯洲庵前乡。

赠参政蔡宜勋墓，在浯洲径林。

布政蔡守愚墓，在翔风十九都湖南乡。

知县张继桂墓，在东园崎山。

经略蔡复一墓，在沙溪小盈岭南。

编修许獬墓，在翔风十九都山前乡。

知县洪觐光墓，在十二都石堂。

知州蔡潜墓，在翔风十八都高坑乡。

封刑部主事黄梁甫墓，在浯洲英坑。

礼科蔡国光墓，在翔风十八都前尾乡。

赠文林郎陈大泽墓，在浯洲古坵。昌文父。

封荣禄大夫施俊墓，在卢山头。

进士陈橺墓，在黄龙山背。

主簿方士端墓，在同禾里铜锣山。

举童子科蔡真惠墓，在十三都金山麓。

校勘洪敦仁墓，在翔风十三都金山顶。

处士邱葵墓，在小嶝屿　明张日益云："先生子孙耕陇得一穴，探之，则先生坟。自书甄为记。"①

知州陈显墓，在浯洲东洲。

赠通政使张益墓，在浯洲青屿石庭前。

赠锦衣卫同知张太常墓，在浯洲青屿石庭前。

知府黄伟墓，在浯洲汶水头。

赠奉直大夫陈祯墓，在翔风里浦边黄龙山上覆掌。

赠侍郎洪蕤宾墓，在翔风里十三都崎壁石。

进士许福墓，在浯洲金山官内。

知县陈温墓，在浯洲湖山乡。

知府许大来墓，在浯洲后林山。

通判赠参政蔡宗德墓，在浯洲戴洋山。

知县许赞墓，在翔风里前山。

侍郎洪朝选墓，在翔风里十都东园。

赠中宪大夫张汝远（廷拱祖）墓，在十四都山头山。

赠荣禄大夫张廷极（正之祖，恩贡生）墓，在十三都后行山。

赠荣禄大夫张湖（正之父，郡庠生）墓，在十二都塘厝港乡东。

荣禄大夫、左都督、世袭云骑尉张正墓，在大嶝内陇乡东。

赠荣禄大夫张宜美（廷拱父）墓，在十四都五奇山。

貤赠修职郎张绍甫（逢春父）墓，在大嶝下尾乡前屿。

龙门副将、赠骁骑将军谢云墓，在大嶝本乡。

赠文林郎魏国升墓，在翔风炉前面前山。

总兵官魏文伟墓，在同禾山岬乡。

总兵施应元墓，在小盈岭大路上。

封知县洪家玉墓，在浯洲董林乡北山。

进士苏遂墓，在同禾六都东村。

赠荣禄大夫林士墓，在井头大墓边。

---

① 甄，即"砖"。

赠荣禄大夫林周斐墓,在井头乡西。

赠荣禄大夫林国护墓,在井头乡西,

提督军门林君陞墓,在井头乡西边。

赠骠骑将军魏达政墓,在十三都宋洋头。

赠骠骑将军魏玉元墓,在炉前乡印斗石下。

总兵魏国泰墓,在同禾诗坂山原。

赠荣禄大夫康甫德墓,在同禾山岬东市庄。

赠儒林郎林联盛墓,在八都莲塘乡前。

赠武信佐郎林国明墓,在九都乌营寨山。

赠武信佐郎林元庆墓,在马巷牛磨巷尾。

按：墓制载在《会典》。职官一品茔地九十步,二品八十步,三品七十步,四品六十步,五品五十步,六品四十步,七品以下二十步,皆从茔心发步,各数至边。庶人茔地九步,穿心十八步。虽卜葬者,或绌于财,或限于地,亦有不尽符步数者,而苟如其制,则不容他人侵占也明矣。奈世人辄惑于风水,有豪悍者,见人子孙式微,即谋霩其先人邱陇,以为已祖父之坟；尤甚者,恃强兼并,设计侵渔,以致频年诘讼。《县志》所载第宅寥寥,而于冢墓颇伙,盖诚远虑深思,欲藉此为左券之握,俾豪强者,知所警心云。

## 坊　表

同民安坊,在小盈岭上,为南、同交界之处。宋绍兴甲戌,朱熹建立,以补岭缺。雍正甲寅圮,匾字现存。乾隆戊子,茂才林应龙、黄河清等呈请倡捐,仍就坊迹,建造关隘。

银台进士坊,在浯洲青屿,为张苗、张定父子立。

褒忠坊,在浯洲青屿,为御马监张敏立。

耆寿坊,在同禾里六都沈井,为国朝陈士珍立。

节孝坊,在同禾里三忠宫,为陈元潆妻刘氏立。

# 卷之十一

## 风　俗

古者修六礼以节性，明七教以兴德，齐八政以防淫，一道德以同俗，盖教化操于上而风俗成于下，其势诚然。厅属固同邑之东界也，自紫阳过化以来，渐仁摩义，几同邹鲁，而山海攸分，风气各殊，乡曲细民，未尽淳厚者，岂其俗之难化哉？所赖长民君子，因其势而利导之。志风俗。

濒海者，恃鱼盐为命；依山者，以桑麻为业。大抵皆崇俭朴，好佛法，重婚姻。《图经》按，厅属依山濒海，其所职业，率多类此。

同安朱子之所教化，其君子励节，小人任天，男力穑，女善为布。《闽书》。

或问："泉俗每旱暵，辄用素衣冠而祷礼欤？"曰："此亦近于礼者也。"或曰："《礼·月令》：'大雩，帝用盛乐。'雩必备乐，安在其可用素服也？"曰："古者，龙见而雩。是雩者，先时求雨之祭耳。岂所论于旱灾之日哉。"黄朝阳《答泉俗问》。按，三里地瘠，民无储蓄，一季不登，则待哺嗷嗷。忧旱剥肤，非具文也，素衣冠而祷，未为不祥。

邑民之患，惟饥与盗，救饥如救焚，随机应变，非可预算。治盗如搏虎，不可不急。林次崖《赠王冈序》。

濒海之民，转贸四方；罟师估人，疾榜击汰，出没风浪之中，习而安之。间有无赖之徒，乘逆风破舰，时陷人于险，而攘其利。《府志》。

一邑之中有舆隶也，附之以白役。一人在庭，十人在门。庭者趋，在门者待。一有差遣，一人化而为十人矣。夫是十人也，其家之父母妻子，何财之赡而身之资。此小民所以有鸡犬之惊。陈之清上抚宪文:"按同之衙蠹,向称骄悍。虽退休乡宦以及乡绅未仕者,或触其锋,辄行肆辱。其在细民,更非所论。兹为马巷新建衙署,政教初行,革除旧习,厥为首务。"

科第文物之盛,彬彬与上国齿。今闾阎山海之区,家诗书而户业学。即卑微贫贱之极,亦以子弟知读书为荣。故冠裳之士,往往发自寒薄。凡仕宦所至,任事行法,不善委曲徇人。胶守官序,拙于夤缘。虽有权门幸路,莫能投向,尤耻于面谀而短于辞说。盖士以礼法为拘,气节自重。自宋至今,然也。隆庆《府志》。

昔有元晦来簿是邑,吏事勤敏,黔首安辑。学专身心,庠序是急。访求徐王,以端士习。推崇魏公,声教沁入。流风余韵,人争树立。习俗由靡而入淳,士行任真而去饰。东乡地硗而勤朴,西隧好刚而自克。紫阳遗教,万古未戾。故势重于文,目贱于耳。池显方《大同赋》。

郭璞《葬经》:"递相肆习……急则牙角相构,缓则迟延岁月。"虽再世不葬,恬然安之。盖泉地阻山窄,非如江浙以北,平洋广土,可以族葬之法施之。故吉穴、凶穴以及斩伤之说,不尽无验。但为子孙者,苟得可安之地,妥其先灵足矣。乃习俗之非,自昔已然,今则愈甚。每听地师及土棍指使,于他人坟山,妄生觊觎,贤宦裔微,或至邱陇不庇;更有近山大姓,恃辖负崛,凡遇人家葬坟,辄行阻止。此顽簿之至者也。万历《府志》。

地方瘠薄,民性剽悍,故嚣于讼而逋于赋者恒多。近有业去产存之累,故逋赋者有之。惟得情而以诚动之,信其程则而以义责之。鄞一相《重建同安县官题名碑》。

自朱子簿邑以来,日以圣贤身心之学迪诸士,且推崇魏公以为表率,故礼教风行,习俗淳厚。去数百余年,邑人犹知敬信朱子之学。凡所建置,敝则葺之,其余文则录之,而旦夕佩诵焉。故士多颖异能文,颇知以气节自励。由科第而卓有树立于世者甚众。其民亦守分,能任真,性无矫饰。男子力稼穑,妇人勤纺绩。东方地硗,民多贫,能习劳苦。浯洲居海中,有风沙之苦,其俗尤敦俭素,业儒者多,科目恒不乏人,最下乃精习法律耳。至于疾病求巫觋,丧居用浮屠,固有之,但儒者亦多不惑。祭奠俱用朱文公家礼,惟赛神浮费,罔知节省,多至百计,少亦不下数十金,所当渐革者也。隆庆《县志》。

士先品行而后文章,故廉隅必饬而志向必端。邑人士沐紫阳遗泽,其以气节自高者,十居八九。乃一二荡检之徒,厕名儒林,趋利如鹜,仆仆公庭,作生活计,使有司触目增厌,为士林玷。夫士必自重而后人重之,爱其鼎者宜何如,风励也哉。旧《同安县志》。

比来俗弊最甚者,一曰闯。滨海之区,四达交衢,游手攘臂之徒,纠伙结盟,各立门户,寻事生风,殃及绅衿,屡愚吓焉。司世道者,尚其有以处之矣。

一曰赌。赌风盛行,匪自今日始。赌弊最甚,莫如头家。大抵赌者或积猾,或稚子弟,非必尽有见钱,而头家则为之打发,索赢者而取偿于输者,故其利尽归头家。赌之具或以纸牌,或以骨骰,或以摊场,或以压宝。自膏粱贵介,赤兵脚夫,至儒冠,亦不免焉。其流患有不可胜言者,此风其可纵哉。按,近日开卖花会,起于南安,沿及三里。妇女稚子奔趋若鹜,尤当严禁以防其流。

一曰讼。民之好讼,未有甚于今日者,皆由积恶讼师,恣弄刀笔,布成陷阱。甚者通同胥吏,高下其手,使两造经年累月,骨尽皮穿,而渠之生涯,已无穷矣。其法惟在究唆、诬严、反坐而已。按,向讼棍毕集马巷,讵捏弄准,即逃审理,大为民蠹。近虽惩除首恶,而豢养纵陷,实繁有徒。

一曰侈。日用服习,贵贱攸分,非特严等威,亦以阜财用也。今则服竞华丽,食必丰美。至于迎神赛会,动费数十金,殊为不经。夫民间财用,止有此数,费之既滥,必至出之不继,损下亏上。此为大机,惟司治教者留意焉。

一曰霸租。里少平旷之地,凡粮户产业,率多星散,必藉土著佃耕,输粟以供国课。近有负嵎霸耕,始而欠租,继而占田,业主向较,反遭凌辱。迨鸣官究治,非贿差摆脱,则贿承寝案。官斯土者,虽惩一二,而簿书鞅掌,势难周理。于是强佃安享无粮之田,业主苦受虚产之累。负逋不完,箠楚何词。欲民急公,尚于此加意哉。

一曰信师巫。邪教充塞,倡为作福。度厄之说,蛊惑人心。于是斋醮、祷祀、祈禳、祓除,彼此效尤,耗费不少。虽读书礼义之家,犹苟为之,何况愚者哉。以上俱旧《同安县志》。

## 岁　时

元日,鸡初鸣,咸起贴门帖及春胜。设茶菓以献先祖,拜祠堂。无祠堂者,拜于家。黎明,戚友相过贺。日午,献馔于先,各以柑祭神及先,至元宵乃撤。

初四日,设香案接神下天。《五杂俎》:"腊月二十四日,百神有事上帝,至此日乃迎神而复之。"

人日,《闽书》:"泉人以是日取菜菓七样作羹,名'七宝羹'。"

初九日,《闽书》:"泉人以是日为天诞。"《玉皇本行经》:"玉皇以是日度世。"干宝《搜神记》:"玉皇乃外国王子之成佛者,道观多报赛。近则里巷寺庙皆有之。"

上元,自十一起,陆续张灯,至是夜,以米圆祭神及先,或以酒馔祀祠堂。

二月初一,前后社师入学宏治。《省志》:"宋时,泉乡里各有社学。岁前父兄相议择师表。至日,里推一人为东,以诸徒姓名,具关帖启入学。"

二月十五日,花朝。

清明,插杜鹃花,祭祖先,扫坟培土,挂楮币。有即清明日者,亦有迟之数日者。

三月初三日,以粿祭祖及神,亦有不祭清明节,而以是日代之。是月多迎神赛会。

四月初一日,各办香饼祭神,名曰"明眼饼"。寺僧募化人家,名"洗太子"。初八日,浴佛,《佛经》:"是日为释氏成道日。"

五月端午节,悬蒲艾及桃枝、松枝于门。小儿以五色丝系臂,曰"长命缕"。饮雄黄酒,且噀于房角及床下,云"去五毒"。小儿则擦其顶,沐兰汤,作糭相馈遗。① 近地无大江大湖可以竞渡,或以小池为之。是日午时,以纸为人,写一家生辰送水焚之,名为"辟瘟"。

六月荐新谷于祖先,献荔枝及时菓,不拘定日。

初六日,以黍为粽,祭土神。

十五日,为半年节,各造米圆,祀祖及神。

七月无定日,各里社延僧道,设醮,搭高棚,安排祭品,以祭四方无主鬼,名曰"普度"。数年来,里社公祭,各家另有私祭。

七夕乞巧,陈瓜豆及粿。小儿拜天孙,去续命缕。

中元,祀祖先。寺观《道书》谓:"是日,地官校人间善恶。"

八月中秋夜,以月饼、番薯、芋魁祭先及神。前一二日亲友以此相遗。

九月九日,登高饮茱萸菊酒,惟士人间行之。

冬至,俗不相贺,祭祖堂,舂米为圆啖之,谓之"添岁",仍黏于门。

十二月十六日,商贾皆祭土神,牲醴极丰。

二十四日,祀灶。《五杂俎》:"俗谓灶神是夜上天,以一家所行善恶奏于天。"又云:"百神皆有事,画舆马仪从于楮,具牲馔,焚而送之。"

二十五日,俗谓"天神下降,监察善恶"。设香案于神前。除夕前一二日,以糕、豚相馈,谓之"馈岁"。至夕祭先及神,谓之"辞年"。炽炉炭、爆竹,放火炮于庭,留宿饭于明日谓之"隔年饭"。

---

① 糭,zòng,同"粽"。

# 祥　灾

休征、咎征,《洪范》言之详矣。依古以来,史不绝书,盖为恐惧修省之一助焉。祥以志瑞,异以示警。几之先见,其旨甚微。敬而承之,灾可为祥。即此一隅足以培多福,讵必博言征应哉。志祥灾。

## 元

至正二十六年七月丙辰,大雷雨,三秀山崩。

## 明

嘉靖三十七年三月十二日,大雨雹,鸿渐山石坠。自五月至十一月,大荒疫。

四十四年三月二十七日,疾风雷雨,方未时,忽昏如夜,咫尺不辨,行人阻骇,至申尽,乃稍开霁。

万历二十五年丁酉,正月,大雨雹。三月初十日,又雨雹,大者如鸡卵,破瓦伤稼。澳头沿海一带尤甚。又有黑云一片,如簸箕大,自县中出南城而去,所过屋瓦俱动,至刘五店尤甚。

三十一年癸卯,八月初五日,飓风大作,潮涌数丈。沿海民居、埭田漂没甚众,船有泊于庭院者。丙洲几为巨浸。董水石梁漂折二十余丈。是日,漳、泉贩吕宋数万人,骈首为番僧所杀,此殆其沴云。

四十七年三月二十一日卯刻,天色忽晦,有物从长泰之万丈潭起,大雨雹随之。其一,经邑之海丰、浔尾、下崎、马巷至香山;其一,经豪岭、苎溪至西山,食顷乃止。雹大如碗,击毙人畜甚伙。松柏皆去皮而枯。

## 国　朝

康熙元年壬寅，大嶝人见海中有人面鱼立于波上，见人笑而没。越明年迁界。

十一年十月，浯洲欧垅湖中，忽浮一小渚，高四尺许，阔丈余，长十余丈，形如鲤鱼，四旁水深，洞不可测。相传万历间，是湖鸣沸三日夜，里人林釬生。后釬登探花，拜东阁大学士。

乾隆八年秋，有海豚二，自丙洲港溯溪流二十余里，至东庄潭止，一浮一沉，谓之"拜风"，盖飓将起，则现。

十七年七月初七夜，大风。初八夜，大水。各澳港舣泊大小船，有冲至陆地者，连抱大木俱拔，漂坏民居无数。

三十五年四月，大帽山鸣。

# 卷之十二

## 物　产

入五都之市，百货云集，无胫而走，离乡则贵。良楛美恶，司市者，咸能指其所从来。然气候炎凉，水土肥瘠，五行百产之精，因而异同不齐。八政所先，货恶其弃于地也。志物产。①

### 谷之属

**大冬**深山气冷，春种冬熟。　**赤脚**白粒红点。　**叶下逃**穗居叶下故名，耐冬。　**白香**有短芒，米白气香，可作粢盛。一种无芒，名过山香。　**早秋**春种夏收。有赤壳白米、白壳赤米二种。　**虎皮秋**颗大，壳赤，斑色若虎皮。　**大伯姆**宜种浸洳。二种皆来自安邑。按，以上种类虽多，其大概只有粳、糯二种之分。今之食米皆粳稻。其糯稻则酿酒居多。《闽中记》："闽人以糯稻酿酒，其余则採粉。岁时以为糊、粽、粿、糕之属。"　**黍**熟于暑月，故名。大穗，实散而垂。有赤、白、黄、黑诸色。厅属皆黄者。李时珍曰："稷之黏者，为黍。"　**蜀黍**赤名薯黍，有赤、黑二色，叶似芦苇，俗名番黍。北人谓之高粱。可以酿酒。　**鸭脚黍**即穄子。叶似稻，穗如稗，子如黍，不黏，色如茶褐，亦可酿酒。　**稷**似黍而不黏，亦名粢。有数色，厅仅黄者。粒稠结而上疎，早熟清香，因以祭祀，亦名穄米。　**粱**穗大毛长，颗粒粗厚，有红、白二种。粟梁类也。穗小而丛聚，毛短而粒细，色浅而黄，俗呼为狗尾黍。北人谓之小米。凡粱、粟之黏者为秫。今泉人误以稻为粟，并误以稬稻为秫，相沿不可改矣。　**芝麻**一名巨胜。以来自北方，亦名胡麻。有黑、白二种。可作油。黑者为佳也，其味极香。　**小麦**即来也。冬种春收，与北方历四季而登场者不同。北地之麦曰

---

① 良楛：精良与粗劣。

开花。南方之麦夜开花。亦有秋种者,为早潦故也。　**大麦**即蘖也。芒多粒松。早熟者,曰早黄。白者,曰秾麦,穗大颗稠者,曰松薔。麦青色,曰青大麦。二麦熟于三月,可济冬稻之乏,故名续食。　**黄豆、青豆、白豆**磨细作腐,亦可作酱。　**红豆、黑豆、绿豆**大、小二种,六月收,晚者九月收。性冷宜暑。**九月豆**即红豆。俗名大豆。可以当饭,亦名饭豆。粉切之以供食品,谓之糍;蒸擂之,以实粿品,谓之馅。　**塗豆**即落花生,一名青芋,性燥,其膜有毒。碾而撞之,可作火油,其粕可以粪田。

## 番　薯　附

番薯以种得番国故名,俗呼地瓜。有来自文来国中种者,名文来。形圆皮白,肉黄而松,最美。有土薯,形似茄,皮紫、白二色。白者为佳。有芋薯,似文来而皮红。鹦哥番,似文来而肉不松。过沟挖,形似土薯,肉黄而多根。寸金薯,种之经年,一颗可得十数斤,尤宜于山麓墙阴。浯洲所产独多。明何乔远《番薯颂并序》:"度闽海而南有吕宋国,国有朱薯,被野连山,不待种植。夷人率取食之。其茎叶蔓生如孤萎、黄精、山药、山蓣之属,而润泽可食,或煮或磨为粉。其根如山药、山蓣,如蹲鸱者,其皮薄而朱。可去皮食,亦可熟食之,亦可酿为酒。生食如食葛,熟食色如蜜。其味如熟芋莩,生贮之有蜜气,香闻室中。夷人虽蔓生不訾省,然恡而不与中国人。中国人截取其蔓咫许,挟小篮中以来。于是入吾闽十余年矣。其蔓虽萎,剪插种之,下地数日即荣。故可挟而来。其初入吾闽时,值吾闽饥,得是而人足一岁,其种也,不与五谷争地,凡瘠卤沙冈,皆可以长。粪治之则加大。天雨根益奋发。即大旱不粪治,亦不失径寸围。泉人鬻之,斤不值一钱。二斤而可饱矣。于是耄耆童孺,行道鬻乞之人,皆可以食饥焉。得充多焉而不伤。下至鸡犬,皆食之。于是,何子开镜石山房树荫之隙地而种焉,而为之颂曰:不需天泽,不冀人工,能守困者也。不争肥壤,能守让者也。无根而生,久不枯萎,能守义者也。予向行江北，天大旱，五谷不登，人食草木之实亡厌，今乃佐五谷，能助仁者也。可以粉，可以为酒，可祭可宾，能助礼者也。茎叶皆无可弃，其直甚轻，其饥易充，能助俭者也。耄耆食之而不患哽噎，能养老者也。童孺食之，止其啼，能慈幼者也。行道鬻乞之人食之，能平等者也。下至鸡犬，能及物者也。其于士君子也以代匮焉，所以固其廉以广施焉，所以助其惠而诸德备矣。而吾邑粱肉之家犹骇焉，而不敢食，食之则谓同于婆与贱。于是何子掘而出之，浴之清泉，荐之洁鼎，乘之陶匏，沃以浊酒。而为之歌曰：令珠而如沙，人以之弹鹊。令金而如泥，人以之涂廙。令朱薯而如玉山之禾、瑶池之桃，人以之为不死之大药。虽不死药不足佐五谷，吾亦不忍其禾玉山，桃瑶池。独从羽人于丹邱，坐视下界之人，瘵饥啾啾而不得一嚼。"郑得潇《番藷序》："自上世《草木图经》皆不载，至晋始见于《南方草木状》，而《异物志》亦有之。"是其产在交广珠厓之地。万历中年，同人有贾于吕宋者，密截其蔓，置小盆中，归而种之，即敷荣蕃硕，皮薄色红，称曰朱薯。以来自夷，俗故称番薯云。传种既繁，饥岁赖以全活者甚众。十年后，忽不实，根瘦劲而无肉脂，众皆苦之，共祷于神。有一人梦神语云："三姐宅前，取蔓种之则多获。"三姐者，浯岛之媚媪也。宅前有薯蔓如神言，剪插之，果倍登。后竞传种，谓之三姐藤。薯色淡红，及白而朱色者悉屏矣。近又有一种，叶多桠，号菊花叶者，种收尤蕃，色尽白而味稍逊，则自惠安传来也。此物所种，地喜沙软，不宜坚埴。初芽于春，引蔓及长，始剪截咫尺有二三节者，高拥畦畎，乘雨后踵连而轻压之，露其末芽以承阳气，则入土之节垂根累累，枚数不等，渐滋渐长而成藷矣。其蔓交加，长延踰丈，每于蔓节垂根入松土，亦皆成藷。得地力者获不胜计。春夏秋不时皆可种。大约下地百日后，即可挖其魁者供食，复拥培之。稚者又滋长□阡竞亩。可相继采取也。冬至前尽掘而贮之，耐久不腐，过此则藏之易败。

按，三里水田不及十顷，唯地瓜则遍地皆种，比户皆食，间有不知稻味者。其利溥而用宏，故附之于谷。

## 蔬之属

芥子可作芥酱，名芥辣。有赤叶芥、白叶芥、绿叶芥、鸡啄芥诸种。　芥蓝色蓝叶嫩，花更甘脆。　番芥蓝咖喇吧种，紫色带粉而鲜花可爱，不甚宜食。　白菜一名菘。周顒所云："秋末晚菘也。"　韭有一种名罗汉韭，叶大三倍。　芹白芹也。生水中者，曰赤芹。　苋有赤白紫三种，不宜与鳖同食。　蒿莴味辛香，叶如艾，花如菊，故俗呼"东坡菊"。　菠薐俗名赤根菜。刘禹锡《嘉言录》："出西域波稜国。"《闽中记》："以叶如波纹有稜，故名。"　葎菜味辛香，产溪涧中。朱文公饮后，辄以葎茎供素品。　瓮菜《邇斋闲览》："本生东夷古伦国，人用瓮载其种归，故名。能解野葛毒。有生于水中者，曰水瓮。"　莙达叶厚而柔，俗呼"厚叶菜"，微毒。　姜嫩时为水姜，隔年者，名姜母。宋王十朋诗："辣皱人眉性最良，药中功效不寻常。吾侪自是本无智，夫子何曾食彻姜。"　葱有一种名方葱，《尔雅》："所谓茖，山葱是也。子种六月茂盛，谓之熟葱。"　蒜有大、小二种。大蒜，汉张骞使西域始得种，俗呼"大瓣蒜"。　蒝荽《本草》所谓胡荽也。亦张骞种。　莱菔俗呼萝卜。有黄、白、红三种。白者头可晒干，叶可腌食。　苦瓜一名癞蒲萄。一名锦荔支。土人名红瓠。　西瓜种出西域，绿皮红里，性冷味甘，黄种者稀。　冬瓜经霜后，皮若傅粉者，为佳，可入蜜品。　金瓜黄、红二种。黄可疗饥，并治火毒、炮伤。红只供玩而已。　王瓜、刺瓜一名王瓜。　菜瓜色绿而斑，微有白纹，可入酱品。　丝瓜一名菜瓜，一名天罗。老则其中有丝若罗网然。　南瓜种出南番，亦名番冬瓜。青、白、黄三种，俗呼枕头瓜，可玩可食。　匏有葫芦匏，有圆匏，有长匏。《诗》谓之壶。茄一名落苏。紫茄二种，质长，如萝卜。圆者为暹罗种。　乳豆一名筋豆，一名裙带豆，荚长如鞭，节断食之。　刀豆一名皂荚豆。　荷兰豆似扁豆而小，色绿甘脆，近始有之。　羊角豆豆角也，继菜豆而生。　鸡㙡大类香草，气味香甜与云南鸡㙡类。浯洲西洪沙中，夏月雨过则有之，人采食焉。　枸杞菜嫩者为佳，子与根互见药。　水芋取苗熟食，比田芋之苗更美。　紫菜一名索菜。生海石上，柔嫩。抄成索者佳。《本草》云："凡瘿结积块之疾，宜常食紫菜自愈。"　赤菜《海物异名记》："海生而紫蔓。一云紫菜。割后再茁者为赤菜。"　浒苔一名海苔。生海中状如绿发,长三五尺,其出澳内者名淡苔,尤美。以鼓浪屿所出为最。明何乔远诗:"何物春盘伴嚼冰,海苔干剪细棱棱。青同夜雨灯前韭,绿是扶桑枝上藤。误听翻令疑构鸭,清斋何似困饥鹰。一经焙火寻堪啜,绝胜乌麻待九蒸。" **石花**生海屿中。夏月煮之成冻,并可入蜜品。 **龙须菜**生海滨石上,无枝叶,须长尺余,色白。青则和醢浓当蒸肉。 **芋**一名蹲鸱,一名土芝。大者为芋魁。又有竹芋、绵芋、九鬃芋、黄芋诸种。王十朋诗:"我与瓜蔬味最宜,南来喜见大蹲鸱。归与傅取东坡法,糁玉为羹且疗饥。" **山药**薯蓣也。山中自生者形瘦,肉稍黄而结实。种田园中者,肥大而稍松。 **薯**俗呼田薯,紫、白二色。又有种薯形似人掌。

## 果之属

**荔枝**上林赋云:"答还离支"。《白乐天集》:"一日色变,三日味变。"人遂以为离支之名本此。盖荔、离方言转音也。按荔枝种类最多。五月熟者,为火山,肉薄味酸。六月熟者有仕林绿荷包、马家绿状元、红金钟、张官人。同禾唯桂林称胜,香可酿酒。大暑后熟者为山荔枝,佳者良有风欹。 **龙眼**名荔奴,以其后荔枝而熟也。大者名虎眼,次名龙眼,名鬼眼,今统谓之龙眼。生啖味甘香。干服,性温补。 **梅**大者名鹅梅。 **桃**有红桃,有早白,有苦桃,有六月白诸种。 **羊桃**五捻子也,味如木瓜,入蜜品。 **李**有粉李、虚仁李、黄腊李三种。 **珠李**似李而小,山谷中皆有之。 **枣**赤、白二种。 **柑**橘属,种类不一,皮厚而圆,曰仙柑,皮薄而体扁,曰红柑。 **橙**似柑皮厚而黄。有蜜桶、雪桶。凤柑只可备玩。 **柚**有红、白二种。贵者,名文旦。充廛塞市者,名仁斋。后园,物以地名也。又有一种似柚而大,皮厚而香,可玩,酸不中食,俗呼为"包"。一种略小而色深黄,似凤柑而大,为"凤包"。 **香橼**皮如癞萝卜。又有形似人手者,名佛手柑,味皆香烈可玩。 **石榴**有玉榴、紫榴二种。玉榴为佳。 **檨**树易蕃大,实如木瓜。核中有仁可种,甘美益脾。色黄实时,必以斧斫其株,不然则未实而陨。有数种,联皮可食者,名滿。黄小而酸香者,名香檨。皮薄外有粉者,名粉檨。形圆大如鹤卵,核小者,名达摩,尼咖喇吧种也。又有小核比手大指,名曰把鹤。凡样花皆白,惟香檨色黄。 **桑椹** **莲子**花房间偶有之干者,来自建宁,非土物也。 **甘蔗**丛生似芦多节,高六七尺。赤色,名昆仑蔗。白色,名荻蔗。魏文帝《典论》:"时方食竿蔗。"又有一种,名管蔗,用于煮糖。即旧《志》所谓:"荻蔗",沙园可种。甘蔗宜种水田,蔗浆但可消渴而已。《五杂俎》:"吕惠卿对神宗言:'凡草木皆正生嫡出。唯蔗侧种,根上庶出,故字从庶。'"《稽仓草木状》作"竿蔗"。惟其挺生如竹竿也。今人乃作甘蔗,误矣。　奈子拔一名番石榴。状如石榴,青黄色皮,心带子皆可食,气香味甘,多食不伤,性止冷泻。

## 药之属

芙蕾俗名苍荓,以老为佳也。叶合槟榔、蚶壳灰啖之,温中破痰,消食下气,多来自海南。近厦岛多种之。朱子诗:"锦文缕切劝加餐,蜃灰芙蕾共一盘。"　天门冬蔓生有逆刺,花如茴香,实如脂。味甘。朱子诗:"高萝引蔓长,插棱垂碧丝。西窗夜来雨,无人领幽姿。"　麦门冬叶如莎草,根如莲珠,形如麦粒,服食断谷。　枸杞《本草》:出甘州者为佳。根为地骨皮。今三里亦有之。　香附子即莎草根。　益母草一名芫蔚。　艾生艾也,亦有蕲州种者。　石菖蒲九节者佳,斗拱山有之。　淡竹叶细茎,绿色如竹。　陈皮柑皮也。　山楂出金、厦两岛。　薄荷青蒿。　半夏根如小芋。　甘菊花厚色香。出山中味苦者,为苦蓣,故曰:"真菊延龄,野菊泄人"。　山栀子性冷,其实七棱。　金樱子蔓生有刺。霜降后取子捣汁作膏,可治遗精。　使君子蔓生花红,有棱。昔潘州郭使君用以疗小儿,故名。俗呼为使君子。　车前子即芣苢。　番椒一名番姜。花白,实老而红、黄二种,形有圆有长,味辣,能治渔毒。　金银花黄、白相间,故名。一名忍冬。一名老翁须。一名鸳鸯藤。可疗痈疽。　蒲公英生田岸,花似菊。解毒,散滞,消肿。　香薷春月煎服,可除热病。　田乌草一名旱莲草,又名一瓣莲。　玉簪花根治喉骨鲠,捣汁滴入,其骨自下。但不可着牙齿。亦治乳痈。　红花入心养血,可染色丝,可作胭脂。

## 花之属

刺桐花木高大,枝叶繁茂。夏初,开花殷红烂然。郡初筑城,环植此花,故有桐城之号。《五灯会元》:"刺桐先萌芽,花后发,则其年丰,否则反是,故谓之瑞桐。"唐陈陶诗："不胜攀折怅年华，红树南看见海涯。故国春风归去尽，何人堪寄一枝花。"宋丁谓诗："闻得乡人说刺桐，叶先花发卜年丰。我今到此忧民切，只爱青青不爱红。"王十朋诗："初见枝头万绿浓，忽惊火伞欲烧空。叶先花后年俱熟，莫道时人不爱红。"　梅花有红、白及浅红三色，单叶、百叶二种。一花三子者，名品字梅。绿萼者，曰绿萼梅。又有石梅，岁久木坚如石，揉其枝使拳曲，以备古玩。　桃花有碧桃、美人桃、大花绒桃、绯桃、紫花夏桃。又有五色桃，大约百叶者，花美，单叶者，实美。　夹竹桃名俱那异，亦名俱那卫，又名半年红。自春徂秋，相续开花。《闽小纪》："叶微如竹，花逼似桃，柔艳异常。"《闽中纪》："南方花有北地所无者，阇提、茉莉、俱那异，是也。"　李花花白小而繁。　桂有四时开者，紫色、鞓红色。深红者，曰丹桂。凡色胜，则香薄。有逐月开花，曰月桂。冬春开花，长穗锐尾，小白无香者，又名凤尾。　木槿有红、白二种。　佛桑即朱槿。《南州草木状》："一名佛日，色深红，叶如桑，高丈余。一种色白，一种紫淡黄者，俗谓之'金木兰'。纯白而英开无紫点者，名为'舜英'。"《闽书》："本名扶桑，东海日出处有扶桑树，此花光焰照日，其叶似桑，因以比之。后人讹以为'佛桑'也。"一种名照殿红，花单叶，乃朱槿别种。　山茶经冬不彫，以叶类茶，故名。有花开单叶而极大者，曰日日丹。单叶而小者，曰钱茶。类钱茶而粉红色者，曰溪浦，一名茶梅。又有百叶而攒簇者，曰宝珠。类宝珠而白者，曰蕉萼。从云南来者，曰滇茶，殷红而萼大。从日本来者，曰洋茶。各色异塿胎十月乃作花。《五杂俎》："闽中有蜀茶一种，足敌牡丹，其树似山茶而大，高者丈余，花大亦如牡丹，色多正红。二三月开，照耀园林，所恨者，香稍不及耳。"　紫荆丛高花繁，一蕊五英，其色有紫、碧、朱三种。　树兰树高，花丛碎点，青香。　山丹一朵百蕊，状如绣球，一花四英，色红，一名红绣球。亦有粉红色者。《学圃杂疏》："葩美丛起如绛罗囊。"宋林回诗："叶剪青油花渥丹，春风随众出阑干。碧桃黄菊彫残后，谁伴长松到岁寒。"　百叶石榴有大红、粉红、黄、白四色。朱文公诗："窈窕安榴花，乃是西邻树。坠萼可怜人，风吹落幽户。"又有一种花心瓣起如楼阁，谓之"重台榴"。　指甲一名散沬花。茸如碎珠，开花如密色，青香袭人，叶可染指甲。　蔷薇一名买笑。有红、紫、黄三色，有曰醉杨妃，曰倚阑娇，曰红木香，又有野蔷薇，香亦清烈。　茉莉有木本、蔓本，根能毒人。花色白，香浓。有单层、千层，千层者，出澎湖。《闽书》："原出波斯国，移植南海。"《稽仓草木状》："作末利。"《洛阳名园记》："作抹厉。"

《佛经》:"作抹利。"《王十朋集》:"作没利。"《洪迈集》:"作末丽。"泉州旧《志》:"作木丽。本胡语,随人意会而已。"杨慎《丹铅录》。《晋书》:"都下人簪柰花,即今末利花也。"王十朋诗:"使君燕寝无沈麝,堂北清香自有余。"何乔远诗:"开帘合作波香馆,入圃翻疑种玉田。" 菊有二种,茎紫味甘者,菊,茎青味苦者,苦薏。《避斋闲览》:南方花以较北地常先一月,独菊花开较迟者,性宜冷也。按菊种不一,今所传苏菊,春夏常开。又有真珠菊,开花累累如珠。又有草菊,紫花散生。又有蓝菊,较草菊稍大,俗呼"苏州草菊"。 兰《兰谱》:吴越人呼为"建兰",一名水香,即泽兰也,生水傍,叶光润尖长,花蜡色,盖国香也。以素心为第一,叶长一二尺,硬直而花干长者,曰蕙。叶稍短而披垂,花干亦短而藏叶中者,兰。蕙、兰皆一干数花。兰尤清香可爱。鸟衔兰花于树上寄生,取而悬诸屋檐之下,亦开花,曰吊兰。又有一茎一花者,曰独占兰。一种茎白者,曰玉干。一种出土即开者,曰出地香。 水仙一名玉玲珑,一名金盏银盘。不留种,花时取诸漳郡。 锦竹樵书,花如织锦,一名石竹。 剪春罗一名碎剪罗,花六出,绯红色。 萱花叶如兰花,淡黄六出,一名宜男,一名忘忧。味清香,俗名香萱。朱子诗:"春条拥深翠,夏月明夕阴。北堂罕悴物,独尔淡中襟。"明黄景昉诗:"兰茎犹有紫,菊朵不成金。"又有一种名香萱。

## 草之属

凤尾草性清凉,潴可止痢。 白苹 藻俱水生。 萍生浮水上。明人诗:"常与白云争水面,岂容红日坠波心。" 薜荔一名巴山虎,其实为"鬼馒头",俗呼"扁"也。 万年松即卷柏。一名长生草,叶似柏而细碎,本高二三寸,得水则生。 遍地锦状似胡荽。 马鞭草地岸边有。 狗尾草生墙头,即"莠"也。 猪母菜即马齿苋。 绿珊瑚种出吕宋,亦名绿玉树。多桠枝而无叶,光泽异常。 大风草 地榆 箬叶叶大能蔽雨水。船篷、箱、笠多用之。

## 畜之属

马 牛 驴 骡 犬 猫 豕 羊 鸡 鹅 鸭厅之鸭皆用麦范之。又有芦鸭,色黑而大。有白鸭,有飞鸭。

## 羽之属

雉亦呼"野鸡",羽文明,性耿介。　莺　燕有二种。领赤者,为越燕,领红者,为胡燕。　鹊见繁华则噪,故人闻鹊声则喜。　鸦见异物则喧。今人闻乌声则唾之,为其有凶兆也。又有一种纯黑而反哺者,谓之慈鸦。　班鸠班,次序也。有赤、白二种。哺子朝从上、下,暮从下、上,而性拙于为巢,知阴晴,以其音卜之。　鹁鸽人家畜之。鹰即隼也,名题眉。　鹞如鹰而大,苍黑色,善击。《禽雁经》云:"小而鸷者皆隼。"　鸢鸱类,即鹞也,善攫鸡雏。飞鸣即风,蹲鸣则雨。　鸜鹆端午断舌养之,能人言,俗呼"八哥"。明黄克晦诗:"那知解语身翻累,如爱傍人舌自调。"　鹧鸪鸣曰:"行不得哥哥。"其飞不远,善护疆界,越者必斗,肉甚美。　鹌鹑礼曰"爵鸠"是名,善斗。　杜鹃一名子规,又名谢豹。　播谷即鸣鸠。一名戴胜。以布谷之候鸣。　百舌一名反舌,即鷃鸠也。　啄木鴷鸣也,嘴如锥长。《博物志》:此鸟以嘴画树,令虫自出啄之。　练鹊俗呼"长尾三娘"。尾长尺余。　鹳似鹤无红顶。仰鸣则晴,俯鸣则阴。　白头翁似雀而大,头有白点,故以为名。　鹡鸰水鸟也。飞则鸣,行则摇尾。　信鸟俗名进鸟,质小而轻迅。　麻雀栖檐瓦间。又一种,曰黄雀鸟。　雁多集洲渚间。　白鹭《尔雅》:谓之春锄。顶有长翰如丝,取鱼,羽饵之。宋邱钧矶诗:"众禽无此格,玉立一闲身。清似参禅客,癯如辟谷人。绿秧青草外,枯苇败荷滨。口体犹相累,终朝觅细鳞。"　田鸡凫水鸭。　鸬鹚饲以取鱼,圈其颈,小鱼则吞,大鱼则吐。　翡翠赤羽,曰翡。青羽,曰翠。俗呼鱼狗,善捕鱼。　钓鱼翁如翡翠而小,常宿水边,伺鱼出而食之。周奠邦诗:"渭上遥追吕,春山旧识严。"

## 毛之属

狐毛可为裘,腋尤温暖,性多疑。礼北斗而灵,善惑人。　兔缺口,长须,望月而孕,吐而生。近有一种或黑,或白,或赤,养于人家,一日数交者,是为淫鼠。　獭似狐而小,青黑色,肤如伏翼,水居食鱼。　猫　耗鼠俗呼老鼠,善耗物。

## 鳞之属

鲨大有百余斤者，浅在海沙不能去，人割其肉，潮至复去。有虎鲨、双髻鲨、锯鲨、狗鲨、乌颐鲨诸种。《海族志》："以皮如沙，得名。" 石首俗呼金鳞鱼，亦名黄瓜。其小者，为黄梅，俗号为"大头丁"，又曰新妇啼。以难烹调，过烂则釜无全鱼。邑人周奠邦诗："老姑怜少妇，薄物且休啼。"《邂斋闲览》："石首鱼之极美者，头上有石如棋子，取其石冶以为器载，饮食如遇虫毒，器必曝裂。又有一种，似石首而黑，鳞细，名细鳞。" 奇鬣赤色，一名甓鱤，一名交腊，以其出于岁暮故名。 鲈似鳡而有黑点，口巨，鳞细，肉白。切脍而味不腥。 鲜鱼似鲈圆厚而短缩。 鳜一名鳜斑。文鲜明，色章著者，为雄，晦昧者，为雌。俗呼为"髻鱼"。有红斑者，名朱鳜。 鳖形似鲈，口阔肉粗，脑腴，骨脆而味淡。 鲫板身，扁首，燕尾，青脊，白鳞。肥腴，但多刺耳。 子鱼肥于子月，俗名紫鱼，与乌鱼形同。但乌鱼头方，子鱼头圆。子鱼有髻，乌鱼无之。唯洛阳江为第一。 乌鱼有赤鱼者，名赤目乌。 鲫《三山志》："似鲫而多鲠。"《海错疏》："鲫其美在腴。" 鲳有黑、白二种。《海错疏》："鳞之小者，其形扁。"《闽书》："鱼游，群鸟随之，食其涎沫，有类于娼。"又曰，"昌美也。"闽中谚云："山上麑，海上鲳。"又有细鳞稍黄者，名金鲳。 油鱼似鳗而小，多骨。 鳢《海错疏》：似鳝鲛而小，有鳞。大者仅三四寸。 成鱼即鳢鱼。味腥。又有一种色白似银，无鳞而大，名黏成，美腴异常。 鳗似鳝而腹大。黄、青二种，有雌无雄，以影漫蠡而生，故谓之"鳗"。生于海者，曰海鳗，肉粗味腥。浑身皆血者，曰血鳗。又有两耳青者，曰乌耳鳗。 白带身薄而长，其形似带，无鳞。小者谓之"带柳"。《海错疏》："白带盛于冬月，一钓则群带衔尾而升。"又有钓于春者，曰春带。 乌鲗似交腊，色黑，而肉细。 板子似交腊而小，味淡。 黄墙鱼似交腊，身小而薄，尾黄，俗呼"黄翼"。 鳕鲛青斑色，无鳞，有齿。又名章鲛。一类鲛而身圆，多食令人发晕，俗呼"铅锤"。 青鳞一名鲦鱼，如鲫而小，多鳞。 贴沙形似鞋底，一边无鳞，其行贴沙，盖比目之类。又有贴鼋，大而味劣。 魟《海物志》："形似圆扇，口在腹中，无鳞骨软，紫黑色。尾长于身，有刺，能蜇人。亦有黄者，名黄魟。黑而头似燕者，名燕魟，亦名锅盖鱼。" 飞鱼头大尾小，有肉翅，一跃十余丈。 鹦鹉鱼色青绿，口曲而红，似鹦武。

鯱鱼背有刺，皮可磨木器。　国公鱼身圆，色赤，头方。即方头鱼。俗呼"六角鱼"。　牛尾鱼色黄，形似牛尾。　银鱼一名脍残。一名王余。口尖身锐，莹白如银条。　跳鱼即弹涂。一名涂猴。大如指，身有斑点，狰狞善跳。俗名花跳。　蠔鱼《闽中记》："生蠔中，食蠔，肉丰少骨，俗呼'饲子饭'。"　油筋如鲟而小，浑身皆油，《北户录》："生海浑中，长如筋。"　青鳗似鳗而小，色青，俗名涂龙。　鲟鱼腹圆，口在腹中。八足聚生口旁。足上皆有圆纹浮起，一名望潮。有白鲟、红鲟二种。《闽中疏》：鲟鱼，即浙之望潮也。形虽不雅而味美于乌贼。《泉南杂志》：鲟鱼清脆，蹭于诸肴。　石拒似鲟鱼而脚三棱。《闽书》：一名八带。大者至能抱豚，居石穴中。人或取之，能以足黏石拒人。　乌鲗一名墨鱼。性嗜乌，每暴水上，有乌过，谓其已死，啄其腹，反为所卷取。故亦名乌贼。腹中血及胆如墨。其骨曰海鳔鮹。《闽小记》：墨鱼一名算袋鱼。泉人名为花枝。相传一胥吏，醉坠海，周身悉化为异物，此其招文袋也。所出白带，宛然浮游水面。有物触之，辄吐黑自覆。人反得因其墨而迹捕之。按墨鱼、花枝俱有墨，墨鱼尾圆，花枝尾大。又一种小者，名墨斗。　柔鱼形似乌贼，长须，味清甘，干以酒炙之，其味更佳。　锁管似乌贼而小，色紫。　蛇一名水母。有赤，有白。以虾为目，沉水如飞，潮退虾去，故为人所获。《越绝书》："海境，蟹为腹；水母，虾为目，物类相感志。水母大者如床，小者如斗。"《闽书》："谓之虾鲊，其红者，名海哲。"　沙蚕一名龙肠。生沙中，甘美而清。鲜食、干食，皆佳。　涂蚕类沙蚕而色紫，谓之涂虹。净煮之，可作冻。　海蜈蚣状似蜈蚣，色紫。　鲤脊有三十六鳞，有海鲤、池鲤之别。俗呼为鱧，有红、黑二色。　鲢口小鳞细、白色，有大头、竹叶二种。　草鱼一名鲩，一名鳙。身圆而长。以其畜于池塘，饲之以草，故名。鲢、草皆来自江西。　江鱼生箐箕港者，佳。　鲫鲋也。此鱼旅行相即，谓之鲫。以其相附，谓之鲋。凡鱼多属火，唯鲫属土，健胃。同甘草煮食，能杀人。　芦鳗一名鲇鳗。土人名曰糙鳗。大如升，长四五尺，能陆行，食芦笋。其有耳者，名溪巨。鱼之最腴者。　鳝似鳗而细长，亦似蛇。有青、黄二色。生水岸泥窟中。字又作鳝。有微毒，交蛇。　溪鳁生溪涧中，冬月出海产子。如银丝，复入溪。浙江之香鱼也。　豆鱼如严滩子陵鱼。　弹瑟头阔身短，口旁两须，有刺弹人。俗呼泥虱。　泥鳅生水田中。　金鱼身有金，能变数色，又谓变鱼。有虾尾，有鲫尾。又有身短径寸者,谓寸金鳄。　**斗鱼**俗呼丁班,身有斑文,尾有黄点。《泉南杂记·张世南宦游记》云"三山产小鱼,里儿蓁之角胜为博戏",即是物也。　**鰗鱼**即河豚也,毒能杀人。　**虎鱼**虎首斑皮,刺能伤人,味甘肉滑。

## 介之属

**龟 鳖 鲎**《闽书》:"介而中坼,厥色青黑。其足十二,眼在背上,口在腹下。雌常负雄,获雌则得雄。雌或脱去,雄亦终毙。其单行者,谓之孤鲎,食能伤人。尾锐而长,触之能击人。在海中,每遇风至,举尾扇风,俗呼'鲎帆'。"《本草》:"鲎,牝牡相随,牡者背上有目。牝者无目。牝者得牡始行。牝去牡死。牡少肉,牝多子,子如绿豆大而色黄,布满骨骼中,取以为酢,谓之鲎子酱。尾可为簪,烧烟可辟蚊蚋。其相乘风也,虽风涛,终不解,谓之鲎媚。以善候风,故音如候也。"《埤雅》:鲎性畏蚊,蚊小蛰之辄毙。又暴之日,往往无恙,隙光射之即死。韩愈《南食诗》:"鲎实如惠文,骨眼相负行。"盖谓鲎实圆细,如惠文冠所缀珠然也。《岭南录异》:"雌大雄小,置之水,则雄者浮,雌者沉。"　**蟹**螯有毛者,曰毛蟹。小者,曰石蟹。螯无毛,色微黄者,曰蟛蜞。小而螯赤,生沟渠中,曰螃蜞。壳圆如虎头,有斑文点者,曰虎狮。形扁者,扁蟹。腰有黄纹者,曰金腰带。周莫邦诗:"甲族为之小,悬腰独贵身。"蟛性冷,牡者无黄,而青色,名步青。《闽书》:"蟳壳圆,蟟壳尖,而有紫点。蟳螯光圆,蟟螯有棱而长。"《闽中海错疏》:"蟟似蟹而大。"　**虾**有九节虾,有白丁虾。又白而小者,名金钩虾。白虾尤小者,苗虾。小如粟芒者,玉虾。如涂沫者,涂虾。产于溪塘者,有螯,名大脚虾;无螯,名芦虾。极细而秋后出者,名梅虾。　**龙虾**《闽部疏》:"龙虾置盘中,犹蠕动,长可尺许。其须四绕长过于身。目睛亚出,隐起二角,负介昂藏,体似小龙。尾后吐红子,色夺榴花,真奇种也。"《闽小记》:"相传闽中龙虾,大者二十余斤,须三尺余,可做杖,海上人习见之。予在闽见之,头目实作龙形,戒不敢食。后从张赓阳席间误食之,味如蟹螯中肉,鲜美异常,遂不复禁矣。有空其肉为灯者,贮火其中,电目血舌,朱鳞火鬣。如洞庭君孼青天飞去时,携之江南环观挢舌。"　**虾姑**状如蜈蚣,有壳,尾如僧帽。青龙即虾姑之类,少肉多黄,味最美。　**江珧柱**《闽书》:"韩退之谓'马甲柱'。苏子瞻以配荔枝。"《闽小记》:"江珧柱,其形如二三寸扁牛角,双甲薄而脆,界画如瓦楞。向日照之,丝丝绿玉,晃人眸子,而嫩朗又过之,文彩灿烂,不悉瑶名。"　**西施舌**即沙蛤。《海错疏》:"土匙也。

似蜩而长大,有舌白色,名西施舌。"《榕城随笔》:"西施舌是蠃属,以美味得令名。本名车蛤。蜯中有小蟹寄居焉。西施舌者,恃蟹而生,相倚为命。蟹出求沙土之类以哺之。蟹非蜯无所居。而西施舌非蟹则不得食。一相失皆无生理,亦一异也。"宋王十朋诗:"吴王无处可招魂,惟有西施舌尚存。曾共君王醉长夜,至今犹得奉芳尊。" **牡蛎**一名蚝。《泉南志》:"牡蛎丽石而生,肉各为房,剖房取肉,故曰蛎房。泉无石灰,烧蛎房为之,洁白细腻,经久不脱。"《闽部疏》:"蛎房虽介属,附石而生,得海潮乃活。" **蛏**《闽书》:"耘海泥若田亩,夹杂咸淡水乃湿生,如苗种之他处乃大,长二三寸,壳苍白,头有两巾出壳外。所种之处名蛏田,或曰蛏埕,或曰蛏荡。有一种长者,形似竹节,曰竹蛏。又有似竹蛏而小者,曰草蛏。" **车螯**俗呼曰蛲。一种最小者,曰蛲白。 **蚌**老者能含珠。 **蚶**《尔雅》:"谓之魁陆,壳中有肉紫色而满腹,以其味甘,故从甘。"《岭南录异》:"南人名空慈子。唐卢钧尚书镇岭南,改为瓦棱子,以其壳大,有棱如瓦也。按南人无以蚶,为空慈子者,此必空豸之误。"《海物志》:"名天脔。"《本草》:"名瓦垅子。又有略小而棱细者,名丝蚶。又有小而黑者,无棱,名乌蚶。" **蚬**似蜯而小壳黄绿,俗呼"沙蟟"。 **蛤蜊**《闽书》:"壳白厚而圆。"海上人云:"蛤蜊、文蛤,皆一潮生一晕。" **仙人掌**即石砝,一名龟脚。郭璞《江赋》:"石砝应节而扬葩。" **蠘**生海中石,壳在上,肉在下,俗呼为"绰"。《海族志》:"大者如雀卵。" **土坯**一名沙屑,一名生饭匙,一名海豆芽。绿壳白尾,其旁有毛,俗呼"霜雪"。《泉南杂志》:"北方谓泥砖,曰土坯。" **红栗**似蛤而小,色微黄。 **淡菜**生海中,以苔为根。壳小而深绿,号"东海夫人",俗名为"干近"。海滨居人种之。小者熟肉,大者盐腌。取种倍于诸介。 **海胆**壳圆而多刺,肉有黄膏,壳可镶杯。 **香螺**《闽书》:"大如瓯,长数寸。其擒杂众香烧之,益芳,独烧则臭。诸螺中,此螺最厚。"《本草》:"谓之'甲香'。" **花螺**壳有斑点。 **刺螺**壳有尖刺。 **田螺**田中多产。 **竹螺**壳粗,味清。 **鹳鹆螺**《述异志》:"壳小而厚,黑色。端午用之,可明目。" **麦螺**浙东谓之"吐铁"。 **苦螺**即沙螺。 **珠螺**其痴如珠。 **指甲螺**形似指甲,大者,曰江桡。周奠邦诗:"弹筝疑有用,借箸欲无存。" **尖螺**小如豆,有五色。 **寄生**海中螺壳,虾蟹之属寄生其中,形亦似螺。火热其尖自走出。 **贝**俗号书螺,壳可研纸。

## 虫之属

蚕本地多出翁山,亦有来自苏州者。　蜂种类甚多。蜜蜂色黄,能作蜜,人家养之。周邦奠诗:"使我甘如饴,知渠旧辛苦。多君为我室,岁岁酿花新。"作蜜于岸石间者,名黑蜂。又有虎头蜂、鸡矢蜂、蛹蜂,皆毒,能蜇人。一种甚小,傍人家椽上作房,曰蠮螉。　蛙有皮黄,腹白,生草泽间,曰虾蟆。皮皱,色黑,头大,脚细,曰蟾蜍。背黄,脊路微黑,腹平而色黄褐,嘴尖,曰大青约。身紫斑如缬锦,生溪涧高洁处,曰石鳞鱼,亦名石鸡,亦名石𬶨。如虾蟆而小,天将雨则鸣,曰雨蛤,又曰雨鬼。此皆陆处者。色青黄,皮皱,头尖,嘴短,曰水蛙。背黄,脊路微黑,腹大微白,嘴尖,曰尖嘴蛤。身青,脊路微黑,腹小而白,嘴尖,曰青蛤。此皆在水者。近有食青约及虾蟆者。何乔远《虾蟆诗》:"蝌蚪谁人蟆素简,蟾蜍何处上青天。"

**虫类以下还多及货之属亦多,皆不抄矣。下帙续抄至完。**

永龟一名龙虱。有翼色黑,能走水面。将阴雨时,千万投潭,不知来处。龙虱食能除面土黝黝赤气。　萤　蝶　蟊斯螽属,青色,长角长股。能以股相助作声。性和柔,卵九十九枚,生子如数自俯壳出。土人名"壳归市",取众多之义也。　蟋蟀如蝗而小,善跃。光泽如漆,有角翅。一名促织。又有大者,黄、黑二色。土人名为草鸡,善斗。　蝉生秋后者,有青,有白,似蝉较小,声如缲丝。何乔远诗:"风前急雨催秋序,林外繁吟向暮曛。"　螳螂即捕蝉。文身巨足,状如蚂蚱而大。　蜻蜓　蚂蚱　蝙蝠俗云:"耗鼠食盐变财鼠,财鼠食盐变蝙蝠。"矢即为"夜明砂"。　蜥蜴有四种:曰石龙子,曰山龙子,曰守宫,曰石蝎。又有一种曰蝘蜓,居墙壁间。北人呼曰蝎虎。　蛤蚧似蜥蜴。　蚁有走马蚁,依树作穴,能蛰人。有黄丝蚁,有黑蚁,穴于地中。有白蚁能运土,食栋梁。凡屋犯风,则蚁嘴红;犯水,则蚁嘴黑。　蜘蛛大腹者,名蠨蛸。小而脚长者,名蟢子。　蛣蜣俗号"矢龟",入土,即化为蝉。　灶鸡一名灶马,状如促织。　螟蛉桑虫也。俗呼"桑蟃"。　蚯蚓又有一种如蚯蚓,截之不断,名牛贯,能咂人血。　蜣螂身薄,色黑漆。　蜉蝣　蜗牛有壳如螺,有角如牛,故名。行于壁上,有字如篆,谓之"蜗字"。　毛丝虫涎干能化为虫,有俗五色吐丝而身垂毛,名狗仔虫,能啮人。　伊威一名鼠妇。　枫虱产枫树。　柏虫产柏树。其虫腹有丝，可取以钓鱼，入水不见丝。　蠹鱼剪虫也。　蛇有水蛇、草花蛇，皆产于水者。有红蛇、青竹蛇、百步蛇，皆产于陆者。又有乌烟蛇，最解毒而少见。至于饭匙蛇、簸箕蛇，则又毒而害人者也。　蜈蚣　水蛭俗呼马蟥，能咂人血。　斑猫生大豆叶上，乌腹尖嘴，上有黄黑斑，手着其毒则溃。　蝇　蝨蚤也。蛾似黄蝶而小，名飞蛾，善拂灯，一名火花，一名暴光。　金龟金绿色，绳系拂之，能自旋飞。　牛牯状如牛，黑色。生桑、橘树中。

## 货之属

盐出浯洲、烈屿、上都、汪厝、后仓五埭，沿海地方。宋、元用煎法。自明至今，俱用晒法。明恤盐丁，免其杂差，今仍之。查则例晒一偿二，今偿值视晒值，数倍矣。　酒用糯米和曲，取液造者，为老酒；用粳米和曲，蒸气造者，为烧酒。又麦、稷、薏苡、名果佳花皆入糟沸，唯金浦为胜。地瓜酒藏之经年，其香益发。　油有芝麻油、菜子油、茶油、榉油、桐油、草麻油。唯落花生油，其用为大。　糖有黑砂糖、白砂糖。同之黑砂糖多有灰圆员。白砂糖乃取黑砂糖入甑器中，漏去渣滓。碧糖、水糖，皆煮白砂糖为之。　纸糜九月豆粉为之，研薄如纸，切细似丝，江外人呼"贡面"。　吉贝《五杂俎》：邱文庄谓，棉花自元始入中国，非也。棉花虽有草、木二种，总谓之木棉花。其实，木种者，乃班枝花，非棉花也。按吉贝丛高二三尺，其花结白茸成苞，蓬松如鹅毛，核在苞中。用轮车绞核，弹而成棉，用纺车抽线，织而成布，俗呼为"棉花"。一种高七八尺者，名"树吉贝"，多树墙下，不时结花。又有赤色者，名"番吉贝"。同所产者，谓之"土吉贝"，小而不足于用，岁仰给于江右。班枝一作攀枝，树高四五丈，花红如火。其蒂结白縣，漫天飞堕，与柳絮相似。人拾而用之，无苞无核，呼"木棉花"。然则，班枝固非棉花、吉贝，亦不得竟称"木棉"也。宋林凤诗："玉腕竹弓弹吉贝，石灰荖叶送槟榔。泉南风物良不恶，只欠龙津稻子香。"灰厅无石灰，唯物烧蛎壳为之。古之"蜃灰"是也。古湖、乌沙之间，满船盈载，取之不穷。　瓦赵岗乡粗而不精。　碗青金门古湖、琼林，掘井口取之。江西景德及德化、宁德各窑所需。　银沙可以拭铜锡器，出汶沙保海边。　白土仓湖大坑口。　黄土仓湖大坑口。　蓝靛有二种。叶大高者，为马蓝，小者，为槐蓝。　红花麦时,摘红花捣之,绞去其汁,暴干为饼。亦有散花,不捣、不绞、不为饼者,价尤高。　　**生椒**颗类似蜀椒,但辛香不及。　　**芒芎**以为烛杆。　　**苦麻**有青、白二种。　　**薰**种来自海外,名淡芭菰。叶大如芋叶,即烟也。辟瘴疠。同西界村民多种此。然烟场稠而稻田稀,失本计矣。　　**香**有松香、有枫香、有楂香,有降真香,白檽香、檀香、诸品。　　**棉布**布之为类不一,有红边布,许厝布,台湾庄。

　　**苎布**夏布也。辟绩而成,用糯糊抽过而织者,曰糊布。用纺车成缕而织者,曰纺苎。苎经棉纬者,曰合苎。一苎一棉,双梭间织而成者,曰假罗。

# 卷之十三

## 职　官

　　三里岩疆，因强梁负固，分割而治，不刚不柔，古所谓善政也。如兽挺常聚，鹤性难驯何？牧民者，愿为父之慈；治于人者，甘为蹈火之烈。正本清源，移风易俗，端自今始矣。志职官。

## 宋

**通判军州事**

黄彦臣　　仲安常　　林孝渊<sub>俱建炎中任。</sub>

吴序宾　　石令问　　朱舜元

陈　炎　　时　升　　向　涓

韩　习　　黄匪躬　　邓　柞

徐　馔　　田　昕<sub>以上俱昭兴间任。</sub>

王　巩<sub>隆兴间任。</sub>

李端彦　　陆　濬　　马蓍年<sub>俱乾道间任</sub>

钱从之　　林　淳　　陆世良

江文叔　　折知刚　　黄　瓒<sub>以上俱淳熙中任。</sub>

江伯虎　　萧　頵<sub>俱绍熙间任。</sub>

周　擢　　陈子仲　　朱　会<sub>俱庆元间任。</sub>

陈永叔　　周廷藻<sub>俱嘉泰间任。</sub>

李　焕<sub>开禧间任。</sub>

陈士表　　李　楠　　石　范

康丕祖　　何　松　　施诚一

潘颢伯　　林力行　　黄孟永以上俱嘉定间任。

谢橐伯　　许　经俱宝庆间任。

徐起宗　　陈允协俱绍定间任。

孙叔谐　　谢　溥俱端平间任。

李挺芳　　江师心俱嘉熙间任。

江晋之　　沈　愿　　任　鄧　　刘　屋俱淳熙间任。

**添差通判军州事**

吴　棫　　傅自符　　李友宜　　张　阐

戴　溪以上俱庆元间任。

陈士廉嘉泰间任。

赵不摭开禧间任

朱　在嘉之子

李　韶俱嘉定间任。

林良显宝庆间任。

陈梦庚端午间任。

蔡公申　　卢同父俱嘉熙间任。

孔万春　　刘如渊　　郑　偑　　吴　洁俱淳佑间任。

## 明

**通判**

郝　中　　吴祖淳　　胡　羽

胡　钊　　洪　葆有传。以上俱洪武间任。

朱　旭宣德间任

朱　芳　　张　骏　　王　敔俱正统间任。

张　轸郁林州人　　许　刚俱景泰间任。

赵天顺间任。

张　瀞永嘉人　　杨　清　　萧路贵俱成化间任。

张　祐　　杨　堐　　高　洪　　廖　佐俱弘治间任。
谢　庆潮州人　王　稷　　余　英曲江人
郭　鞔长州人。俱正德间任。
胡宁道江阴人　李　文番禺人　柯　迁贵池人
张　槩　　唐　泽海阳人　云　霓桃源人
陈尧典增城人　吴　岳武进人　孙继禄上海人
张于岸南城人　关于政番禺人　潘　璘海阳人
陈嘉谟湘乡。以上俱嘉靖间任
曾　球潮阳人　蔡　悉合肥人　熊　炳建昌人
何克讚龙游人　周　溥琼山人　归大宾长洲人
陆南至仁和人　陆鳌来海盐人　汪　岠富川人
殷光彦歙县人　徐敏学兰溪人　陈宾凤凤阳人
胡公胄德清人　闻人宗望余姚人　王用霖　汪九雏
叶正藩浙江人　卢国铉宜兴人　郭继台四川人
朱慈愈江西人。以上俱万历间任

## 国　朝

**通判**

**姜立广**　康熙二十一年任。

**祝翼权**　康熙二十四年任。

**李天馞**　康熙三十年任。

**徐之霖**　康熙三十三年任。

**康兆元**　康熙四十三年任。

**刘　侃**　是本府知府兼摄，康熙四十九年任。

**冀靖远**　康熙五十三年任。

**陈世增**　雍正元年任。

**唐孝本**　雍正六年。以上府城。

**王士仕**　文登人，进士。雍正七年。

**魏作霖**　雍正八年。

| | |
|---|---|
| 中景云 | 雍正十二年。 |
| 金承荫 | 雍正十三年。 |
| 陈畴九 | 陆丰人,举人。乾隆元年。 |
| 王　鄂 | 崑山人,乾隆二年署,六年任。 |
| 高绳武 | 大同人,乾隆三年署,五年任。 |
| 陆　鹤 | 海盐人,举人。乾隆七年任。 |
| 李钟伯 | 济宁人,乾隆八年任。 |
| 杨　魁 | 正黄旗人,乾隆十二年。 |
| 傅尔泰 | 乾隆十四年。 |
| 崔国栋 | 乾隆十六年。 |
| 石履谦 | 正白旗人,乾隆十七年任。 |
| 许庭训 | 乾隆十八年任。 |
| 程继莱 | 乾隆十九年署。 |
| 何　恺 | 香山人,贡生。乾隆十九年任。 |
| 刘其辉 | 乾隆二十年署。 |
| 胡之校 | 乾隆二十二年署。 |
| 韦驮保 | 乾隆二十三年署。 |
| 靳起伯 | 乾隆二十六年任。 |
| 王　达 | 乾隆二十六年署。 |
| 张可傅 | 乾隆二十七年署。 |
| 朱　堂 | 乾隆二十八年署。 |
| 梁运堭 | 乾隆二十八年任。 |
| 杨峻业 | 乾隆三十年署。以上安海。 |
| 王　忻 | 乾隆三十一年。 |
| 张　虞 | 乾隆三十二年。 |
| 刘席豫 | 乾隆三十四年。 |
| 程　煜 | 乾隆三十五年。 |
| 胡邦翰 | 余姚人,进士。乾隆三十六年。 |
| 景　椿 | 布经历,乾隆三十八年署。 |

| | |
|---|---|
| 王　璿 | 举人。乾隆三十九年。 |
| 朱景英 | 武陵人,举人。乾隆三十九年署。 |
| 马　淮 | 齐河人,举人。乾隆四十年署。以上金门。 |
| 万友正 | 阿迷人,举人。乾隆四十年六月署,移驻马巷,承修衙署,颁给关防,分割三里地方,以四十一年始。 |
| 朱国垣 | 平远人,寄籍永善,举人。乾隆四十一年二月初六日任,旋委邵武同知。 |
| 万友正 | 见前。乾隆四十一年十二月十五日,接署。 |

**照磨**

| | |
|---|---|
| 龙相清 | 江夏人,任同安踏石司巡检,驻马家巷。乾隆三十九年,奉文改为通判照磨,监督工匠。 |
| 渠永湜 | 附监,祁县人。乾隆三十九年署。 |
| 李桂芳 | 监生,介休人。乾隆四十年选。 |
| 虞学溥 | 监生,金坛人。乾隆四十一年署。 |
| 汪国顺 | 吏员,宛平人。乾隆四十一年陞。 |
| 李　梓 | 监生,曲沃人。乾隆四十一年署。 |

**千总**

| | |
|---|---|
| 施如宪 | 福鼎人,武举。金门水师左营千总。乾隆四十一年,分防马巷。 |

# 卷之十四

## 选 举

自以科目取士,而上品无寒门之积弊已除。顾道侔伊吕,不求闻达,如名实不符何?说者谓科目不足重人,人自重科目。同邑以理学、文章、气节著者多三里科目中人,不可以无别也。志选举。

## 进 士

**宋**

淳化三年壬辰孙何榜。是榜糊名,分五等,上三等赐及第,余赐出身。

陈　纲 祀乡贤,有传,阳翟人。

大中祥符五年壬子徐奭榜。

陈　统 纲弟,俱洪济子,阳翟人。

皇祐元年己丑冯京榜。

陈昌侯 统子,阳翟人。

乾道八年壬辰黄定榜。

许　衍 祀乡贤,有传。《通志》作:"绍兴二年,民安九都许厝人。"

嘉定七年甲戌袁甫榜。

许巨川 试中教官科,祀乡贤,有传。翔风东界人。

**明**

洪武二十四年辛未许观榜。

**李　溶**号巽庵,翔风十四都浦园人。监察御史,四川佥事。

洪武二十七年甲戌张信榜。

**陈福山**同禾五都官山人,零陵知县,泷水教谕。祀乡贤,有传。

弘治三年庚戌钱福榜。

**张　定**翔风十七都青屿人。山东布政司参议,居官清谨。

正德九年甲戌唐皋榜。

**黄　伟**翔风十七都汶水头人。南雄府知府。祀乡贤,有传。

正德十二年丁丑舒芬榜。

**林希元**翔风十三都麝浦人。历官至南京大理寺丞。祀乡贤,有传。

嘉靖十四年乙未韩应龙榜。

**许　福**号西浦,翔风十九都后浦人。中第十五名,登第后,乞归终养,家居几二十年。倭寇频犯,结乡社,边方无虞,未仕而卒。

嘉靖二十年辛丑沈坤榜。

**洪朝选**翔风十三都人。刑部左侍郎。祀乡贤,有传。

**许廷用**翔风后浦人。江西新喻知县,南京户部主事。居官清白,宦橐萧然。

嘉靖四十四年乙丑范应期榜。

**张凤征**翔风青屿人。有传。

**萧复阳**翔风十七都沙美人,寄居漳州。授金谿县知县,擢户部员外郎。

隆庆二年戊辰罗万化榜。

**洪邦光**翔风十三都人。四川按察使。祀乡贤，有传。

万历十一年癸未朱国祚榜。

**李献可**翔风十四都浦园人。礼科都给事中。祀乡贤，有传。

万历十四年丙戌唐文献榜

**蔡守愚**翔风平林人。二甲十三名。

**李　玑**翔风十七都田墘人。高安县知县，陞都察院经历。

万历十七年己丑焦竑榜。

**蔡献臣**贵易子，翔风平林人。二甲六名，光禄寺少卿。祀乡贤，有传。

**蒋孟育**翔风十七都浦边人。翰林院陞祭酒，吏部左侍郎。祀乡贤，有传。

**黄华秀**翔风十七都西黄人。字居约，浙江道御史。有传。

万历二十三年乙未朱之番榜。

**蔡复一**翔风十七都蔡厝人。用明子，第七名。历官至兵部左侍郎，赠兵部尚书，谥清宪，赐祭葬。祀乡贤，有传。

**张继桂**翔风十七都青屿人。凤征子，松阳知县。有传。

万历二十九年辛丑张以诚榜。

**许　獬**翔风后浦人。会试第一名，庭试二甲一名，翰林院编修。祀乡贤，有传。

**张廷拱**翔风大嶝人。巡抚大同，都察院右副都御史，赐祭葬，谥襄靖。祀乡贤，有传。

万历三十二年甲辰杨守勤榜。

**洪纤若**字时育，翔风十二都窗兜人。历官两粤司宪。祠乡贤，有传。

万历三十五年丁未黄士俊榜。

蒋芳镛字任坦,翔风澳头人。彬桂副使,有传。

万历三十八年庚戌韩敬榜。

刘行义翔风十七都刘澳人。陕西布政司参议。

洪觐光原名觐,翔风人。武进知县。

万历四十四年丙辰钱士升榜。

林 釬翔风欧垅人,住龙溪。探花及第,东阁大学士。祀乡贤,谥文穆,有传。

张朝纲翔风青屿人。广西苍梧副使。祀府学乡贤,有传。

万历四十七年己未庄际昌榜。

苏寅宾字初仲,号日门,翔风十七都蔡店人。海南兵备。有传。

天启二年壬戌文震孟榜。

陈昌文字伯武,翔风古区人。官至南刑科,转北吏垣。有传。

崇正七年甲戌刘理顺榜。

蔡国光字士观,号贲复,翔风平林人。由巨鹿令擢授礼垣。有传。

崇正十三年庚辰魏藻德榜。

卢若腾字牧洲,翔风十九都贤厝人。宁波巡海道佥事。有传。

张朝綖字青武,翔风青屿人。会试第六名。云南督学寻抚虔州。有传。

国 朝

康熙六十年辛丑邓钟岳榜。

张对墀十七都青屿人,任河南大康知县。

雍正八年庚戌周霱榜。

苏　遂榜姓陈，字根怀，号茂园，马巷人。生平嗜学博洽，立品端方。以母年高，降教归养，未补而卒。

# 举　人

**明**

洪武五年壬子。

陈　显号南海，翔风陈坑人。中第四名，历德州知府。

洪武二十三年庚午解元张伯福榜。

李　溶翔风十四都浦园人。辛未进士。

洪武二十六年癸酉解元林赐榜。

陈福山同禾五都官山人。甲戌进士。

洪武二十九年丙子解元李骐榜。

洪宗立民安十一都下庄人。任广东德庆州。

永乐十八年庚子解元吴观榜。

李　让民安十一都吾司人。太平府教授。

永乐二十一年癸卯解元汪凯榜。

李　玹民安十一都湖边人。金华县知县。

正统十二年丁卯解元陈俊。附同科不同榜。

吕大宜翔风十七都沙美人。中应天经魁，涿州判官。

景泰四年癸酉解元许评榜。

林　玘一作纪。翔风二十都烈屿人。寿州同知。

陈　琳 翔风十七都阳翟人，住龙屈。浙江泰顺知县。

成化十九年癸酉解元陈仁榜。
洪　敏 翔风十八都凤山人。南京国子监助教。
张　定 翔风十七都青屿人。中顺天试庚戌进士。

弘治五年壬子解元林文迪榜。
陈兴仁 翔风十七都东浦人。由安溪学，任乌程教谕。

弘治八年乙卯解元宋元翰榜。
吕　川 翔风十八都西仓人。浙江太平知县。

弘治十四年辛酉解元张燮榜。
张　宜 翔风十七都青屿人。恩赐入监，中顺天试第六名。河南沈邱知县。

弘治十七年甲子解元黄如金榜。
李　煌 翔风十九都前水头人。山东峄县教谕。

正德二年丁卯解元林文俊榜。
吴　蕴 翔风二十都烈屿人。住东市。德范父。

正德五年庚午解元黄廷宜榜。
黄　泰 翔风十七都汶水头人。
萧寇玉 翔风十七都沙美人。南京盱眙教谕。
黄　伟 翔风十七都汶水头人。由儒士中甲戌进士。泰从弟。

正德八年癸酉解元张岳榜。
陈　回 翔风十七都斗门人。

正德十一年丙子解元朱湘榜。

**林希元**翔风十三都麝浦人。由儒士中丁丑进士。

嘉靖元年壬午解元邱愈榜。

**王　佐**字子才,翔风大嶝人。两淮运司。有传。

嘉靖七年戊子解元刘汝楠榜。

**许　福**第六名。翔风十九都后浦人,乙未进士。

**张　明**翔风十七都沙美人。浙江瑞安教谕。

**张文录**翔风十七都青屿人。江西万载知县。

嘉靖十年辛卯解元陈让榜。

**许大来**翔风十九都后浦人,光卿祖。广东万州知州。

**蔡宗德**字懋修,翔风平林人,贵易父。梧州通判,有传。

**王　臣**翔风十七都吕厝人。广东新宁知县。

**黄　源**翔风汶水头人。

**吴文纬**翔风十八都林兜人,四川简州知州。

**许以明**一作汝明,翔风后浦人。广西兴业知县。

**许　赞**翔风后浦人。湖广城步知县。

嘉靖十三年甲午解元杨子充榜。

**林可栋**翔风烈屿人。历沔阳知州,太平府行府,伊府佐长史。余俸置田以均族人。晚年应宾筵。

嘉靖十六年丁酉解元张日闇榜。

**洪朝选**翔风十三都人。辛丑进士。

**蔡士达**翔风十四都大庭人。河南鹿邑知县。

**卢天祐**翔风贤聚人。江南耒丰知县,有传。

嘉靖十九年庚子解元郑启谟榜。

**杨师颜** 翔风十七都官澳人。

**王时拱** 翔风十七都山后人。由儒士中任广信府同知，有传。

**许廷用** 翔风后浦人。中河南第六名。辛丑进士。

嘉靖二十二年癸卯解元黄继周榜。

**洪　桐** 翔风十二都窗兜人。

嘉靖二十八年己酉解元黄士观榜。

**陈思诚** 翔风十七都东浦人。

**杨汝蕃** 翔风十八都田央人。浙江常山教谕。

嘉靖三十七年戊午解元黄才敏榜。

**洪邦光** 翔风十三都。

嘉靖四十年辛酉解元赵秉忠榜。

**萧复阳** 翔风十七都沙美人，住漳州。乙丑进士。

**张凤征** 翔风青屿人。

隆庆元年丁卯解元张履祥榜。

**李献可** 翔风十四都浦园。癸未进士。

**李明忠** 翔风十九都李厝人。江西建昌知县，国子监助教，九江府知府。

隆庆四年庚午解元林奇石榜。

**郭乔登** 榜名傅芳靖，翔风十四都后仓人。南京国子学录，高州通判，靖江府长史。

万历七年己卯解元陈文选榜。

**蔡用明** 翔风十八都蔡厝人，复一父。四川乐至县知县。祀乡贤，有传。

张廷相翔风十七都浦头人，永定教谕。

万历十年壬午解元谢绅榜。

张日益第七名，翔风青屿人。由儒士中，灵璧知县。

万历十三年乙酉解元李光缙榜。

蔡守愚翔风平林人。丙戌进士。

李　玑翔风十七都田墩人。丙戌进士。

陈廷梁翔风十七都斗门人。由漳浦学中，任上杭教谕。家贫能诗。

万历十六年戊子解元潘洙榜。

蔡献臣第二名，翔风平林人，贵易子。己丑进士。

黄华瑞华秀兄，原名之瑞。俱由南安学中，南宫国子监助教。

黄华秀华瑞弟，翔风十七都西黄人。己丑进士。

赵维藩翔风十七都浦边人。由龙溪学中，清流知县。

张继桂翔风十七都青屿人，凤征子。由龙溪学中，乙未进士。

吕大楠翔风十八都林兜人。广西洛阳知县。

蒋孟育翔风十七都浦边人。由龙溪学中，己丑进士。①

万历十九年辛卯解元黄志清榜。

洪日观民安市头人。授金华府推官。

万历二十二年甲午解元王畿榜。

张懋华第四名，改名懋，翔风十七都田墩人。由龙溪学中。

蔡复一翔风十七都蔡厝人，用明子。乙未进士。

蔡有麟翔风平林人。由龙溪学中，山东蒙阴教谕。

---

① 蒋孟育，原版为"蒋并育"，误。

万历二十五年丁酉解元洪承选榜。

**张廷拱** 第七名,翔风大嶝人。辛丑进士。

**许　獬** 翔风后浦人。辛丑进士。

**洪觐光** 原名觐,中顺天试。庚戌进士。翔风十三都人。

万历二十八年庚子解元周起元榜。

**刘行义** 翔风十七都刘澳人。由漳浦学中,庚戌进士。

**洪纤若** 翔风十二都窗兜人。甲辰进士。

万历三十一年癸卯解元林欲楫榜。

**蔡钟有** 翔风大庭人。授河南洛阳教谕。升海国令,直道不容,左迁徐州倅。转分水令。卒于官。

**李　雍** 翔风十九都李厝人。榜名许晏。宿迁令。

万历三十四年丙午解元郭应响榜。

**张朝纲** 翔风青屿人。住府城。丙辰进士。

**蒋芳镛** 翔风澳头人。丁未进士。

**陈士英** 翔风十八都新墘人。五城兵马司主事。

万历四十年壬子解元高崇谷榜。

**陈大廷** 同禾五都官山人。任廉州同知。

**林　釬** 翔风欧垅人。由龙溪学中,丙辰进士,探花。

**苏寅宾** 翔风十七都蔡店人。己未进士。

**陈如松** 字白南。翔风陈坑人,住西浦。中顺天试,太仓守。有传。

万历四十三年乙卯解元甘汝挺榜。

**陈昌文** 翔风古区人。壬戌进士。

**徐　锦** 翔风曾吴保东浦人。任广东惠来知县。住屋基址现存。《同安志》作浯洲人,误。

洪仲基翔风十三都人，宸钦祖。中顺天试。
张若纲改名灏，廷拱长子。大嶝人。

天启元年辛酉解元范方榜。
刘廷宪金门人。桐乡知县。祀乡贤，有传。
许逵翼翔风后浦人。广西宣化知县。
郭骏声翔风后仓人。由府学中。
许　焕十九都后浦人。由安溪学中。
陈尧宗同禾官山人。中顺天试。兴国知州。
蔡国辉翔风大庭人。中应天试。

天启四年甲子解元程祥会榜。
宋贞夫翔风十三都内安人。汤溪知县。

天启七年丁卯解元戴震雷榜。
蔡国光翔风平林人。甲戌进士。
张　翰大嶝人。
陈名扬宋厝人。
康五云翔风十三都浦南洪前人。
洪国祺翔风柏埔人，改名绍贤。
辛一鹭十九都后安人。任漳州海澄教谕。

崇正三年庚午解元张能恭榜。
庄鼎台同禾人。由府学中。

崇正六年癸酉解元陆希韶榜。
林芳春翔风十二都城场人。
陈守臣营山人，中浙江试。
卢若腾十九都贤聚人。庚戌进士。

**张丹诏**同禾人。由府学中浦城教谕。

崇正十二年己卯解元钟垣榜。

**颜应奎**十九都贤聚人。由安溪学中。

**张朝綎**亚魁，翔风青屿人。由府学中，庚辰进士。

**杨光堤**一作湜。民安八都店头保官路下人。由南安学中。

崇正十五年壬午解元何承都榜。

**黄　策**翔风汶水头人。任建宁府崇安教谕。一作闽县教谕。

**张汝瑚**翔风青屿人。由府学中，湖广安陆府通判。著有《贤赏堂集》《鲍野》二集。

**张　瀛**大嶝人，廷拱子。中顺天试。

**国　朝**

顺治五年戊子解元李惟华榜。

**王　陛**民安十都白石人。由府学中，建江教谕。

顺治八年辛卯解元陈圣泰榜。

**张逢震**翔风青屿人，住府城。由府学中。

**王　峙**民安十都白石头人，陛弟。中顺天试。

康熙二年癸卯解元李达可榜。

**洪宸钦**翔风十三都人，仲基孙。由府学中。

康熙八年己酉解元何龙文榜。是科复以八比取。

**蔡登龙**翔风十七都蔡厝人。台湾府学教授，升南京金坛知县。将赴任，舟漂殁。

**倪周旦**榜名孙，金门所人。由龙溪学，任清流、仙游教谕。

**陈有庆**翔风赤后人。由南靖学中。任直隶东光知县。

乙卯科,耿精忠之变,停试。

康熙十九年庚申补戊午乡试解元曾炳闽以甲寅之变,乙卯停考,丙辰虽云恢复,军兴旁午,戊午亦未遑开科。至庚申补,行恩诏加额十名,共六十三名。

康熙二十年辛酉解元郑元超榜。

**吕二酉**第六名。榜姓武,翔风十八都西仓人,公望子。由南靖学,任山西石楼知县,丁内艰,起补江南溧阳知县。

**黄　晃**翔风十七都汶水头人。素行孝友。任政和教谕。饬仪礼,修废坠,士林戴之。卒于官。

**蔡震枫**民安墓林头人。

康熙二十九年庚午解元潘金卤榜。

**陈大宾**同禾官山人,住铜鱼馆。由府学中,庚辰进士。

**陈骝先**字子千,翔风阳翟人,住石澳。由府学中。

康熙四十一年壬午解元史大范榜。

**史大范**第一名。本姓陈,翔风后王人。住府城东街。由晋江学中,选浙江淳安县知县。未任而卒。

康熙四十七年戊子解元林昂榜。

**蔡锡玉**本姓王,民安八都莲林前人,武平教谕。

康熙五十年辛酉解元许斗榜。

**郭圣科**原姓洪,民安吕塘人。任侯官教谕。

康熙五十三年甲午解元林廷选榜。

**张对墀**亚魁,字丹飚,号仰峰,十七都青屿人。辛丑进士。

康熙五十六年丁酉解元黄焕章榜。
**金星徽**本姓张，德溥子，有传。

康熙五十九年庚子谢道承榜。
**许观海**十九都后浦人。任绍安县教谕。

雍正元年癸卯恩科解元廖学信榜。
**王飞龙**大嶝人。

雍正二年甲辰解元俞荔榜。
**卢家椿**十九都贤聚人。
**苏　遂**榜姓陈。庚戌进士。

雍正四年丙午解元吴士拔榜。
**张宪三**青屿人，由晋江县中。任南平教谕。

雍正七年己酉解元陆祖新榜。
**洪云从**字朋友。翔风十三都董坑人。

雍正十年壬子解元叶有词榜。
**张德溥**十七都青屿人，星徽父。由优廪拔贡中式。
**许之秩**字舜音，民安前埔人。

乾隆元年丙辰恩科解元蔡云从榜。
**刘学道**字义生，翔风刘五店人。
**林孝基**字允仁，翔风城场人，化衷孙。任沙县学教谕，笃学敦行，士服其训。卒于官。

乾隆三年戊午解元出科联榜。
**魏　瑚**字允器，号夏斋，炉前人，住马巷。现任福州府学教谕。

乾隆十二年丁卯黄元吉榜。

**许我生**字克昂，十九都后浦人。

乾隆十五年庚午解元蓝彩琳榜。

**陈琅玕**字惠时，诗坂人。

乾隆二十四年己卯解元孟超然榜。是科头场以四书艺三，性理论一；二场以经艺四，五言诗一；三场依旧策五道。嗣是为定典。

**许宗楷**后浦人，总兵盛曾孙。由侯官学中。乾隆三十一年丙戌，挑选一等，分发山西题翼城县。调闻喜县知县。

乾隆三十九年甲午解元张舫榜。

**郭省三**字勗吾，翔风湖头人。

## 武进士

**明**

嘉靖丁未。

**邵应魁**金门所人。历建宁行都司佥书，广东惠潮浙镇金山参将。能诗，有儒风，有传。

万历丙戌。

**林万春**翔风十三都山头人。授中左所镇抚，历铜山把总。

己丑。

**周文郁**金门所百户。以解元中，历南京游兵把总，广东都司佥书。

庚戌。

**刘　捷**金门所正千户。升本卫指挥同知。

**国　朝**

乾隆辛卯恩科。

**李长庚**字西岩，后边人。蓝翎侍卫，任浙江衢州都司。

## 武举人

**明**

嘉靖丙午。

**邵应魁**金门所军余丁。丁未进士。

壬子。

**黄伯需**金门所军余丁。

乙卯。

**木邦和**金门所军余丁。己卯再中。甲子三中。

**杨文时**金门所舍人。甲子再中第一名。

甲子。

**陈履逊**金门所军余丁。

**叶本资**金门所军余丁。

隆庆丁卯。

**张逢辰**金门所武生

庚午。

**周文郁**金门所百户。丙子再中第一名。万历己丑进士。

万历癸酉。

**陈　镆**金门所百户。

丙子。

洪熙寰 窗兜人。

壬子。

翁学周 金门所舍人。丁酉再中。

丁酉。

陈居安 金门所舍人。癸卯再中。

崇正庚午。

陈　煌 阳翟人。

国　朝

康熙辛卯。

陈士成 封侯亭人。

雍正甲辰。

施　雄 字玉立,民安蔡宅人。

丙午。

林光元 民安莲塘人,住马家巷。芳德兄,榜姓李。

壬子。

高　华 刘五店人。广东惠州千总。

程　琮 翔风浦南人。

乾隆壬申。

彭三达 字植兼,彭厝人,住马家巷。任万安都司,现任水师营把总。

癸酉。

**徐元熙** 十四都澳头人。

己卯。

**陈其春** 字阳五,封侯亭人。

庚寅恩科。

**李长庚** 后边人。辛卯进士。

辛卯。

**陈其夏** 字阳辅,其春弟,封侯亭人。

甲午。

**黄大钟** 字鸣远,马巷人,光钊子。

## 荐辟

**宋**

**郭岩隐** 同禾郭山乡人。历任节度使,有传。

**明**

**颜辟雍** 翔风十九都人。洪武初,以明经荐举,授两浙盐使司同知。

**陈德辉** 翔风十七都阳翟人。洪武以明经荐举,任安溪县教谕。升徽州府通判。

**彭用乾** 沙美人。洪武十四年。令方子中以孝弟力田荐举,授监朐县丞。复除光息,以裁减调徐开,有惠政,擢知其县。清苦自甘,不以家累自随。卒于官,年二十九。其甥负骨归葬焉。

**颜　嗣** 翔风十九都人。洪武中,邑令以明经荐举,任严州经历。

**陈　熙** 翔风阳翟人。洪武中,以明经荐举,任漳州龙岩训导。

**宋　旻** 翔风十八都人。以通经荐举,任国子监学正。

## 童子科

**宋**

**洪真惠**为邑庠直学。柏埔人。

# 贡 生

**明**

洪武戊寅。

**吕益宗**翔风西仓人。任直隶来安知县。

壬午。

**黄　广**府《志》作业广。翔风十三都人。广东德庆知州。祀乡贤,有传。

永乐乙酉。

**洪胜宗**翔风柏埔人。

**魏　亨**翔风炉前人。

正统丙辰。

**许　全**翔风十三都东界人。吴江知县。

庚申。

**陈　善**翔风陈坑人。

成化甲午。

**吴　慎**旧《志》作"填",府《志》作"填"。烈屿人。浔州府同知。子蕴,举人。

正德乙亥。

**陈　祯**阳翟人。广东长乐训导。

丁丑。
**陈光徹**阳翟人。

辛巳。
**洪　雍**郭山树下人。

嘉靖癸未。
**林　玖**民安田边人。由安溪学。著有《龙田遗稿》《书经释解》

乙酉。
**陈　山**阳翟人。诏安训导。

壬辰。
**陈　伦**斗门人。湖广潜江教谕。

癸巳。
**许廷用**恩贡，辛丑进士。

丁丑。
**张　埙**青屿人。山东平阴教谕。

戊戌。
**林　勋**城场人。广东海丰训导。玖孙。

甲辰。
**黄　仪**汶水头人。

辛亥。
**黄　江**字源深，汶水头人。广东增城训导，乐会教谕。能却赞币，勤训课，为人平易侃直，性孝友，尤严彷祀事。年七十五卒。旧《志》、府《志》作源深。

乙卯。

**洪　度**烈屿人。

戊午。

**张应星**号菊水，埙弟。年十五，师事史笋江、林次崖先生，尽得其传。躬行笃志，少失父母，每忌前披所藏诀语，悲吟坠泪，当辰衣素食蔬，终其身如是。任会昌训导，揭白鹿洞，规条教士。提学徐爌，试以《世变江河诗》，曰："厥行惟何，行己有耻。有耻云何，不殖不迹。颜生四勿，圣门要旨。庶几多士，是则是规。"徐大称赏曰："张广文自谓耳。"尝戒其子日益曰："言语必诚，而最忌轻与富人言，虽窘毋自说，若见为求也。与贵人言，虽是毋过赞，若见为谄也。"既擢谕清江，卒于途。著有《四书大略》《易经管窥》《灯影》。子日益，举人。

己未。

**黄　耀**汶水头人。钦州训导。府《志》作黄曜。

**蔡志学**由安溪县学贡，平林人。平乡王府教谕。

辛酉。

**蔡环碧**蔡厝人。高尚不仕，寿九十三。孙用明，举人。

**蔡志孝**由安溪学贡，平林人。潮州府训导。

癸亥。

**卢广业**贤聚人。国子监助教。

隆庆丙寅。

**王一龙**十九都山后人。任广东琼州教谕。

万历甲戌。

**洪居正**翔风柏埔人。任江南武进县训导。

丙子。
**颜　山**十九都贤聚人。山东沂州判官。
**蔡　标**由平和学选。山头人。任广东恩平知县。

庚辰。
**黄懋鼎**汶水头人。四川乌蒙府通判,清江府长史。

辛巳。
**陈懋翔**斗门人。任漳州府训导,升浦城教谕。

乙酉。
**洪朝夔**柏埔人。兴化府化导。
**洪曜腾**民安下庄人。

乙未。
**彭大经**彭厝人。长汀县训导。衢州府教授。

壬寅。
**黄云鹄**懋鼎弟。宁德训导,仙游教谕。

乙巳。
**萧映奎**由宁洋学选贡。沙美人。任尤溪训导。
**周　言**由□□县贡。刘澳人。授训导。

己卯。
**王重臣**副贡。十七都山后人。

壬午。
**蔡大壮**副榜。平林人。

附载：明贡生据旧《志》所载，查其中有附生，有廪生，有荫生。虽非恩拔岁副，又非俊秀所捐。并不尽庠生加贡，其类不一，存以俟考。

正德。

**杨　顒** 翔风赤庭人。

**张　鹄** 青屿人。

嘉靖。

**谢　岳** 翔风十八都人。

**蔡士越** 翔风大庭人，合浦县丞。

**许成材** 后浦人。光禄寺署正。凤阳府通判。

**洪朝声** 朝选弟。江西信丰主簿。

隆庆。

**洪　忱** 朝葵子，住小西门。

万历。

**许国祯** 成材子，授兵马司副指挥。

**陈子堦** 金门所人。陕西凤翔主簿。

**许国光** 成材子，后浦人。

**许国炳** 成材子。

**蔡家驹** 焕子，平林人。淮安府知事。

**蔡云程** 翔风大庭人。益府右长史。

**洪觐光** 翔风人。庚戌进士。

**洪观光** 觐光弟。授属藩理问，续委泸州永宁督饷，辞月廪佐军需，上宪嘉之，晋承德郎，广西都指挥经历，兼摄武缘县事。却例金，慎考校，邑有癸生冤状，怜而复之，士民戴德焉。

**洪朱祚** 觐光子。

**蔡鼎臣** 平林人。

**张廷极**廷拱弟。大嶝人。

**洪朱祉**觐光子,翔风柏埔人。任鸿胪寺序班,授广西南海卫经历,知滕县事篆。释《千字文》及《诗韵》。

## 国　朝

顺治丁亥。

**张开震**岁贡生,广东南雄府教授,青屿人。

戊子。

**王　峙**岁贡,白石头人,中辛卯顺天试。

辛卯。

**陈妈孕**岁贡,阳翟人,平海卫训导。
**林　英**城场人,从父广东,寄学连平,岁贡。任东莞教谕,致仕回籍。

癸巳。

**陈晋明**岁贡,阳翟人。

甲午。

**陈丰美**副榜,阳翟人。
**张汝进**贡元,青屿人。

乙未。

**李经世**岁贡,浦园人。

庚子。

**黄茂荣**副榜,汶水头人。子晃,举人。

辛丑。

徐钟英岁贡,十四都澳头人。旧《志》作"钟美",误。

张如璋岁贡,东浦人。

康熙辛亥。

张　霞廷元,青屿人。

壬子。

张际盛副榜,青屿人。

辛未。

陈后山封侯亭人,岁贡。甲辰、乙巳,邑洊饥。安溪闭籴。后山设教其邑,为请于豪者,得弛禁邑困。以录载旧《志》,今抄补。

乙亥。

郑萼达诸罗学贡,金门人。

许汝舟岁贡,由诸罗学,后浦人。任寿宁训导。

丁丑。

陈绍美岁贡,由台湾县学,浯洲人。

杨以仁拔贡,由诸罗学,下庄人。

癸未。

魏嘉祉岁贡,翔风垆前人。

方宗伟岁贡,由台湾县学,烈屿人。

丁酉。

黄丽华岁贡,民安九都人,任政和教谕。

庚子。

陈丹书 副榜，十七都阳翟人。

年分无考

谢正华 南靖学贡，大嶝人。

许成材 岁贡，翔风十九都人。任南京凤阳府通判。

许国钦 岁贡，翔风十九都人。

黄必第 岁贡，十九都前水头人。

许士骥 岁贡，十九都后浦人。

林良弼 烈屿人。岁贡，由府学。

雍正甲辰。

许秉文 副榜，十九都后浦人。逵翼孙。

许元珪 岁贡，由台湾学，后浦人。台《志》称其善诗赋、楷法。

戊申。

张德溥 拔贡，壬子中式。

乙卯。

叶藏仁 副榜，字敬卿。十一都马巷人。

倪能 诜恩贡，由南安学。浯洲人。

乾隆丁巳。

张逢春 岁贡，大嶝人。任上杭训导，署教谕事。

辛酉。

林和声 副榜，字达可，城场人，孝基子。

甲子。

张　斌 副榜，字立山，西塘人。

乙丑。

**王瑞凤**岁贡,林前欧厝人。

丁卯。

**许振声**副榜,十九都后浦人。移成晋江。

乙亥。

**陈芳舟**岁贡,官山人。

壬午。

**颜　嘉**副榜,字君合,翔风金门人。

癸未。

**叶钟鳌**岁贡,同禾内宅人。

乙酉。

**黄天助**拔贡,字次嘉,祖籍邑城东人。现住马家巷。安抚使良弼裔孙。

己丑。

**许亮熊**岁贡,后浦人。

廪增　附生　捐贡

**国　朝**

**许承澎**后浦人。宜真知县,松江府同知。

**林添筹**莲塘人。住马家巷,盛联子。

**林清玗**烈屿人。住厦门。

## 例 贡

**国　朝**

陈星彩阳翟人。

许廷瑞后沙人,商邱知县。

许廷瑶后沙人,常德知府。

林德谦烈屿人。

许廷诏

许廷琳

许廷璠

许廷瑄

许廷琮

许廷玑

陈常吉施坂人。

陈　昙封侯亭人。

程克峻浦南人。

陈志高官山人。

黄光趾马巷人,大钟父。

黄光彩马巷人。

林长盛龙田人,住古安。

蒋绍中澳头人。

陈继辉阳翟人。

许廷瑜后沙人,南康通判。

许廷珩

许廷瑯

许廷璘

许廷璨

许廷玮

许廷珍

林华国莲塘人,住马巷。

彭定蟾沙尾人,住马巷。

胡登任董水人,提督贵兄。

傅以德澳头人。

黄德一林尾人。

林中桂莲塘人,住马巷,芳德子。

林应日龙田人,住马巷。

黄光珪马巷人。

陈鼎盛封侯亭人。

吴国定古宁头人。

陈士杰封侯亭人,住马家巷。

## 职　员

### 国　朝

林芳德民安莲塘人,住马巷。雍正七年,由监生捐州同,以遵例急公,授儒林郎。传见义行。

林　培井头人,君陛子。由例监捐吏目,补昆明县典史。

苏思明澳头人。捐典史。

黄如梁水头人,捐职州同。

黄　楽水头人,捐职县丞。

## 行伍出身

### 国　朝

许　盛后沙人,康熙三年,由海上归诚,任宣府总兵,有传。

施应元民安里蔡宅人。康熙间,由武生从将军施琅平台。历任四川建昌镇总兵。

许国柱后沙人。康熙间,功加左都督。任广东琼州副将。

程　龙小阳翟人。康熙间,功加左都督,任广东吴州参将。

蒋　禧澳头人。康熙间,以平台功,任苏松参将,有传。

**魏大猷** 垆前人。康熙间,以平台功,任闽安副将。

**王天贵** 翔风刘五店人。康熙间,以平岳平台功加左都督,任浙江舟山游击。有传。

**魏天赐** 垆前人,大猷弟。康熙间,以平台功,任烽火参将。

**许　泽** 后浦人。康熙间,任直隶真定游击。

**康廷良** 翔风洪前人。康熙间,平澎、台、金、厦功加左都督,食总兵俸,任山西平垣营游击。

**康　朝** 翔风洪前人。康熙间,任广东抚标右营游击。

**彭汝灏** 彭厝人。康熙间,以平岳平台功加左都督,食总兵俸,带拖沙喇哈番衔,任浙江黄岩游击。

**魏　平** 垆前人。康熙六十年,功加左都督,任广西浔州副将。有传。

**林　拱** 刘五店人。康熙间,功加左都督,任山东水师前营游击。

**汪　酉** 翔风十四都汪厝人。千总,以澎台功加左都督。

**刘　喜** 刘五店人。康熙间,功加左都督,任江南江阴游击。

**张　正** 大嶝人。康熙间,以平台功加左都督,世袭云骑尉,任金门游击。有传。

**魏　元** 天锡子。康熙间,六十年,以平台功加都督佥事,任广东虎门游击。

**刘国璜** 大猷子。康熙六十年,平台功加都督佥事,任厦门右营游击。

**魏国泰** 垆前人。雍正间,任金门镇总兵。有传。

**王大德** 刘五店人,天贵子。雍正间,由千总拔蓝翎侍卫,任浙江川沙参将。

**李　政** 刘五店人。雍正间,任广东碣石中营游击。

**林君陞** 井头人,乾隆间,任江南提督。有传。

**刘　使** 刘五店人。乾隆五年,任金门右营游击,升任浙江瑞安副将。

**谢　云** 大嶝人。乾隆间,任广东龙门副将。

**高华松** 刘五店人。乾隆七年,任广东海口副将。有传。

**蔡　习** 后浦人。乾隆间,任台湾安平游击。

**许　绩** 后浦人。乾隆间,任江西抚标右营游击。

**高　英** 刘五店人。乾隆五年,任厦门右营游击。

**杨　天** 浯洲董林人,乾隆九年,任福建水师提标前营游击,调任广东南澳游击。

高德明华松子。乾隆间，任广东顺德游击。

许　岱刘五店人。乾隆间，任苏松镇奇营游击。

洪　就烈屿人。乾隆间，任广东碣石中营游击。

黄　瑞浯洲董林人。乾隆十六年，任金门左营游击。

许朝耀后浦人，住董林。乾隆二十四年，任厦门右营游击，调任浙江温州游击。

李耀先古宁头人。任广东海门参将。

康　胜洪前人，迁住路边。海坛中军守府。

杨　恩翔风十九都湖尾人。总兵。

董　芳翔风古坑人。副将。

高　省刘五店人。任海坛游击。

许　华后浦人。任厦门后营游击。

许廷佐后浦人。任澎湖游击。

黄振玉莺坑人。任台湾游击。

刘宗宪使子。任海坛游击。

郭仕进翔风前水头人。任金门守备。

周　春后浦人。署金门守备。

黄元崐后浦人。任金门守备。

陈志元后浦人。任台湾守备。

魏文衡炉前人。任海坛守备。

欧　愤欧厝人。任台湾千总。

林　田后浦人。任台湾千总。

杨　和湖下人。任闽安千总。

董天祥芳子。任海坛千总。

庄　佳后浦人。任海坛千总。

许邦贤朝耀子。任澎湖千总。

许华国后浦人。任金门把总。

魏喜垣后浦人。任金门把总。

胥献珪后浦人。任淡水把总。

许廷瑞后浦人。任台湾把总。

蔡攀龙平林人。任厦门把总。

许　助后浦人。任厦门千总。

林廷宝盛联曾孙,莲塘人,住马巷。海坛右营千总。

林朝耀井头人,君陛子。浙江衢州把总。

陈先登封侯亭人。任厦门千总。

魏国忠炉前人。现任厦门中军守备。

# 封　荫

## 明

**封　赠**

黄梁甫伟父。封南京刑部主事。

林应彬希元父。赠南京大理寺左侍丞。

王存瑶佐父。赠南京户部员外郎。

洪玭宾朝选祖。封都察院右副都御史,刑部左侍郎。

洪真源邦光祖。赠贵州左参政。

洪居正明经训导邦光父。封中宪大夫,晋封贵州左参政。

蔡宜勋贵易祖。赠贵州左参政。

蔡宗德贵易父,举人、通判。赠贵州左参政,复以孙献臣,加赠湖广右参政。

李霖慰献可父,邑诸生。赠湖广武昌府推官。

蔡宗道守愚祖。累赠四川按察司。尝为诸生,隐居教授,师道甚严,学者称为"耆儒"。

蔡希旦守愚父。赠四川按察使。

李养介玑父,邑诸生。赠江西高县知县。

蒋　相孟育父。赠翰林院检讨。

黄思孝华秀父,邑诸生。赠广东韶州府推官。

许振之獬父,邑诸生。封翰林院编修。

洪　允纤若父。封刑部主事。

许钟会廷用父。封户部主事。

洪　俊日观父。赠金华府推官。

蔡潜毓国光父。赠山东青州府知府。

卢道炳若腾父。赠浙江宁波道。

张益初苗祖。赠南京通政使。

张太常质父。赠锦衣卫指挥同知。

张太齐晖父。封太常寺丞。

张开南朝继父。赠中宪大夫,都察院右佥都御史。府志作志瑞。

国　朝

张汝远廷拱祖。赠中宪大夫。

张宜美廷拱父。赠中宪大夫,晋赠荣禄大夫。

张廷极正祖,恩贡。赠荣禄大夫。

张　湖正父。赠荣禄大夫。

林　士君陛曾祖。赠荣禄大夫。

林周斐君陛祖。赠荣禄大夫。

林国护君陛父。赠荣禄大夫。

吕光望二酉父。赠文林郎。

魏达政国泰祖。赠骠骑将军。

魏玉元国泰父。赠骠骑将军。

魏国升瑚父,翔风炉前人,住马巷。赠修职郎,归化学教谕。

洪家玉心澄父,郡庠生。封文林郎,偃师县知县。

魏俊吾平曾祖。赠荣禄大夫。

魏元复平祖。赠荣禄大夫。

魏世誉平父。赠荣禄大夫。

彭尧敦汝灏曾祖。赠荣禄大夫。

彭参霄汝灏祖。赠荣禄大夫。

彭禹璘汝灏父。赠荣禄大夫。

**康晋锡** 廷良曾祖。赠荣禄大夫。

**康　芳** 廷良祖。赠荣禄大夫。

**康瑞美** 廷良父。赠荣禄大夫。

**李宗德** 长庚祖。赠蓝翎侍卫。

**李希岸** 长庚父,庠生。封蓝翎侍卫。

**林盛联** 芳德父。赠儒林郎。

**林国明** 廷宝祖。驰赠武信佐郎,福建澎湖水师协左营千总。

**林元庆** 廷宝父。赠武信佐郎,福建澎湖水师协左营千总。

**黄丹一** 棻祖。例赠奉直大夫。

**黄汝试** 棻父。例赠奉直大夫。

## 荫　生

### 明

**洪　竞** 朝选长子。以荫授都察院检校。伏阙讼父冤,赐杖削籍,后司寇白冤,复原官。历上林苑监丞,升贵州府通判,苑氏疏留。

**张　苗** 太监敏任。授中书舍人,历太常寺卿,南京通政使。

**张　质** 敏任。授锦衣卫百户。升世袭正千户,指挥同知。

**张　晖** 太监庆任。授鸿胪序班,历光禄寺少卿。

**蔡复心** 复一弟。以兄荫入监。

**蔡邦基** 复一嗣子。以荫授都察院都事。

**蔡谦光** 献臣子,邑诸生。以荫入监,著有《千云斋诗》。

### 国　朝

**林　植** 井头人。以父君陛荫,授大理寺右寺丞。

**魏文伟** 炉前人。以父国泰荫,任碣石总兵官。

**谢兆熊** 云之子。由监生,授州判。

闽县人王联奎录

# 卷之十五

## 人　物

人杰虽藉地灵，地实因人而重。马巷分郡在同邑东南，素号海滨邹鲁。自宋迄今，人文辈出。同之旧志足征。其中名臣、忠烈、循绩、武功、儒林、文苑、孝友、义行、隐逸，依次考核惟严，俾展是卷者，群兴希贤之志，实有厚望焉。志人物。

### 名　宦

#### 明

**林希元**，字茂贞，号次崖。正德丙子、丁丑联第进士，授南京大理寺评事。

世庙登极，条上《新政八要》，曰务正学；新正人；用旧臣；清言路；急交修；持久大；息中官机务，以拔祸根；罢中官镇守，以厚邦本。又言："台谏诸臣默默于往时，哓哓于今日，竽瑟混听，菲葑奚采，宜考覈以清言路。"进士周祚等疏言："近来章奏纷纭，无如希元所陈者。乞留神省览，见之施行。下所司议。"议上，帝优诏嘉纳焉，迁寺正。是时，希元名动两都，忌者侧目。会以议狱事，忤寺卿陈琳。南京御史戚雄等疏论之，降泗州判官。泗饥，办赈周详。青阳、沧湖啸聚九百人，单车往谕，皆解散。且请贷其罪而赈恤之，境内以安。复以不屈当路弃官归。大臣交疏荐之，再起寺正。擢广东按察佥事。盐屯二政，条奏切近四款。复以行于泗州者，为《荒政丛言》上之。帝可其奏，通行天下。寻改提督学校。其条训多士，务在阐绎经传，敦崇古典。剧寇王畿剽掠广、惠，希元署按察篆，率府卫兵，指授方略，即时讨平。御赐白金，升南京大理寺丞。上《王政疏》，为目二十有一，秩满留内。时，辽东军陵辱抚臣，希元抗疏，极言姑息之弊，忤旨，谪钦州知州。壤按安南①，城廓、官舍半鞠墟莽，悉心经画之。开诚先物，约身裕用，塞弊窦，兴废坠，迁学育才。广置劝农之吏，设立屯田；增修营堡，一意教养捍卫。会有征安南之命，希元熟究其国中虚实强弱，人情向背，慨然以兴复为已任，疏六上而奉命大臣图安靖，第受其纳款请罪，希元之说不行。升海北道兼管兵备。珠池、朱崖军民疲困，珠盗横行。立条严禁，一年而民苏盗息。卒坐安南用兵事与督臣异议，以拾遗罢归，钦人建祠生祀之。

希元慷慨鲠直，有俯视流俗，担当宇宙之气，而才识亦练达。世庙罢镇守中官，悉归内监，自其一疏启之。而安南归命。还四峒，亦希元之议，足以夺其魄焉。家居手不释卷，晚年益究义理，精微之极，参订诸儒。所定致知极物之说，附以己见，曰《更正大学经传定本》。所著《易经、四书存疑》皆足羽翼朱子，学者师之。又有《次崖文集》。祀乡贤。又建专祠，特祀于文庙之右。

**洪朝选**，字汝尹，一作字舜臣，号芳洲，更号静庵。嘉靖丁酉举人，辛丑进士，除南京户部主事，出榷北新关。抽货算缗，度岁课几何，盈额而止，津梁不闭，任舶上下。事竣，督放仓储，诸有规画，后人引以为法。

一日，思所学未足，非古人学优则仕之意，上疏引疾，客毘陵僧舍，与唐顺之讲德问业，一年始归。又就王慎中上下议论，久之，充然有得。起为南吏部，即出督学西蜀。端士习，正文体，持法秉公，人想望其丰采。迁广东参政，调山西。岁大祲，寇盗充斥，多方抚辑，殪其元凶，破其党与，晋人颂之。朝选不为严嵩所

---

① 按，疑为"接"。

善，而徐阶深与之。严败，遂以山西参政召入，为大仆少卿，寻进佥都御史，提督操江。疏论盗所由起与所以止盗之方，凿凿可行。留都以请，旋进副都御史，巡抚山东。提躬以道，驭下以法。疏陈养民、课吏之政甚详，他议驿递、防河皆为经久计。檄所司清差重、役繁之弊，随地编差，因粮制役，巨户无所规避。藩府官校夺民田，禁革之，悉归民，齐鲁肃然。隆庆戊辰，立为刑部侍郎，伸直臣沈錬、儒臣阎朴冤，而正巡抚杨顺于理。

徐阶去位，张居正秉枢，辽王宪㸅狱起，居正以私憾欲以谋反置之死地，除其国，属朝选往勘。命方下，居正来谒，坐定曰："贵处傅应嘉谋反，今敝省辽王谋反。"[①]朝选默然。出门又曰："闻辽王差人入京行贿。"朝选曰："果然，当题奏。"乃疏奏，凡楚人入京皆盘诘，沿途差兵护送勘事官员。及至，襄阳抚按、道府已勘成招，副使施笃臣抱牍请书名。朝选曰："未提审一人，徒据现案成招，何须命我。公等自成之可也。"数日，施复来见，曰："辽王府中竖招兵旗，反形已露。"朝选曰："果反，则我为兴师讨罪之大臣；不然，则勘事之大臣。"使人往觇之，报曰："兵围辽府三匝，信息不通。王闻法司到，无由诉，竖旗府内，书'伸冤'二字。终日跪伏旗下候命。"朝选曰："此臣子待罪礼也。匹夫犯重辟，求诉刑官，尚当审确招详，况亲王乎？古人有焚梁狱词者，奈何媚权贵，伤国家亲亲意，置其事不问？"亡何，施笃臣又请云："大人！招要改便改，必欲提人，按覆审，三年亦招不成。"朝选见罗织已定，不得已应曰："除去'谋反'二字，其淫虐贪暴，则依前招。"遂以辽王照戴抡典英事例，送发高墙，除其国。母王氏妃，给田十顷，屋一座，养赡

---

① 傅应嘉，字德弼，号钟山，南安锦堂村人，明代抗倭名将。生于嘉靖三年（1524）。童年身体魁梧伟丽，稍长膂力过人，从本乡武林先辈学少林棍法。又好读书，通孙吴兵法。嘉靖三十一年（1552）武举第二名，授把总武职。辽王朱宪㸅，嘉靖十四年（1535）封句容王，十九年（1540）袭封。隆庆二年（1568），罪降庶人，发高墙，在位二十七年。子为世子及郡王者皆并废为庶人。辽国封除。万历十年（1582）故，寿五十七。隆武时追复，补谥。

终身。奏入,居正犹以为左,心恶之。一时,法司同往勘者,俱论罢。朝选辩本有"权臣主使"之言,居正忿益甚,遂以大计劾罢归。会御史刘畏所疏论居正,指摘及施笃臣。朝选曰:"令我听指使,诬以反。刘疏及我矣。"居正闻益恚,谓:"朝选不死,且与刘犄角我也。"又当居正夺情时,进士邹元标、翰林吴中行疏列其不孝状,削籍远戍。朝选会移书壮之,称其文章节义,为居正所迹,憾益深不可解。于是,密使私人授旨于闽中诸当事,或起之田间,或啗之大位,或惧以显祸,冀结其欢而速其谋,有知其冤不肯从者,有身受其荐不忍从者。

朝选性刚介,不能容人过失,里中不平事,愤激言之。有宦家子模控朝选手板,槛有司短长言于当道。朝选不知也。时,左布政劳堪,以支放边戍月饷,搭新铸钱,失军心。巡抚耿定向檄止之,语颇侵堪。适耿招朝选讲学,每咨以时政。堪疑朝选实中之。耿以忧去,劳代之,遂希居正意,乘是藉快已愤,阴遣邑令金枝,日夜采摭其无情事以报,劳得之大喜,以闻于朝。居正从中拟旨,削籍逮讯。堪得密报,遂驰戍卒逮朝选下臬狱。不二日,毙之狱中,且谓朝选在川中得回生药,暴尸四五日不得出,尸虫至出户。

朝选居官廉洁,以名节自砥砺。生平有学行政事之称,致身卿贰而家故贫,尝有诗云:"负郭原无半顷腴,山田新买百升余。里人莫笑清贫甚,欲学周黄恐不如。"隐居十年许,一旦婴奇祸以死,士大夫无不扼腕冤之者。子兢,讼冤阙下,居正矫旨杖八十,仍夺荫。其夏,居正暴卒。都谏李廷仪条其冤状。朝议,堪回籍,继夺职。甲申,兢再讼父冤。有旨下堪狱,戍定海。未几,诏复朝选官。兢补荫如故。一时,阿堪意锻狱及造谤者,俱相继窜逐。朝议犹以堪不正典刑,未快人心云。朝选善为文,所作有气岸,类其人。著有《芳洲摘稿》《归田稿》《续归田稿》。祀乡贤。

**李献可**,字尧俞,号松汀。隆庆丁卯举人,万历癸未进士。

初授武昌府推官,疏滞雪,抑谳狱得情。上官事有不决,属之,辄刃解。枭掾有犯法者,枭属宽之,不从。征入户科给事中,会潞王之国,疏请谕制"在国毋以纵败礼,在途毋以扰困民"。太后闻,大怒,请加谴。帝特全之。越日,谳宫中,疏自袖坠,顾近侍曰:"此李某疏,勿失也。"他如请内帑以赈饥馑,决章奏以防壅蔽,伸法纪以全安攘,所条陈悉中窍。转礼科右,刑科左。主试山西时,庆得士。值京考,以庄慎辅鉴裁,物情翕如,升礼科都给事。拜官甫三日,上《皇太子出阁讲学疏》,言:"册立之典,可稍缓而待来年,谕教之典,不可停而虚今日。皇长子今年十一岁,去古人八岁始学之时,已踰其三,宜及今春孟,特令礼卿酌定仪注,择吉施行。至于辅导,尤宜选孝悌博闻,有道术者为之,何必委巷伯之伦而秘之房闼之内哉。"疏入,有旨谪外,元辅王家屏力救,封还内降,至于再三。帝怒甚,削籍罢归。家屏亦遂置相争。献可抵家,日以书史自娱,事继母孝,抚季弟甚笃,悉予先赀搆庐居之,诱诲款至,人不知其为异母也。温让谦逊,与人交情至于文,不以所长掩人,不言人过,有善吹扬如不及。起家二十年,田宅仅中人产。六十一卒,祀乡。

**蔡守愚**,字体言,号发吾,浯洲人。万历乙酉、丙戌联第进士,授南仪制司主事。迎母就养,暇与同舍,诸名公证粲古今。所得益深,诗文日进。丁内艰归,襄事毕。采摭前言往行有裨风教者,彙为《明伦宝鉴》一书。

后除工部屯田司主事,督理易州、龙湾二厂。旧时炭直不早给,而惜薪司复从中索,例不得以时纳,甚且以不如式驳还,大为商病。则为移内外主者与订约,时其出纳给直,令商自兑,不经他手。凡日用蔬、薪例供,概从减省,曰:"毋令有余以为市。"又兴二厂社学,躬往课督。时内官四出采矿,守愚曰:"民方上供炭课,倘被流散,谁执其咎。且近京师,安得有矿?"将抗疏诤,事遂寝。擢虞衡司员外,迁屯田郎中。去日,诸商环拥,车为之柅。守愚曰:"有二社学在,令子弟勿废业,吾棠不剪矣。"是时,方急殿工,物力甚诎,力赞大司空疏,借内帑以郡国赎输补偿之。得报,命升四川副使,分巡上川。土酋肆掠,播州尤甚,以兵备讨平之。帝嘉其功,改播为遵义。晋参政,整饬威茂,擢按察司,升右布政,皆分道川南。

会六诏不靖。中丞乔公荐守愚,以原官移节建昌。建地延袤三十余里,五卫八所棋置于猓猓番棘间,蜂聚乌散,剽掠多年。守愚先后巡川南最久。时土妇瞿继良与其叔马应龙争印仇杀。授计游击吴文杰直入其卧内,持印而出,嫂、叔投戈听命。蔺州土妇奢氏争权留印,恶目簸弄其间。檄往会勘,议献首恶及追印为先,如印不可得,则疏请更铸。至首恶,惟缚献目把,余不足问,议乃定。杨酋陷綦江,帝命总督李霖寰往征,守愚以画策督饷功,赐白镪。采木役兴,在川南则条无木之难,无钱粮之难,并陈诸难易情形甚悉;在建则条募夫、采木、出水三难。又请司帑先给三分之一,而以建昌之杉易重庆之楠,两地交便。威茂饷米三万余,藩司给直,灌县买运,不时积欠,无稽为条,包揽搪塞,干销私兑,那新补旧诸弊窦,立"三限挂销奖戒法",分派新繁、崇宁、郫彭,产米诸邑,店户买米不齐,验粮官督之;脚户运米不到,监收官督之。其久逋著量,追米脚价给军。自是,威茂无滞饷。其徙建昌,则寄孥雅州,单车莅焉。忽猓从山谷突出,众惊窜,守愚端坐不动。猓至曰"此菩萨也",相率礼拜去。至则宣布恩威,申明约束,番夷戢服。复为画善后诸策,改将增兵,俾严戍守,为建南计,安备殚心力。先后擒斩恶夷七百余,追还被掳男妇五百余。以积劳成疾,乞休者三,而两台苦留之,迁云南左布政,候代。会大帅候某移镇越嶲,欲计擒点酋乌撒以为功,亟驰止之,曰:"是未可轻也,彼巢据官道,而力能号召,执之必启衅。"既别去,而帅决计诛之。自是酋孽奋呼,诸夷响应,道路梗塞。踰旬,守愚闻报失声曰:"不听吾言,噬脐何及。"为抚谕熟夷,檄将召兵,然后利济镇西之间,享无事焉。其威惠素孚也,未几得代,致仕,而直指彭某竟用流言,以考功法中之。盖自建南被祸,土民日请大征,而当事日议鹮巢。然三尺孤悬,兵饷难处,惟守愚谓,宜善储胥,讨军实,以防与抚为持久计,所以安建者在此,而得咎亦由此。

初土官安世隆为邦固所弑,孽妇禄氏纠夷报复,借口亡夫妻继,求管事而阴欲嗣姪,禄祈奸弁奸生,有居为奇货者。守愚责以大义,俾逐祈而立安世业,然后许之。乌思藏之贡者,不无生事。内地台使题参部覆议,革而各番求复不已。守愚谓,贡额国初已定,彼卖勅之利,孰与贡赏之所获厚。川省三万茶引,亦惟贡番贸易通行。今关门一闭无,无论茶法为沮,即军需且岁增数万。竟如其言复之。于是,诸番愿世世奉款,而肖守愚像,于宏化寺中。

尝署藩篆一月,籍羡金千余无所取,吏白以例,且曰:"如后来者何?"笑曰:"我自有羡,后人自无,两不相妨。"其廉不近名如此。生平学术、行谊,一遵程、朱,为人乐易质直,无婥婀态。以故特立寡援,至家埽轨读书,绝迹城市。扁所居轩,曰"宁澹",客至,尊酒盘飧,不为厚具,曰:"惟澹可久。"戒诸子曰:"得不得,命也。非分之有,不必过求。"为诗有魏、唐风味,文出入经史,具载《百一斋稿》中。年七十卒,祀乡贤。

**蔡复一**,字敬夫,号元履,用明子。万历甲午、乙未,年十九联捷进士。给假归娶,授刑部主事。历员外郎,有所平反,多出其判。丁两艰,服除,补兵部车驾,迁武库郎中。

每陈筹边事宜,司马采以入告。久之,迁湖广参政,分守荆岳。清积逋,覈虚昌,革加派,足军糈,严保甲,禁驿骚,杜参谒。壬子、癸丑,雨骤江涨,堤荡尽决,极力赈恤。时三道并缺,奉檄兼署辰、沅诸郡,多积逋兵,乏饷三年,呼癸脱巾,在途檄谕之。兵素服其威信,譟始辑。亡何,镇箪诸营复沸,严谕不归。营不给饷,比听命乃措给之。参戎请调苗兵千人制之，不从曰："岂有借苗兵杀民兵之理。"徐按首祸七人正法，鸱张始息，进按察使。大小五冲，苦苗患，摄兵备篆，十月三度报捷。复筑边墙七十余里。又黑苗屯镇远、偏桥间官道为梗，出牛酒令兵民誓相应援，道始通。会黔抚有大征红苗之议，檄永顺、保靖二土司助蜀土司攻之。复一云："冲苗祸专在黔，黑苗害楚浅而害黔深，红苗毒蜀，蜀宜角之。今黔代蜀忧，不以黔死而逼楚殉之。亳众葛耕，乌能保以乡邻，挺缨冠之斗？"大拂黔抚意，遂引疾归。时已推河南布政，楚人请以加秩留原任。旨报可，而复一坚辞，回家囊中如洗，抵里犹未有居。

光宗即位，起备兵易州，辽阳报陷，出俸金募乡壮，修器械为备。而京中诸贵人，遣妻子避难，乘传络绎不绝。下檄，非奉廷遣，悉裁其符。衔者疏，诬其闻变涕泣。复一上章自理，且揭云："请以兵加颈，谁先皱眉，请同过三岔河，谁先缩足。"又云："必书帕关说之外，方有真人品。"言者大惭。擢山西左布政，以病告，为纳言所格。南巡闻河西复陷，叹曰："兹岂臣子养高日哉，力疾之晋。"时边糈紧急，加派难堪，上蠲增饷，抵京运，二疏格不行。又于逋者，裁其浮征，勉以正额，民为乐输，宗禄边储，原缄给发。在任凡七阅月。天启二年，以右副都御史抚治郧阳，益励清白。岁大旱，步行祈祷，自状其罪，布衣素冠，自繫于狱。是夕遂大雨，寮属士庶迎之乃还。郧赋万金加额至四万有余，复有旧逋七万余，疏请免之。覈屯额，肃军实，饬吏怀民，种种毕举，三省视为领袖。

奢崇明、安邦彦反，贵州巡抚王三善败殁，进复一兵部右侍郎代之。丧亡之余，兵食尽绌，斗米银八钱。复一劳徕拊循，人心乃定。寻代杨述中总督贵州、云南、湖广军务，兼巡抚贵州，赐上方剑，便宜从事，节制五省。复一乃召集将吏，申严纪律，遣总理鲁钦等救凯理，斩贼众五百余。贼围普定，枭贼间陈其愚以殉。遣参将尹伸、副使杨世赏等合击之。邦彦负伤而逃，遂捣其巢，斩首千二百级。发兵通盘江路，斩逆酋沙国珍及从贼五百。已大破贼汪家冲，斩首二千。钦等复破贼汪家冲、蒋义寨，斩首二千二百，长驱织金。织金者，邦彦巢也。缘道皆重关叠隘，木石塞山径。将士用屯斧开之，或攀藤穿窾而入。贼战败遁深箐，斩首复千级。穷搜不得邦彦，乃班师。是役也，焚贼巢数千里，获牛马甲仗无算。复一以邻境不协讨，致贼未灭，请勒四川出兵遵义、毕节抵水西，云南出兵霑益抵乌撒，犄角平贼。帝悉可之。因命广西、云南、四川诸郡邻贵州者，悉听复一节制。六疏请益饷，未下，而施州、遵义兵万余始至。众议因锐渡河，复一戒勿深入，令渡河六十里，扎谷里以驿酌进止。乃兵甫渡河，而施兵先逃二千余。鲁钦谓："师退必散，不如直捣其穴。"遂径趋水西，遇贼数万，力战破之，斩馘千余。次日雾，贼来袭，战却之。是晚，施兵先溃，贼从后袭击，诸营尽溃，死者数千人。时，复一为总督，而朱燮元亦以尚书督四川、湖广、陕西诸军。以故复一节制不行于境外，钦等深入四川、云南，兵皆不至。复一自劾，因论事权不专，故败。巡抚御史傅宗龙亦以为言。庭议移燮元督河道，令复一专督五路师。御史杨维垣独言，燮元不可易，请令兼复一任。帝用维垣言，解复一任，听勘。而以王瑊为右佥都御史，代抚贵州。复一俟代，仍拮据兵事与宗龙计剿破乌粟、螺虾、长田及两江十五砦叛苗，斩七百余级。贼党安效良首助邦彦陷霑益。云南巡抚沈儆炌遣兵讨之未定。迁侍郎去代者闵洪学招抚之，亦未定。及是，见云南出师，惧约邦彦犯曲靖、寻甸。复一遣许成名往援，贼望风遁。长田苗酋天保、阿贾约水西贼，欲断平越饷道。复一在病中曰："一息尚存，岂可以贼贻君父忧。"檄诸将分路进剿。遣刘超等生擒保贾，歼贼首五十余名，破百七十四砦，斩级二千三百五十有奇。平越人谓："入二百年不到之地，成二百年未有之功，而西贼失一大臂矣。"捷报，正患疟痢，扶病至平越，愈剧，犹上《捐俸助工疏》。十月，卒于平越军中。讣闻，帝嘉其忠勤，赠兵部尚书，赐祭葬，谥清宪，荫一子。官廷议欲谥以忠，不果，避魏珰名也。

复一学博才高,下笔千言,兼工四六。他诸著作皆崇论宏议,涵古茹今。至书牍奏议之文,慷慨天下事,切剀豪贵,披吐肝胆,而诗则出入汉、魏、唐、宋间,居然一代名作。生平耿介负大节,有志圣贤之学,经济文章,特其绪余,人比之张襄惠。尝自易州贻何乔远书曰:"宫事则客媪与魏阉相表里,朝事则牛、李构斗,疆事则经抚矛盾而战守无稳,著此三忧也。淮南惮汲黯,江左有夷吾,将谁梦之。"后皆如其言。其余论辽事有五未解,论铨政有四疑,论时事有三无四多,论大学归于物我一本,论克己谓惟克己乃由己。又云:"某生平服膺三言,服国恩以忠心,担国事以实心,持国论于平心。"又云,某惟学"正己不求"四字耳。所著有《遯菴全集》。特祀乡贤。

**张廷拱**,字高宰,号辅吾。万历丁酉举人,辛丑进士,授怀宁令。清内使挟带私船,宽省运民夫。丁艰,服除,补丰城,捐俸筑堤以利民,改迁安编铺平法,辽左车马不疲奔命。天启中,历祠祭司郎中。时,朝中多依附权珰,独廷拱正言谠论,非端人君子不与交游,削籍归。庄烈帝即位,求旧赐环,以边才,擢佥都御史,巡抚大同。召对称旨。帝顾近辅曰:"廷拱,福将也。"至则给宗禄,恤饥军,修土堡,制火器。边计靡弗周密。警告猝至,御变投机,敌不能犯。以焦劳成疾,及亟谆谆诫谕诸将,竭力报国,言不及私。卒年六十五,赐祭葬,谥襄靖。祀乡贤。

**林釬**,字实甫,龙溪籍。万历壬子举人,丙辰进士,殿试一甲第三人。授翰林院编修,历国子监司业,迁祭酒。监有铜鼎、铜砠,为临雍会食及贮水备火之器。魏珰欲假铸钱,釬持不与。时,珰擅权烜赫,立祠几遍天下。一日,诸生执呈至。釬问:"云何?"对曰:"魏公功德巍巍,宜立像太学,请定判。"釬曰:"诸生宜熟思之。孔圣,严师也,礼有人主北面之尊。魏,人臣也,若并列坐,他日皇上入学谒奠,君拜于下,臣偃于上,能安之乎?"明日,遂称病去。庄烈帝即位,闻之叹曰:"危行言逊,君子也。"召复原官,晋礼部侍郎,兼侍读学士。七年,以枚卜召对,陈用人、理财、靖寇、宁迁四策。即日,拜东阁大学士,入阁办事。时,帝方疾,党人以釪诚悫,不立门户,特加眷顾,首辅忌之,困以烦剧,遂以劳疾,卒于官。谥文穆。釪冲淡和平,廉介自守。郑芝龙受抚,奉千金为寿,却之,复其书曰:"成人之美,君子也。因之以为利,非君子也。"芝龙亦为叹服。按,釪,浯洲后垵湖人。

## 忠　烈

### 明

**陈显**,洪武壬子举人,知德州。太宗时为燕王,廉其才,辟掌书记。尝乘奕讽谏,旋以病告。靖难初,遣使召。显夜沐浴,具衣冠,再拜而死。祀忠义祠。

**蔡希旦**,字可久,号中溪。习儒业弗遇,力农以供亲。嘉靖庚申,倭夷内讧,念父未葬。尽出家中藏,罗诸庭而身守之。已而,倭不至。偕二弟,趣严具,自操杵锸成坟,至指尽血。既襄事,而贼愈迫。里中阖谋御之,推希旦为首,悉括丁壮,得二百余人,昼夜巡警,而亲劝督之。数日,贼大至,众相视无人色。希旦挺身出,众从之。贼挥刀引骑冲其胸,倭从之,十炮齐发。众遂奔。希旦立不动,一人曰,众溃矣。乃引却已。而贼三道绕其后。众莫应者。贼遂剸刃,希旦死焉。年甫五十。希旦严谨仁厚,尝读书野寺,一妇夜款门。希旦曰:"可速去,恐僧见辱。"妇固求宿。乃大恚,闭门不纳。寺有小僧暴卒,已就木矣,希旦探其怀微温,炙而起之。旁舍妪无子,尝向希旦乞食。一日,妪不至。希旦曰:"必病也。"遣子往视,则卧簀愈甚,复持粥粥之。妪病寻愈。族有子忤继母,父怒将沉之水。希旦曰:"子无状诚当死,然恐人以惑后妻杀前子也。"命挞之，予以更新。子因感激。及遭难，知不知无不流涕。后以子守愚贵，赠主事，晋赠四川按察使。

**张璇光**，号乂山，浯岛人。磊落自豪，读书有独得。年二十，补邑弟子员。逾年饩于庠。崇正之季，时事日非，自伤不能借箸报国，每剧饮尽醉，慷慨悲歌，或继以痛哭。及甲申，闻都城煤山之变，绝粒数日不死，指巾栉叹曰："太祖颁诸生巾，自冠临朝三日，取'前庶人，后三公'之义。为诸生者，独不可以三公之义自劾乎？"自栉发赴里中井，脱朱履其上，投井中，水浅仅没其半。乃俯首就浅水中死。闻者奔援之不及。时年二十有六。曾孙时霖，乾隆甲子举人。

**林壮猷**，十二都周边人。崇正间，为铜浯哨官。福王时，迁都督同知，守永定。移驻同安。我朝大兵至，城陷，举家死以殉。

**张敏**，字辅德，浯洲人。正德乙巳，沙尤寇起，敏季父益彬集里中人保障，为仇所诬。逮长者戍军，幼丁阉割之。敏与其兄张庆、张本俱被阉，送诣京师。

稍长，选入内庭，敏虽幼，而言动举止，迥异常儿。凡有谋为，出人意表。英宗择为青宫近侍。侍宪宗恭慎无过，遇事婉谏微言。宪宗嗣位。敏旦夕左右，夜具衣冠，寝至子夜，辄起以待，有所闻见，未尝外泄。外庭诸事，概不干预，忠谨之名，溢于宫禁。尝奉命操练腾骧四卫官军，兼理十九房马政，监督五军大营。未几赐玺书总督十二团营。敏持严而能推心体下，偏裨士卒莫不怀畏。前后赏赉，若书籍、图画、蟒衣、玉器、金鞍之类，不可胜数。又于常廪外岁给米三十石。特除其家戍军籍五次，召工图其貌，用玺识岁月。敏兄弟三人同入禁掖，俱见宠任。兄本以御马太监守备南京；庆以司礼太监镇守浙江。而诸子晖，鸿胪寺卿；苗，太常寺卿。

先是宪宗春秋高未子，孝宗母纪太后以嫔御得幸有娠。其时，万贵妃专宠昭德宫，虑其妒害，不敢以闻，托为病痞得废，居安乐堂。庚寅七年，遂诞皇嗣，将溺之。敏曰："今万岁未子，即不遽上闻，何至弃为？"至是加意养育。纪太后乳少，敏时献饼饴粉饵哺啜。既弥月，与西宫吴废后，保抱惟谨，不使万妃知，以万妃妒，故亦不传于外庭。成化十一年，孝宗已六岁，宪宗尚未知。敏密结万贵妃太监段英乘间言之，未得便。一日，敏为帝栉发。帝照鉴叹曰："冉冉矣，而未子。"敏伏地称死罪，曰："万岁有子也。"帝叱曰："安得有？"敏叩头言状。帝亟命召见。时，孝宗胎发未剪，长披地，走入帝怀，牵衣游戏，手捋帝髯。帝大喜，遂出示群臣，册立为太子。徙居纪太后于永寿。

乙巳，敏被疾。帝累遣太医院诊，竟不起。讣闻，震悼，赐银币为殡殓，具遣司礼、御马二监治丧。复赐宝钞二万贯，祭二坛。户部给斋粮、麻布。工部造坟。特赐冠帽、牙牌、玉带。及孝宗嗣位，追赐敏玺书，官其家人。于是，苗累官南京通政使，列于九卿；质至锦衣卫指挥同知，管卫事；晖亦以庆荫，官光禄寺少卿，食三品俸。赐敏茔地通州三百亩，守卒二十人。其后有锦衣千户张鹏、张臻；百户张宏。恩泽之厚，闽所未有。苗子定，登进士。

## 循　绩

### 宋

**郭岩隐**，字石庵。靖康二年，由明经举考廉，任都转运使。历粤东节度使，有廉声。朱子薄同时，式其庐。卒，为葬崧山岩下，题其墓曰"安乐窝"。

**许衍**，字平子，慷慨喜言事。绍兴二年，以太学生伏阙上书,时论韪之。乾道八年,上舍登第。尝进《本论》二十篇,言四民利害及上供银揽户之弊。朱子与书,谓其仁人之心,未尝忘天下之忧。条究汀、漳、泉,经界甚悉。通判建宁府,未赴卒。祀乡贤。子伯诩,以荫入官,知仙游县,终福州通判。许伯诩,字子扬,以父衍荫官。嘉定九年转承事郎,知仙游县,政多慈爱,有《便民录》数十余条,终福州通判。

### 明

**彭用乾**,会心正学,耕读教授。洪武十四年,令方子中以孝悌力田荐授监朐丞。复除光息调徐,闻有惠政,擢知其县。清苦不以家累自随,卒于官。年二十九,其甥负骨归葬焉。

**黄广**,字文溥。建文壬午,以贡入太学。永乐间,历知德庆州,署肇庆府事。兴学校,均徭赋,招逃亡,减盐钞,民赖其惠,虽强梗徭人听抚焉。士民祀之名宦。家居为本邑奏除荒田岁赋,五百余石,乡人德之。祀乡贤。

**杨舜**,字世柔,号可斋,翔风里杨江人。习法律,补邑掾,部试异等。宏治六年,赴选告降,得上高典史。清白自持,苞苴不入。邑豪有廖姓横暴,里人发其不法三十事,罪至死。当道檄舜讯鞫,执法不稍贷。邑豪伺间夜投白金三百,求免。舜白令,发其私。令惮避,姑召其人,还其金。又捐一年傕役钱,造桥梁以渡行人。督赋不受私,民无敢逋。强盗王宏,久为民患,捕而戮之,民害以除。尝逐林行遇盗,知为舜不忍杀。在官六年,署篆二年,俸资外无余取。屡引疾,当事贤之不忍舍,恳至泣下,乃许之。正德二年,致仕。归途中,见一男子冻雪僵。舜让篝至浦城活之,始知为漳人,为寻其伴而资之。是夜,忽盗起,民各自救乏役。漳人舁舜及代负行装过浦城岭而免焉,人谓阴隲之报。既抵家,绝迹城市。遇万寿,籲衣冠,望阙拜贺。武庙崩,制衰服哭临祠堂,尽哀三日,建祠宇,致祭田,率族人以礼祭祀,忠孝两尽,可谓一乡士矣。同邑林希元为之传。

**黄伟**,字孟伟,号逸所。性敏而悫,貌古心淳。尝就府小史,一日投笔曰:"非丈夫也。"弃去习经,读书太武岩。正德庚午乡荐,自歉未学,不赴春官,受业陈琛之门,登正德甲戌进士,授南刑部主事。治狱情法既得则执不可夺。公暇求道南四先生。书邂颖昌,授受微旨,以朝夕自励。凡世好一无所攫其心。

嘉靖初,应诏陈九事,首论敬德必亲贤儒,远近习;辅弼必任老成,去软熟;节用必自裁减贡献始,除剥民巨蠹必革镇守。他如选台谏,重守令,养人才,明识掌,正宪体,率中治机。又上《定大礼》疏,斥张璁希宠嗜进,妄诞不经。上《申明旧制疏》,改正京畿御史,不得仰部司抄奉案验,侃侃无讳。出守南雄,清介简易,节省趋从。明礼教,去淫祠,罢不给之征,禁昼游之女。介直敢为,无所顾忌。郡有桥税,毫不私取,按司檄民夫昇苏木署牌还之。巡抚欲丈田加税,屡执不从。甫三月,遂疏归,老稚遮留不可得,以荐改授松江。时,张璁当国,同年霍韬私为解,且劝一谒。伟曰:"昨坠马,今病足未能。"即称疾归。自是累迁不起,日惟以养亲、讲学、正家为务。丁艰三载,绝迹卧内。晨兴诸子,展拜家庙。或晏起,斥跪庭中,须拜毕乃去。冠婚丧祭,尽革旧俗,乡人化之。台察李元阳行部谓诸生曰:"莫道法诵孔子,且先学黄先生。"丁酉、戊戌,泉大饥,元阳请伟主赈事。伟旦暮区画,食寝几废。以是殚神毕力,疾作而卒。郡守为建坊,与李源、田崟并旌。所著有《海眼存集》。卒,祀乡贤。

**王佐**,字子才,嘉靖壬午举人。初知睢州,值河决,竭力捍御。河卒平睢人建回龙庙河滨,生祀之。擢高州同知,南户部员外郎中。以持议忤大司农,出为两淮运司。为人刚介,任高佐鹾解课者再,而家甚清白。屏居,年八十三矣,睢人请于督学,祀之名宦,不知其尚在。适移文至,令徐待赠之诗曰:"白头如越世,赤子未忘慈。百亩家无羡,千秋食有余。"亦竟以其年卒。《闽书》

**蔡宗德**,字懋修,嘉靖辛卯举人。通判广州,活泉、漳之通番船者百余人。有甲盗葬乙地,乙迁其棺他所。甲以弃棺讼,宗德佯不听,第约日令乙迁而棺果还故处。又有弟亡仅一遗腹儿,兄利其产,谋一夫妇冒为己子,复谋一人证之。宗德讯,佯怒,令弃儿于水。弟妇哀恸求免,冒子者略不动。乃责谕其兄薄分以弟业。丁艰,复除台州,活莆田被掳者十余人。调梧州,卒。子贵易,孙献臣。

**吕文纬**,字道充,号叠石,浯洲人。嘉靖辛卯举人,授蓝山知县,为民求便利,日搜其蠹弊而芟除之。才识敏赡,庭讼一言而决,胥吏靡窜。县旧有征输余银,吏以羡白,例充私费。文纬请归官充公。监司大其请,遍移旁邑曰:"令不当如是耶?"往上官按行部,邑庸鄙者,或有需求至蓝,独无私馈。吏惧见谪,文纬不顾,卒皆敬重之。居荒徼闲,蠢蛮蕃育数患苦民黎。一日,掠至城下,文纬勒兵追捕,俘数千而归。度其势可尽歼,建议平猺。当事难之,文纬指画,陈可取状。遂委任其役,按地图部署。兵所从入,率敢死士捣其巢窟。猺窘乃求抚。文纬曰"听抚,即吾民也",定为约束而遣之。猺遂平。上其事于朝,民立祠祀焉。升四川简州知州,未任报罢。

**卢天祐**,字以顺,嘉靖丁酉举人,令永丰。当嘉靖之季,分宜当国,贿赂炽行,直指行部,率多访恶人罚金具掠索永丰,天祐第应曰:"无有。"县故无城,贼寇云扰,广兵袁彬等千余人应召杀贼,反抢掠为乱,纵横闽、浙间。天祐刊木垒石,塞蹊隧,蔽关隘,分兵防守。有捕得通贼者，立斩之。广兵至，闻其清德，竟不为害。会当入觐，直指以邑遭残破，奏请丞代。丞居下考，中道遁去。铨部以此连天祐，坐失官，为令七月耳。归而无以为家。永丰人祠祀之。

**王时拱**，字曰臣，号印州，浯洲人。嘉靖庚子举人，榜姓林，时年甫十九，选授杭州通判。所部储峙供亿，事极盐米，而豪猾吏，巧为干没，宿弊如猬。至则多布耳目，起发弊端，徐为条教，搜剔之。异时赋入，赋长辄先馈主者以为例，时拱曰："如此官自干没，何以禁下。"痛革之。吏乃咋舌不敢动，民乐输。将已，而历署仁和、富阳、钱塘、海宁诸篆，皆有政声，而富阳节约受利尤多，民尸祝焉。浙苦兵乏储，一日，健儿脱巾呶呶，道路为请，便宜发帑金以给。当事者让之，时拱曰："帑金易集耳，即有他虞，帑金宁足爱耶？"卒白太守许之。哗然消让者，乃服其识。巡抚梅林胡公檄委团练乡兵，日夜训督，卒乘服习，课绩为最，荐于朝。玺书赐金，擢广信府同知。

闽、浙孔道，游寇出没，饬扞撖惟谨。有山东剧贼二十余辈，将入闽为乱，诈称应募，乘夜阑入城。廉其状，令游徼给食，谩为好语布慰之，约旦日给牒遣行，而潜使吏掩捕。比晓，已执送庭中，无一脱者。矿贼连结倭寇，由赣内讧信州，攻陷永丰、玉山二县，且及贵溪，贵无城，民传警各鸟兽散。时拱署邑篆，乃多方倡率勇敢，守要扼险，设伏置疑，十余日，邑赖以完。既而援兵至，敌皆歼焉。城贵溪，度宜鸠工督役，不数月而城成，至今赖之。奏闻，复赐金，盖异数也，在任凡五载。值太守入计，摄府事。比守回，已交篆，而是夜府署火，仍引为已责，竟以此告罢归焉。

**张应星**，字子翼，号菊水。自幼聪敏，喜读书，得晋江史于光、邑先辈林希元学，尽契所蕴蓄。少失父兄，常怀哀慕。每忌前披其所藏诀语，悲吟坠泪。及辰，衣素食蔬，终身不改。嘉靖戊午岁贡，拔会昌训导，揭白鹿洞规教士，督学使者徐爌以德行求士，诸广文入试，分授片纸，令书无德行之尤者。应星独不书，学使怪问之。曰："诸生性质不齐，然皆可自改。苛求之，恐累终身。"学使大喜，因试以《世变江河诗》。应星赋末章曰："厥行伊何，行已有耻。有耻云何，不殖不迹。颜生四勿，圣门要旨。"学使曰："张广文自谓耳。"尝戒其子曰："与富人言，虽窘勿自说，若见为求也；与贵人言，虽是勿过赞，若见为諂也。"转清江教谕，道卒。所著有《四书大略》《易经窥管》《灯影》。子曰益，举人。

**黄杰**，字一贞，号忍江，浯洲西黄人。嘉靖己未，府学选贡第一。历西安、麻城训导，海康教谕，伊府教授致仕。三辞署印，操若冰霜，贫士有馈，送必却之，沐其陶铸者甚多。所至多有可纪，而在麻城尤著。

杰多闻，善谈，论对诸生竟日，无一庸俗语，听者忘倦。才者爱之，中才者教之，贫者恤之。时以乡先哲蔡清、张岳、林希元诸长者为诸生诵之。凡行事不自点污，亦不为崖异。外不急促，而内默，喻人于道。既转海康，诸生祖送塞路。杰留衣一袭，为代者别，以示传衣之意。其后代者，亦勉效杰，麻士贤之。

归居橙山之麓，学者称"忍江先生"。卒年七十八。闽抚耿公定向，其门下士也。捐金治葬，为之传。楚、粤皆祀名宦。

**蔡贵易**，字尔通，又字道生，号肖兼，宗德子。嘉靖甲子举人，隆庆戊辰进士，授江都令。丁内艰，服除，补崇德。复包角堰，以捍海潮；创尊经阁，俾诸生讲业。含山巨盗杨雷、潘榜者，纠聚横行，浙以西苦震动，台使者谋遣将兵之。贵易用间计，擒其魁，余党解散，地方安堵。迁南京户部，陕西司主事。

徽人商崇德者，感贵易不扰，迨至姑苏，醵四百金为献。贵易峻却之,诸商归而立"四知亭",侈其事。督锦衣米、盐八仓出纳,十年无粃折。晋浙江司员外,督浦口仓,迁祠部郎中。罢教坊司供应,清朝天宫侵冒,出知宁波府。时,余有丁为相,贵易座主也。宁人议开海外金塘、大檄二山,谓可垦腴田二万亩,佐军兴。有丁从中主之,监司业唯唯,促畚锸役。贵易曰:"此国初所徙地也。役蒸黔而资巨室,讵庸利乎?"既力白于上官,复究极利害。有丁复书曰:"鄙人知其不便若是",事遂寝。诸卫所赂结府胥,借军储数千,无还计,搜致之法,饷蠹一清。海上渔、商二税,旧输郡帑,议贮之节、定二邑,著为令曰"郡帤故在耳"。宁东门外跨大江为浮梁,两淮隙地为豪家占以筑室,设廛市。渡者壅挤,多溺于水。癸未大水,坏舟梁,漂溺百余人。贵易为文祭溺者。按图籍得其侵蚀者,折其材而平之。更新道路,浮桥舣舟二十余艘,铁缆纽之,屹然中流。自是往来无患,士民立碑颂之。

迁贵州按察副使,署督学校,所拔得士,署司篆,出纳惟谨,不问羡。擢布政司参政。所部酋安国亨,尝遣人投牒,若将有所馈者,贵易叱牒还之。自是安酋颡首受约束,曰:"畏使君清耳。"晋浙江按察使。浙士民闻之,喜曰:"是故宁波守也。"会吴兴董学士、范司成事起,讼猬聚。贵易一切安静镇之,曰:"是无赖子相煽,安足听也。"抚按知贵易不为动,则径下之道府,而董学士家破,范司成竟投环死。事闻,神宗震怒,当事者咸获重谴。人始服贵易能持重,得大体。会入觐,为谗构所中,坐镌一秩归。贵易恬退寡援,挺立独行,易箦之日,囊橐萧然。苏濬颜其室曰"清白"。宁郡、崇邑,皆祀名宦。万历庚子,祀乡贤。所著有诗文集。子献臣。

**洪邦光**,字世龙,号宾吾。父居正,以贡司训武进,有学行。邦光,嘉靖戊午举人,隆庆进士。性沉静简默,望之恂恂然。至其为政,度民便利,竭蹶成之。

初守无为州，州除养马免粮田外，一切岁办不均，民困赋役，流移者数。邦光履亩均田，酌议申请，分秋粮、夏麦、丝绢、糖油四则。以税粮、马价，照亩均摊，自后垂为定例，民大便之。擢同知云南府，理他郡讼狱、钱粮，悉得其平。所过萧然，亦无交往。时太宰严公清熟邦光治状，曰："是当专城，以理吾郡者。"已命下，果然。刑清政简，士民安之。

秩满，升贵州副使，备兵都匀、乐平司。叛苗乐礼生挟土官宋廷瓒凤仇，纠众反，流毒甚惨。邦光率知府梁枻，集兵剿除，与指挥娄联璧、杨威定计擒礼生诛之，宣示威信。于是乐平、者牙、九股等叛苗，各奉约束。久之，擢参政，寻擢按察使，备兵川东。属有土司跋扈，督府将兵之，邦光谓："是蠢尔者，招抚可服。"躬至其境勘处，土司感泣听命。

邦光在都匀时，尝条地方事，失僚长意。已，僚长抚黔，修隙，因以黔藩事谕调。邦光念父母老，驰至家，杜门扫轨，朝夕侍奉，未几卒。所著有《三则要言》。祀乡贤。

**蔡用明**，本名霁，字用明，以字行，更字晦仲，号见南。万历己卯举人。初授大田教谕，旋补长泰，敛士范士，俱有礼法。升乐至知县，修学课士。

县有采木之役，大木所产，皆边夷棘道、冈壑箐崖，绝人迹，去治所数千里。故事，给官镪，募民役。先是多相冒规，免展转株累。又民苦先出募钱，事竣竟不得官给，往往破家。用明下车，见耆老，人给小方，令疏注乡之巨户，各以所臆疾书，毋得交语。既上，为参稽粮册，阅其丁赋之上下，比证甲牌，覆其厘居之多寡，然后榜示占役者姓名于县门。丁弱赋强，则赋其金，募人不任者，许自诉，而蠲其实者，抶其诬服与妄求免者，乃更为立补助之条，定番休之规，信给领之令。往役者，官护其家，禁奸民毋乘出，造狱扰之。木分三运，以十之六为及格，最后乃满十。采木已，邑中旱疫相继，用明按籍勤抚以纾之，优礼百年，黎民给予冠带，岁时致饩。课士出俸锾，供笔札、茗馔，而大作新其庙学。豪猾犯科，求赎不许，必痛惩。部使征无碍金，据理折之，气短而止。迁淮府审理，未行，又有征播之役，大发民夫馈饷，用明又精心为之部署，行伍相补助，戒以缓急相扞，如其初至调度采木时。督木使者过县，民拥车言令治状，涕泣祈留，轫不得发。临行犹奏托督学，请广多士解额。及发舟，泛装岸石以压险，陆绩郁林非虚语也。子复一。

**张日益**，应星子，万历壬午举人，令灵璧。始至，下宽恤之令，兴利除弊，务殚其猷。时，河工兴作，动派里夫，民苦额外之征，十室九窜。日益申文台司，第用帑金招募，或愿赴役者，如数优其金。上司急催役，日益具灵璧饥穷状，请宽之。以赋不及格，转王官。老幼泣送之，为立去思碑。

**蔡献臣**，字体国，号虚台，浙臬贵易子。万历戊子第二名举人，己丑联进士，授刑部主事。

时，帝久不视朝，抗疏请定国储，忠爱恳切，言人所不敢言。诸所谳理，一归明允。司寇王元美称为用世才，调兵部职方主事，推补将弁惟才。迁礼部主客郎中，四方朝贡，一依典制。朝仪制司郎，冬至习仪，台省争班，献臣力执旧典。复论楚藩假子事，忤右宗伯意。宗伯遽罢，深衔之。已，又疏请福藩之国，郑贵妃恚甚，夜发内使执之，曾不少屈，及旦，以旧典争于帝前。帝心嘉其直，遣出常镇参政，旋迁湖广按察使。有为宗伯修憾者，借楚事参劾，削秩罢归，百姓遮留，立祠尸祝。

抵家，读书东山，修辑邑乘。寻起浙江海道，升浙省督学。天启中，擢光禄寺少卿。乃归而树德于乡邑，有海丰庄田，受产二百八十余亩，上有朱埭，一决则下贻患于海丰，屡筑屡坏，讫无成功。献臣慨然董其役，第田为三等，田崩流漫涨沙压，以次出赀，凡筑石岸千九百八十余丈。于是,朱埭岁以有收,而海丰田永保无事。农人业户,颂功无既,请何乔远为文勒碑纪焉。著有《清白堂稿》《仕学潜学讲义》《笔记》等稿。年七十九卒,赠少司寇。祀乡贤。

**黄华秀**,字居约,入南安庠。万历戊子、己丑联捷进士,授韶州府推官。逮下仁慈,事上端执,精明决断。雪杀姑之冤,释代兄之囚,辨伐家之诡,以最荐名为南京浙江道御史。刚果洞达,条陈时事。时,东方有辽左之虑,中原有矿税之兴,楚藩有小人之构,华秀皆上疏极言之。官暇,从德兴祝世禄,宁国张应泰,潜江欧阳东凤及郡人李范廉、骆日升为读书之会,相切劘,如诸生。卒于官,不余一钱,诸公经纪之。

**蔡钟有**,字恒卿,万历癸卯举人。授兴国令,娴于吏职,能得物情。邑黠讼者托他籍徧控,关提淆乱,请于主官,痛厘治之。永乐中,屯田至成、弘间渐芜,府檄召民垦荒,给帖为业。已垦者,军复争之,前令何应彪以刁军害民请禁,未久,复争。郡守金汝嘉颇庇军,钟有条陈源委,言多切中,守不能易。卒以直道不容于时,左迁徐州倅,守吕梁河堤。河漫决无时,奔涨疾风,乘艀行波中,几葬鱼腹者屡。山东妖寇发,去徐三十里,钟有以河夫为卒,畚锸为兵,拒贼河上,贼北溃走。转分水令,卒官。

**洪纤若**,字时育,万历甲辰进士。筮仕提刑,谳狱详慎,玺书褒荣之,累升司宪两粤。有巨盗郑诜,历年寇害闽浙江淮间。纤若悬赏购党,擒之,诸路悉平。及权珰窃柄,有议毁澹台子羽庙,以建魏祠者,纤若力排不许,事遂寝。未几归,卒。祀乡贤。

**蒋芳镛**,字任坦,万历丁未进士。初授户部主事,差管海运、新泰二仓。闻父病,即请假归省,补工部营缮。晋虞衡,督宝源局,出守建昌,以明断失权贵意,移衡州。时,安、奢作梗,征兵,征饷,征运,衡民苦之。芳镛至,开鼓铸代饷,岁省民输万金,复捐俸赈饥,刷册均粮,通漕盐,罢逋米。荫湘薇峙,皆立祠焉。擢郴桂宪副,未及涖而卒。

**陈如松**,字白南,下坑人。万历壬子顺天举人,授萧山令,革常例,除罪赎。尝坐公庭,自未至酉,连判三十五事,无称冤者。严盗贼,摘伏如神,有被杀者无踪,疏邑城隍,犯忽自到。

为民兴利而抑富豪,以邑水东去,不利民财,乃筑坝截其流,别开双河塍,使水折而南注,绕出大通桥,又北注以绕于旧道,凡为桥三,建塔二。朱直指称其吏治,为浙中第一。以忤上官,调简补信宜,旋改河源邑。学宫为势宦占营私室,如松立毁其室复之。有泡泉,宦据焉,如松曰:"山川之灵,岂供凶人口腹。"投笔泉水立涸。

擢守太仓。事无剧易立解,治讼大者为劝解,小者斥去之。候台司出,馁则携袖中钱,市粝食供帐。上官简脱,虽谴责不动。尝试童子试卷千余,一日夜发榜。遗者求续,问姓名,诵其疵句,皆走匿。书法名家,人乞书立应。二年,拂衣去,潇洒不羁。所著有《莲山集》《语抄》《学庸解》《百篇诗》《老莱吟》诸稿[①]。

**苏寅宾**,字初仲,号日门。万历壬子举人,已未进士,授崑山令。时,螃蟹食禾,遍满田塍,寅宾祷天,为民请命,蟹去,岁以大熟。以执法失权贵意,论贬宁波府教授。崑民祠之。秩满,升国子监助教,累迁海南兵备道。革纳锭、积谷诸羡余,勒石永记。转湖广粮储道,以不谒督粮权珰,夺职归,家无担石,杖履自适。卒年八十一。

---

① 《莲山集》原版为《莲出集》,《老莱吟》原版为《老未吟》,皆误。

**张朝纲**，字思勖，号楚台，一号五挚，九岁能文。万历丙午举人，丙辰进士。初授丽水令，巨猾敛迹，以最调永嘉。有以白金假海鲜献者，召却之。适富人子杀人，善事郡守，诸县长承守旨，久不问。朝纲治如法，卒见忤归。五载，起金谿令。邑有虎患，为请命于神，虎就毙。分校浙闱，所得皆名士。升户部云南司主事，管新、泰二仓，监兑两浙。旋授正郎，出为广西副使，备兵苍梧。梧当两粤冲，獠寇出没，勤团练，募义勇，粤赖以安。署藩篆，凛凛冰霜。其在营卫屯伍，市澳船厂，经理有法，民立祠以祭。梧吏有祠，自朝纲始。卒于官，崇祀府乡贤。

**刘廷宪**，字秋岳。天启辛酉举人。署沙县教谕，新文庙，勤月课，人文蔚起。诸生为建生祠，于学宫之右。升桐乡令，清慎执法，汰耗锄猾。每簿书暇，即与诸生讲学，课文，所赏识多名士。归官后，桐人建祠，于皂林驿而祀之焉。

**陈昌文**，字伯武，天启壬戌进士，授平乐司李①。治尚宽和，在粤九载，历署诸篆，人诵为九印召杜②。擢南刑科，士民遮道，转北吏垣。疏请各郡邑立仓，令缙绅捐粟以备赈；劾尚书张凤翼防西失职状。未几，卒官。

**蔡国光**，字士观，号贲服，天启丁卯第六名举人，崇正甲戌进士。七岁就傅，经史过目辄成诵。既释褐，令高安，请免浮粮，革除常例，高安人建祠祀之。已，补钜鹿，修城池，给牛种，残疆之民实赖以安。召对称旨，擢授礼垣。未几，李自成陷京师，执国光

---

① 陈昌文，字清时，号伯武，金门古区人。李，通"理"；司李，即司理。
② 召杜：即"召父杜母"。召，指西汉召信臣；杜，指东汉杜诗。召信臣与杜诗先后任南阳太守，有善政。

使降。国光叹曰："吾不能捐躯从先帝于地下,尚敢靦颜更事哉。"贼拷掠极楚,索其财,从者贷与之,始释归焉。卒,年八十有三。

**张朝綖**,字思藻,号青武,崇正己卯举人,庚辰进士。授职方司主事,抗疏清核京卫冒粮数十余万。升郎中,典试广西,转江西、湖西道。驻袁州时,郡北有天井窝,强贼盘据,民遭荼毒,历任监司,剿抚两困。朝綖单骑抵穴开谕,盗尽解甲。升云南督学,民为之攀舆,因留任,寻抚南赣,清勤自矢。后归,以病卒。

**卢若腾**,字牧洲,崇正丙子举人,庚辰进士。御试召对称旨,授兵部主事。时,阁臣杨嗣昌督师湖广,好作佛事祈福。若腾疏参嗣昌不能讨贼,只图佞佛。帝以新进小臣,妄诋元辅,严旨切责。时论壮之,迁宁波巡海道佥事。疏纠权珰田国兴揽带货船,滥用人夫,辱州县,阻闸口。有旨召国兴回,论如法。居官洁己惠民,剔奸弊,抑势豪,峻绝馈遗,轻省赎锾,风裁凛凛。值胡乘龙盗起,从容指顾,旬日间,凶渠授首,闾井晏然,有功于浙。浙人祠之,历久不废。历凤阳巡抚。甲申变后,与癸未进士沈佺期、许吉燝等同渡海,隐于台湾,励节终身。卒,年六十六。所著有《方舆图考》《浯洲节烈传》及诗稿、文集。

## 武　功

### 明

**许福**,号西浦。嘉靖戊子举人,乙未进士。归家养亲,几二十年。值倭警,团结乡社,边方无虞。未仕,卒。

### 国朝

**许盛**,字际斯,号武岩,后沙乡人。康熙三年,自海上率众归诚,授参将衔,屯垦南赣。时,三藩蠢动,闽、粤、荆、湖诸寇蹯入江右,破郡邑,赣为数省咽喉,盛率屯丁,前后二十余战,解宁都、杨家寨、富江等围；复石城、万安、泰和、上犹、龙泉等县。招抚伪将严自明、戴顺、曾惟龙等；斩伪将陈升、凌之亮、何鼎、陈可、韩大任等；夺回男妇无算。以功授南赣总兵，晋秩右都督，转左。复剿崖石寨，降其魁朱明，授拖沙喇哈番，予世职。

盛少遭乱，失亲骸，至是匍匐悲号墟莽间，乃得其处。二十七年，移镇襄阳，道经武昌，值夏逢龙之乱，幽闭城中，身被四矢，以计脱，随大兵讨平之。后为言者所劾，蒙温旨"许盛矢志忠贞，所奏无据"，以原职出镇宣府。两次出口随征葛尔旦。

以老乞归，捐赀三千八百金修同邑文庙及明伦堂、乡贤祠。卒于家。子廷瑞，商邱知县；廷瑜，通判；廷瑶，常德知府。

**张正**，大嶝人，以平台功绩，加左都督，世袭云骑尉。历任金门镇中军兼署总兵官印务。

**魏平**，翔风炉前人，仪表奇伟。康熙十九年，以平台功，加左都督。历任南澳游击及台湾南路参将。所至之处，恩威并著，军民感德。凡租税入官者，一切蠲免，故人称曰"魏佛"。六十年，升广西浔洲副将。卒于官。

**王天贵**，翔风刘五店人，素有胆力，尤精水师。康熙年间，尝平岳，及澎、台功，加左都督，补千总。俸满，授浙江舟山游击。时，海贼猖獗，目无舟师，独贵巡警所至，贼胆怯。尝追贼，遇风静潮逆，势不相及，乃下巨舰，驾快艇急趋之，贼为所俘。迄今，舟山战舰其械具利用，皆贵之遗也。时，有商船遇劫，其船户及舵手为汛弁所获，囚献提镇。贵力言非贼，而船多贼具，难以抵释。贵乃举家以保，力白其冤，然后得免。其弭盗安民，类如此。卒于官。子大德，以侍卫授崇明游击，升川沙参将。

**蒋熺**，澳头人。康熙间，随大将军施琅征台湾，以军加补苏松中营参将①。

**方刘进**，同禾里下方乡人。由平台功，加左都督，任陕西固原镇副总兵。

**魏国泰**，字德良，翔风炉前人，住刘五店。胸有胆略，尤精武艺，弱冠充伍，补水师提标把总。康熙六十年，朱一贵倡乱，国泰奉檄征剿，多所追杀。台湾平，由把总历升洞庭副将。洁己奉公，兵民不扰。嗣升金门镇总兵官，未赴任，会贵州苗变，又奉檄往镇远协剿。时，苗势猖獗，尝夜袭镇远，国泰计兵丁在外，分防城中只有四十人，乃预出城，伏兵击之，苗望帜却走，镇远之人赖以安焉。平苗后，赴金门。乾隆元年，以军功，赐俸。在金五载，除番船陋规，每岁不下千金。调碣石镇，凡有陋规，亦革之。后补广东右翼镇，未赴任而卒。子文伟，由荫生出补守备，历官至碣石镇，有父风。

**林君陞**，字圣跻，号敬亭。由行伍，授偏裨。康熙六十年，奉调带兵押饷赴台湾并查台地情形，为上官所器，擢黄岩镇游击。雍正四年，以保举，授定海总兵。至则严守御，饬巡逻，沿海敉宁。壬子秋，大饥。军兵乏食，多方设法，全活甚众。乾隆二年，调镇汀州。越二年，调碣石，旋调金门。复值岁荒，筹划接济，军民以甦。七年，以都督同知，授广东提督，迎母就养。丁内艰，服阕，暂补台湾总兵。未半载，仍授广东提督；续调福建水师提督；复调广东提督，凡三至粤，兵民称庆。甫半年，调江南提督。驾驭弁兵，威以法，抚以恩，大江南北，晏然宁谧。公暇纵观史书，临池得草

---

① "以军加补"应为"以军功，加补"。

书三昧，或作大字高径尺。喜吟呻，自成一家言。旁及星命之学，推算入神。尤敦伦谊，抚侄如子。内外亲族，急难丧葬，倾赀助之。卒于官，年六十八，谥温僖。所著有《自遣偶草》及《舟师绳墨》《救荒备览》等书。子值，以荫生，授大理寺右寺丞。

**高华松**，翔风刘五店人。慷慨仗义，明于机略，充伍碣石镇。康熙五十八年，拔千总，历升崖州参将。整饬营规，边地无虞。崖多烟瘴，袭人辄病，松按气候为药丸散给，军民咸知避忌，病者得免。乾隆七年，升海口协副将。卒于官。子德明，现任广东顺德营游击。

## 儒　林

**邱葵**，字吉甫，为诸生，居海屿中，号钓矶。风度凝然，如振鹭立鹤。蚤有志于紫阳之学，初从辛介甫，继从信州吴平甫，授春秋，亲炙吕大奎、洪天锡之门最久。宋末，科举废，绝意进取，杜门刻志厉学，耕钓自给，不求人知。景炎元年，大奎遇害，葵痛愤忘生，为诗感激壮烈。晚，一意著书，所著《易解疑》《书口义》《诗直讲》《春秋通义》《礼记解》《四书日讲》《经世书》《声音既济图》《周礼补亡》。后，元遣御史马伯庸来征，托种圃自匿；已而，率达鲁花赤赍币至家。力辞，有却聘述诗一首。庸等取其遗书以去，故其著述多无传。今惟存《周礼补亡》及《钓矶诗集》。卒，年九十，配享朱子祠中。又祀乡贤。门人吕克绍其学。

## 文　苑

### 明

**陈福山**，洪武癸酉、甲戌联第进士，令零陵。奏蠲无征税千余石。永乐丙戌，校文广东；丁亥，征入纂修大典。后改江山县训导，升泷水教谕。祀乡贤。

**张苗**,字世英,号实斋。成化丁亥,以楷书精妙,擢中书舍人。癸巳,修《通鉴纲目》成,迁大理寺评事。壬寅,进《御览小楷纲目》,超拜太常寺丞,旋加少卿。又以叔敏,保翊孝庙功,推恩进太常卿,寻改南京通政使。乞休,归与蔡观慧、顾美等十七人为逸乐会,蔡清为文记之。宏治乙丑,晋阶二品。子定,宏治庚戌进士,己酉举人。

**许开**,邑诸生。怀奇博览,善古文词,其上下古今,论得失成败,多识见。所著有《沧南集》,孙獬。

**蒋孟育**,号恬庵,入龙溪庠。万历戊子、己丑联登进士,授翰林院庶吉士。工文章,以终养归。起补,历国子监祭酒,南吏部侍郎。古心谦德无贵态,操守廉洁,始终如一。在吏部时,其子履决不能补,相视笑曰:"吾父子,何贫也!"卒以清节著。祀乡贤。

**许獬**,原名行周,以梦揭魁榜,更今名;字子逊,号钟斗。九岁能文,即多惊人语。客与其父振之谈夹谷之会,危其事。獬从旁应曰:"已请具左右司马,以从矣。"客奇之。

年十三,淹贯经史。学博郑燿,称为天下才;司理刘纯仁,亦谓其当魁天下,延署中读书。见罗李公材倡学于闽,往从焉;慕李光缙文章,徒步至晋江,师事之。万历丁酉,举于乡,戊戌,下第归,读书梵天寺。参政汪道亨延之署中,谈文外,不涉一私。庚子上春官,与太仓王衡会文萧寺。王不可一世,独心折獬,云:"春闱冠军,惟君与我耳。"及辛丑会试,场后见獬卷,大骇曰:"第一人,今属子矣。"放榜,果獬居首,衡次之。殿试二甲一名,改庶吉士,寻授编修。馆课出,人争抄传。尝自励云:"取天下第一等名位,不若干天下第一等事业,更不若做天下第一等人品。"大学士李廷机素端介,独与獬善,过从谈,必竟日。

闽苦税珰，有奸人劝珰上书，分括山海之利，人心皇皇。獬贻书温、林二御史，寝其事。以病假归，囊仅数十金。一日鸿渐山圮一隅，大星坠地而獬卒，年三十有七。

獬夙聘颜氏，将及笄得疾而眇。其妻父欲易以他女，獬坚执不可。及娶，情好甚笃，既贵，如一日。为孝廉时，有巨姓横乡里，痛绝其非。巨姓乘獬北上，匿众击之途。獬下车亟避，忽见两白衣妇，掖过丛棘中，入村舍得免，回视寂无人也。性严峻狷急，殚心力学。矢口纵笔，精义跃如，海内传诵其文，曰"许同安"。所著《四书合喙鸣》《丛青轩集》六卷。祀乡贤。

**张对墀**，字丹飚，号仰峰，青屿人，迁居晋江。康熙甲午举人，辛丑进士。雍正二年考试一等，授太康知县，有政声。因友人事株连获罪，卒于配所。生平博学多识，诗、古文奥衍宏深，力追古人。所著有《同江集》行世。

**许琰**，字保生，号瑶州。康熙甲辰举人，丁未进士，授翰林院庶吉士。以散馆磨勘，罢归。著有《宁我堂集》。

**康亮**，字子定，翔风洪前人。为邑诸生，敦修实行，汲古自勤，垂老未尚释卷。著有《经学明辨》《论史勺言》《史记衷平》等书。迁住马家巷。

**林添筹**，字捷卿，八都莲塘乡人，住马巷。弱冠为邑诸生，博览淹通。当海氛播迁，人多离索，筹独励志举业，数奇，遵例捐贡，屡试不倦。所纂辑有《古文类选》《礼记三注粹钞》《春秋约要》等书，《敦斋文艺》十二卷。

**洪范畴**，字梦樵，柏埔人。遗腹生，事母孝。年十九，入邑庠,刻意攻苦。尝就出米岩畔,构书室肆业,十余年于四子书,殚精竭虑,索隐钩玄。所著有《讲义》四十卷。进士张星徽称其"解甚正而疑不存,说特达而蒙可引",欲携付梓,范畴以未融自歉,藏之家塾。

## 孝　友

### 明

**张凤征**,字舜夫,号治庭,青屿人。生而颖敏,襁褓中,辄能识壁上字,九岁通五经大义。嘉靖辛酉举人,乙丑进士,观政御史台。素善病,力疾,辰入申归不少懈,病剧给假,行至张家湾而卒。

凤征孝友敦笃,嗜善若渴,见不善,谨避之而已,与游者,咸饮醇焉。岁己未,里中倭乱,凤征与仲弟凤表,皆将缧去,乃出所携金,祈免其一。凤征谓仲曰:"吾弟幸有子,其负若子出,营金赎我。即不能办,幸毋以我为念。"凤表即曰:"兄善事父母,且未子,必不可留。"相推久之。贼怒目大叱,几剚刃。已,感其义,获免。人以急难争死,两难之。

后,凤征子实赖凤表抚成之。子继桂,万历乙未进士,任华亭松阳知县。

**颜弘**,字笃任,性笃孝豁达。尝赴试秋闱,适母病,奔归。以兄殁子幼,二亲老,遂舍举业,佣书代耕。亲殁,遇忌辰,虽年远,哀哭如初丧。教子弟及乡邻里党,必先孝弟忠信。见人死丧穷乏,辄罄助之。食无重味,一盂而已,人称"一盂先生"。嘉靖初,有荐辟之诏。林希元丞大理与王宣同荐。督学潘潢行县,聘主社学,辞不就。

**颜敦祥**,字笃祯,与弘同族,天性孝友,饬躬励行,博通经史，尤长诗章，甘贫守道。教授乡里，生徒出其门者，咸知礼让。居父母丧，枕苫寝块者三年。家贫不克葬，衰绖不解。家居分郡之金门所，郡倅闻其名，求见之，以衰绖辞；倅固请，遂以衰绖见。县官屡聘宾筵，辄辞不就。

**蔡秀钟**，字士精，号毓昆。父环碧，嘉靖辛酉岁贡，不仕，为诸生祭酒。秀钟幼善病，弗竟举业。弱冠，入永春为塾师。已去而为掾吏。性孝友，事父母，先志祈向得其欢；有谴诃，辄惶惧不食，率妻长跪，得解乃已。庚申，岛夷内讧，自永闻报驰归。会倭猝至，弃妻子弗顾，独负携父母以逃。二人俱老，行数步辄憩。秀钟左右觇贼且逼，守而泣，乃引匿石旁窟穴。如是者三，竟获免。父谓："庚申以后，吾身子身也。"又时语诸孙："非而父，遭贼刃矣。"从兄客死永中，有欲没入其赀者，为纪丧事，籍归其孤。中年老于家，族推主宗事，植孤弱，范弗率，一裁以义。与人交，直心以出，无脂言饰行，御子弟甚庄。年六十七卒。

### 国朝

**林化衷**，城场人，父得异疾，三年不离侧。及病革，割股为剂以进，父病随瘳，得终养十八年。祀孝悌祠。

**许开**，金门后浦人。其兄元，领官糖往胶州。船遭风坏，元亦病故。官捕元子贞，偿课，贫莫能措，将死。开时外出，闻知奔回，亟将男女鬻卖代完。临别惨伤，见者涕下。事闻于镇帅陈光龙，为捐俸一百二十两，付开赎回子女完聚。时康熙三十年也。

**林德馨**，民安田边人。幼丧母，继母不能容。父命与异母兄同居。稚年未谙农务，为兄所逐，仍归继母。德馨先意承志，曲尽子道，继母病头疯，延医调治历十余年，夜不解带。继母疾得痊，为之感悔，且益加慈爱。以辛苦创置田产与兄中分，推腴于兄,而自取其瘠;筑屋让兄居之。为人排难解纷,一无所取,亦不自见德,人服其正直　德馨或作宸柱。

**林起凤**,烈屿人,监生。八岁丧父,遭海氛,与母相失。稍长,竭力寻求,于澳头乡许云观家得之,迎归。偕妻石氏,孝养无间。复远涉台湾,遍求父坟不获,仅得一香炉,携归奉祀。笃爱同母弟起鹏,买四宅给之,延师教督。后为诸生,食饩,八成均里人。李姓负官帑数十锾,质女以偿,如数与之,归其女。贫佃逋租数百斛,破券免之。尝远游经商,舟至七州洋,飓风大作,溺死甚多,闻空中有声云"林孝子在此",遂得无虞。年七十二卒。孙蕃衍,多雍庠。

**卢家椿**,字载年,贤聚人。雍正甲辰科举人。性笃孝,母吕氏年九十余,娱志养亲。部檄拣者再,辞不就。服阙,乃铨龙溪教谕,寻卒。所著有《学庸讲议》。

**林廷杰**,字德卿,民安里龙田人,天性孝友。父乡宾宸柱,老病眼昏,杰舌舐调养,父眼复明。母蔡氏,常患疫症,杰衣不解带,水火必亲。母梦神授方,如法调,痊。人谓孝感所致。事诸兄,让丰取瘠。弟妇陈氏,守节,杰视侄应日犹子,培养克成。幼与马巷陈文良交,文良因子赌荡,以房屋、田地立契数纸,并其上手老契,不下数百金,付杰托为照顾,遂往台,无有知者。杰每询文良缺寄,佯为借贷其子,且时加教诫,抚恤周至。其子亦就规矩,杰乃赍文良前契及所有存余还之,且曰:"若翁先年虑尔赌卖,故以房产相托。尔既改行易辙,吾今无负若翁之托矣。"其家始知,感泣拜谢,一时传为盛事。其造登连桥,命子应龙倡资修学,载同邑志书,举充宾筵。八十七岁,始卒。

## 义 行

**陈朴轩**，阳翟人，为经历书记。成化初，大、小嶝民，以通夷内徙，委经历查勘。朴轩极陈嶝民仳离状，代画保全策，经历如指，言之，全活甚众。建祠勒石颂之。

**林应**，字应彬，以字行，号明夫，翔风麝圃山头人，希元父也。少失怙，鞠于母李，以爱失学，只读竟四书，然敏悟绝人。既长，于书多旁解，观书过目辄成诵。见有官司榜示数十条，好事者，疲于抄录。应晒之，人曰："若当如何。"曰："入眼当为胸中物耳。"人以为妄，授以纸笔试之。应录不遗一字，众惊服。凡算法、农圃、卜筮、地理、阴阳、法家，靡不通晓，尤邃星命，推测皆中。居乡，计口度田，课僮耕之，以身率焉。并子弟亦令读书之暇躬习，曰："使知艰难耳。"生平不御车马，虽数百里不异。穷乏者则哀悼之。佃人输租，不如额者，缓之，卒竟贳焉。人有患难，以身济之，罔恤利害。海寇作梗，边海渔民苦荒业，倡义执其渠。后寇欲反仇，徙宅避之。嗣为乡恶少彭姓所侮，校弗胜，业因之落，赍恨以殁，年六十有五。卒后十七年，而希元登第。

**杨真**，林希元蒙师也。嘉靖丙午、丁酉岁，漳泉大饥，当路赈粥，真独不赴。阖家饥死者七人，其不苟生如此。

**陈希铨**，字夏迪，号后山，浯洲人。兄为诸生，弟未成立。乃舍儒，读法为掾吏，以养亲。罄资以助亡姊之襚。从弟沛容死沧浃，徒步往迹瘗处，负骸归葬。宗祠圮，捐俸倡建，身负木石先之。

**洪俊**，字子才，号见泉。少读书，不喜帖括，弃去治耕。父母继殁，季弟方幼，兄遗孤在抱，谓妻曰："吾任父，若任母，共卵翼之。"以克有家，有无相通。鸡犬桑麻相守望，岁时酒食相劳。虽室罄，必具食辍哺，寝分襟，毫无歧视。值海寇棘，居民鸟兽散。有父执彭姓，箧金百二十两来寄。以乱辞，彭曰："得失有命，子不吾负，吾亦未尝告吾子也。"既受命，怀箧俱卧起。寇退而反之，曰："幸不辱命。"里中团结社兵，捍贼鹭门。有攻石者八人，自南安来，众曰："谍也。"攫其囊金去，且将沉之水。俊挺身持不可，曰："佣也若之，何贼之？吾且白诸官矣。"卒还金，而以八人免。族有惑形家言者，修父母骸，袭祖茔穴，事甚阴，不可御。为盟香质山灵，以秘计护之，卒不侵。甲子正月，贼猝至，挈妻子避入后堡，堡湫窄。贼连陷沈井诸寨，旋攻堡，瓦石俱震。忽贼相惊呼散去，则戚将军兵至也。其存亡间不容发，人谓德报。子日观，万历辛卯举人，金华府推官。赠父如其职。

**陈俊**，字克位，号宅洲，阳翟人，健孙。少颖嗜学，与兄荣祖、荣选，俱以文名。万历癸卯，应岁贡。越五载，授福州府训导。省会送迎甚剧，浩然曰："吾老矣，安能为苴蓿折腰。"遂不赴，杜门撰述，以文事课子孙。又十年卒。俊事父母，色养维谨。居丧以毁名，恭事二兄，商质古今，常至夜分，虽老有让梨意。壮年丧妻，矢不再娶。生平慷慨好义，尝捐己以集事，而不自见德。寓长安，有同年告窘，倾囊周之。惠安郑生同贡，暴卒，殡而哭之哀。雅甘澹泊，诸子或以轻煖肥甘进，亟麾去曰："此非儒味所宜。"居恒每以无求安饱，耻恶衣食。怀居三章，反覆诵之。邑令嘉其恬守，举乡宾。子谷，万历庚子举人，历任新安、蓝山知县。

**蔡鼎臣**，初名献襄，字体谟，号弼台。由诸生入太学，性资英朗，举动俨饬。喜恬淡，不烜赫气势，不征逐货利。屡困于闱，遂闭门潜玩，凡古今文词，诸子杂书，纂集抄评，曰："以此遗子孙，吾可老矣。"素严取与而好施，贫不能葬及匮乏者，求无所靳。以足疾卒，年六十一。

**陈廷佐**，字时守，号仰台，阳翟人。精易学，蒋芳铺、陈如松、李雍皆执经焉。子基虞，成进士，乃谢罢诸生，就封南雄府推官，晋封南大理寺评事、中宪大夫、顺德知府。邑令九延大宾，间一再赴。其感触时事，多发之于诗。有至性，尝就外馆，忽心动，渡海归，值父殁，护视含殓，人谓"纯孝"之报。心存济物，捐赀修造便步桥。岁掩骼施槥，以数十计。疾疫盛行，为糜以食饿者。年七十七卒。

**李霖慰**，字于用，号东濂。邑诸生，性恬淡，不言势利。邑令高其行谊，尝以两造就质，固让而徐以理，谕遣之，终不令费一钱。有故人宦游千里外，致书招之，竟不赴。事父母孝，待弟友，处宗党能周给。生平无嫚容遽色，谦下濡忍，人称"长者"。子献可，万历癸未进士，户部给事中。

**洪居正**，字季中，号柏坡。万历癸酉岁贡，授武进训导，捐俸新学宫。子邦光，登戊辰进士，出守云南。谢官就封，寻晋封贵州左参政。有司屡延大宾，间一赴之。居正负奇力学。其训家云："孝弟礼义文章节概，当吾家茶饭；诸儿曹喫得饱时，即是便宜田地。"自壮至老，言无过词，动无逾则。年八十四卒。

## 国　朝

**陈世梴**，阳翟人。少孤，母周氏鞠之成立。母捐租为外祖母养赡，实梴代输赋。终身无间言。伯父负贷数百金，为债家所迫，梴倾家代还，不求偿。

**陈于荃**，阳翟人。少孤，笃志励行。年三十四丧偶，终身不再娶。茹淡食贫，课子侄，以诗文自娱。

**陈御飞**，字克龙，诸生，阳翟人。尝捐田以通水利，立石以表孝节。施棺木，修桥梁。康熙二年，浯岛播迁，周给族戚，乡间义之。

**黄上敬**，浯洲人。侍父疾，数月无怠，祷以身代，事继母能得其欢。延师课弟纮圣，遇夜寒深更，必携酒脯往劳之。弟得成立。

**陈锡英**，阳翟人。挚于天性，有女兄已适夫，遭家板荡，徙居郡城，父母忧之。锡英时馈遗，于百数十里外，徒步往返，未尝诿劳。后并挈其家以归，数年顿复其旧业。再从兄嫂王氏，四世俱单，氏孀居苦节，所抚孤二，贫不能生，思鬻少者以养长者。锡英怜之，割已膏腴田付之耕，不纳其租。并代输粮以全其子母。族里称叹，比之范公义田云。

**林芳德**，捐职州同，尝捐百金，重修麓天文公书院，倡改岳口理学名宦石坊。施棺十年，费以千计。所居马家巷有通义庙，为朱子薄同时所题，芳德重新之，复于其后建杰阁，以祀朱子，计费五百余金。邑令张荃立碑记之。

**黄光趾**，字符侯，例贡生，马巷人。推诚待物，不立城府。乡里小隙，辄为排难解纷。出货不计，族中力不能葬者，求地造坟，给予无吝。筑书院，延名师课督子侄。先后游黉序，登贤书，人以此多之。

## 隐　逸

### 宋

**许衎**，衍弟。隐居苦学，博通经、传、子、史，编《田舍墨记》四十卷。祀乡贤。

**魏秀才**，逸其名，居浯江上，有太上隐者之风。邱葵赠诗二章，其一："屋茅萧索泣寒虫，独自吟诗学已工。败叶能令沟水黑，乱云不放夕阳红。半生辛苦空儒服，一岁蹉跎又朔风。不意穷乡有奇事，暮春得拜席门翁。"其二："月淡蓬门掩候虫，穷通底解问天工。茶烹粟面纷纷白，灯吐花心灼灼红。屡改新吟添墨水，密糊旧稿护窗风。相逢莫道庞公老，览镜先惭此老翁。"

**陈必敬**，号乐所，阳翟人。少颖悟，通五经诸子百家言。宋末一举不遇，遂不复出。尝与邱葵讲明濂洛遗学。所著有诗联遗文，其《咏钓台》诗云："公为名利隐，我为名利来。羞见先生面，黄昏过钓台。"又云："已上桐江台，又弄桐江钓。不食桐江鱼，不怕严公笑。"二诗，人传诵之。

### 国朝

**康襄**，翔风洪前人，住马巷。工诗能琴，究心书法。或诗成而并以画，或画毕而加以诗。人比之王摩诘、郑弱齐云。童试屡前列，不能博一衿，抑郁成疾。乃倦于画，见忤购求之人，从此绝笔。

**洪凤**，马巷人。幼从进士苏遂游，研究声律，工吟咏，兼擅书法。壮岁攻苦，卒不得志。士论惜之。著有《买脂轩诗草》。

**林云祥**，字君辑，监生，马巷墟人。弱冠，父添筹殁，遂辍举业，不与考试。工诗词，日以培植花卉，点缀山水为事。著有《史鉴纪略》二卷、《奇文类铨》六卷及《一经堂文集》、《拙拙草壶山草诗集》。

## 乡饮宾

礼言引年，诗歌介福，此乡饮之礼，所以长昭千古也。我朝宠锡耆老，盛制煌煌。今厅属中，黄发骀背，望重宾筵者，不乏其人，盖升平之瑞云。志乡饮宾。

黄世辅，马巷人。两次赐帛肉，赐八品冠带，年八十五。贡生光趾父，举人大钟祖。

林盛联，莲塘人。以子芳德，遵例急公，赠儒林郎。

林仕群，住马家巷，年七十三。

林仕愿，举人林光元胞兄。年八十四。

林国柱，马巷人，年五十八。

黄世龙，世辅胞弟，年七十二。

林廷杰，见孝友。

蔡元德，马家巷人，年七十八。

康谟远，马家巷人，年八十八。

陈庄光，同禾仑头人，年九十三。

陈国梁，同禾官山人，年七十三。

陈光良，同禾三忠宫人，现年八十九。

朱士庆，马巷人，现年六十八。

彭汝辉，马巷人，卒年八十八。

彭俊时，马巷人，卒年八十二。

洪元椿，马巷人，年七十四。

沈君锐，同禾园下人，年八十四。

陈文焕,马巷人,年七十一。

许长华,马巷人,现六十五。

陈文良,马巷人,年六十九。

王世奇,马巷人,年九十。

彭会时,马巷,年七十四。

叶国梁,同禾内宅人,年八十七。

洪得参,翔风人,住洪厝,卒年七十八。

陈士英,马巷人,现年八十五。

魏国缵,马巷人,现年七十八。

黄大业,蔡宅人,现年八十五。

朱士可,马巷人,卒年七十五。

黄美中,民安里西岬人,年八十四。

陈储英,监生,封侯亭人。

洪敬珍,新店人,年六十五岁。

林宸柱,民安马巷人,年六十二岁。

苏汉隆,澳头诵诗人,年八十有五。

李文德,后边乡人,年七十二。

李寅德,后边乡人,年六十六。

王之屏,赵岗人,年七十四。

李一柱,马巷人,年八十五。

洪文焕,翔风洪厝人,年九十一。

洪宸逢,翔风十三都人,年六十九。

李文焕,后边人,年六十四。

陈光辉,仑头人,年七十。生员世远父。

## 百 岁

吴淑,浯洲湖尾人。顺治十六年生至乾隆二十五年卒,寿一百零二岁。赐"升平人瑞"额。

陈士珍，沈井乡人。顺治八年生至乾隆十八年卒，寿一百零三岁，有坊。

# 方　技

牛鸣鸟言，世失其学，而龙门著史，不废日家者流，岂不以小道可观，精其业，皆足以利人济物乎。志方技。

**叶九师翁**，马巷人。先世学尤溪法，至翁有幻术。日往十二都，至田畔，有耕者方插秧，翁曰："尔勿早归，俟吾回。"耕者曰："待尔何为？"翁知其不理，默放两草屦于田中，须臾化为双鲤。耕者争逐，日暮不获，秧因以乱。翁至，嘻曰："尔辈何不早归？"口中默念数语，双鲤依然草屦。众怪之，共付一笑而散。今其地，名"执鲤"。预知死期，别家而殁。尝捐地建通义庙①，里人塑其像于庙左，为神最灵。

**泥鳅仙**，金门阳翟人。陈姓，名世胄，字允冕，邑诸生。有异人来往其斋三年，授以占验术。谈人休咎，无不奇中，遂弃举子业。后，忽秋试，人疑其入彀②。陈叹曰："不堪言也。"是秋，父死，闽中持丧归。人益异之。顺治戊子，在嘉禾里数云："同安血流沟，安平城平埔。嘉禾断人种，泥鳅死半途。"回至沙溪而殁。未几，同安城陷。绰号"泥鳅"，亦以多须，又称胡须仙。

**许宏助**，翔风东界人。四世业医，卖药东宁，于万泉寺，遇神僧知觉，授内外方三十六道。自是医学益进，洎回住马巷墟，存心济世，叩谒者，无虚日。年近九十，益孜孜为善，无论途之远近，

---

① 原版"常捐地建通义庙"。
② 入彀：比喻人才入其掌握，被笼络网罗。亦指应进士考试。

赀之多寡，有求辄应。人咸称许焉。子亮畴，传其业，现举充马巷医学。

**洪伯寿**，翔风柏埔人。得秘传，究阴阳妙理。凡选择所用日辰，生尅制化，别有精妙。乾隆三十三年，同安重修圣学，邑令用以选择，众术家，莫能及。

**王进观**，东沙人。精脉理，死、生、寿、夭，经手能决。有商人无病者，卧诸暗室，欲试其术。进观沉吟良久，惊曰："不过五日矣。"人以为诞，既而果死。或问之。曰："彼小水已灌入大肠，岂能生乎？"盖按脉时，此人急欲小便，而强闭之故。

承发科吏林逊录

# 卷之十六

## 列　女

女贞不字，从一而终。其生长儒门，娴习礼法，与境地安闲，从容合度，固可风也。若瓮牖蓬枢，深谷穷壤，而松柏本性，百折不回，尤足多焉。至于变起仓卒，身经多难，列女之事其夫，与忠臣之事其主，其义则一。巾帼女子，不愧须眉，谓非天地之正气所特钟哉。志列女。

### 贞　烈

#### 明

黄氏，名顺娘，许文潜妻。文潜游漳，为郡诸生，及疾危，嘱顺娘抚三岁孤。顺娘泣曰："君不起，决不后君一日。"文潜卒，氏即自缢，年三十三。嘉靖三十年旌表。

许氏，名端娘，诸生洪伯大妻。归数年，未有子，劝夫纳妾。伯大义之，娶陈氏，生二子。氏爱如己出。伯大死，视含殓毕，收其遗书付陈曰："吾哀中恐有遗忘。汝慎藏之，好护幼儿。"潜入卧内缢死。

陈氏，名菊娘，浯洲诸生吕润妻。年二十，夫殁，哀毁绝粒。姑让之曰："汝欲以二丧累我耶？"乃就食。后母家有以年艾家贫，探其意者，愤告其姑曰："妇生而启人伺，不如死。"遂服毒而卒。

吴氏，诸生王式妻。嘉靖己未，避倭大嶝寨中，寨陷被执，骂贼不绝口。贼将杀之，有告其为大家妻，可挟以索赎者，乃令蔡妪扶之行。适见道旁有深泉数十丈，遂投而死。

许氏，名梅娘，董林宋隐山子妻。嫁未几，夫得痼疾，奉之无惰容，夫死，誓不二志，事姑孝谨。父怜其少无子，逼使再适。临遣投海而死，潮涨而尸不流，人以为异。

陈氏，名大娘，诸生开春女，吕重熙未婚妻。幼通《女诫》及《列女传》。熙殁，易服号哭，跪母请奔丧。母以父外出难之。适吕家婢馈奠余，遂约其姑，来夕以往，夜寝柩侧，家人常闻二人语声。越数日，卖簪珥，举奠，梳沐结束，拜舅姑，纳婚帖袖，自缢，时年一十九。其父适归，知而不能止也。有司、绅士多往拜之。经二日，面犹如生。

戴氏，名一娘，新垵诸生陈耀奎妻。事王舅姑及舅姑皆孝。年二十六，夫殁，恸垂绝。姑慰之，且曰："吾独子无嗣，闻妇哭声，肠益断。"氏乃吞声掩泣，目为之翳。及大祥，私制殓服，时向王姑言曰："刃死肤伤，药死肠秽，孙妇愿以缢死。将缢，必浴而更服，不使死后经他人手。"王姑骇之，则曰："戏耳。"及禫制毕，闭门死，如其言。

吕氏，西仓人，适许子辉。夫殁，禫阕，即吞药死。时年二十有六。

王氏，名五娘，许世钟未婚妻。择日将婚，世钟远出，届期未归。舅姑谓日吉，乃迎媳以待子。越三日，讣闻，世钟先二月逝矣。五娘遂以妇服，拜舅姑，旋入房自缢。时年十九。家人俟其榇归，合葬之。

叶氏，名三娘，沙美人，张一睦妻。夫客死丧归，将殉。父母遣其幼弟同起居，以伺之。及大祥，抚棺哭踊，忽有白鸡自空飞下。三娘曰："吾夫生于酉，魂招我乎？"遂自缢。时年二十三。复有猫踞床护其尸，殓毕，乃去。

谢氏，名爱娘，东山外人，武举锡卿女，陈五美未婚妻。年十五，父死，哀痛几绝。五美殁，其夕，氏恍见一男子入门忽灭。明日讣至，欲自经。母止之，且曰："果将死，宜死于陈。"遂请归陈。使乘肩舆，曰："非其时也。"徒步入门，吉服，拜舅姑。越三日，衰服，哭灵前。日唯食荐灵饭少许。姑宽譬之，曰："伯氏有二子，幸抚侄为吾儿后。"更数日，次侄痘殇。氏偕婢往夫坟大恸，还，求死益急，家人严防之。一日，潜缢于楼。绳断唇裂，引刃刟去，佯语姑曰："毁形完节，愿事终身耳。"后舅姑出视田务，遂复缢卒，乃夫丧撤灵之次日也。时甫年十八。里閈以鼓吹迎柩，祔葬夫坟。先是，氏叔应仁娶林大娘。仁死，林以祥日自经。氏弟元晓娶陈初娘。晓死，陈亦以祥日自经。又氏姑吉娘，事见《贞节传》。盖一门一节三烈云。数月前，谢宅有榕树，忽满吐斑枝花，至是，始知为节烈之应。

范氏，名引娘，金门所人，杨廷树妻。以贫故，未筓入杨门。久之，乃成婚。廷树亦贫，且长氏十六岁。氏事之尽礼，养姑极孝。后廷树渔舟覆，死。氏年二十二，沿岸哭三日，出血，尸浮，负归葬之。自制殓服，嘱家人养姑，存夫祀，沐浴更衣，自缢死。

王氏，名六娘，东沙人，陈台宜妻。夫经纪海外，岁罕得归。后舟遇风，死于安南。氏年十九，耗至，招魂奠，恸屡绝，谓夫体寒，将燎遗衣荐之。舅姑不从，乃曰："某当自送耳。"将缢，教夫弟善事二老，嘱母家殓事，勿伤舅姑财。及死，启其箧则衣与夫衣，皆已牢结之，遂并纳棺中。

许氏，名西娘，后浦人，许子备女，吕登三妻。夫业儒，极贫，以女工助之，衣食不给，宴如。夫殁，殓毕葬，命工营两穴，将殉。不从，以手爬地，指皆出血。妯娌拥之归。缢，救之，曰："无庸也，活一刻多痛一刻耳！"或曰："如舅姑何？"曰："有夫兄及嫂在。"越三日，复缢，距夫死四日耳。时年二十一。

陈氏，名八娘，陈坑人，董嘉遇妻。嘉遇少失怙恃，家极贫。娶三月即糊口他方。氏年十七，父母怜之，促归宁。夫弟二人甚幼，竟携之往。居久，恐见嫉，复携之归。勤女工，为食，鬻衣服使二叔习负贩相佐，祭祀皆如礼。及夫数岁无音耗，父母劝他适，曰："未尝相累，何苦相迫耶？"又数岁，大饥，食草根及木皮。邻里又劝之，曰："吾唯不忍董氏数世鬼馁，故为是。不然，一死何难。"经十三岁，嘉遇归，未一年卒。治丧毕，集族中长老，跪告曰："二叔幸长，先祀有赖，顾夫无嗣，请以遗地为祭田，后毋侵混。"众韪之，定约而去。氏喜曰："吾今可以地下见夫矣。"次日，自缢死，足不离地，面色如生。年三十一。

李氏，名锦娘，金门所人，军人开光女，林继贤妻。继贤早失怙恃，开光抚成之。氏年十六成婚，事夫至敬。后继贤充戍幕，卒福州，榇至，氏绝粒。父劝之。曰："不敢为父母辱，故如此。"卒哭，沐浴更衣，拜辞父母、亲邻，从容入房自缢。扶尸坐堂上，面色如生。年二十四。

李氏，名怨娘，青屿人，张子异妻。子异贫儒，居斗室。氏守礼，声不外闻。后子异觅馆南安，舆疾未至家卒。氏决计必殉，虑姑觉，乃从容为爨，呼家人食之，曰："吾不复为若具食矣。"遂入房自缢，年甫十八。时一日二丧，不能备木，邻人捐赀殓焉。

黄氏，名大娘，汶水头人，陈安众妻。年二十三，夫客死柩至，辞父母将殉。父母戒之曰："死岂易事？勿轻言，恐为父母羞。"归又与比邻、妯娌诀，皆私哂。盖大娘性拙，似不慧，故难之。夫葬，请舅勿封以俟。届三旬，招魂奠，诸亲毕集，陪侍如故。少顷，入房自经死。

许氏，名七官，许若文女，陈元登妻。年二十二，夫殁，遗一孤。累仰药将死，姑救之，且责以抚孤。越三月，孤痘殇。哭曰："无复望矣，不死何待。"键户更仰药，药发，头抢地皆破。姑又破户急救治之。苏后数日，姑偶出，乃沐浴更衣，自缢。

许氏，名良娘，许敬女，黄鼎在妻。年十九，夫从戎守城，城陷死焉。氏哀恸矢殉。或以突围他投宽之，乃祝天，日惟一餐以俟耗。尝一至母家，劝以他适，不应。归遂与母绝，既经年，终无音耗，竟自缢死。

刘氏，名细娘，刘澳人，刘辟坤女，陈肇冈妻。舅振奇，事母以孝闻，为经历，卒于官，家极贫。氏勤女工，抚夫叔，养姑至殁，丧事如礼。后军兴筑城，肇冈役死。氏投环再四，妯娌救苏之。因念夫在日，多贷人财，未偿，死有遗憾。乃益纺绩织纴，所得资尽还负主。至大祥日，自缢死，年三十七。

王氏，名英娘，后牛山人，董尾吉妻。尾吉贫不能娶，以兵警，乃迎归，经年始合卺。氏秉礼，前此未尝通授受也。奉姑处妯娌，孝而和，族戚称之。后尾吉以贫从军，溺死，氏屡见诸梦，知凶兆，时暗泣，偶往母家，即与妹诀。及得夫死实耗，恸曰"已矣"，遂自经。时年二十四。既葬，墓常有阴云，竟日不散。

徐氏，名赛娘，东埔人，黄美旧志作尾妻。美庶生子，貌极寝。氏入门，事嫡、庶二姑皆孝。于夫尤爱敬备至。及夫病久，奉侍不懈。夫殁，抱持欲同纳于木；及葬，又自投穴中。家人皆力挽之出。居半岁，父母夺其志，遣婢命归宁。叱去之，死意益决。复于七月七日，沐浴衣裳，以红帕自缢。两手端束，面色如生。年十八。

翁氏，后浦人，某帅婢也。长适欧妹。后妹与氏从帅，至吴淞，犯军法被刑，蒿葬焉。氏痛不欲生，帅将为改配，不从。及帅家属南返，舟不泊岸。氏望见夫墓，哭曰："本期负骨归葬，今不能矣。"遂投海死。年二十三。

洪氏，名和娘，青歧人，许元妻。夫客死讣至。氏适归宁，泣与父母诀，归见姑，将死。姑以夫讣未真慰之。及与元同往者，来述元病死状。氏恸屡绝，遂乘间沐浴，以巾自缢卒。时年二十。

黄氏，名胤娘，西黄人，张县妻。生一女二子。夫为郑某所诬，以罪拘系，榜掠求赂。氏念贫无以应，潜袖刃往跪请甚哀。郑怒益酷。氏乃大呼曰："吾不死，夫不生。"自刎四刃乃绝。时年二十八。郑遂抵法。

周氏，名仲娘，浦边人，张绶妻。家贫，事姑孝。夫兄有遗孤，抚之如己出。年二十三，夫殁，殓毕自缢。见夫魂劝慰，家人觉救之苏。乃哭奠终旬，复缢死冢傍。青青蔓生，不上坟堆者三年。见者异之。

许氏，张廷谐妻，大嶝人。九月而孤，母龚育之，廷谐赘三月而殁。许归殓绝粒，哭奠如礼。或以母寡无子，劝之共守。母亦泣谕之，氏曰："既为张家妇，此身非母有也。"越数月，自缢灵前，足不离地，颜色如笑。年甫十五。

洪氏，名四娘，蔡士训妻。嘉靖己未，避贼大嶝屿中。及遇贼，迫之行，顿坐于地，以瓦石击贼，厉声哭骂。贼怒杀一婢以恐之，不动。又杀其女及二稚子，哭骂愈甚。贼刺之中胸，洞膈无血。贼怪骇而去。时，同避贼者，伏翳莽中，共怜其死，为埋浅沙中。四十九日，贼退，发殓如生，人咸叹异。

何氏，名三娘，山头何秩宗女，陈以恕妻。成婚后，夫以多病隔居，少得面。年二十，夫殁，殓时，潜取夫裹脚帛藏之。及小祥，将葬，自制殓衣，以藏帛自缢，遂同穴焉。

蔡氏，名二娘，山兜蔡云崖女，王廷椿妻。年二十五，椿业儒，试不售，郁疾而殁。氏与母诀，出簪珥衣巾付姑，殓夫毕，哭尽哀，遂自缢。

陈氏，名酉娘，举人震女，浯洲李起沧妻。事姑孝。年二十七，起沧能文攻苦，得疾而殁。氏常绝粒，姑与母劝之不从。延至卒哭，自缢。

邱氏，名引娘，水头人，母某氏，食贫守节。引娘适同邑谢玉。事舅姑至孝。日减餐持斋，祈舅姑及夫福寿。后，谢玉为卒被刑。氏自缢。年二十五。

许氏，名九娘，浯洲王廷岳妻。夫殁，有孤四岁。比小祥，孤痘殇。氏恸曰："吾鞠儿无状，何面目谢吾夫耶？"日抚柩哭。延至大祥，遂自缢。年二十九。

陈氏，名大娘，浯洲卢真赐妻，事舅姑孝。年二十三，夫殁，遗腹。越二月，生男。逾年复殁。恸曰："向为夫三世一脉，故未即死，今何以生为？"自经。

赵氏，浦边人，黄士观妻。年二十，夫客死。讣至，绝水浆七日，后竟自缢死。

许氏，名莲娘，阳翟陈汝光妻。贼劫其家，将掠之登舟。抱树哭骂，为贼所杀。嘉靖间，有司表其门。

许氏，名靖娘，黄贞妻。贞为吏死县城中，柩回，氏缢以殉。

许氏，烈屿林伯谦妻。伯谦卒，氏哭奠九旬毕，遂投井死，隆庆二年。

张氏，名七娘，许致允妻。年二十一，夫殁，朝夕哭奠。卒哭，自经死。

陈氏，许复晋妻。夫应郡试归，覆舟死，讣闻，遂自经。万历癸酉。

杨氏，浯洲人。年十四，归南安黄维桢，徙居永春。姑逝，氏事翁甚孝。维桢病，邻妇代卜云："夫妻难两全。"氏泣谓夫，愿以身代。及桢殁，哀毁异常，每以笋筊卜于灵，曰："三旬，许我归乎？"翁微闻，托邻妇慰之。一日，翁出。氏谓邻妇曰："吾欲少憩。翁归，幸为言午饭已备在案矣。"翁归食毕，呼妇不应。邻妇入视，已缢丧帷中。年十有七，时大旱，绅士咸集祈雨，齐往观之，颜色如生。有司上闻，建坊旌表。

林氏，明训导林勋之女，十都东园张腆之妻。事姑最孝。会倭寇猝至，举乡皆逃窜。适，姑病不能起，腆从学远游。林氏独守姑不去，寇至以身覆，被杀，气将绝，犹泣饶姑命。寇感悟，释其姑。姑念其孝，命贮柩于堂，俟与己同窆。后合葬于村之墓前山。林希元题其墓曰"灾祥顺受，体魄永绥"。至今，相传为孝妇冢云。

蔡氏，名一娘，李有成妻。姑杨氏与夫偕病，百药不效。氏割右股肉，血流满地，死而复苏，煮肉为羹，先进姑，后进夫。姑愈夫死，二子尚幼。氏养姑寿终，抚子成立。年至六十六卒。

李氏，名聚娘，贤厝卢长卿妻。容止端丽，娴于大义。明季，岛变寇至，长卿挈家避之。李曰："追骑已逼，余义不受辱，宁效死君前，以明妾志，勿以妾故累君急。"赴海未及溺。贼距岸上，以长戟钩其袂。李大骂贼夺袂，袂绝，遂沉而死。长卿携二子获免。乱平归里，作诗悼之。其词曰："不期故岛作圻墟，窜兔穷猨并失居。我欲避秦全素璞，君能赴海美彤书。鹿车共挽形同瘁，鱼腹空藏影已虚。怅望海山无尽处，惊魂渺渺到我庐。"后二子俱能好学，长曰贤，康熙丁丑，岁贡；次曰应辰，台湾邑庠生。

余冬娘，翔风溪尾人，年未笄，父母继殁。遗弟汝昭十岁，汝穆七岁。冬娘念门衰祚薄，立志不嫁，抚养二弟，皆为毕婚，乃投缳而逝。族人私谥曰"贞义姑"，祔祀祖祠。事在明万历间。

### 国朝
邱氏，翔风芦前人，魏准生妻。夫死，母劝其再适，不从。夫小祥日，自尽。年二十二。

陈氏，蔡塘乡，曾家妇。曾溺舟死。陈自经以殉。

许初娘，后浦许文衡女也。美容姿，性幽闲，不慕繁华之习。年十八，适阳翟陈京。京贫，顺治乙未春，从军远出。初娘归宁其父，父留焉。秋，戎马躏安平。安平诸豪挈家渡浯，夺民庐居之。文衡家分前后院，其前为郑泰家奴所据[1]。郑泰，遵义侯郑鸣骏之兄，豪而尤横者也。初娘慧，闻奴为泰心腹，恐遭侮，先令文衡扃键其前楹，而于屋后启户行。泰子缵绪，素以轻薄称。奴果窃伺初娘丽，白缵绪。缵绪潜投奴处，乘隙而窥之，大悦。不数日，遣婢致金珠纨绮，备述缱绻意。初娘正色拒之。

　　缵绪度不可以利诱，而又心荡不自抑。遂谋诸奴，夜逾墙直抵初娘寝室。初娘惊急，呼文衡。文衡卧稍隔，弗寤。缵绪将排闼进，初娘且骂且走，大呼擒贼不止。邻人皆索火起视，缵绪惧而逸。达旦，缵绪既不遂其谋，而又恶初娘之惊众，为众所疑。命奴自毁其垣，劈裂筪箧，扬言有盗，盗其金，用释昨宵呼贼之故，而因嫁祸文衡，以泄其忿。谓盗为文衡所引，执而拷掠之，不服；复拘其六岁幼子，鞭挞不胜痛楚，逼令言父通盗状，遂受诬。文衡素以谨愿闻于乡。乡人亦咸识其冤，而畏泰焰张。缵绪更狂肆无赖。竟无敢起而直之者。

　　缵绪恋初娘不已，遣人讽之曰："若顺我，我代若父偿金，若父可活。不则并累若。"初娘叱曰："使我失身而又实父之所盗，宁死耳。"缵绪恚甚，诳其母吕氏执初娘来掠之，求藏物所在。初娘与父诀曰："儿不死，父冤终不雪也。"指吕骂曰："我名家女，为名门妇。尔子欲盗人妻，不可得，反诬人以盗，真盗之不若也。"吕怒曰："安有吾子而肯盗人之妻者。"报泰。先是泰已为子所绐，亦怒，入见初娘，掊击乱下。初娘仆地，血被面，犹厉声曰："郑助，尔举家横虐若此。我死当为厉鬼灭尔门。"郑助者，郑泰之小名也。泰益愤，举足踢其阴，立毙。夜使人舁尸于舍房沟中，诈言赴水死，沟实无水。出棺衾殓而归之，尸已无完肤，勿令家人见也。

---

[1] 郑泰（？—1663），郑成功堂兄，长期担任户官，管理财务和对外贸易。

越数日，外议腾沸。泰始知缵绪谋，不怿，释文衡，而京自军中归，讼于官，邻里虽剧怜初娘之死，终畏泰，莫为之证，坐诬，反受重责。自是遂无有言初娘死事者。后吕得恶疾，见鬼死，而泰与缵绪及其奴皆无恙。人谓初娘之恨，犹未偿也。初娘死时，年二十有三。

吴氏，名贵娘，傅任郎妻，同禾新墟人。傅殁，贵娘缢死。时康熙辛丑年十月十七日也。邑绅士各为诗文以挽之。

卢氏，后浦国海女，林睿未婚妻。夫殁，请奔丧，母不许，乃绝粒自制丧履。履成，适有议婚者，遂自经。时年十八。

洪汝敬，小名许娘。七岁时，即许字东宁碣石总戎林黄彩之子，诸生世芳为妻，未婚而世芳殁。讣从东宁来，敬泪潸潸下，即勺饮不入。母劝慰之，对曰："无庸！男子死孝，女子死义。林郎死，儿岂独生？"遂坚饿五日而殁。

敬自幼聪慧。其祖和长，凤山增生，有诗名。敬遂学诗，工吟咏，兼通经史。生平为诗，常自匿不令人见，并不留存其稿。及卒，于香奁衣筒中拾得数章，皆清丽可诵。如《玩月诗》云："月色清如许，空庭彻骨寒。唯余丛桂影，霜里斗婵娟。"《咏红梅》云："绛雪应同艳，清香不怕寒。浑如红粉女，无语倚阑干。"《春闺诗》云："迟迟春日上湘帘，宝鸭心香手自添。闲向碧纱窗里坐，呢喃双燕语红檐。"不减古人风致。将逝前一夕，命画工图其貌，作《寒梅白石图》，冰雪满庭，缟衣独立于梅林之下。次夕，夜将半，有鸟飞鸣屋上，家人异之。女曰："当是郎魂幻化，邀予往也，行矣。"因口占一绝，曰："已是姑延几日生，亲恩顾我未忘情。乌声啼断三更月，望夫台上泪满城。"以林聘凤钗为殉。平日刺绣女红，悉以分诸戚属，从所嘱也。

邑缙绅挽以诗歌，父监生德谦，为编而梓之。

陈珠娘，翔风里洪尘妻。年二十七岁，有姿容。尘客东宁，五载不归。珠娘独居一室，曾夜织，未键其门，族人洪伟，伺月黑，潜投室中欲污之，珠娘坚拒大呼，伟惧而逸。越数日，珠娘终以忿自缢。有司以其事闻，请旌扬之。伟治罪。

陈范娘，举人陈琅玕妹。幼字侯春郭谦光。范年十六，谦光殁，毁妆饰，欲归郭守丧。父母靳之，誓不再字，卒不能夺。越二年，乃送谦光家。伪勤女红，百日后，防者懈，竟自缢死，葬大墩里。人钦而祀之。

林氏，城场人，诸生林光章女，字澳头人苏机。年二十，机死，奔丧。现年六十八。

方氏，名果娘，字郑席珍。年十八，席珍殁。果娘闻讣，投缳自尽，柩回与郑合葬。

黄招娘，后浦许元洛旧志作许彭妾。家贫，招往山园取地瓜，遇悍兵张考，欲于僻处奸之，不从。考殴，招大骂。考恚，遂用破布包沙，塞其口至喉，气将绝。有樵童佛孕，奔告元洛，舁归三日而死。讼于官，考正法。康熙四十三年，招蒙旌表。

叶观娘，叶加公之姊也。加公甫二岁，父母相继而亡。观娘年十六，恻然悯宗支之瘁，数世单传，仅存一脉，遂誓不嫁，以抚幼弟。及加公成立而观娘已辛苦备尝。年六十二卒，葬于安柄鲤鱼头仑，乡人呼为娘子墓。至今叶氏遵加公遗命，凡岁时伏腊及扫墓之时，必先祀观娘，然后祀加公，不忘本也。

黄易娘，金门所人，王凤妻。凤病故，氏闻讣大恸，即欲往殉。父母不许，乃绝粒七日而死，颜色如生。绅士钦之，以礼葬焉。年十八岁。

卢氏，名惜娘，卢言女，后浦仓蔡亚奇妻。年二十一，夫殁，殓葬毕，更衣自缢，与其嫁时同月日。

杨氏，溪仔墘陈表妻，笃于伉俪。一日，往池畔澣衣。有无赖子陈经，艳其色，以语挑之。氏怒且骂，经弗退，遂弃其衣，恸哭而归。即于是夕自缢。表讼于官，廉得实，经乃服罪。

## 节　孝

### 明

蔡氏，月湖女，许元夫妻。嫁五年，舅姑皆殁。夫喜荡，家业鬻尽，将游吕宋，谏不能止。氏就食父母家，逢年节及舅姑忌辰，必归祭尽诚。夫客死，父劝以他适。泣曰："婿荡时，逼取妆具，不与，辄骂曰：'将留作嫁资耶？'蹈其言，地下无以相见。且使许姓血食无依何忍。"遂躬绩三十余年，赎父所典田宅，以供祀事。方议立嗣未定，卒。时年五十，遗嘱祔葬舅姑墓侧。

林氏，浦边人，陈绶妻。绶寄籍为平和诸生，两登副榜。殁时，氏年二十八，事老舅姑孝。抚孤成立。卒年七十四。后徙居漳州。孙其抱、兆夏，俱为漳郡诸生。龙溪邑令旌其门。

刘氏，潮州人，洪鼎铭妾。嫡黄氏二子，刘一子。鼎铭殁，刘氏年二十八，与嫡鞠三子成立。嫡长子忠振，尝语人曰："吾年十四五时，尚不自知为嫡出也。"

张氏，沙尾人，诸生苏子度妻。年二十，夫殁无子，知其夫侄孙苏日门必贵，资之读书。后日门长，官少参，为之请旌立嗣。氏寿八十一卒。天启辛酉建坊。

卢氏，永丰令天佑女，许从锐妻。年十九，夫殁，无子，将死。舅万州守大来，使以夫侄受卿为嗣。抚之成立，为邑诸生。氏年八十四卒。

洪氏，许良伟妻。嫁未几，夫殁，无子，守志。夫兄良绚以子尧物嗣之。氏年六十九卒。

陈氏，许良植妻。年未三十，夫殁；抚一男，复殁。夫兄良绚以子尧咨为嗣。氏嘉靖间，以寿终。

蔡氏，平林人许良绚长子尧民妻。嫁三年，尧民溺死。氏抚二子成立。次子诸生大用，乃遗腹所生云。氏年八十七卒。

卢氏，名三娘，许挚夫妻。年二十五，夫溺死，家极贫，事舅姑孝，抚幼子成立。卒年六十五。

赵氏，浦边人，黄如升妻。年十九，夫殁，抚遗腹男成立。夫二弟早丧，各有遗孤。氏并抚之如已子。家极贫，逢寇乱，艰辛全节。

陈氏，名六娘，水头黄日望妻。年二十五，夫殁，氏恸哭欲殉。姑慰之曰："汝死死者，谁为生生者。"乃勉留。事姑孝，抚幼孤乃遗腹子成立。卒年七十一。万历丁巳请旌。孙策，崇正壬午举人。

黄氏,水头人,举人陈思诚妻。年二十六,夫殁,家贫。事姑孝,抚孤成立。万历辛卯,请旌,时年七十。

董懿娘,金门卢宣妻。年二十九,夫殁。六十七卒。

**国朝**

李氏,青屿人,太常懋桧孙女,张应斗妻。年二十四寡,遗腹六月,苦节抚孤。对墀,有文名,辛丑进士,任太康令。氏孀居四十七载。雍正六年,旌表,祀节孝祠。

张氏,进士张对墀女,诸生王登泰妻。年二十四,夫殁,守节。乾隆二十八年,旌表。

陈氏三娘,平林蔡贻泰妻。年二十六,夫殁。七十卒。

许氏瑞姐,平林蔡俊人妾。年二十,夫殁。六十一卒。

谢氏,李麟妻。年二十四,夫殁,八十四卒。

颜氏,阳翟陈敦德妻。年二十三寡。五十二卒。

林氏,阳翟陈朱妻。年二十,夫殁。五十八卒。

薛氏,翔风柏埔人,诸生洪道亨继妻,宸钦母也。年二十八,夫殁。九十一卒。

陈氏,同禾林西郭锡国妻。年二十九寡。七十七卒。

蔡宝娘,新圩黄珠观未婚妻。年二十寡。七十三卒。

吴巧娘，民安店头乡曾俨妻。年二十四寡。五十六卒。

康氏，翔风浦南蔡建未婚妻。年十九，夫殁。五十六卒。

洪静娘，浯洲平林蔡为绣妻。二十三寡。七十六卒。

黄氏妙娘，浯洲平林蔡克藩妻。年二十寡。七十三卒。

李氏，浯洲平林蔡君辑妻。年二十五，夫殁。七十三卒。

陈随娘，浯洲平林蔡凤辉妻。年二十三寡。八十卒。

吕肃娘，后浦许观祐未婚妻。年二十，祐殁。氏往祐家，继立夫侄为嗣，穷苦终身。卒，年五十八。

陈氏，马家巷林廷献妻。年二十九，夫殁。六十卒。子应日，贡生。氏节孝义方久著，经前教谕何兰旌匾。

李氏，古安林聪观妻。年二十九，夫殁。现年八十。

叶氏，陈崇晃妻，举人其春、其夏之祖母。年二十七，夫晃殁。男长四岁，次甫三月，矢志孀守。卒八十二。

陈氏，翔风澳头苏伯让妻。年二十，夫殁。现年六十九。

郭氏，翔风炉前魏送妻。年二十，夫殁。现年七十七。

陈缓娘，浯洲平林蔡子茂妻。年二十寡。现年五十六。

李氏，平林蔡子正妻。年二十四，夫殁。现年七十六。

何氏，青屿张迎妻。年二十三，夫殁。现年八十三。

王氏，名钦娘，后浦人傅文韬妻。年二十七，夫殁。遗腹子生员弼。现年六十九。

林氏，鸿渐美梁彖妻。年二十，夫殁。现年七十九。

黄氏，鸿渐美梁元恬妻。年二十七，夫殁。现年七十四。

张氏，鸿渐美梁宣祚妻。年二十，夫殁。现年六十三。

郭引娘，后仓人，适大嶝副将谢云子兆平。年二十四，夫殁。现年六十一。

陈氏，名永娘，新店洪连登妻。年二十四，夫殁。现年六十二。

王宽娘，大嶝张靖升妻。年二十七，夫殁。卒年八十三。

邱焘娘，大嶝王兆瑞妻。夫贩洋溺外海。氏年二十七。现年六十八。

张氏嶝娘，大嶝洋塘人。适董坑生员洪世珍。年二十八，夫殁，守节。子日升，继亡，其妻徐密娘，年二十六，与姑同志。张氏八十五始卒；密娘现年七十一。

杨成娘,适柏埔洪密峰①。年二十二,夫殁。遗腹子范畴,延师教督,成名庠序。杨氏,卒年七十。

谢玉娘,徐世昌妻。年二十八,夫殁。子行顺,娶许信娘,未有子。年二十四,行顺亦亡。甘心守节,再立继嗣,与姑同苦。玉娘,现年七十有六;信娘,现年五十。

江随娘,许公礼妻。年二十六,夫殁。现年五十二。

萧祝娘,后浦许元美妻。二十二,夫死。卒八十一。

吕益娘,后浦许伯崇妻。年二十五,夫死,遗孤亦亡,决意自尽。妯娌宽之曰:"殉节尚小,立嗣为大。"乃取族侄嗣之。现年七十二。

许田娘,后浦人吴顺妻。年二十四,顺殁。现年五十六。

鲁坤娘,适后浦陈佛。年二十五,佛殁。现年五十五。

陈免娘,后浦傅联妻。年二十六,联殁。七十六卒。

余氏,山后亭陈崇显妻。年二十八,夫殁。卒六十四。

林妫娘,澳头苏元拱妻。年二十,拱亡,抚遗腹。现年五十五。

蔡催娘,后浦许建妻。年二十八寡。现年五十六。

---

① 柏埔,原版为"栢浦"。

郑良娘,浯洲埔后陈寅妻。年二十四寡,子妇皆夭,孙亦不育。五十余,就食女孙。卒年八十四。

蔡粉娘,斗门庠生陈元恒子允肃妻。年二十七寡,食素茹贫。现年六十三。

蔡好娘,琼林人也。适金门城所辛良。良殁,氏年二十,抚子台,娶蔡倩娘。未几,台亦殁,遗一子。好娘指孙对妇言曰:"辛氏两世,惟存一息,理应共养。"妇泣而从之,毕生甘苦与共。好娘,年七十八卒;倩娘,现年六十六。

黄氏,锦娘,金柄庠生黄耀焜女,适林国明。年二十七,夫殁,子元庆,继亡。庆妾吕氏,年十六,生子廷宝,未周,并矢志不二。黄氏,卒年八十二;吕氏,现年五十九。以廷宝现任海山营千总,并受封赠。

刘氏,庆娘,马巷庠生林天培妻,举人刘思睿之女,年二十三,夫殁。遗孤仅三岁,亦亡。复以夫兄男承继,稍长放荡不羁。氏曰:"今若此,何面目见良人于地下耶?"妯娌劝慰,终不能挽,竟以自缢。

叶氏,藻娘,适举人林光元之四男登国。甫一年,登国殁。氏年二十,遗腹生女。乃抚两孤,教督成立。现年五十二。

蔡氏,绵娘,马巷庠生林范恩妻,邑游击蔡宴女。恩殁,氏年二十七,与妯娌王氏同志孀居。卒年七十六。

王氏,佳娘,马巷林耀国妻,庠生林范恩胞弟妇也。年二十三,结褵五月,夫殁,与嫂蔡氏同志孀守。现年八十。

施氏，玠娘，马巷庠生林逢春妻。年二十八，夫殁，遗孤思达才六岁。迨毕婚捐监，而思达又殁。妻李氏玉瑛，安溪司业光墺孙女，年二十一，与姑同志。施氏卒年五十六。

王初娘，山坪乡人，适仁风圩洪启河。初娘年二十五，夫殁，守节。卒年九十六。

柳氏，适大宅乡陈纯观。年二十六，夫殁，无子，立嗣守节。现年九十。

## 贤　　媛

### 宋

曾三娘，同禾曾溪人。年及笄，流贼煽乱，其父被虏。三娘乘马操戈，率众陷阵，欲救其父，见势不敌，遂自刎死。数年之后，其地每至月黑之夜，犹闻马蹄声。乡人感其孝烈，筑宫祀之。有祷必应。墓在曾溪山麓。

### 明

叶氏，洪溱妻，侍郎朝选母也，封宜人。其始入门，舅已即世，独姑在。姑有二女，皆行。宜人出其簪珥、衣服，上姑曰："以此赠长姑，以此赠次姑。"姑大喜。朝选举进士，受封时，宜人每相与酒席欢宴，车服华焕，婢女靓丽。宜人独居乡，课诸婢仆，耕织而已。家事外语，绝口娣姒。闻选榷税浙关三年满，借贷归，宜人曰"善"，劝溱资给之。至其参政广右，颇用刑威，宜人闻之不喜，谓："杖人至十足矣，何用重为？"每遣人至官舍曰："必以语汝主，我语也。"其慈祥恳挚，有如此者。

蔡氏，侍郎洪朝选妻，封宜人。其父大贾也。适朝选为诸生，家卑狭，淖泥满庭，蛛丝蚕茧，网户粘壁，宜人安之。遇客至，或饷田夫，亲与妪婢均苦。见洪家纺绩，心悦之，昼夜从妯娌、侄女辈学纺。久之，其纺缕可杂苎纱、蚕丝，织为衣布，乃与坊郭中上家妇人衣布不二。从官邸舍纺绩，啖菜食齑而已。嘉靖中，避寇周氏妹之堡，贼忽至堡下，宜人指井与朝选诀，曰："堡若陷，索妇于此矣。"

张文英，嘉靖乙丑进士张凤征之女。凤征家贫，无担石之储，登第数月，未授官，卒于京师。英方及笄，有弟继桂，甫四龄，而母氏又卒。姊弟二人相依为命。英遂誓不嫁，以女红易饔飧养长成，俾绵宗祀。又督弟力学，尝中宵篝火，姊纺绩，弟读书，相对泣下。英年二十而卒，时，继桂已将冠矣。后，于万历乙未进士，服官有声。邑人不多继桂之学，而多文英之功。

李氏，名佑姐，斗门人，蔡公受妻。家贫，事舅姑极孝。姑病，祝天割股，调羹以进，遂愈。崇正辛巳，直指李嗣京旌其门。

# 卷之十七

## 艺　文

云物为天地文章，太史登台而书之。鸿笔之人为国霖雨，不独阐发政治、纪事、载言。有关于地方，即嘲风弄月，谈天雕龙，亦清淑秀气所钟。文系于地，地以人传，不可掩也。志艺文。

### 著　述

许　衍　《田舍墨记》四十卷。

石起宗　《经史管窥》。

邱　葵　《易解疑》《书义》《诗直解》《春秋通义》《礼记解》《四书口讲》《经世书》《声音既济图》《周礼补亡》六卷，《周礼定本》三卷，《钓矶诗集》一卷。

林希元　《更正大学经传定本》《四书存疑》《次崖文集》《易经存疑》。

洪朝选　《芳洲摘稿》《归田稿》《绕州田稿》。

洪邦光　《三则更言》。

蔡献臣　《清白堂稿》十七卷、《笔记》二卷、《同安县志》十卷、《仕学潜学讲义》、《四书讲义》。

蔡复一　《遯庵文集》十八卷、《诗集》十本。

许　獬　《四书合喙鸣》十九卷、《易解》十卷、《丛青轩集》六卷。

张对墀　《同江集》十二卷。

许　琰　《宁我堂集》《瑶洲文集》。

林君升　《自遣偶笔》《舟师绳墨》《救荒备览》。

张星徽　《历代名吏录》、《天下要书》十八卷、《春秋四传管窥》三十卷、《先儒精义会通》九十八卷。①

康　亮　《经学明辨》二卷、《史记衷平》四卷、《论史勺言》四卷。

林孝基　《四书评解》十卷、《三传合参》三卷、《史记滴髓》一卷。

洪范畴　《四书讲义》四十卷。

## 疏

### 新政八要疏
林希元

臣闻，冬寒之极必有阳春，大乱之后必有大治。天下事坏于奸权之手，至正德十五年，极矣。陛下以新藩入继大统，一举而更之，使十七年天翻地覆之世道，一旦转而为乾清坤宁之治，此汤武以后所未见。而年方出幼，德以凤成，则汤武之所未有也。即位以来，日新厥德，弛张举错，动合舆情，而尊礼大臣，从谏弗咈，又古帝王之盛节。至于退处深宫，终日静坐，观览章奏之外，即看书史；声色漫游，无所耽嗜；侍御仆从之人，无敢亵狎。天语涣发，左右承听，以为雷霆。臣又知陛下端庄静一，于人所不见之地，非但恭己以正南面而已也。今中外臣民，万口一词，谓陛下天生圣德，此非面谀；又谓陛下血气方升，形神未固，不宜过劳，恐有所损；又谓圣躬宜加慎重，饮食起居，皆不可苟，恐奸人有所不利。盖其爱之也深，故其虑之也至尔。

臣甫登仕路，幸际明时，爱君徒有心，致君愧无术。兹因进香来京，睹清光，读明诏，不容自默。然陛下以言责诸人，固将取其有益身心、天下也。臣有所见而不言，或言有所畏避而不敢尽，非臣所以忠于陛下也。臣之言，类多独犯忌讳，然臣但知忠于陛下，得与失，非所计也。陛下亮臣之心而稍加采择，臣虽退处衡茅，亦无所恨。

臣观，自古人君，莫不下诏以求言，人臣亦莫不进言以忠君。

---

① 《历代名吏录》吏误为"史"。

然求言者，每不能用；进言者，多不见售。良由君以求谏为美名，而不务其实；臣多过深以求君，而不量其势。如汉文帝天资近道，至于礼乐，则谦让未遑；汉武帝加唐虞，乐商周，不免多欲之累。皆好名无实者。贾谊、董仲舒不量其势，而深求之，其不售也固宜。臣之才不及贾、董，陛下之圣远过二帝。臣所以敢过分而深求者，诚量陛下而非好名，必能用臣之言，不若汉二帝之于贾、董二生也。陛下诚用臣之言，则二帝可三，三王可四。不用臣言，则帝王之治，终不可得。臣恐后之悲今，犹今之悲昔也。

所有敷陈，为君道急务者六：曰务正学，以隆治道；曰亲正人，以资辅导；曰用旧臣，以辅新政；曰清言路，以定国是；曰急交修，以图实效；曰持久大，以终盛美。为朝庭大政者二：曰息内臣机务，以拔祸根；曰罢内臣镇守，以厚邦本。条列于左，总名《新政八要》，谨具奏闻。见《次崖文集》，兹不俱载。

# 序

## 周礼全书序

邱葵

《周礼》一书，周公为天地立心，为生民立命，为万世开太平之书也。后世之君臣，每病于难行也，何居？叶水心为《周礼》晚出，而刘歆遽行之，大坏矣，苏绰又坏矣，王安石又坏矣。千四百年，更三大坏。此后，君臣病于难行，然则其终不可行乎？善乎！真西山[①]之言曰："有周公之心，然后能行周礼，无周公之心，则悖矣。"周公之心，何心也？尧、舜、文、武、禹、汤之心也。以是为书故能为天地立心，为生民立命，为万世开太平也。歆也、绰也、安石也，无周公之心，而欲行之，适所以坏之也。有能洗涤"三坏"之腥秽，而一以性命、道德起天下之公也，则是书无不可行矣。

---

① 真西山：真德秀(1178—1235)，始字实夫，后更字景元，又更为希元，号西山。本姓慎，因避孝宗讳改姓真。福建浦城人。南宋后期著名理学家，学者称其为"西山先生"。

郑、贾诸儒，析名物，辨制度，不为无功而圣贤微旨，终莫之睹。惟洛之程氏、关西之张氏、新安之朱氏，其所论说不过数条，独得圣经精微之蕴。盖程、张、朱氏之学，心学也，故能得周公之心。而是书实赖以明矣。

今国朝新制，以《六经》取士，乃置《周官》于不用，使天下之士，习周礼者，皆弃而习经。毋乃以《冬官》之缺为不全书耶？夫《冬官》未尝缺也，杂出于《五官》之中。汉儒考古不深，遂以《考工记》补之。至我宋淳熙间，临川俞庭椿始著《复古篇》①，新安朱氏一见，以为《冬官》不亡，考索甚当。郑、贾以来，皆当敛衽，退三舍也。嘉熙间，东嘉王次默又作《周官补遗》，由是周礼之《六官》始得为全书矣。

葵承二先生讨论之后，加以参订。的知《冬官》错见于《五官》中，实未尝亡，而太平六典浑然无失，欲刊之梓木，以广其传，是亦吾夫子存羊爱礼之意。万一有观民风者，转而上达，使此经得入取士之科，而周公之心得共白于天下后世，则是区区之愿也。同志之士则亦思所以赞勤之哉。

泰定甲子岁冬十一月朔，后学清源钓矶邱葵吉甫书，时年八十有一。

## 记

**浯洲四泉记** 明·卢若腾

浯之为洲，大海环之。地本斥卤，泉鲜清甘，茗饮者病焉。盖茗之香味，不得佳泉不发，而岛上之泉，非出自石中者不佳。予不能酒，而有茗癖，终日与泉作缘。曩缘旧闻，第知有蟹眼、将军二泉耳。蟹眼出太武山颠，泉窍嘘吸，象蟹眼之眨动；将军出兜鍪山麓石壁间，故以为号。予家东北，望太武二十里而遥，蜡屐酌泉，

---

① 俞廷椿，原版作"俞廷桧"，误。俞廷椿，宋抚州临川人，师事陆九渊，博通经术，著有《周礼复古篇》。

未数数然；西南距兜鍪四里而近，奚童汲运不甚艰，遂得时时属餍。去秋，偶过华岩庵，试其天井中石泉而善之，曰："蟹眼、将军而外，此其鼎之一足乎？"题壁纪事，有"未经尝七盌，几失第三泉"之句。已而，族人告予曰："林北数百武，有龙井焉。宋时，龙起其地，泉涌石罅，迄今大旱不涸，吾里名龙湖。先永丰令公，别号龙泉者，以此灵迹所存，必有异味，盍试之？"汲以瀹茗，果大佳，叹诧曰："忽近而谋远，得毋为龙神所笑。"

因并致四泉而详较之。蟹眼醇酿洌洁，赴喉之后，舌吻间尚有余甘；龙井醇洌不减蟹眼。所微逊者，蟹眼出于危石，旋涌旋泻，汲者必以叶承之入器，其鲜活之性，毫无所损；而龙井有窟瀽水，水稍停宿，故入口颇觉迟钝。若决积渊而把新液，二泉殆难为伯仲也。将军居洲之尾，气力发泄已尽，洌而不醇；华岩分太武之支，醇精未散，但庵堂既高于井，而庵外稼地复高于堂，人迹所狎，不无飞尘所犯，遇久雨则客水注，挹同行潦矣。移其宇，濬其沟，使出泉之石挺然而露，即不敢望蟹眼，何不可轶将军而上之也哉。盖泉之所处，亦有幸，有不幸也。据现在而品之，蟹眼第一，龙井第二，将军第三，华岩第四。

已亥伏日，岛上泉客识

### 浯洲节烈祠记　　　　　　　　　　卢若腾

夫孰不知节义之为重也。齿颊乐道，人人能之。若乃著其教于众，而延其祠于乡，则惟愿宏力定者几焉？

斗门陈膺授，字彦受，通家子也。积学励行，厄于数奇。乃其意念深矣，凡事必谋其大且久者。居恒语余曰："浯岛科第辈出，不独以文章重，诸德业可师者，有乡邑之志乘焉，有乡贤之俎豆焉，亦既足以示仪型而风后进矣。惟是，一卷微区而节烈之妇，相望不绝，海内名郡邑，未能或先。顾名半逸于记载，而事渐没于风烟，非所以敦化维俗也。先生独无意乎？"余唯唯，卒未暇及。

辛丑、壬寅之间，岛上风景稍异。彦受曰："请借闺阁之英灵，以鼓须眉之劲气，可乎？"余韪之，爰有《节烈传》之作。维时海印鼎新，岩工告竣。彦受复以前说怂恿，忠振王公亦韪之，爰有"节烈祠"之建。议以每岁中元日，奉祠事焉。

彦受之督岩役也，乃弟坤载，字彦辟，实偕之。朝陟巘，夕还家，足重茧而不知瘁。一意为兹岩增胜慨，时出其私囊以佐公镪，精诚之积，为山灵所歆久矣。兹祠既成，凡以游事来者，一瞻礼间，而忠义节侠之心油然而生。其视峰峦之登眺，泉石之盘桓，所得不较奢乎？即兹岩殆将以兹祠重也。夫祠而能使岩重也者，其始末乌可以无记，因走笔叙次，而勒之石。

### 文昌阁记

同安知县·张荃昆明

大同，紫阳过化之区也。邑东南三十里，里名民安，有马家巷。人居稠密，商贾辐辏，伟然雄镇，建有通义庙。相传，紫阳莅同时，预卜此地之庶且富。后人祖其意，以额庙云。

岁癸亥，市人重新之。而巷之绅士，因庙后遗址，鸠工治材建文昌阁，并祀紫阳，越二载而落成，林君芳德者，实董其事。方甲子冬，予莅同安，过其地，正在兴筑，工费浩繁，卒难告竣，因勉嘱林君。林君亦感予言，一力肩荷。阁即成，则请余一言，以志之。

余惟王道之大，不外富、教两端。庙名通利，义取诸富；阁祀文昌、朱子，义取诸教。富、教备而民之安，不烦著蔡矣。予因公往来，每登斯阁，远眺山川之秀耸，近看田野之平芜。熙熙攘攘，民物往返，以酿太和之元气，尤足为里中增一胜状，斯阁又曷可少哉，抑余更有进焉？夫事不惟其始，惟其终；不惟其名，惟其实。继自今，农服先畴，士食旧德，牵牛服贾，物爱心臧，使紫阳过化之工著于前代者，亘千古而如昨。将地灵人杰，蛟凤辉煌，庶无负林君一力肩荷之雅，而司土者，亦与有光焉。实所厚望尔，于是乎书。

### 舫山书院碑记　　　　　　　　　　　同安教谕·何兰

同邑东西,有巨镇二。其在西者,为灌口;在东者,为马家巷,均属人物辐辏、烟火稠密之区。乾隆丙寅,邑令昆水张公荃,以同为紫阳朱子过化之地,劝灌口诸绅士,建造凤山书院,以祀朱子。复以马家巷之通利庙,为朱子薄同日,预卜此地之富庶而名,谋之里人,即于庙后建成杰阁三间,中安朱子神像,其后以祀梓潼文昌帝君。嘱职监生林芳德独肩其任,计费金钱五百余缗。既落成,张公勒石以记之。

余尝一过其地,瞻拜之余,凭栏而望。北通三秀,南面香山,美人西来,鸿渐东拱,同邑诸名山,莫不四面环列;复有莲、垵诸水,襟带左右,浮光耀影,浩乎渊乎,诚大观也。比年以来,兹土人文,骎骎蔚起,士之秀者制艺而外,兼通声律,时就阁中,论文拈韵,且见兹阁上下宽展,可供弦诵也者,爰亦称为书院,而颜其额,曰"舫山"。以予昔者尝记凤山书院,遂亦以记见属。

余惟书院之设,即在昔党庠术序遗意,以为一方秀髦聚处而讲习也。余于凤山之记,亦既详哉其言之矣。语云"百工居肆,以成其事,易称丽泽,诗美他山",良以朋友磋磨之益之不可无也。每怪同之人士,保残守缺,专己自固,即遇大比之年,以文会友者,亦不少概见,岂诚快然自足,可以无事所资乎?夫亦讳疾忌医者多耳。今诸生徒雅意乐群,合志同方,毋尚标榜,毋争丑夷奇。共赏而疑与析,以获观摩之益,用能相与有成,联翩竞奋。舫山虽僻在一偶,且与通都大邑匹,休斯所称,善作善成,而书院不为虚设也。不揣不文为记其大旨如右。其以舫山名者,以兹土地形有似于"舫",亦犹同城有如银锭,遂以称为"银"云尔。

### 改建同民安坊为关记　　　　　　　　　　同安知县·吴镛

邑载小盈岭界于南安,邑之屏障也。上接三魁,下连鸿渐,岭独低焉。先贤朱子鉴其阙也,建坊蔽之,扁曰"同民安"。盖将安斯民于无既也。国朝雍正间,偃于风雨,民苦其害,修建未能,乃邑庠林君应龙、黄君河清,既怀复古之心,又建悠远之策,捐资倡募,改坊为关,縻费殚神,卫民固圉。是举也,功聿钜矣。为手记,并镌捐数于左。

### 金嶝六景记　　　　　　　　　　　　　　　　　　　张逢春

环嶝皆海也。其西北一带,风浪鼓激,望之崒然。蹲踞于波涛之间者,猫儿石也。海尽山呈,冈峦朋列,右复逆掉一峰,以迎西来之爽气者,崼额也。山行里许,二水中分,一线联峡者,鹭鹚胆也。委伏突耸,鳌峰擎天,上余垛址,隐然如城廓者,南寨也。寨胡为?防寇掠也。曷名南?嶝之人私谓也。盖嶝有二寨,而此寨位乎南,故曰南寨也。由寨而南下,直抵海滨,有大石泊沙岸,可坐百余人,磐中黑纹蜿蜒,潜见与潮水相嘘吸者,石蛇也。遵海而东,复浮一寨,北偶有石数仞,巉巖壁立,与莲河、菊浔为犄角者,虎头寨也。

夫嶝,海外孤岛,弹丸之区也,而其景堪流传者有六。余于是知夫天壤奇观,何处蔑有,其显与晦因乎人耳。得其人,则卷石勺水①,成色成声;不得其人,虽名川大川,孰耳而目之哉。余既喜得兹嶝之景,又善诸景之得人而显也,因为之记。有志于山水者,其亦可以兴矣。

### 诫鬻坟者言　　　　　　　　　　　　　　　　　　　康襄

己未春朝,康子翻书于山阁。风飀飀自东来。庭花乍舞,壁弦欲鸣,柴扉转枢,卧龙沸口。有客衣裋褐之衣,着穿角之履,贲然求见。询其居处,则曰邻乡,叩其姓名,呐呐竟不宣诸口。

坐,为问茶烟歇。客曰:"无故不踵书堂,闻君需吉地,仆有牛眠者一,愿献于君,价待酌。惟命点头,为君诺也。"余曰:"惠我实

---

① 卷,通"拳"。

多，愿闻其所。"客曰："螺谷之坟，敝祖之旧也。堪舆有言，必穷周甲而后通利，屈吾指，载五十有羡矣。迁而鬻之，初不吾忍，贫不堪命，姑从变计，庶活我妻孥乎。"余正襟而难客曰："地吉，通日近而穷日远，子捐则不智，我袭则不仁。不吉，彼也弃而此也承，于我何太痴，于子何太巧。"客曰："地者，福之缘。福者，德之征。仆也德凉，有忝于地。惟君世德，获福是宜，斋宿来献，何相拒之决耶？"余谢之曰："昔者，西伯掩骼，王氏瘗旅，德莫大焉，福莫加焉。然则露者且为之藏成。若之何毁之，我不忍戕人，自贻后戾也。近同州有贵宦，欲竖太封君茔碑，难搆径丈之玟石，将于故太尉之碑剖焉。有太尉之胤者，请见贵宦曰：'大人举事，予小子敢不敬将，特未知所剖几何耳？'贵宦曰：'余亦廉于取，三之一而已。'其人曰：'胡不三之二乎？'贵宦怪曰：'子何厚于余而薄乃祖哉？'其人曰：'非然也，念先祖何罪，我子孙亦何罪。微石之故，焉有今日之辱。所愿荐多者，窃恐后有乘时者起，亦欲竖彼茔碑，便于大人是剖，不复于我先祖也。一辱岂容再辱。'贵宦聆之黯然，遂命罢。繇是观之，天道循环，出尔反尔。世人此意亦应共凛，谅无于子乎见售，脱有涎吉者遂与登券契，纳价赀，订日期，备拾具。同寻螺谷之坟，而启揯焉。穴藏一毁，形体依然。当此时也，睨目沘颡，顿足碎心，茹之不得，吐之无容，势必割裂挪移以成事。噫！忍已孙人者，盍思后嗣用是处我，我且疾首而痛心。讵可以莫能叫号之惨漫施于我上耶？以山岳之重罪，博囊橐之微赀，必行厥事，何以面先人于泉壤。且吾语子：子忍此举，特为贫穷所毒耳。亦知夫芸芸宇内，通少而穷多乎。善经营欤，白手可以成家；不善经营欤，千金亦属悬磬。若夫今年鬻一坟，惟济乎今年；明年鬻一坟，惟济乎明年。坟有尽而年无穷，安得坟之多，以供其迁鬻乎？为吾子计，莫若远博奕，戒嬉游，努力啬用，率妻孥于耕织。即不然，长冈之林可采也，曲塘之水可钓也，以樵以渔，赡家绰矣。胡为乎妄行忍心事。遗弃堪舆言哉，惠而好义，幸式图之。"客于是感泣曰："匪君一觉，瞿过实深，敢不佩服至言，黾勉用力，以谢罪于先人，免讥于君子。"抆泪裹券而去。

几席风清，纸毫适备，爰录其意，用诫后之授受者。

## 重修马巷厅三忠宫记　　　　　　　　　　　　　万友正

三忠者何？宋文丞相天祥、陆丞相秀夫、越国公张世杰也。里人筑宫而祀之，且以名保，钦其忠也。考幼主南奔，于此驻跸，文丞相方在赣州，乃忠义感人，不必茧足重趼，同时经过；成仁取义，同日捐躯，而轰轰烈烈，彪炳青史，论者比于殷之三仁焉。

乾隆四十年，割同邑三里隶马巷通判。宫右小溪乃分界所。余适承乏，屡过其地，瞻眺徘徊，题咏满壁，皆过客景仰之作。而明李苏一诗："战尘何事问中原，万里艰辛奉至尊。海若不神终叛宋，江潮失信早通元。天心如此成仇敌，人事都穷胰烈魂。飒飒西风号殿宇，残云拥树尚南奔。"实为杰作，沿览无存。因忆癸酉岁，随宦天台，《寄题临海文信国祠壁》曰："濒死何知国步难，思从海外复偏安。浮沉身世千寻浪，破碎山河一寸丹。仙峤至今留正气，孤忠焉肯乞黄冠。披图想象松风里，似见灵旗下玉坛。"应方外所征，顾张、陆二公未至临海，彼之人遂不知汇而祠之。文丞相未至泉州，此之人独知汇而宫之。

保民陈昌盛、陈锡珪等丹垩宫室，金碧一新，而河岳日星，天地正气，不间天壤，无论其身之至此不至此也。君子曰："可以教忠矣。"李苏一诗之有无，又何关轻重哉。

# 诗

## 五言古

### 同许西浦游南庵　　　　　　　　　　　　　　　明·俞大猷

城下有孤寺，超然异人世。
有客喜优游，约我寻幽地。

我携来此间，期作判年计。
谑剧各有能，日及夜不替。
有时说元虚，本来忘一切。
有时纳薰凉，洞门四不闭。
有时说浩歌，直上达天际。
长思乾坤炉，万物自巨细。
上下极千古，慨思玉皇帝。
挟此舟与楫，大川谁共济。
摘此山下芝，为我民夷剂。
五百年此游，山川间气系。

### 南　庵　　　　　　　　　　　　　何乔远

金门浮绝岛，四面断归路。
候风未得还，观潮复成趋。
惟知天际云，不辨海头树。
流剡逝遥当，跳沫溅高雾。
隐灭幻尽山，砰激崩近渡。
孤帆歌远行，片筏轻无附。
时闻待月盈，未侧归虚注。
独酒快浇胸，烹鲜喜充箸。
陋彼求仙人，三山焉可遇。

### 过普陀岩林次崖先生读书处　　　　陈薰
一崖复次崖，普陀在其下。
当年著书人，风流何儒雅。
别业搆数椽，于今几片瓦。
满壁墨淋漓，谁欤称作者。

### 五言律

#### 民安道中　　　　　　　　　宋·朱熹

祗役东原路,晨风海气阴。
苍茫生远思,憭慄起寒襟。
午怕僧寮静,昏投县郭深。
拙勤终不补,谁使漫劳心。

#### 寓章法寺　　　　　　　　　邱葵

暝色入招提,昏鸦已不啼。
诸僧空院出,老子独山栖。
堂面无人北,天形镇日西。
寂寥应不恨,吾道与时暌。

#### 别城中亲友

不堪离乱后,重别旧交游。
到处无青眼,归家空白头。
风霜秋一叶,山水暮多愁。
后会何时日,临溪泪欲流。

#### 出院门闲步

出爱前邨景,归穿薄暮烟。
鸟飞虚碧里,人在落红边。
近晚山容澹,新晴稻色鲜。
殷勤一溪水,清到院门前。

#### 步院前溪

偶出山门去,乘凉步浅沙。
谿流盘略彴,崖沫上槎枒。

野拓天围大，风吹日脚斜。
吟成无与语，独立数归鸦。

### 月中与诸友还沙溪
为爱江头月，回环宿鹭汀。
露浓如泼水，天澹欲无星。
树色依山黑，荧光出竹青。
夜深幽兴极，廋影自伶俜。

### 雨中宿章法寺
潇潇一江雨，凉气入山扉。
离舍本不远，连朝亦忘归。
紫荆成子落，黑螳化蛾飞。
看尽浮生事，终输破衲衣。

### 章法山房
四壁羲文卦，曾因学易居。
今来三十载，只有一空庐。
境寂含群动，窗明纳太虚。
无人悟元理，梅竹翠扶疎。

### 清水岩
上人栖息地，仰见佛庄严。
乱藓绒新甃，间花覆古檐。
浯山青入眼，榕树紫垂髯。
独步秋祠晚，云间月一镰。

### 游香山　　　　　　　　　　许獬

层峦游不尽,拍手上香山。
举白浮天色,来青识圣颜。
披云亭渺渺,漱石水潺潺。
日暮烟岚合,相看意未还。

### 虎溪岩

卓地非凡石,千霄尽峻峰。
哲人开慧窍,神秘吐灵踪。
月色明鲛宅,天风散雉墉。
幽期来信宿,新木挹高榕。

### 其二

众石黑如漆,子云来守元。
竹书穷日月,地纪划山川。
场老矶终古,今之岭尚悬。
勋名成遂后,还到草堂前。

### 过蔡复一墓　　　　　　池显方

高天留肃气,危石护孤贞。
肺腑真男子,光明一斗精。
众人怜尔后,圣主易其名。
下拜松风切,如闻謦欬声。

## 七言律

### 游普陀山　　　　　　　宋·邱葵

普院岩下苍榕树,借我今年两度游。
客思凄凉无奈老,水光潋滟最宜秋。

便思乘兴游沧海,却恨知心少白鸥。
日暮强从年少去,溪山好处尽成愁。

### 章法寺

一入紫云深更深,游僧亦喜不相侵。
已无尘事败人意,时有书声杂梵音。
浩气养成天地小,欲心扫尽鬼神钦。
人生能有几七十,自爱当如百鍊金。

### 寓浯江识老魏秀才

衡茅萧索泣寒虫,独自吟诗句未工。
败叶能令沟水黑,乱云不放夕阳红。
半生辛苦空儒服,一岁蹉跎又朔风。
不意穷乡有奇事,暮年得拜鹿门翁。

### 三忠宫  明·李苏

战尘何事问中原,万里艰辛奉至尊。
海若不神终叛宋,江潮失信早通元。
天心如此成仇敌,人事都穷䞣烈魂①。
飒飒秋风号殿宇②,残云拥树尚南奔。

### 登太武山  丰熙

一山高出万山巅,绝顶相传旧有仙。
朱草紫芝云外地,碧桃红杏洞中天。
石盘棋散收残子,药竈丹成起断烟。
借问王乔真甲子,寻常七日是千年。

---

① 䞣,同"剩"。
② 秋风,《重修马巷厅三忠宫记》为"西风"。

### 小嶝访邱钓矶墓　　　　　　　　蔡献臣

一卷突兀水中间,遥想先生冰霜颜。
人拟紫桑真伯仲,诗追击壤异闲关。
生当颓运身终隐,志在遗经手自删。
为问百年归骨处,后昆指点泪痕斑。

### 登太武　　　　　　　　丁一中

奇胜谁登绝徼山,嶙峋偏自爱跻攀。
沧波四面浮琼岛,青壁千寻护玉关。
北望五云天阙远,南瞻万里海邦间。
令威旧识蓬莱路,便拟乘风驾鹤还。

### 福船山　　　　　　　　国朝·倪鸿范

出如宝筏寄人间,藤蔓重牵碧汉湾。
每讶浮杯登远岸,还疑折苇涉元关。
慈航隐泊峰峦静,陆地无波岁月闲。
梵宝虚舟能度世,方知佛法妙尘寰。

### 梧江秋思廻文　　　　　　　　吴必达

飞鸿只影照江寒,落尽空林枫叶丹。
巍枕半斜灯寂寂,薄衾孤冷露漙漙。
衣添病起惊风厉,扣减愁来束带宽。
违愿故园家梦远,归思万丈数深湍。

### 三忠祠怀古　　　　　　　　庄光前

万里勤王下粤东,汴杭国步总烟烽。
闲关泥马蒙尘去,鱼水君臣入海从。
城郭祇今华表鹤,风云何处鼎湖龙。
松楸一夜空堦雨,添作当年血泪浓。

### 乍画山观云气 　　　　　　　　　　刘宝玉

为爱名山接上台，登临四望画图开。
神龙似向沧溟出，威凤疑从北阙来。
烂熳中天披锦绣，氤氲环海幻楼台。
草茅欲献卿云颂，载笔终惭袜线才。

### 出米岩 　　　　　　　　　　　　　陈德辉

南来行国尚称尊，鬼护神输总异闻。
华盖仍留山上石，苍林疑驻殿前军。
残碑篆迹埋秋草，古涧泉声咽暮云。
反舍挥戈何处是，划然长啸对斜曛。

### 登鸿渐山 　　　　　　　　　　　　林添筹

羽仪秀出冠群冈，飞渐东方作势翔。
俯览大观空海角，攀跻曲处险羊肠。
夕阳幽树禽声闹，秋雨平原菊蕊香。
遥忆紫阳曾属望，登临仰止兴尤长。

### 春日游乍画山 　　　　　　　　　　林应龙

风晴日丽上嵯峨，瞥眼惊看画意多。
浓淡峰岚新水墨，迷离石笋旧烟萝。
云中鳞甲鱼龙舞，树里笙簧鸟雀歌。
千载名山图一幅，辋川佳景待如何。

### 登庐山朱子祠 　　　　　　　　　　林云祥

徽国流芳此地传，庐山建筑得高贤。
柴门尽掩溪峦静，石壁春深字句鲜。
忙里观鲸腾阔海，闲中听鸟话空天。
情深仰止惭题咏，几点梅花别有缘。

### 七言绝

#### 小盈道上　　　　　　　　　　　　　　朱熹

今朝行役是登临，极目郊原快赏心。
却笑从前嫌俗事，一春牢落闭门深。

#### 章法寺夜坐　　　　　　　　　　　　　邱癸

到此人空法亦空，跏趺独坐夜方中。
清还风去明还月，自己清明只在躬。

### 附闺秀

#### 送祖姑归金门　　　　　　　　　国朝·洪汝敬

深闺无计送归航，从此音容隔一方。
带得真经仙岛去，长斋日课旧兰堂。

### 秋夜栖云楼下见菊花有感　　　　　　　　李氏

氏乃安溪李太史光燠之女，适马家巷贡生林中柱。自幼聪敏，淹贯书史，善弹琴，工吟咏。光燠常示以诗，有："呼婢抱书成博士，倩娘作髻斗婵娟"之句。著有《栖云闺味》。水师提军吴必达题序。

错下瑶池觅旧缘，埋沉幽谷自萧然。
移根九畹香谁惜，纫佩三秋意共怜。
瘦影凄凉愁露湿，残妆零落伴霜眠。
冰枝羞染黄泥污，枉抱芳心度岁年。

# 卷十八

## 杂 记

事之关体要者,分门别户,阙有专属。乃唐段成式作《酉阳杂俎》,事多新奇,能令观者忘倦,是微文碎义,均足以扩心思,增闻见也。厅属虽僻处一隅,其轶事旧闻,代有可考,录而志之,聊以示拾遗补阙之意云。志杂记。

考《业山堂外纪》载[①]:杨铁崖不赴召,有述诗,中有"商山肯为秦婴出"之句。明太祖曰:"老蛮子,欲吾杀之,以成名耳。"遂放回,此乃世俗流传之误也。诗系吾乡邱钓矶作,见本集题云"御史马伯庸、达鲁花赤征币不出"有述,至今海边童叟,咸能诵之,其相传久矣。按宋潜溪[②]撰《杨铁崖墓志》云:"洪武二年,召诸儒纂修礼乐书上。以前朝老文学,思一见之。遣翰林詹同文奉币诣门,谢不至。明年,又遣松江别驾迫,趣赋《老客妇词》进御。上赐安车诣阙,留有百十日,礼文毕,史统定。即以白衣乞骸骨。上成其志,仍给安车还山。"盖邱钓矶为宋秀才,不赴元世祖之征;杨铁崖为元进士,不受明太祖之职,其志节大抵相类。故遂以《却聘诗》冒入《铁崖集》中。铁崖诗名满东南,而钓矶僻居孤屿,诗集不传,人多口诵,遂致字句略有不同耳。今悉注之,以备览。《尧山堂》本云:天子来征老秀才《铁崖集》作:"皇帝书征老秀才",秀才懒下读书台"懒下"一做"不下"。商山肯为秦婴出,黄石终从孺子来铁崖作:"子房本为韩仇出,诸葛应知汉祚开。"一本作:"商山不为储君出,黄石终期儒子

---

① 原版为"业山堂外纪",似有误。
② 宋濂(1310—1381)字景濂,号潜溪,浙江省浦江县人。

来。"又一作:"诸葛应从汉祚来"。太守免劳堂下拜,使臣且向日边回《铁崖集》:"免劳"作"枉于",一作"殷勤承上命"。"且向",《铁崖集》作"空向",一作"缱绻日边回"。袖中一卷春秋笔,不为傍人取次裁《铁崖集》作:"老夫一卷春秋笔,留向胸中取次裁。""袖中"一作"袖藏"。其大略如此。夫一首之诗甚微,而所关人品则甚重。余故不可以不辨,此诗为铁崖所久假,已经五百年。今钓矶之集出,而赵璧复完,则诗之随时为显晦,其亦有数哉。予固不禁为之欢颜而破涕也。癸巳仲春上弦,后学八十七叟,轮山阮旻锡书于类邮之廻清亭。《夕阳叟稿》。

邱葵抗节不仕,《却聘》一诗斧钺风霜,同中老人皆能诵之。今其全集尚在吾家,司马卢牧洲公,为之序林霍诗话。

邱葵,宋亡避居海屿中,刻志为学,不求人知。著《易解义》《书直解》《诗口义》《春秋通义》各数十卷,而《周礼补亡》一书,尤参订详确,方知汉儒补《考工记》之谬。册曰:千古治法大备,《周礼·冬官》实存,深考知是同安析疑,闳议骏起。本之俞王,更畅厥旨。规画详明,三代可拟。《续宏简录》。

林次崖希元,作《面皮歌》,其题曰:刘见斋分巡,自称面皮薄,不会做无廉耻事,深契予心。歌以自慰:"人生莫得面皮薄,皮薄一事做不著。心头才有半分亏,十分面赤害羞辱。官中不曾持一文,归来称贷无所获。当时或可强支持,凶年无钱那得谷。宗姻知我别称贷,为我所累多怨讟。始信厚皮之人面最美,为马为牛皆不避。归来金银满箱箧,腴田美宅任意致。凶年土荒田宅贱,此时仍获万倍利。相尔面皮太薄人,苦乐何啻差万里。如今欲作厚皮人,富贵荣华可立致。只为面皮生定不可易,欲作令人复羞死。不如且留一个名,好与后人上青史。见斋当世之人面皮几尺厚,何尔与我独相似。"《续小学》。

张襄惠,初释褐,与林希元、陈琛谈理学,时目为"泉州三狂"。

何镜山称,蔡复一,学博才高,下笔千言,兼工四六。他诸著作，皆崇论闳议，涵古茹今，至书牍奏议之文，忼慨谈天下事，切劘豪贵，披吐肝胆。而诗则出入汉、魏、唐、宋间，居然一代名作。

浯江蔡清宪公，与钟、谭，鼎立海内者也。近时江左之能诗者，莫不推尊琅琊、历下，而排摈竟陵，因竟陵而訾吾清宪。黄石斋公谓"吾儿往往轻闽音"，信夫？

卢若腾有《岛噫》一集，身世感遇，其悲愁愤懑之作，皆根于血性，注洒毫端，非无病而呻吟也。可与蔡忠毅公，相伯仲云。

浯江武进士邵应魁，能诗，有儒风。备倭苏松，诗词坛名辈，如徐学谟叔明、沈明臣嘉则、殷都无美、王翘叔楚皆相得，懽甚。而凤洲、麟洲二王先生，屡有吟赠。荆川唐公、南溟汪公，皆推毂公之才略。其在吾乡则赵太守特峰、洪少司寇芳洲、黄山人孔昭，尤深相许可焉。

《同邑诗派记》曰："世有奇材，乃见真诗。"吾邑前之能诗者，唐则有陈公黯，宋则有苏公颂、邱公葵。明兴以来，林公希元、洪公芳洲，俱以经学能诗。蔡公清宪，文章气节而尤工于诗，海内尚之。继清宪者，为今大司马卢公牧洲及纪氏父子，待诏先生尝从清宪、镜山游；而石清先生，则得黄石斋公之传。有水也生者，亦与清宪同时，颇称诗，以世变后，不能绝迹公门，声价顿减。然则，诗以人重耳，非诗能重人也。仆生逢季世，无求用于时，窃以诗自娱。于今先达得事卢大司马公及孝廉纪子。于同辈得庄公名潜字伏之等若干人。见此道之源流，喜其不孤。昔谢翱作《睦州诗派记》，仆因傚其法，以振吾邑之风雅云。

洪侍郎朝选《王遵岩集序》：君虽习学词艺，而孜孜讲学，日与青衿士，谈论演绎。而门户广阔，见者无不容受。交际亲宾，亲疎泛爱，去者方休，来者接轨。夜则读古书，课家事，作柬答四方宾友，略无懈怠之意。书一目十余行下，一轻手，未尝再观。架上书，无一卷读者，竟为人窃去，亦不复故也。

后浦林注生与妻杨阵娘，伉俪甚笃。杨年二十四，生子女各一。注生病羸尪,垂危,百药不效。闻,日者言,夫妻命相克,难以偕老。阵娘曰:"苟夫儿可贷,吾何惜以身当之。"遂绝粒十日,竟死。后二十余日,注生亦亡。闻者哀其志,惜其死于夫先,不得与于表扬也。

# 重刻马巷厅志后序

　　《马巷厅志》之刻，由来久矣，然历年已多，渐滋漫漶，卒至梨枣无存，间欲索一遗编，且渺如山河而几不可得，则此书当与赤刀、大训并珍矣。夫人家有乘，族有谱，尚珍藏什袭，欲垂奕禩而不穷，况三里之土风、民俗、学校、人文，一切胥载其中，可任其湮没不彰而漫不介意乎？爰搜寻遗书，皆无全帙。幸陈君昆玉、剑门水生家藏一部，敬请而观之，字体甚明，卷帙毕具，剥果蒙泉①之象，未始非神灵呵护而有是书也。儒者生斯世，方将显微阐幽，力穷浩博，竟于其乡之理学显宦、高人奇士、胜地名区、异闻轶事漠焉不知颠末，识者耻之，则是书不可任其湮没不彰也，抑又明矣。于是，共谋翻刻，使一名一物，常悬都人士之心胸，爰以传诸言论，发诸咏歌，斯亦考古者之一快也。适丁公祖切臣，下车是地，垂意斯文，乃先捐鹤俸，力赞鸠工，遂付诸手民，阅数月而告竣。而其间亥豕鲁鱼②，悉心校对，期于无讹，比之前书，更加精核，则巷辖之百废具修，得此而乃无遗憾。后之生是地者，不已快觏其成哉。至于修而续之，以俟后之观风问俗者。窃有志而未能焉，是为序。

　　光绪九年，岁次癸未小春之月。董事：陈德莹、陈生寅、郑锦文谨识。

**计列捐题姓名**

丁大老捐银贰拾元　　陈德莹　　陈日华　　陈必芬 各捐银拾大元

郭世杰　　洪良材　　洪志惠 各捐银陆大元

---

①　剥果蒙泉：蒙、剥，是《周易》中的两个卦名；泉和果是解释这两个卦使用的比喻。剥果蒙泉，大意是指人们愚昧，世道衰微。

②　亥豕鲁鱼：指编撰或刻版时，形近字滥用，而出现谬误。

| | | | |
|---|---|---|---|
| 陈旭升 | 郑锦文 | 许昆协 | 李懿汤 |
| 蔡从龙 | 各捐银肆大元 洪玉池 | | 陈德和 |
| 李松轩 | 许允澄 | 各捐银叁大元 | 黄国标 |
| 洪荣光 | 陈鸿文 | 张肇魁 | 郭谦光 |
| 魏拔英 | 洪必安 | 魏泰道 | 洪晓春 |
| 洪廷章 | 陈日玉 | 李德纯 | 朱尔钦 |
| 许春波 | 黄温然 | 宋章云 | 陈海秋 |
| 王宝三 | 各捐银贰大元 | | |
| 彭洵咏 | 郭懋习 | 洪允超 | 朱江春 |
| 许宗廷 | 陈济安 | 陈式致 | 吴能静 各捐银壹大元 |

十九年校正补刊,并增附录三百三十九页,捐资姓名。

厅主黄公祖家鼎捐廉畣银三百贰拾元。

王知悔捐银伍拾元。

陈德莹再识

# 附录序

　　夫郡邑之有志，犹国之有史。所以存掌故，劝忠孝，谂风俗之厚薄，考政体之得失，非惟侈谈天地，铺陈人物已也。故数十年必一修，责在有司，先哲言之详矣。

　　马巷蕞尔幅员，旧为同安治，辖内金门一区，明时人才辈出，即极大都会，亦当望而却步。自乾隆三十九年，割地移官，户赋、民事咸隶于厅，建署马家巷之孔沟，为马巷有厅之始。越三年，厅倅万君友正创为厅志。今阅其书，多据乾隆三十二年，钱塘吴镛所修《同安县志》割裂而贯串之，绝无辟草披荆之苦，故未筹款设局，书得克期告成。然其取弃尚当，纲目简，不伤约，后之续志马巷者，必将奉为圭臬也。倘接武者，亦抱此心，或十数年一修，或数十年一续，阙者补之，讹者正之，则是书不将与武功、宁化两志并重寰宇乎？乃迄今百十有八年，官不乏矣，其有志于此者，或弗获久留；其久留焉者，又未尝有志于此，志之失修，职是故耳。

　　余于癸巳夏来权厅事，下车后即访查厅志，经舫山书院董事检示一函，询其板片，乃光绪九年丁君惠深翻刻万本，庋阁书院，十载于兹，未经印刷，故霉蛀十居其三。据书检板，断残无字者已一十七片，徧访完书，珍如硕果。因亟禀明大府，先将残蛀之板，逐一重刊。又于案牍余闲，校出讹字三百三十余处，一律捐廉，召匠改正。本拟筹款设局，举行续修，知非五日京兆所能卒业①，且署中书记阅卷，均未延友，商榷乏人，因而中止。然续修虽难，假令近年厅倅笃志从事知检，嘉庆三年毘陵吴堂所续《同安县志》，道光间巡道周凯及同治末年举人林豪所纂辑增修之《金门志》，互相参考，益以采访，尚不难赓续成书。盖《同安志》原括马巷所有，

---

① 五日京兆：比喻任职时间短或即将去职。

而金门又居马巷三里之半,有此两志,则久远间断之憾,已得所据依矣。况马巷创志以后,嘉庆间,有伯爵提督李长庚,谥忠毅,系厅辖侯宾乡人;男爵提督邱良功,谥刚勇,系厅辖后浦乡人。道光间,有江南提督陈化成,谥忠愍,系厅辖丙洲溪左人;四川布政使署总督苏延玉,系厅辖澳头乡人。咸丰初,殉小刀会乱,特旨旌表义士陈润渠,系厅辖长生洋乡人。及刚勇子、阵亡总兵邱联恩,谥武烈。忠毅子,福建提督李廷钰。或以奇功伟绩,早邀青史之登;或以经济文章,播遍黄童之口。今其生长之邦,转无只字载诸志乘。其他之湮没不彰,更难枚举,此实守土者,所深羞也。因就谫见所及,辑为附录三卷:上卷,恭录纶言、宠典暨诸钜公所撰碑文、传记及余所拟志、传数首;中卷,专录厅辖诸先贤诗文并有关辖内山川、掌故诸作;下卷,附余所拟《通判题名记》、书院、育婴堂、节烈祠各碑记、章程,暨马巷、金门两祠内供奉节孝牌位、姓名。似于旧志既无更损,而于后此续修,不无小补。

是以汗颜草稿,努力付雕。所愧限于才思,迫于时日,不无罣漏、草率之讥,海内博雅君子,幸有以匡其不逮焉。是为序。

甲午孟春,鄞县黄家鼎骏孙识于厅署之仰正轩。

# 附录目次

厅倅黄家鼎骏孙纂

## 卷　上

御制李长庚祭文

御制李长庚碑文

御赐邱良功晋封男爵勅

御制邱良功祭文

御制邱良功神道碑

御制陈化成祭文

御制陈化成碑文

御制邱联恩祭文

壮烈伯李忠毅公传　　　　　　　　　　　　　国朝·阮　元

李忠毅公神道碑　　　　　　　　　　　　　　陈寿琪

李忠毅公墓志铭　　　　　　　　　　　　　　洪亮吉

李忠毅公祠堂碑记　　　　　　　　　　　　　王宗炎

李忠毅公事略　　　　　　　　　　　　　　　李元度

李忠毅公逸事一则　　　　　　　　　　　　　王崧辰

陈忠愍公神道碑　　　　　　　　　　　　　　苏廷玉

陈忠愍公墓志铭　　　　　　　　　　　　　　苏廷玉

邱武烈公墓志铭　　　　　　　　　　　　　　陈骏三

邱刚勇公传　邱成勋　许攀桂　李合成　　　　黄家鼎

苏廷玉传

邱武烈公传

陈上国传

李廷钰传　　李增阶　李懋庸　李懋元

林向荣传

陈烈妇传

## 卷　中

| | |
|---|---|
| 梅花赋 | 宋·邱葵 |
| 洪学静诔词 | 明·蔡复一 |
| 为夫辨冤本 | 洪朱氏 |
| 请御朝讲疏 | 洪兢 |
| 谨陈名色烦多民力凋尽疏 | 洪兢 |
| 邱钓矶诗序 | 卢若腾 |
| 天下要书自序 | 国朝·张星徽 |
| 四传管窥自序 | 张星徽 |
| 改建同民安坊为关刌捐序 | 林应龙 |
| 重修宁波府学记 | 李长庚 |
| 厦门志序 | 陈化成 |
| 李谦堂外海水程战法纪要序跋 | 蔡勋　景沆 |
| 外海水程战法纪要自跋 | 李增阶 |
| 刻岛居随录序 | 罗联棠 |
| 明监国鲁王墓考 | 周凯 |
| 重建金山书院碑记 | 杨秉均 |
| 苏烈妇传 | 苏廷玉 |
| 海疆要略序 | 李廷钰 |
| 励志论 | 李廷钰 |
| 陈润渠殉难纪遗 | 陈庆镛 |
| 重修三忠宫碑记 | 陈贯中 |

| | |
|---|---|
| 重建马家巷厅衙署碑记 | 鲍复康 |
| 舫山书院课艺序 | 洪麟绥 |
| 舫山书院课艺二刻序 | 洪麟绥 |
| 新刻舫山书院课艺序 | 龚显曾 |
| 厅主桐轩程公去思碑 | |
| 镏江协戎曾公去思碑 | |
| 厅主丁公纫臣德政碑 | |
| 诗八十七首 | 宋·邱　葵 |
| 诗一首 | 元·上官民望 |
| 诗一首 | 黄居佳 |
| 诗一首 | 卢　琦 |
| 诗一首 | 周太初 |
| 诗三首 | 明·邵应魁 |
| 诗六十七首 | 洪朝选 |
| 诗一首 | 丁一中 |
| 诗一首 | 胡宗华 |
| 诗一首 | 李时明 |
| 诗一首 | 阮旻锡 |
| 诗十九首 | 卢若腾 |
| 诗一首 | 国朝·蔡仕舢 |
| 诗三首 | 许　琰 |
| 诗二首 | 张对墀 |
| 诗一首 | 黄道泰 |
| 诗一首 | 吴必达 |
| 诗一首 | 林应龙 |
| 诗一首 | 陈迈伦 |
| 诗一首 | 刘日耀 |
| 诗一首 | 汪士杰 |

| | |
|---|---|
| 诗十七首 | 李长庚 |
| 诗九首 | 苏廷玉 |
| 诗一首 | 吕世宜 |
| 诗十二首 | 李廷钰 |
| 诗二首 | 林树梅 |
| 诗一首 | 明·释笑堂 |
| 诗一首 | 国朝·释圆珏 |
| 诗一首 | 闺秀·林黄氏 |
| 诗五首 | 黄家鼎 |

## 卷　下

| | |
|---|---|
| 马巷通判题名记 | 黄家鼎 |
| 马巷舫山书院碑记 | |
| 马巷节烈祠碑记 | |
| 马巷育婴堂碑记 | |
| 募置金门节孝祠祭业引 | |
| 三忠庙祭文 | |
| 金门浯江书院祭子朱子文 | |
| 吴真人事实封号考 | |
| 小刀会匪纪略 | |
| 校补泉州府马巷厅志序 | |
| 新建马巷四忠祠记 | |

# 附录卷上

鄞县黄家鼎骏孙纂

## 御制浙江提督李长庚祭文

伏波气壮,殉军誓马革之尸;枸邑勋高,作庙志鸾旗之赐。听鼓鼙而惨怛,报俎豆以歆歉。尔原任浙江提督李长庚,虎阚抗飔,龙骧飞驶。始宣勤于宿卫,继奋绩于偏裨。属因闽浙之间,屡有潢池之扰。命统楼船而建节,遂斟海水以浇荧。暑寒十年,南北百战。身先鹅鹳,志扫鲸鲵。衔恩则矢以捐生,讨逆则穷夫蹙窜。鱼已危于游釜,蜮岂料其含沙。乃黑水风狂,事同钧舰,而铁星火散,伤竟伏戣。丧来歆而心惊,悼祭遵而涕霣。是用渥颁赙布,追赐躬圭,延及来仍,酬兹果毅。就闾门以营松檟,遣疆吏而赐椒浆。使突鬓之徒,感九原而慕义;衔须之节,垂百世以流馨。於戏!忠悃切同仇嗟,前席无由识面;英魂能杀贼仵,擒渠尚克昭灵。妥以苾芬,庶其歆享。

嘉庆十三年正月贰拾伍日

## 御制浙江提督李长庚碑文

朕维威扬海徼,必资致果之才;功著岩疆,用励成仁之节。矢雄心于马革,传彼英风;赐茂典于龙章,寿之贞石。尔原任浙江提督,追封三等壮烈伯李长庚,质原骁健,性最沉雄。始宿卫于期门,旋副营于浙水。荷三迁而洊陟,简命迭沛于先朝;① 宥一眚以

---

① 洊,同"荐"。

宣勤,显秩仍跻乎闽府。属以么麽作慝,畀秉钺于楼船。因之感激誓师,期葳功于鼛岛。废十年之寝薦,号一军为凌波。鹢尾鹔头,驾风燊而转战;蛟宫鼉窟,涉溟渤以穷搜。屡挥王濬之舻,常断孙恩之筏。已枯鱼之游釜,功屈垂成;讵妖蜮之含沙,困犹能斗。策勋未遂,嗟饮至以何期;赍志云徂,览封章而坠泪。崇加爵秩,优予赙资。遣疆吏以荐馨,饰葆祠而报享。铭功表碣,稽古易名。核厥生平,谥为忠毅。於戏!凄凉宰树,犹缅怀下濑之劳;髣髴灵旗,尚默佐歼魁之烈。庶垂光于不朽,益永誉于方来。

## 嘉庆十三年正月贰拾伍日

## 御赐浙江提督邱良功晋封男爵勅

朕惟尚德崇功,国家之大典,输忠尽职,臣子之常经。古圣帝明王,戡乱以武,致治以文。朕钦承往制,甄进贤能,特设文武勋阶,以彰激劝。受兹任者,必忠以立身,仁以抚众,智以察微。防奸御侮,期无暇时。能此则荣及前人,福延后嗣,而身家永康矣,敬之勿怠。邱良功原系浙江提督,因洋盗蔡牵一犯,原系闽省平民,在洋面肆逆十有余年,往来闽、浙、粤三省,扰害商旅,抗拒官兵,甚至谋逼台湾,率众攻城,伪称王号。不特商民受其荼毒,官兵多被伤亡,并戕及提镇大员,实属罪大恶极。该逆一日不除,海洋一日不靖。节经降旨,谕令该督等严禁接济,鼓励舟师,速擒巨憝。兹据张师诚奏称,王得禄接到咨会,南洋尚有蔡逆匪船。王得禄即与邱良功连艅南下,于十七日黎明,驶至鱼山外洋,见蔡牵逆匪船十余只,在彼超驶,当即督催闽、浙舟师,专注蔡牵本船,并力攻击。该逆复敢用大桵,扎住邱良功之船,拼命抗拒。邱良功被贼枪戳伤。其时,王得禄紧拢逆船奋击,该匪因不得铅丸接济,用番银作为炮子点放。王得禄身被炮伤,仍喝令千总吴兴邦等连抛大斗、大礶,烧坏逆船舵边尾楼。王得禄复用本身坐船,将逆船后舵冲断。该逆同伊妻并船内伙众,登时落海沉没。提讯捞获各匪犯十九名,并难民六名,均称蔡逆手足,俱被火药烧伤,落海淹毙。是蔡逆受伤落海,已据所获贼、难民供指确凿,毫无疑义。王得禄、邱良功协力奋追,歼除首恶,均属可嘉。邱良功著加恩晋封男爵,准再承袭八次。钦此!

嘉庆十四年十月　　　日

### 御制谕祭三等男提督邱良功文

威宣旄钺,协致果为毅之经,绩炳旂常,副克壮其猷之誉。惟御侮式彰雄略,斯明禋载贲彝章。尔原任浙江提督邱良功,伟抱肫诚,英姿飒爽。值洪洋之乌合,出没波涛,搜绝岛之蜂屯,往来潮汐。秩惟上赏,拔燕颔于行间;战必前驰,奋鹰扬于海外。镠牌拜赐,翠羽邀荣。当申命之迭膺,每辛勤而罔懈。除其丑类,歼厥渠魁。肆秉钺以总戎,遂建牙而专阃。披坚执锐,益恢龙豹之韬;献馘讯俘,悉就鲸鲵之戮。挽天河而洗甲,驰露布以旋师。净扫欃枪,肃清苞蘖。创每深于伤股,志弥切乎忘身。优叙崇其殊勋,褒封跻之异等。昼接频瞻,夫魏阙方歌入觐之章;星沉遽告,于邗江特贲饰终之典。良深轸惜,用沛恩施。於戏!溟瀚风恬,执干戈以为社稷之卫;旌旂云拥,听鼓鼙则思将帅之臣。尔灵有知,尚其歆受。

### 御制三等男提督邱良功神道碑

朕惟听鼓鼙以思将帅,载在礼经;咏干城而重公侯,垂诸诗训。十年专阃,重洋欣海瘴之消;千里还辕,中道怅星芒之陨。宜镌珉石,爰锡丝纶。尔原任浙江提督邱良功,志行惟贞,机谋允济。起家行伍,技早擅夫习流;劾职偏裨,威已宣于绝岛。驾艨艟而捩柁,势欲浇萤;瞰楼橹而挥戈,声如虓虎。于是,肤功迭奏,众蘖成擒。横港夺舟,敢峙粮而深入;长风挂席,曾陷阵以先登。叙劳邀华衮之褒,纪绩懋功牌之赏。筹陈玉殿,余嘉乃勋;隘守金门,汝莅兹土。复因丑党肆煽妖氛,掩逋寇而穷追,挟偏师而直捣。摆甲鲛人之窟,勇夺屠鲸;扬旌蜑户之乡,愤伸戮鳄。虽未克期八日,殄扬太于湖南;终能厉气三军,歼卢循于海上。槐枪影净,殊荣特锡花翎;刀箭瘢深,渥贲宜叨蒲壁。节钺旋移于两浙,韬钤尚著于七闽。疆场之任方隆,屏翰之资益固。才值云瞻枫陛,正倚长城;何图月暗柳营,遽彫大树。谥之刚勇,隆此恩施。呜呼！沐异等之褒封,泽延带砺;想英姿之飒爽,绩耀旂常。式峙穹碑,钦承勿替。

## 御制江南提督陈化成祭文

朕惟立功报国,良臣能致其身;赐恤褒忠,旷典用昭其节。惟精诚之克矢,斯宠予之尤隆。尔原任江南提督陈化成,谋裕六韬,劳经百战。初随行伍,历任水师。迭书卅载之勋,屡擒渠魁;允是万人之敌,洊陟军门。迩以釜底鱼游,井中蛙聚。念海氛之未靖,资国士以专征。霹雳飞声,申天威而讨贼;风云列阵,据地势以麈兵。虏已在其目中,气能吞乎洋外。三军贾勇,丈人叶地水之占;七日冲锋,壮士固宝山之守。贼鲸鲵其待扫,师貔虎以无前。重寄攸关,相持不懈。何意吴淞驶进,方肆逆而逞凶;大树飘零,竟捐躯以殉难。忠魂邈矣,生气凛然。览奏心伤,为之涕陨。酬大勋而荫其子,特沛殊恩;发内帑以恤其家,频颁钜典。阶居极地,祀立专祠。於戏！俎豆馨香,荐忠良而易名两字;粤闽江浙,垂功烈而炳节千秋。灵如有知,尚其来格。

道光二十二年月日

## 御制江南提督陈化成碑文

朕惟折冲御侮,履危而果毅斯昭;取义成仁,历久而精诚益显。将帅志存敌忾，任重干城；国家典懋旌忠，名垂竹帛。尔原任江南提督陈化成，赳桓素著，韬略能精。早历戎行，备娴水战。习往来于海岛，竹箭波恬；擒啸聚于江洋，崔苻泽靖。制胜则群推胆识，论功而洊晋头衔。驶下濑之楼船，鹢飞比迅；建中军之旗鼓，狼燧无惊。爰资保障于岩疆，久播声威于渤澥。闽南开府，叠宽展觐之期；江左移防，更赖宣勤之力。乃者夷氛骚动，逆焰鸱张。允宜大受创惩，庶可潜消窥祠。惟尔援枹气奋，擐甲躬先。冒矢石以冲锋，觇旌旗之变色。火器则雷轰电掣，山岳崩颓；舟师则雨骤风驰，波涛震撼。贾余勇以申士气，揆先几以慴敌情。方期貔虎前驱，鲸鲵就戮；何意犬羊突陷，猿鹤同悲。七日相持，一身竟殒。眷思臣节，弥怆朕心。星落蜇弧，感飘零于大树；云寒鼓角，怀捍卫于长城。象厥生平，谥为忠愍。於戏！奠忠魂而隆庙貌，凛凛如生；荫后嗣以振家声，绳绳勿替。丰碑屹立，畀命钦承。

## 御制河南南阳镇总兵世袭三等男邱联恩祭文

朕惟戎行效命，荩臣抒报国之诚；策府铭勋，隆礼懋旌功之典。溯遗徽而增感，亮节常昭；光彝宪以推恩，明禋特荐。式陈椒醑，用贲芝纶。尔南阳镇总兵邱联恩，果毅性成，忠勤志笃。韬娴龙豹，聿张弧矢之威；队整貔貅，克副干城之寄。属么□之肆虐，亲枹鼓以宣劳。豕突锋摧，保障而金汤攸赖；熊桓勇励，指挥而玉垒频摩。方期迅扫狼烽，运筹决胜；讵意尽伤马革，赴义捐生。爰褒恤以饰终，极哀荣之备礼。惟先帝睠怀靡已，尝雪涕而悯孤忠；肆冲人初政方新，忆风规而厪注念。稽成劳于往牒，允推一代完人；饮秩祀以专官，永播千秋令闻。芳流彤史，彩焕黄垆。於戏！鼓鼙思将帅之臣，缅英灵其如在；牲醴达馨香之气，承宠渥以惟钦。格尔精神，欣兹芬苾。

同治元年月日

## 壮烈伯李忠毅公传

阮 元

李忠毅公名长庚,字西岩,福建同安人。曾祖思拔,祖宗德,父希岸。公生而倜傥警敏,甫入塾,即弄笔书"天生我材必有用"七字。性至孝,母丧既除,益读书,习骑射。乾隆辛卯科武进士,蓝翎侍卫,屡扈跸。乾隆四十一年,年二十六,补浙江衢州都司,累迁提标游击、太平参将、乐清副将。林爽文乱台湾,闽中求良将于浙,提督陈大用以忠毅应,遂入闽,护海坛镇总兵,掩捕南日、湄洲之贼数十人,余党解散。会邻海有民船被盗,误指海坛者,被参革职。忠毅出家财,募乡勇,率子弟操舟,出擒盗首林权等数十人,又击盗陈营于大岞。盗善火器,忠毅回舟据上风,以长竿系月镰断其帆缭,须眉皆燎,跃入盗船斩获以归。福郡王平台湾归,加礼善遇之,檄郡县曰:"李某用火药,所在支与之。"海盗林明灼、陈礼礼等入浙,戕参将张殿魁,总督属忠毅捕之,遂获之,奏功以游击起用。五十五年,署铜山参将,选锋自随,作商人装,屡获贼。明年,丁父忧去官。五十九年,补海坛游击,仍留铜山。

六十年,安南夷艇始入闽,闽人骤骇。忠毅以小船入击之三澎,救商船。贼舍商拒兵,忠毅麾兵伏船内待贼炮尽,过贼东,发一炮,碎其舟。余盗夜相逼,公计寡不敌,乃以八船首尾缃为一,诘旦,贼东来,则以东一舟应之,至八,西来亦如之,回环至暮,贼乃去。嘉庆二年,授澎湖副将,定海镇总兵。纯皇帝召见,谕曰:"汝勤于捕盗,故有此授。"

三年,至定海。时定海累更盗患,艇夷登岸,劫掳妇女,官士婴城。至是,始有所恃。夏,击盗于衢港,穷追入山东界,获之;秋,攻盗于普陀。明年秋,击盗于潭头,皆斩获无算。秋,闽盗凤尾引夷艇入浙,共百余艘,忠毅追击至温州,沉其一艇。守备许松年等三船困于贼,忠毅返舟入贼围救出之,穷追至广东甲子洋,遇蔡牵，再击之。总督玉德、巡抚阮元奏其事。奉旨！李长庚奋勇为贼所畏惧，此次追剿，洋面风涛亦不得不稍为持重。李长庚为杰出之员，总宜用于要处，弗令往返奔波，徒劳无益。复奉旨，赏戴花翎。

五年五月，至宁波与巡抚阮元、提督苍保议造大艇船三十，以攻夷盗。六月，夷盗大小七十船，复入浙，阮元谓："贼多，非会剿不可；会剿，非有谋勇者为统帅不可。"于是，奏以忠毅为总统。得旨允，行。忠毅既统水师，遂条申军令曰："一、定海镇船居中军，用黄旗，总领用五色方旗；黄、温二镇居左，用红旗，总领用五色尖旗；闽镇居右，用白旗，总领用五色尖旗。一、中军船昼行插五色旗，夜悬三灯，将领二灯，弁兵一灯。中军船起头篷之后，掌进号，一次者红旗行，二次者白旗行，三次者黄旗行。一遇贼船，无论何镇，先见者，即插本色旗，使后船见之。仍视中军所持五色方旗所指，前后四方随指追攻。若中军挂五色旗于大篷者，收兵。一、各镇虽分三色旗，又于本色旗心，黏他色以别其队。何队犯令，即罪其领队者。一，中军船高插五色旗者，收嶴①。夜，中军船放火号三枝。各总领二，弁兵一，亦收嶴。支更谯警，夜见有外船近者，鸣金一阵；各船互传，见盗近乃击之，毋远而乱。若收嶴旋须行者，中军插三色旗，各船毋放杉板船入海。一遇大盗宜安静，前后左右以旗进退之，迟者、乱者，按以军法。既追盗，盗返篷击我，我勿避。如有船陷贼，本队迟救者，罪其长。一，追捕遇无风时必加橹，若心怯，将篷或松或紧者，罪之。前船若速，必回待后船，后船不加速而亦回往者，罪之。一，泊舟，各总领船插黑旗，禁纵兵上岸。一，中军传将备出黄旗，传千把、外委出蓝旗，传队目、舵工出红旗。一，兵船获盗船，以盗贼物为赏。兵船过礁门必鱼贯，争先者，罪舵工。"

六月，安南夷艇、凤尾盗六七千过闽入浙，逼台州松门，将登

---

① 嶴，海湾，可泊船处。

岸,巡抚阮元勒兵于太平松门击之。二十二日,忠毅率师至海门,将会黄岩镇谋攻取。夜,飓风起。明日,风益甚。盗船覆溺于松门外,仅余二三船,漂出外海。海门兵船亦多损,忠毅船随潮溢入田,挂木而止。贼在松门,据破船及泅水登岸者,黄岩镇率松门兵缚桴,合水陆悉攻俘之,获安南四总兵印及伪爵侯伦贵利,磔之。又获安南王勒,掷还安南。自是,夷艇不复入浙海。秋,忠毅以夷寇虽灭,闽盗尚有水澳蔡牵,乃修船往来闽浙间,屡获剧盗李出、丁郭、林俊新、杨乌、李车黑、陈贴、李广、高英等船。冬,擢福建水师提督,总督玉德以忠毅福建人,奏请迴避。奉旨,调浙江提督。六年,新艇成,忠毅入闽驾归浙。

初,阮元以造艇银钜万,全付忠毅曰:"船乃兵将所寄命,文官不善于工,请公自造之。"忠毅曰:"公不疑我,我当任之。"命守备黄飞鹏及族人赍银入闽造艇。至是艇成,名曰"霆船",最坚壮,加以大炮,兵威大振。夏,击蔡牵于岐头、东霍等洋,擒获甚伙。七年春,获盗张如茂船于浙潭头,获徐业船于闽东沪。是时,水澳等贼以次殄灭,海盗畏霆船势颇戢。八年正月,蔡牵匿定海北,忠毅以舟师掩至,牵仅以身免。追至闽,粮药尽,篷索朽,遣其党干道员庆徕,乞降于总督。总督不虞其诈,招抚之。牵又言:"果许降,勿令浙兵由上风来逼我。"总督调浙兵居下风。牵以其间缮器备物,扬帆去。总督大怒,趣浙兵击之,已无及矣。十一月,击牵于三沙,沉其船一。牵北窜,蹙之于温州南麂,夺其船二,沉其一,焚其一,斩获无算。是年,兼摄定海镇,凡十阅月。

蔡牵畏霆船,厚赂闽商更造船之大于"霆"者,令商载货出海济牵用,商归岸伪报被劫。牵得大船,遂能渡横洋,渡台湾。九年夏,劫台湾米数千石及大横洋台湾船。会闽粤间盗朱渍断粮,牵分米饱之,遂与渍合八十余大船,猝入闽海。温州总兵胡振声以二十四船入闽运船工木,总督遽檄振声击之。振声陷于渍,死之,贼势甚炽。六月,玉德、阮元会奏,请忠毅总统闽浙水师,以温州、海坛二镇为左右翼，专捕蔡牵。秋，牵、溃同入浙。八月，追及之于马迹。牵、溃结为一阵，忠毅督兵冲贯其中，盗分东西窜，逐至尽山，沉其二船，毙牵船盗数十人，俘余船五十余人。终以牵船高，未获，遁去。牵责溃不用命，溃怒先返，自是牵、溃始分，牵亦少衰。忠毅建议禁商造大船，无为盗赍。十二月，溃结粤盗伺金、厦，忠毅击走之，夺其船二于甲子洋。

牵扰台湾，奉旨调福建水师提督，责捕牵。十年夏，牵由台入浙，忠毅击之于青龙港。阮元奏浙江提督孙廷璧不谙水师，奉旨复调忠毅为浙江提督。九月，被风于尽山，所部船多损。冬，牵聚船百余，复扰台湾，结陆路无赖万余人，屯洲仔尾，沉舟塞鹿耳门，阻官兵。十二月，忠毅至台不得入，然分力回拒忠毅，以故台湾府城得不破。时，南、北汕、安平大港门三处尚通小船，忠毅扼之，别以小澎船五十，令金门总兵许松年、澎湖副将王得禄进攻之，焚获三十余船，盗千余人。十一年正月，忠毅令许松年进柴头港，自领兵截港外。松年、得禄水陆夹击之，焚获甚伙。二月朔，令松年夜入洲仔尾，登山焚其寮。大船盗至鹿耳门者掩至，忠毅别遣将以火攻船，从南汕出其后烧之。松年进蹙之，焚斩无算。二日，复登岸击陆贼，以火焚其小船，尸横七八里。贼大败，弃洲仔尾，困守北汕内，仅余五六十船。七日，东风，大潮骤涨，鹿耳门所沉舟漂去，贼夺门出。忠毅追击之，夺其船十余，而牵竟遁去。诏夺公翎顶，立功自赎。四月，牵、溃在福宁，追击之。牵入浙，又击之于台州。八月，击之于定海渔山。忠毅专击牵舟，牵瓦石火器雨下，公额身皆受伤，牵复遁去。诏赐还顶戴，果擒渠，许锡世职。九月，击牵于闽之竿塘，获牵侄蔡添来。十二月，击牵于温之三盘，多所斩获。

初，忠毅与阮元同志气十年。元欲造更大于霆船之大船，寓书忠毅，旋以父丧去官。忠毅言于总督，请造之，总督阻之。牵自鹿耳门遁入内海，甚狼狈，篷柁皆毁。四月，至福宁，得岸奸接济，易新篷，势复张。忠毅皆列状奏闻，上切责闽文武官，逮总督，以阿林保为总督。阿林保初至闽,闽官交谮公。阿林保密劾公因循逗遛,捏报斩获。奏五上,上以问浙江巡抚清安泰,清安泰辨之。九月,奉上谕云:"本日,清安泰奏到,查明李长庚在洋捕盗,并无因循懈玩一折,所奏甚属公正。阿林保前此密参李长庚因循怠玩,种种贻误,请将伊革职治罪。朕览该督所奏,即觉不惬。阿林保身任总督,原不能无参劾之举,但伊到任不过旬月,地方公事一切未办,海洋情形素未熟悉,而于李长庚更从未谋面,辄行连次参奏,专以去李长庚为事,殊属冒昧。是以降旨令清安泰秉公详查,俟奏到时,再行核办。而本日据清安泰覆奏,则称李长庚带领兵船经过海口,并未回署。清安泰曾于致阿林保信中,将其两年在外,公尔忘私之处叙及,特阿林保尚未接到耳。又据称海船若不勤加燂洗,则船底苔草螫虫黏结,辄驾驶不灵,故隔越两三旬即须傍岸燂洗,李长庚收船进港,委非无故逗遛。而李长庚所获李按,实系蔡牵伙党,俱经审明确凿,并无捏报斩获情弊。并据另片奏称,八月十六日,李长庚带兵围攻蔡逆坐船一事,将盗船烧沉二只,毙贼无算,生擒七名。不但李长庚身受多伤,即黄飞鹏亦被炮弹掷伤腰腿,又官兵受伤者一百四十余人。清安泰又转询黄飞鹏、何定江二人,亦均称李长庚实在奋勇,并无怠玩等语。是阿林保前此参奏李长庚之处,均系捕风捉影,全属子虚。设朕误信其言,不加详察,即照阿林保所奏办理,则李长庚正当奋不顾身,为国殄贼之际,忽将伊革职拿问,成何事体,岂不令水师将弁寒心,试问水师中有过于李长庚者乎?阿林保未见确实,任意纠弹,殊属冒昧。朕又不昏愦糊涂,岂受汝蛊惑,自失良将耶?李长庚平日既无逗遛悾愡情事,此次在长途洋面,痛剿蔡逆,身先士卒,躬受多伤,实为认真出力。朕已特降恩旨,先行赏还顶戴,以示奖励,并将剿办蔡逆一事,责成该提督勉以成功。李长庚感激朕恩,既知责无旁贷,自必倍加奋勉。兵船在洋捕盗,全在地方官协力帮助,文武和衷,方克有济。从前玉德在闽浙总督任多年,于李长庚兵船剿贼之时，事事掣肘，如所需火药、炮位、船只、兵米等事不能应手；而于盗船接济之路，又不为之严行杜绝，以致兵船日形匮乏，盗船驶窜自如，追捕不能得力。此等实在情形，朕皆洞悉，是以将玉德革职逮问。今兵船正当剿捕吃紧之际，若阿林保尚不知以公事为重，屏除私见，犹复轻听人言，罔恤公论，甚至因此次参奏李长庚不能遂意，因而挟私逞忿，心存嫉忌，遇事掣肘，使其不能成功，以致蔡逆逭诛，海疆贻误，则阿林保之罪甚大，玉德即伊前车之鉴，朕惟执法惩办。是此时，李长庚不至革职治罪，而阿林保不知改悔，转恐不免矣。阿林保着传旨严行申饬，并谕温承惠、清安泰知之。"

十二年春，忠毅追牵入粤，击之于大星屿。四月，击粤盗郑一于佛堂洋，获其二艇。七月，请回宁波办军政，诏饬之。八月，即出海。十一月，击牵于闽之浮鹰。十二月，率福建水师提督张见陞等追牵入粤海。廿五日质明，至黑水外洋，牵仅存三舟。忠毅以浙江亲军专击牵一舟，毙贼甚伙。又自以火攻船挂牵船，将成擒，忽贼发一小炮，适中忠毅喉，忠毅遽殒。闽帅张见陞本庸懦，又窥总督意，颇不受提挈，及是，远见总帅船乱，遽率舟师退。牵乃遁入安南夷海中。阿林保以其事闻。上震悼，哭之，廷臣亦哭。

诏曰："浙江提督李长庚，宣力海洋，忠勤勇干，不辞劳悴，懋著威声。数年以来，因闽浙一带，洋盗滋事，经朕特命为总统大员，督率各镇舟师在洋剿捕。李长庚身先士卒，锐意擒渠，统兵在闽、浙、台湾及粤省洋面，往来跟剿，艰苦备尝，破浪冲风，实已数历寒暑。每次赶上贼船，无不痛加剿杀，前后歼毙无数，擒获盗船多只。蔡牵亡魂丧胆，畏惧已极，闻李长庚兵船所至，四处奔逃。正在盼望大捷之际，乃昨据阿林保等奏到，李长庚于上年十二月二十四日，由南澳洋面驶入粤洋，追捕蔡牵，望见贼船只剩三只，穷蹙已甚。官兵专注蔡逆，穷其所向，追至黑水洋面，已将蔡逆本船击坏。李长庚又用火攻船一只，乘风驶近，鲑住贼船后艄，正可上前擒获。忽暴风陡作，兵船上下颠播，李长庚奋勇攻捕，被贼船炮子中伤咽喉、额角，竟于二十五日未时身故。览奏为之心摇手战，震悼之至。朕于李长庚素未识面，因其在洋出力，叠经降旨褒嘉，并许以奏报擒获巨魁之时，优予世职。李长庚感激朕恩，倍矢忠荩，不意其功届垂成之际，临阵捐躯。朕披阅奏章，不禁为之堕泪。李长庚办贼有年，所向克捷，必能擒获巨憝。朕原欲俟捷音奏到时，将伊封授伯爵。此时，李长庚虽已身故，而贼匪经伊连年痛剿之后，残败已极，势不能再延残喘。指日舟师紧捕，自当缚致巨魁。况李长庚以提督大员，总统各路舟师，今殁于王事，必当优加懋赏，用示酬庸。李长庚著加恩追封伯爵，赏银一千两，经理丧事；并著于伊原籍同安县地方，官为建立祠宇，春秋祭祀；其灵柩护送到日，着派巡抚张师诚，亲往同安代朕赐奠。并查明伊子，现有几人，其应袭封爵，候伊子服阕之日，交该督抚照例送部引见承袭。其李长庚任内各处分着悉予开复，所有应得恤典，仍着该部察例具奏，以示朕笃念劳臣，恩施无已至意。部臣以伯爵请，得旨，李长庚着封三等壮烈伯，承袭十六次。袭次完时，给予恩骑尉罔替。其恤赏银，着再给四百两全祭葬，赐谥忠毅。忠毅无子，以族子廷钰为后，袭爵。"

忠毅治兵有纪律，恩威兼施。诸盗皆畏之，为之语曰"不怕千万兵，但怕李长庚"。海盗沈振元自言为盗时泊浙海，夜梦公至，一夜数惊，遂革心投诚，为水师健弁。公家故丰，悉毁于兵事；好读书，究韬略，为诗古文；修宁波学宫，置义冢，为粥食饿民，士民皆感之。忠毅举武科会试，即航海入天津，识海中形势及在水师识风云、沙线，自持柁，老于操舟者不及之。在兵船，缄所落齿，寄其妻吴，盖以身许国，虑无归榇也。闽健将许松年、王得禄等，皆公所荐拔者，朱渍后为许松年炮所毙，其弟渥率众降于闽。十四年，阮元复任浙抚。八月十八日，福建提督王得禄、浙江提督邱良功，始共歼蔡牵于温州黑水洋。

## 李忠毅公神道碑文

### 陈寿祺

嘉庆十二年冬十二月二十有五日，浙江提督李公帅师剿海盗死之事闻。上震悼，诏追封三等壮烈伯，予世袭，谥忠毅，给丧事；命福建巡抚往迎其丧，摄奠，建祠其县；数勒水师将士为公复仇，恩礼笃异动天下。越明年九月，葬公同安坪边山之原，公女夫宁波同知陈大琮来京师，请文于碑。寿祺，公乡人，且史官也，谨次功状之实，以昭示来世，叙曰：

公讳长庚，字超人，一字西岩，泉州同安人。曾祖思拔，祖宗德，父希岸，寄籍彰化县学生。三世赠皆如公官。公于兄弟次三，幼倜傥异常，稍长习骑射，慨然有当世志，弱冠以武学生，举乾隆三十五年乡试；明年，成进士，授蓝翎侍卫。四十一年，出为浙江衢州都司，擢提标左营游击，迁太平参将，再迁乐清副将。

林爽文之乱，檄入闽，权海坛镇总兵，所辖南日、湄洲，故盗薮，公至捕除之。会邻民被劫，误指海坛，坐削职。遽归，散家财，募乡勇，率子弟操舟入海擒盗首从数十，复擒盗大岞，公自是有致命之志矣。顷之，郡王福文襄定台湾还，访水师将才，礼异公。公慷慨请曰："长庚破家为国！舟及军食、军械一不资官，惟火药非私家物，愿便宜得调。"文襄许之。初，闽盗林明灼等入浙海，戕一参将，吏莫能捕，以属公，不三月皆获，奏起游击。五十五年，权铜山营参将。后四岁，补海坛右营游击，仍权铜山事。六十年，安南艇盗阑入闽，傍近骚骇，公率战舰八，击之象屿，追北及三澎。贼来扑，舟师未集，麾兵士急伏舣艎中，候贼炮尽，突过其东，发一炮歼之。日暮，望数艇踵至，令列舰衔舻，迤若长蛇。比晓，东西迭转斗，大挫之。

今上即位之二年，由铜山参将擢守澎湖副将。未行，迁浙江定海镇总兵。定海更盗患，婴城守。公条上缉捕事于总督，故大学士书麟多施行。于是,攻盗衢港北,北越山东登莱,又攻盗普陀洋,又攻盗潭头,斩获多。当是时,凤尾群盗诱夷艇百余,踞浙江岛澳,而巨盗蔡牵、林阿全等名号,以数十舶交海中。当事者,特急艇患,日夜程督。公乃击之温州三盘澳,还拔他将之被围者,锋锐甚,贼宵遁,南追至竹屿,过粤、闽之交甲子洋乃返。上闻,慰谕曰:"李长庚素勇追剿力,然风涛险阻,稍持重,不可轻进。"又诫总督玉德曰:"李长庚为水师杰出,宜用于要处。莫令往返奔波,徒劳无益也。"公致书提督苍保,大略谓"定海、黄岩、温州三镇,宜更抽战船,专督帅,假便宜,励赏罚,加口粮,足薪米,稽要隘,断火药,遏籴汲。益募丁壮,增调水兵,稍变通成例,权利害而勿惜小费",其言皆中机要。五年,击贼功最,赐花翎。夷艇大入,浙江巡抚阮元奏以公总领水师。遂申军约,别徽帜,严号令,明进退,疾徐之节,曰:"吾熟水战,不如法,不可欺也。"夏扼夷盗于松门,飓风作,覆其艇几尽,献俘千,磔伪侯伦贵利。自是夷盗不复践浙海,他土盗亦寖戢,而蔡牵扰闽海剧张。其冬,公南下剿水澳盗及牵党。六年冬,授福建水师提督,寻调浙江。九年秋,命公为闽浙水师总统,温州、海坛二镇为左右翼,专捕牵。公议贼船署于商船高大,仰攻不便,当禁海商,毋擅造巨舶,巨舶勿出口,贼所掠止千斛之舟,乃无能为矣。又自刱火攻船①,颇仿明人"子母连环船法"。十年,夷艇挟群盗朱渍窥金、厦,漳、泉戒严,牵因入淡水,迫台湾。复授公福建水师提督,出厦门。牵引去,仍调浙江。其秋,诒书巡抚清安泰曰:"蔡牵有船八九十,而长庚所统兵船仅相抵;浙江尚有邱搭、小肥宾等盗船三四十,而三镇兵船亦仅相抵,自揣兵力犹未足胜贼。用兵之道,知彼知己,谋出万全。长庚自督府奏定,勒限一年以来,趋蹈艰险,横戈直前,出入死生,徒劳无成者,缘闽浙洋面三千余里,所在兵力单夐。只恃长庚一军往来逐捕,顾肩失股,贼反以逸待劳。前奉中旨勿事尾追,今日之病实在于此。窃

---

① 刱,同"创"。

谓两省宜各厚集艨艟,隶之两提督,使不分畛域,首尾策应,勿予贼暇,庶少有豸。"①公自以总兵讨牵岁余,东击之南盘,掩之白犬洋,败之旗头至东霍山,乘胜至尽山。以提督二岁,乘之象山,东薄之东沪,蹙之三沙,北躐之南麂,手鏦之浮鹰。以总统逾三岁,邀于马迹,东及于黄垅轰之;贼复自淡水北,覆之青龙港,擣之斗米洋,战三昼夜,东燔之台湾洲尾,焚其舟数十;北走而东蹴之张坑,掀商艘出房者,复北折而南克之调斑洋;合诸镇兵围之渔山,再踏之竿塘,破之三盘;贼东走,逐之东涌,反而北又窜而南,趾之广东大星屿,凡斩首八十余级,殪禽数千人,得贼从子一人,头目十余人,俘器械炮火万计。

上知公不遗余力,且功簿无虚饰,累诏嘉之。公追牵三沙也,贼食尽,篷缆战具皆败,乃遣党诈乞降督府。督府不虞也,辄遣吏招抚而飞檄趣舟师入焉,公勿动。贼以间缮俻扬飓去。牵之围台湾也,陷凤山,据洲尾,凿巨舟塞鹿耳门,阻外援,结奸民万余人大掠。公令扼隘口,遣将绕出其腹背夹攻,连破之。已而,贼乘潮从北汕逸。事闻,夺翎顶。而公固逆知港道辽阔,贼众我寡,尝从督府乞济师,不时应,故失牵。渔山之役,贼瓦石火箭如雨。公力战,被数创。当是时,总督玉德以罪谪戍边,代者因衔公,构蜚语遽劾公,而巡抚清安泰讼公战功,章寻至,诏复公冠顶而切责劾者。大星屿之役,断贼舟大桅,毁其篷,围急而公舟亦摧于浪,粤援绝故止。上闻,切责粤帅,叙公功。

其岁,与粤帅剿他盗竣,还浙江,请暂理军政,上不许。遽行与家人诀曰:"吾不灭贼,誓不返矣。"于是,合金门、福宁二镇兵南击牵,及之广东黑水洋,贼才三舟矣,火攻船乘风爇其艄,公奋欲登者三,几获牵。俄风大起,水立,舟中皆倾眩,飞炮中咽及额。是日,日昃殒,垂绝犹左手持刀,右执盾,怒目视如生时。

公天性知兵,尤长水军,衽飓涛,颊霜雹,祖锋镝,身大小百余

---

① 豸,通"解"。

战,所向风靡。贼私相戒曰:"不畏千万兵,但畏李长庚。"其詟服如此。天下知与不知,皆以为今之颇、牧,然所与同心者,阮公、清公而已,它督部多不相中,骤之,掣之,齮龁之。提孤军奔命,四涉万里,往往客主不相接,发凋齿豁,卒罹鼍鳄,悲已。然而,公将兵在外十数年,上未尝识公面,独排箕舌,洗箧书,始终倚公如长城。其生也爱之,其死也哀之,盖古名将不易得之于其君。天下又以感公之遭也,或谓以公之勇,功隳旦夕,贼罪巨于海而网数漏,何也?岂天欲俾公尽瘁,以彰忠烈而后已耶?公卒逾年,提督王得禄、邱良功,竟以闽浙舟师毙牵海上;总兵许松年亦已毙贼朱渍。渍弟渥,牵义子小仁,先后举党降。然则,天子之威德,公之英灵与文武吏士之所以为公雪愤者,皆可知矣。

昔汉灭蜀,追念来歙;越嶲夷降,赐岑彭家;晋平吴策,告羊祜庙;唐扫荡河洛,原功张许,绘形凌烟;今公功方百世祀,天下无一日不思公,公何恨哉。公所至尝修学校,赈饥施棺,置义冢,善拊吏士;今大帅得禄、松年之属,皆公所荐拔,盖又仁智儒将也。生乾隆十五年四月二十五日,春秋五十八,无子。养子廷驹,武举人,早卒。闻于朝,以所抚同姓子廷钰嗣,袭爵。铭曰:

茫茫大瀛,实生蛟鼍,去来闪尸,血人于波。天子命我,楼船哉哉,翦此朝夕,齿我天戈。雷砰霆激,奔骇妖魄。乘风簸涛,困而反齮。黄头之军,南北寡援。苍兕苍兕,触涉险难。胄虱十霜,饥不暇餐。志业未竟,先摧师干。陇西确虏,昆邪恐亡。新息介介,壶头卒僵。公知国恩,安知福祸。惟帝念忠,报勋优大。鼓鼙琴瑟,听之立懦。登于明堂,功宗曰可。

## 李忠毅公墓志铭

### 洪亮吉

我国家多将帅材,并世所见者三人,皆官提督,皆死国事,又皆未竟厥用,曰马忠壮全谥法考作壮节,曰花壮节连布,其一则忠毅公也。然壮节与予同官最久,忠壮亦尚及识一面,独忠毅远隔数千里,二十年来,宦辙南北,耳其名,究未面其人也。惟屡读邸报,见其勇猛任事,见其忠勤为国,见其出万死不顾一生,又独能以精诚上结主知,以为东南阃帅,有此人,小丑不足殄矣。及闻黑水洋之变,虽识与不识,无不东向哭失声,为圣天子惜此鞠躬尽瘁之臣也。呜呼!数十年来,使封疆大吏,人人能与公同心,则盗之就擒已久,然惟公以孤忠孑立。今上亲政,未及一觐,阙廷顾转邀不世之知,破浮言,排物议,一意任公,命为总统,功以旦夕成矣,而变出意外,遂使边隅小丑,暂缓天诛,东海荩臣,遽沦泉壤,此则不能无恨者耳。夫忠壮剿金川酋,壮节剿铜江红苗,皆死于事之方殷,而公独死于功之垂就,此则尤可惜者。呜呼!公孙述灭光武,感念岑、彭;吴孙皓亡,晋武帝亦流涕曰:"此羊太傅之功也。"吾知不日海甸肃清,圣天子亦必轸念劳臣,以为非李长庚不至此,则公死而亦若不死矣。

按状,公讳长庚,字超人,自号西岩,世为同安著姓。曾祖思拔,祖宗德,父希岸,彰化县学生,三世皆赠如公官;妣皆赠一品夫人。赠公有五子,公次居三,幼即异常童,甫入塾学书,即振笔书唐李白句,云"天生我材必有用"。赠公大奇之,命以今名。性笃孝,年十七,母余太夫人疾,衣不解带数月。免丧,习骑射,慨然有当世志,试补武生。举乾隆庚寅恩科乡试,明年成进士,授蓝翎侍卫,扈跸畿辅者三年。二十六,出为浙江衢州都司。居六年,擢提标左营游击。又六年,由太平参将擢乐清副将。林爽文之党入闽,护海坛镇总兵,所辖南日、湄洲,故盗薮。公至,始哨其地,捕除之。会邻境有被劫者,误指为海坛界,落职留缉。公一不申辩,遽毁家募乡勇,出洋擒盗首林权,又擒盗陈营等于大岞,大岞盗善火器,燎公须,短兵接,大获而返。时,总督为郡王福康安,访水师将材,独礼异公。公慷慨言曰:"长庚破家为国,船既自造,军食器械一不资于官,惟火药非私家物,愿有请。"于是,督府下檄沿海,凡李某所在,调用军火,不限多寡与之。先是闽盗陈礼礼等阑入浙,杀浙江参将,吏莫能捕,以属公,不三月,获之。奏起游击,旋署福建铜山参将。铜山战舰徒空名,公别用选锋作商人装,出海不张旗帜,见者不知为官军也,故贼至辄得。越岁,以父忧归。仍还署任,救象屿商船之被劫者,贼来扑,我军少,势不敌。公伏不动,待贼炮尽,出不意戗过其舟,一炮殪之。日向暮,隐约又见数艇,公亟收泊,数艇者亦泊。比晓相持,公率八舟一字排列,作常山蛇形,后船插前船,巨缆絚之,贼从东来,东第一舟应之,以迄第八,西来亦如之。回环终日,奸毙甚多,余各分窜。自此夷匪相戒,勿入铜山境。旋补海坛右营游击。

今上元年,即授公铜山参将。明年,擢澎湖副将,以保举入京,未至,授定海总兵。纯皇帝召见,奖谕有加,命速抵任。公受事,条具缉捕事宜以上,总督故协办大学士书麟,多如公议。前总督魁伦奏请改同安梭船一事,亦公所创也。明年,土盗凤尾帮诱入安南夷艇,公破之三盘礐,拔他将被围者出之。当是时,群盗蔡牵、林阿全等大小以百数船交海中,而当事者独急艇匪,日夜程督。公追之浙洋,追之闽洋,又追之过闽粤交界之甲子洋乃返。

明年四月,击蔡牵白犬洋,功最,赐花翎。五月,夷匪大入浙,巡抚阮公元奏以公为统帅,报可。六月,与黄岩镇会剿松门,飓风作,覆贼舟殆尽,获其伪爵伦贵利,俘斩数千人,艇患自是纾矣。计自蔡牵以外,公所捕获海盗有名目者:于深水洋,获李出等二十二人;于潭头,获丁郭等十九人;于六横,获林俊新等十五人;于徐公洋,获杨焉等十九人;于竿塘,获李车黑等十人;于旗头,获陈帖等二十二人；于东霍山，获李广等二十一人，斩首十级，乘势至尽山，获陈火烧等二十二人，斩首十一级，至三盘，获商英等七人；于山东黑水洋，生擒苏柳等五十余人，斩首二十级，获船只器械无算。若浮鹰之生擒五十余人；南圯之一日夜获八十余人；黄垅之沉贼艘二，毙七八十人，斩首五级，数俘得五十二，是皆积年逋盗，遇公无不亡魂失魄，鱼奔豕窜，陷胸抉胆相接。以是，贼中口号曰"宁遇千万兵，莫遇李长庚"，此即公剿贼不遗余力之大略。又计公所历洋面，浙、闽而外，南越琼州，北至登莱。盖自嘉庆之元迄丁卯，历十二年，凡寒暑昼夜，风霰雪雹，无一日得离海洋，亦无一日不搜海盗。鬓发以此白，面目以此黧，而公亦誓死灭贼，不复有旋踵想矣。《记》曰"以死勤事，以劳定国"者，实于公一人见之。

公所创舟船营阵，曰火攻船、同安梭船，曰常山蛇水阵。其为总统也，申明条令一定，海帮兵船居中，用黄旗，总领用五色方旗；黄、温二帮兵船居左，用红旗，总领用五色尖旗；闽帮兵船居右，用白旗，总领用五色尖旗。军船日行插五色旗，夜悬三灯。遇贼船，不论何帮，先见者，即高张本色旗，以便后船眺望，协力剿捕。仍视中军旗号，指东则向东，指西则向西。入夜中军船放火号三枝，各统领二枝，各船一枝。所携药弹必待盗船即近，然后开放。故枪炮绝无虚发。盖公号令整肃又若此。六年冬，擢浙江提督。台湾平，调福建水师提督，旋又调浙江总统。

盖自上亲政以来，又专以蔡牵事付公，闽浙水师皆属焉。公感激上知，益思自奋。其剿蔡牵也，败之于青龙港，覆之于斗米洋，又大蹙之于鹿耳门。嗣以牵船从北汕漏出，有旨夺翎顶。继又败之于三盘，又挫之于调班洋，又大挫之于渔山。公血战受伤，事闻，复顶戴。又大败之东涌，炮击牵从子蔡添来落海。明年，又扼之粤洋大星屿，断牵船大桅，毁其篷索。围甚急，若使粤援即至，则牵必计日授首，而无如其不至也，牵复得脱去。上闻，切责粤帅,下部叙公功,然机已坐失矣。又与粤帅会剿澳门盗事竣,先期请暂还理军政,上未允。遂即日复行。

冬,合金门、福宁二镇,合击牵于浮鹰,擒九十五人,斩级十五。十二月二十五日,至黑水洋追及之,牵所有三舟耳。公奋勇欲登舟,几得上,忽风浪遽作,苍猝中,贼炮伤咽喉、额角,遽以是日之晨陨命。呜呼!贼濒于死屡矣,乃桅断不死,船毁不死,蹙之绝地不死,岂天故欲稽其诛以俟恶稔,始举族以歼之,使一不留遗种耶?仰天欲彰公之节,故使变生不测而贼亦旋踵即灭耶?是皆不可知者矣。

督臣疏入,上震悼,为之坠泪,使抚臣迎其丧,奠醊,赐帑金千两,续又赐帑四百两,封三等壮烈伯,于本县建立专祠,仍下部臣议恤,赐全祭葬,赐谥忠毅。又累降旨申饬水师将帅,为公复仇,勒督臣用所获蔡牵义子蔡二来裔以祭公,枭其首。丧次,圣代褒忠之典,可谓无以加矣。非公之破家为国,忘身灭贼,不以死生利害之念稍存于中者,而能致此乎?

公生平读书外,喜静坐。天性知兵,尤长水师,大小经百十战,所斩获不啻千数,所获军装器械,不啻万数。他人得其一,即诧奇功,在公尚不足言。所至修学校,作义冢,见义必为,并有士大夫所不能者。公生于乾隆十五年四月二十五日,年五十有八。配吴夫人。子二,曰廷驹,乙卯科武举,早卒;曰廷钰,方为公后,承其丧。吴夫人生女二,一字叶寅,在室殇;一适同县候补同知陈大琮,今奏留浙江,欲随大府剿贼,以复公仇者也。将以十三年九月十有八日,葬公于坪边原,千里走使,乞为墓志之文。余生平慕公而恨不得一见者也。重为之铭曰:

岷山之原,谁神于江?离堆灌口,为公之宗;
闽江之南,谁神于海?高浦浯洲,公神斯在。
公不灭贼贼害公,怒气上作三天虹,雷电击贼沧海东;

公之英灵在天地，一讣传来十洲涕，除夕先腊万家祭。

公能报国死亦甘，留此正气维东南。

我铭公墓兮石作函，历万万古兮词无惭。

## 李忠毅公祠堂碑记

### 王宗炎

嘉庆十有二年冬十有二月壬辰，浙江提督西岩李公，以舟师追剿海贼蔡牵，薨于广东黑水洋。明年春正月，闽浙总督以闻，天子震悼，追封壮烈伯，世袭，予谥忠毅。勅建祠原籍福建同安，有司春秋以时亯祀①，备哀极荣，无与伦比。其年冬，祠宇落成，楹桷舃梐，堂庭广邃。迎奠栗主，精爽肸蠁，瞻谒肃祗，若公生存。丽牲眠景之石，砻材既具，宜有铭刻，以昭忠伐。公婿浙江候补同知陈大琮以属，宗炎固辞不获。

谨案：公以武进士，入宿卫，出官浙江、福建偏裨，洊擢至大帅，统领各镇，逐捕洋盗，穷溟绝岛之中。徂践寒暑，蹈赴危险，轰水澳、蹦凤尾，犂石塘，扫林阿全，燔邱搭、小肥宾。攘安南夷艇于松门，乘飓风灭之，磔伪侯伦贵利；格朱渍于甲子洋，斩红旗贼目犗郑一于佛堂外洋，获其乘舟。前后禽贼首林权、吴三、林明灼、陈礼礼、侯纳、罗二十等，诸所歼毙，不可胜计。群盗觳觫，面缚投首。台温之间，渊薮绥靖。蔡贼凭逞狡猾，鸱义敖攘，公袭之白犬洋，逐之旗头，掩之渔山，几获之。贼诡降走逸，追之三沙，及于南麂，大创之；搏之浮鹰洋，擒四十人；尾之黄垅，至于尽山；挫之青龙港，击之斗米洋，战三昼夜，擒七十二人。贼走台湾，攻之安平，乘之柴头港，战皆捷。大破之洲尾仔，贼遯。邀之鹿耳门外，围之张坑洋，克之调班洋，杀伤甚多。逼之竿塘，功最。蹙之三盘，覆

---

① 亯，通"享"。

之大星屿，收其战械，夺其炮，毁其艨艟，断其缭索，折其桅，焚其篷，枭其党许老、陈帖、陈火烧、彭求、陈贵、李七、李来，毙其侄蔡添来。胁从群丑，鸟骇兽散。贼仅存三舟，亡命奔窜，入于粤洋。公锐师冲突，以所制火攻舟佳贼艄后，身欲跃登贼舰者三，贼股栗坠海，不知所为。俄而烈风反逆，海水飞立，天地晦冥，士皆倾眩。公大呼奋击，猝受流炮中额及咽。始于蠱没匪躬，终以致命遂志。当亡为之泣下，三军为之恸哭。稽古仗节死绥之臣，类变起仓卒，义不返顾，或中谗遭忌，援绝身危，甚则沮挠粤举，左次失律，进退不可，捐躯明志。论者尚悲其遇、原其心，俎豆尸祝，以庙宣之，谓勋虽不足，烈则有余也。

公被两朝知遇，际十全之胜会，帅二省之劲旅，贾百战之余勇。贼以螳斧蚊负之力，弄兵潢池，使公早统戎行，文武和衷，将佐用命，出其喑哑叱咤，指顾之间，拨虋灌焫，绰有余裕。且夫统帅之任，非一手足之烈。公从容帷幄，发踪指示，令舆斯扈养，缚渠献捷，不难坐膺懋赏。况圣虑万全，申命持重。公即涉履波涛，可不必躬冒矢石，顾以受恩深渥，未敢启居惩贼之谲，作士之气，昼夜梭逐，不予以暇，审度缓急，决定机宜，以为不先除余盗，不能翦蔡贼之翼，不直捣蔡贼，不能靖余盗之心。往来分合，次第廓摧，使蔡贼势力孤竭，然后一鼓扑灭。又念身专重寄，师之耳目，先登陷阵，率厉士卒。宁衽锋镝，以刘大憝，而困兽犹斗，死灰竟然，此公所不及料。要其敌忾致果，势糜顶踵，成仁取义，定于平日。惟忠与烈，实兼有之，合于祀典所称"以死勤事，能捍大患"之谊。国家使臣以礼，有功而能知之，尽忠而必报之，名炳丹书，赏延后嗣，庙食桑梓，传诸无穷，所以慰恤激劝者，跨越前载。公生为名将，殁为明神，志气有所未伸，事业有所未竟。正气不泯，发扬昭明，其光景动人民，宜有烜赫震曜，宣助威武，歼荡鲸鲵，澄谧陬澨，以默相我大清镜平砥厉之治，爰系以诗：

常羊之维，大海邕之。淳漪欲纳，闲气钟之。笃生李公，龙骧云起。继其家声,临淮成纪。戴仁抱义,说诗敦书。雅歌投壶,如古大儒。入卫周庐,出拥旆旌。东南倚公,屹然长城。参戎铜山,追盗象屿。八船回环,若捕雀鼠。纯皇帝褒嘉,擢镇定海。舵是舟主,汝勤无怠。公拜稽首,臣在洋久。誓扫欃枪,以报我后。惟帝谓公,雄挺杰出。宜在要地,勿轻奔趋。蠢尔蔡牵,抗逆颜行。敢窥台湾,敢扰浙洋。帝命总统,提督舟师。用汝浙江,汝惟勉为。公感泣言,竭股肱力。死而后已,以尽臣职。爰率诸镇,孙罗王许。飞炮轰雷,浴血濯雨。渔山撐围,楼船云集。制贼死命,悬于呼吸。诡降大府,哀惶跋躃。缓缚漏网,狡谲反复。公出新意,造火攻船。钱铅药线,所向无前。鲸涛远决,鼍窟穷搜。草薙禽狝,无俾种留。誓师慷慨,灭此朝餐。贼余三舟,心破胆寒。疆梧单阏,橘涂之月。凿门而出,底天之罚。联艅南下,苍兕黄头。至黑水洋,公先众舟,踊登贼舰,佳毁贼艄。左手执盾,右手持刀。颓飙焚轮,骇浪喷薄。妖鸟晨飞,大星昼落。凛凛须眉,殁而犹视。生长于海,与之终始。帝闻公名,未识公面。览奏下泣,褒纶殊眷。冀公获丑,观封鼓岬。登于明堂,酬庸锡荩。何期齐斧,遽悼灰钉。密章鰲绶,以宠公灵。诏守土吏,建祠同安。慰公忠贞,祭以贼脔。祠堂枚枚,在海之隈。公归其乡,云旂往来,上为日星,下为河岳。更千百年,瞻此桢榦。定军之山,栾公之社。岁时腰腊,椎牛奠斝。蔡贼既平,薄海来庭。告公事成,公心载宁。

## 李忠毅公事略
### 李元度

嘉庆十有二年十二月壬辰,浙江提督李公,剿海盗蔡牵,中炮,薨于广东潮州之黑水洋。事闻,上震悼哭之,廷臣亦哭。

诏曰:朕于李长庚,素未识面,因其宣力海洋,忠勤勇干,身先士卒,锐意擒渠,叠经降旨褒嘉。原拟俟捷音到时,封授伯爵,不意功届垂成,临阵捐躯。览奏心摇手颤,为之堕泪。李长庚可追封三等壮烈伯,赏银千两治丧,并于原籍建祠,春秋祭祀。灵柩抵家,着巡抚张师诚代朕赐奠,寻赐全祭葬,仍加赏银四百两,予谥忠毅。命公旧部王得禄、邱良功嗣其任,勉以同心敌忾,为李长庚复仇。又勅督臣用所获蔡牵义子蔡二来祭公,枭其首幕次。十四年八月,浙江提督王得禄、福建提督邱良功歼蔡牵于温州之黑水洋。诏封得禄二等子,良功二等男。于是,闽、浙洋匪悉平。

公字超人,号西岩,福建同安人。性至孝,母余太夫人疾,衣不解带,凡四月。读书习骑射,乾隆三十六年武进士,由蓝翎侍卫,补浙江衢州都司,迁游击参将,至乐清副将。林爽文乱台湾,调入闽护海坛镇总兵,捕湄洲贼数十人,散其党。会邻海有民船被盗,误指海坛,坐夺职。公罄家财,募精勇,擒盗首林权等数十人;又击盗陈营于大岞,盗善火器,公回舟据上风,以长竿击繫月镰断其帆缭,须眉皆被燎,跃入盗船斩以归;又获戕参将张殿魁之林明灼、陈礼礼等,以游击起用。五十五年,署铜山参将,父忧去官。五十九年,补海坛游击。时闽浙洋匪,北接山东,西通两粤,三面数千里皆盗出没。其内地曰洋匪,蔡牵最大,朱濆次之;外地曰夷匪,多中国奸民挟安南人为之,凤尾最大,水澳次之。一艇载数百人,洋匪曰匪艇,夷匪曰夷艇。夷匪至则数十艇,蔡牵百数十艇,朱濆亦数十艇,其大较也。六十年,夷艇入福建之三澎,公以小船八迎击之。计众寡不敌,乃以八船首尾缩为一,贼东来,则以东一舟应之,以次至八,西来亦如之,贼败去。嘉庆二年,迁澎湖副将,浙江定海镇总兵。纯皇帝召见奖谕有加。

三年,击洋匪于衢港,于普陀,又击之于潭头皆败之。明年,凤尾引夷匪自闽入浙,公追击至温州,沉其一艇;守备许松年等困于贼,公返舟入贼围救出之。穷追至甲子洋,遇蔡牵,再击之。浙抚阮公元上其功,得旨:李长庚奋勇杰出,为贼所畏惧,宜用于要地,弗令往返奔波,且洋面风涛,亦宜稍持重。寻赏孔雀翎。

五年夏,阮公奏请以公总统闽、浙水师。得俞旨,公申号令、严标识,束部伍,信赏罚,自偏裨至队长、柁工、水手、耳目皆一,于是水师皆可用。六月,夷艇大至,逼台州松门,公率师迎剿。忽飓风起,雷雨大作,贼艇覆溺几尽,其登岸者悉就俘,获安南伪侯伦贵利等四总兵,磔之,以勅印掷还其国。会故安南王已为阮福映所灭,新受封,守朝庭约束,尽逐奸匪,自是夷艇不复至。其在闽者,皆为蔡牵所并。牵,同安人,奸猾能用其众。既得夷艇、夷炮,凡水澳、凤尾余党皆附之,势张甚。是年,公擢福建水师提督,总督玉德以公籍福建,请迴避,乃调浙江。先是匪艇皆高大,我军仰攻殊失势。公与阮公议造大艇,凌匪艇上。阮公筹费十余万,交公遣官赴闽造三十艘,至是成名曰"霆船",遂连败蔡牵于岐头、东霍等洋。七年春,获匪目张如茂等,兵威大震。八年,牵窜定海。公帅舟师掩至,牵仅以身免,穷追至闽洋,贼粮尽,艇且朽,我师又据上风,不能遁,乃伪乞降于总督。玉德遣兴泉道庆徕招抚之。牵又言:"果许降,勿令浙师由上风逼我。"总督遽以令箭麾浙兵收港。牵得以其间,缮橹械,偫糗粮,扬帆去,浙兵追之无及矣。寻击牵于三沙,于温州之南麂,凡夺舟、沉舟、燔舟者六,斩获无算。牵畏霆船甚,厚赂民商造巨艇高于霆船,先后载货出洋,以被劫归报。牵得之大喜,渡横洋,劫台湾米数千石,分饷朱濆,遂与濆合。九年,戕温州总兵胡振声,连艅八十余,猝入闽。闽师不敢击。诏公总统闽浙水师,专剿蔡牵,以温州、海坛二镇为左右翼。八月,击贼马迹洋。牵、濆结为一阵,公督兵冲贯其中,断贼为二,追至尽山,沉其二艇;又断牵坐船篷索,终以船高得遁去。牵责濆不用命,濆怒,遂与牵分,而牵势亦少衰矣。公与阮公议禁商人造大艇,无为盗赍。十二月,败濆于甲子洋,夺船二,调福建提督。十年夏,败牵于青龙港,复调浙江。十一年,牵合大队攻台湾别部,屯州仔尾,沉舟鹿耳门,阻官兵。公至不得入,谍知南、北汕、大港门可通小舟。公扼南、北汕,遣总兵许松年、副将王得禄乘澎船进攻，焚三十余艘，俘贼千余人。十一年正月，复败之于柴头港。二月朔，松年夜率锐师，趾海水登洲仔尾，焚其寮。牵反救，公遣将出南汕自后焚其舟。松年进蹙之，贼大败。明日，登岸击陆贼，燔其小舟。牵弃洲仔尾，困守北汕，以鹿耳门沉舟自塞走路也。越二日，潮骤涨，沉舟漂起，牵夺门出。公追击之，夺船十余，卒以闽师不助扼各港，竟遁去。诏夺公翎顶。是役也，许松年为先锋，前后歼贼数万，尸横数十里，台湾获全。公所将止三千人耳。是年，牵、濆合寇福宁，追败之。牵入浙，又击之于台州。八月，击之于定海渔山，公专击牵舟，火器雨下，额身皆受创。诏复公翎顶，果擒渠，许锡世职。

初，公以谋勇、耐辛苦，受仁宗知遇，屡立功。军事悉主阮公，福建忌之，故主招抚，后被给，益恚怒。而阮公又以忧去，福建益阻挠公。阮公尝欲造巨舟远过霆船者，既去浙，公乃请于总督，愿与三镇总兵预支养廉，捐造大船三十，总督尼之。当牵自鹿耳门败遁时，甚狼狈，篷柁皆毁，追至福宁，得岸奸接济，势复张。至是，公皆列状上闻。诏褫玉德职，逮问治罪，以阿林保代之。时闽文武吏以不协剿、不断岸奸，惧获罪，交谮公于阿林保。阿林保即密劾公逗留，捏报斩获，疏五上。上密询浙抚清安泰公。清奏言"长庚熟悉海岛形势，风云沙线，每战自持柁，老于操舟者不能及，且忘身殉国，两年于外，过门不入；以捐造船械倾其赀，所俘获尽以赏功，故士争效死。且身先士卒，冒危险，渔山之战，身受多伤，将士亦伤百有四十人，鏖击不退，故贼中有'不怕千万兵，只怕李长庚'之语。惟海艘越两三旬即须燂洗，否则苔黏螫结，驾驶不灵，其收港并非逗遛；且海战全凭风力，风势不顺，虽隔数十里，旬日不能到也。是故海上之兵无风不战，大风雨不战，逆风逆潮不战，阴云蒙雾不战，日晚夜黑不战，飓期将至，沙路不熟，前无泊地，皆不战。及其战也，勇力无所施，全恃巨炮轰击，船身簸荡，中者几何？我顺风而逐，贼亦顺风而逃，无伏可设，无险可扼，必以钩镰去其皮网,以大炮坏其柁牙篷胎,船伤行迟,我师环而攻之,然后可获其一二船,而余船已飘然远矣。贼往来三省,皆沿海内洋,外洋则无船可掠,无岙可依,从不敢往,惟剿急时始逃入焉。倘日色西沉,贼直窜外洋,我师冒险无益,势必回帆,而贼又遗诛矣。且船在大海中,浪起如升天,落如坠地,每遇大风,一舟折桅则全军失色,虽贼在垂获,亦必舍而收泊,易桅竣工,贼已远遁,故尝累月不获一战。夫船者,官兵之城郭、营垒、车马也。船诚得力,以战则勇,以守则固,以追则速,以冲则坚。长庚所造船,颇能如式,第兵船有定制,商船无定制。商船愈高大,则愈足资寇。近日,长庚剿贼专令诸将士隔断贼船,不以擒贼为功,而自率精锐专注蔡逆坐船围攻,贼行与行,贼止与止。无如贼船愈大,炮愈多,是以未能得手。且兵饷例止发三月,海洋路远,往返稽时,而事机间不容发,迟之一日,虽劳费经年,不足追其前效。此皆已往之积弊也。非尽矫从前之失,不能收将来之效;非使贼失其所长,亦无由攻其所短,则岸奸接济之禁,尤宜两省合力,乃可期效。"奏入,上切责阿林保连次参奏,专以去长庚为事:"倘朕轻信其言,则长庚正当奋不顾身,为国殄贼之际,忽将伊革职拏问,岂不令将弁寒心?试问水师中有过于长庚者乎?朕非昏瞶糊涂之主,岂受阿林保蛊惑,自失良将耶?此后剿贼事,责成长庚一人。阿林保倘忌功掣肘,逞忿挟私,则玉德即其前车之鉴。"并勅造大梭船三十,其未成以前,择大商船雇用。

十月,公击蔡牵于竿塘,获牵侄添来。十二月,败牵于温州。十二年,败牵于粤之大星屿。十一月,败牵于闽之浮鹰岛。十二月,率福建提督张见陞等追牵入粤海。时朱濆已为许松年所歼,其弟渥降。牵亦屡败,群党败散,止三舟矣。二十五日,公自率亲军当蔡牵大艇。公前后临阵皆亲搏战,至是,自摇鼓合战良久,击破牵篷,又自以火攻船,维其后艄,将燔之,亲卒跃入贼船几擒牵者再。牵奴林阿小素识公,暗由艄尾发炮中公喉,血涌出不可止,遂仆。当是时，闽粤水师合剿，十倍于贼，少持之，立可殄灭，而张见陞本庸懦，又窥总督意，颇不受提挈，见中军船乱，遽引舟师退。牵得遁走安南。然公虽授命，后卒遵公部勒灭蔡牵，故言水师名将皆推公第一。其明日，潮州知府至舟殓公，得载榇，盖公之誓死非一日矣。

公治兵有纪律，恩威并用。贼最畏惮公，牵尝遗腹心伪降，欲行刺公，搜衣得刃斩之。海盗沈振元自言为盗时，泊浙海，夜梦公至，一夕数惊，遂革心投诚，为水师健弁。南、北汕之役，公所将止浙兵三千，余皆闽卒，牵以赎钱数十万，徧赂浙卒买路，会夜大风雨，纵之去。上逮治闽督。新督至，置酒款公曰："大海捕鱼，何时入网。海外事无佐证，公但斩一酋以牵首报。某即飞章报捷，而以余贼归善后办理。则公受上赏，某亦邀次功。孰与穷年冒鲸波，侥万一哉。"公慨然曰："石三保、聂人杰之事，长庚不能为，且久视海舶如庐舍，不畏险也。誓与贼同死，不与贼同生。"新督不怿，屡劾之。既不得逞，则屡飞檄趣战，动以逗挠为词。公斫舷怒誓，决战擒贼，至是而公不能不死矣。公家故丰，悉毁于兵事；究心韬略，能诗文；修宁波学宫，置义冢，为粥食饥民，民士皆感之。在军缄所落齿寄其妻，盖以身许国，虑不能归骨也。公薨，年五十有七，无子，嗣子廷钰袭爵。诏祀昭忠祠，著有《水战纪略》及诗文遗集。

## 老姜随笔 （一则）

### 王崧辰

蔡牵之生也，与李忠毅公同里闬，少时同就村塾读书。蒙师出，则共习击刺跳纵之术，皆精绝。牵好大言，尝言："他日得志，当踞某邑，屠某城，杀某官。"公斥之曰："是贼也。子得志，吾必灭之。"闻者皆笑，以为戏言耳。后牵入海为剧盗，扰及闽、浙、粤三洋，朝庭为之旰食。公起行伍，隶水师，历官至专阃。仁宗御极，专任讨牵，闽、浙水师皆属焉。公感激主知，誓死自效。其剿牵也，败之于青龙港，覆之于斗米洋，蹙之于鹿耳门；又败之于三盘，又挫之于调班洋，又大挫之于渔山。其东涌之战，则炮击牵从子蔡添来落海死；大星屿之战，则斫牵坐船大桅，焚其篷索，几获之。公在洋四十二年，大小数百战，斩获无算。牵畏之如虎，贼中为之谣曰"宁遇千万兵，勿遇李长庚"，其威慑贼胆如此。嘉庆十二年冬十二月二十五日，追牵至黑水洋，及之。牵狼狈狂窜，仅余三舟。公攀舷欲跃上，为飞炮所中，伤咽喉，遽殒，所志未遂。天下闻者，无不流涕。同乡邱良功继公为大帅，卒碎牵舟，并沉其妻孥于海，歼焉。

初，牵为童子，贫甚，尝货蔗竿于某肆，断而卖之，积欠千余钱，不能偿。一日，卖蔗某庙，猝遇肆主，执而笞之。庙方演剧，观者如堵，皆噤无言。同安学教官陈某，省垣人，亦在戏座，怜其幼而穷也，取洋番一饼代偿所负。牵叩头谢，询姓名而去。及为巨盗，言及陈教官则感激流涕，抚心呼负负。洎屡为官军所败，官又悬榜街市，购生禽牵以献者予二品职，赏万金。乃拊几激昂曰："吾今有以报陈君矣。"微服携两健卒，夜阑入陈教官学署，伏地搏颡曰："请以一场大富贵报君。"陈教官任同安学数十年，龙钟甚，久忘代牵偿债事，亦不知当日受辱童子即蔡牵，扶起问之。牵具道前事，且言受大恩无以报，今闻购某者予二品职，赏万金，愿就缚送官，以酬大德。陈教官闻其为牵也，大怒，历数其罪，麾使出。牵请不已，陈教官骂亦不已。牵乃属两健卒婉劝之，而自立门外以待。两健卒复申前说，陈教官骂益烈，声彻户外。牵恐为逻者所闻，怏怏去。

牵性喜青，船中帷帏、被褥皆纯青色。常以青巾帕首，衣青绉短袄，下着拢袴，腰双刃，趫捷如飞，与妻某氏相对，吸鸦片烟，稍倦则开底舱取所掠男子，刲胸摘肝，炒食之，日尝数四。余船货物充牣，薪匮则取紬缎十余卷以代，铅子竭则代以番钱。妻亦勇悍善战，常别率数船为娘子军，当者辄辟易，收泊无事则亦开底舱，取所掠男子，择美好者与淫。哀词乞宥，则竟纵之逸。牵不敢问，亦不能禁也。

吴芝圃太先生，先征君业师也。嘉庆间，任泉州教授，距牵灭仅数年，知其遗事甚悉，尝为先君言之如此。

## 陈忠愍公神道碑

### 苏廷玉

道光二十有二年五月初八日，江南提督陈公帅师防夷，战于吴淞，死之。事闻，上震悼，命地方官经纪其丧以归。赐祭葬如礼，仍加赏帑金一千两。赐谥忠愍，入祀昭忠祠。殉难处所及原籍各建专祠。予亲子廷芳骑都尉兼云骑尉，世袭恩骑尉罔替。廷菜举人一体会试。孙振世及岁时送部引见。仰见天子笃念忠贞，赏延后嗣，恩礼稠叠动天下。呜呼！黑海紫澜，丹心碧血。雷砰霆激，星殒云霾。天下知与不知，莫不尽伤哀恸，以为砥柱遽倾，谁挽颓波于既倒也。自英夷犯顺以来，以提督死事者二人。然虎门之役，关公天培仅以师溃自刎耳。惟公在吴淞，则手燃巨炮，击沉夷船六只，歼毙夷匪千余人。使当时右师不奔，连营犄角，一乃心力，则翦灭鲸鲵，埽尽欃枪，在此一举。而乃相率图走，莫肯为一手之援，卒使孤忠者，身经百创，效命于疆场马革间也。呜呼！海国之局至斯而一变矣。虽曰天意，岂非人事哉。今年公子廷芳等将扶柩葬于金榜山之麓，以状来请神道碑文。廷玉，公乡人，又故交也，不敢以不文辞。

公讳化成，字业章，号莲峰，泉州同安县人。曾祖钦，有隐德；祖青云，父鸣皋，俱邑庠生，三世赠如公官。公幼端重，智勇过人，尚气节，尝慨慕古名臣风烈。善论史，谈及马伏波铜柱，则喜其成；岳忠武金牌，则恨其败，愤懑哭泣，如身为之，有担当世宇气概。年二十二，入伍籍，拔补水师额外，连杀贼数起，生擒三十五人,斩毙五人,馘其耳五人,功最,拔外委。嘉庆六年冬,李忠毅督闽师,一见大奇之,曰"此名将才也",命麾下善视之。公又俘盗许饬等七人于竿塘洋,攻盗刘遏等于白犬洋,额角被盗刀伤。七年,拔把总。蔡参等据横山洋①,公毁其船二;林以路等据四屿洋,公获其船五。复追捕及浙之南麂洋,擒施坚等十六人。十年又六月,李忠毅在青龙港洋面,命公战舰随行,公即生擒盗彭求等十八人。忠毅顾而喜之,拔千总。十一年正月,蔡牵陷凤山,破洲仔尾,凿巨舟塞鹿耳门,阻绝外援。忠毅扼隘口,命公登陆邀出其腹背夹攻之,毁其巢。牵势蹙,乘潮发,从北汕通。公即徧海穷搜,在崇武外洋获其党陈见等五人;在水澳获巨盗蔡三来一船;在三盘外洋获王元等五人。十二年二月,在粤洋,首先冲拢蔡牵坐船,牵掷火斗烧公两足。四月,击之目门洋,擒艇匪李伍等八人。十一月,攻牵帮船于浮鹰洋,获其舟一,获其匪黄颜等二十,斩其首六级。忠毅列其事以闻,十二月,升铜山守备。是月也,忠毅以死勤事,殁于广东黑水洋。蔡牵贼艘仅三舟,皆公协捕出力,蔪其羽翼之效也。越二年,蔡逆平,叙功不及公。公恬然安之,若罔闻也,识者难之。十五年,获盗陈顺等十二人于乌坵洋,升海坛游击。十七年,获盗陈煌、降吴二人于河洲屿,获盗陈民等十六人于柑橘洋,斩其首二,射殪一,沉其舟一。奉旨以参将记名候升。十九年,毁前村贼舟三,俘林普郎等十四人,并器械、炮火无数。时有逸犯林雁、林清匿在柏头里,巨犯郭宇、林荫匿在秧厝里,公皆侦知,手擒之,置之法。补烽火参将。

今上即位元年,升澎湖副将。三年五月,调台湾副将。八月,升广东碣石总兵。十二月,调金门总兵。六年五月,台湾匪徒滋事,公带兵前往堵捕,旋调台湾总兵。十年二月,授福建水师提督,公以厦门原籍奏请迴避。奉旨毋庸迴避。十一年,召见四次,圣训温谕有"身经百战,勇敌万人,宜膺重任"之语。十九年,督缉

---

① 参,应为"牵"。

弁兵出洋，在东椗外洋，获盗匪曾胜仁等三十七人。公在厦提军凡十年，海波不扬，即有一二小丑，皆随时扑灭，无敢有跋浪其间者。盖公之素以杀贼称，能先声夺人，有以革其心而詟其志也。二十年，调江南提督，召见时，面陈夷不足平。天子嘉其勇敢，命之任。既抵吴，不入官署，即驻吴淞海口；不入行署，在戎帐中与士卒同薪胆者三年。已而，乍浦警报至，公度其必窜入吴淞也，即率偏裨与同官誓师，奋臂大呼曰："化成经历海洋凡五十年，身在炮弹中入死出生，难以数计。且人莫不有一死，为国而死，死亦何妨。我无畏死之心，则贼无不灭矣。况贼所恃在炮，我即以炮制之。西台发炮，东台应之，使贼亦顾此失彼，掩耳不及，胜仗可立决也。"无何，西台火焰蔽空，而东台望风散矣。东台散，而西台之公死矣。劾用刘国标藏公尸苇荡中，嘉定令练廷璜募死士觅得之。逾十日，而公面目如生，怒视不瞑。呜呼！公已死矣，而何以不瞑，公不灭贼，公之所以不瞑也。公不灭贼，而竟死于贼，公之所以不瞑也。公死于贼而又念自公死后，竟无人可以灭贼，公之所以愈不瞑也。功立垂成，败于同官，公乃赍志而死。公乃抱恨而死。公在九原，宜刺骨深痛无穷也。

天语垂问，臣工屡为挥泪。丹旐所过，江南士民，排巷祭为位，哭者数十百万人。至今夷人就抚尚赞叹不已，曰："如此好将军，自入中华来所未见也。"呜呼！吾乡自李忠毅公殁后，于今三十六年矣。公与忠毅里居相望，名位相同，而其忠烈之节，亦后先相继，岂吾乡山川磊落之气，代多伟人乎？抑名将之生，上关国家气运而不得以地限之乎？呜呼！浩然之气不待生而存，不随死而亡。下则为河岳，上则为日星，而磅礴凛烈，沛乎其不可遏者，直横塞乎苍冥，而岂有极哉。

死之日距生之日，为乾隆丙申年三月十二日，春秋六十有七。初娶吴氏，继娶曾氏，侧室康氏。子七人：长廷瑛，福建水师千总；次廷华，浙江钱塘水师都司，皆先公卒；廷芳，袭世职；廷菜，钦赐举人；廷芸，曾氏出；廷荃、廷蔚，康氏出。女一，适举人吴江孙宫璧。孙五人，振声、振兴、振作、宜贞、振世。其词曰：

天生上将，毗代作桢。东南海澨，峙为长城。天不死公，鲸孽一空。天竟死公，罔奏肤功。天子曰吁，尔谋独訏。尔竟授命，尔竟捐躯。茫茫巨浪，莫息天吴。有谁击楫，有谁执炮。念尔荩臣，难赎百身。尔志何遂，尔目何瞑。昔事先皇，斩蛟重洋。廓清埽荡，潮汐星霜。越余在位，重闽攸寄。为余腹心，岂徒指臂。环顾百僚，如尔无两。尔支大厦，尔鸣孤掌。采薇出车，歌诗可废。忍听鼓鼙，兴思敌忾。其命部曹，书勋书劳。鼎钟腾美，崧岳争高。嘉尔神勇，愍尔精忠。易名定谥，恤后饰终。匪云酬庸，用纪宗功。以励来者，御侮折冲。恩纶叠至，合祀专祠，公死不死，公如生时。热血满腔，英灵千古。国事孔殷，忠魂来补。

## 陈忠愍公墓志铭

### 苏廷玉

自英夷入寇，以提督死事者二人。广东之虎门曰关天培，江南之吴淞则陈忠愍也。虎门之失，兵将溃散，关提军义不欲生，自刎以殉；忠愍则炮沉夷艘六只，毙夷丑千余人，夷酋令悬黑旗欲遁，而一炮飞来，身受百创，洞胸者三。公遂仆而兵散。夷艘反舣，内陷宝山、上海。标下武举刘国标负公尸匿苇荡中。越十余日，署嘉定县练廷璜求得公尸，涤其泥污，面色如生，怒目未瞑，易衣入殓。吴淞数万民遮道哭失声，金以公为海国长城，公不死，已成大功，不但吴淞不能破，宝山、上海不能陷，而夷艘断不能破镇江，逼江宁矣。然则公之死生，关系国家甚重，岂独江南一方哉。

或谓英夷逼吴淞时,总督牛鉴与总兵王志元守东炮台,公守西炮台。当炮声互发如连珠时,牛鉴、王志元遁,而西炮台兵弁恃公无恐,奋勇前敌。咸归罪于牛鉴、王志元之右师先遁,而公乃孤军无援,仅以死报国也。悲夫!然公不死,则夷艘遁,公之功可成,国家之威亦振。乃功败垂成,其中殆有天焉?

公死后,飞章入告,天容震动,泪下沾襟,每召对臣工语及公事,辄呜咽。赐谥忠愍,予祭葬,颁帑金二千两,经纪丧事。又命沿途文武,护其丧归。予专祠于吴、闽,荫其子廷芳骑都尉,廷棻赏给举人,孙世振俟及岁时,再沛恩施。天子之轸恤难臣如此其至,海内闻公死事,皆嗟叹哭泣,作诗以哀,盈数十卷,而吴越之民尤挚。

忆辛丑春,余侨寓吴门。公贻书曰:"英夷到处猖獗,已破虎门、厦门、定海,势必窥伺吴淞。某海上攻战四十余年,风涛素习,严兵戒备,如夷来,必能破之,以张军威。设事机不测,亦必以死继之,敢为故人告。"余得书愀然,然素知其忠勇过人,壮其素志,望其成功,因手书反复慰勉之。嗟乎!李光弼韈刀,雷万春面矢,忠勇固公所素裕也。壬寅五月,余旋里,舟抵杭州,而公讣至,作诗哀之。及余奉办理江苏粮台之命赴吴,练大令绘公遗像征诗。遂令再绘副册,录同人哀辞,归遗其孤,以存家乘。余在吴时,江南文武官吏赴吴淞与公商事者,归皆为余言:"公守吴淞三年。戎帐中,风雨霜露,与士卒同甘苦,即疾作不就温室。公得士心,士识公意,真大海长城也。"牛督部贻余书,有"公志坚金石"之语。迨和议成后,夷酋朴鼎查向江南大吏言:"自到中国,所至披靡,惟吴淞力战一昼夜,受创实深。设沿海皆如陈将军,船炮虽坚利,无能为矣。"咸啧啧称为"好将军",是敌人亦服公之忠勇,他何论焉。国家升平日久,民不见兵。一旦有警,相率而逃。安得如公数人巩固海疆,任干城选哉。然夷氛甚恶,四省骚动,吴淞虽陷,能张一军,尚足以振士气而立国威。文武官吏临难苟免者,何可胜数。

公以死继之，尤足维千古纲常之大。其功比虎门为烈，而殉事则同。乃知二百年，国家养士之报，而人心为不死矣。

兹以道光癸卯九月十二日，葬公于厦门金榜山之阳，穴坐坤向艮兼未丑，分金丁未、丁丑。纳幽有日，其孤廷芳以余旧知，来请志墓。公固当代伟人，于吾乡有光。谨就所知所见者纪之，至名讳、世系以及子孙，均胪列于左，兼缀以铭曰：

大泽深山，厥有龙虎。桓桓将军，天生神武。戎帐三年，誓同甘苦。功败垂成，皇天后土。白日坠星，吴淞之浒。天容震动，泪下如雨。美谥专祠，赠恤优溥。荫子及孙，载在勋府。惟浩气之盘胸兮，竟难回夫天数；瞻藏魄于榜山兮，人咸伤为倾柱。偶风雷之夜发兮，公犹张夫旗鼓。

公讳化成，字业章，号莲峰，世居同安丙洲。生乾隆丙申三月十二日未时，卒道光壬寅五月初八日《亦佳室文集》作"初六"未时，年六十有七。曾祖钦，业儒；祖青云，邑庠生；父鸣皋，邑庠生，封赠皆如公官，妣皆一品夫人。兄弟二人，公居次。元配吴夫人，继配曾夫人。子七人：长廷瑛，官千总；次廷华，官都司，皆公抚子，以海疆防堵，先公皆殁于王事。次廷芳，次廷菜，次廷芸，皆曾夫人出。次廷荃，次廷蔚，侧室康氏出。女一，适举人吴江孙宫璧。孙五人，振声、振兴、振作皆廷瑛出。宜贞，廷华出。振世，廷芳出。江南人相传，公殁为神，曾于吴淞乩示，曰："将相本无种，男儿当自强。可怜臣力尽，一死误君王。"虽杳冥不可知，然生英死灵，理或然也。

鼎按：此文，陈氏所辑《表忠录》与苏氏所刻《亦佳室文集》稍异。今存其详者，以备撰传者采拾焉。

# 邱武烈公墓志铭

陈骏三

咸丰九年春二月二十有五日，河南南阳镇总兵官邱公授命于舞阳。状闻，天子震悼，诏复原官，予骑都尉兼一云骑尉世袭，谥武烈。中州百姓感公德，请建祠致祀。巡抚瑛棨上其事。诏于殉难地方及原籍立专祠。越二年，巡抚严树森、学政景其濬，题请入祀名宦祠。旨如所请。今上嗣位，赐祭一坛。公子炳忠等将葬公，请铭。三惶恐辞让不获，谨按状，书之曰：

公讳联恩，字伟堂，泉州同安人。高祖赉臣，曾祖心易，祖志仁，以刚勇公贵，皆赠建威将军，妣皆一品夫人。父良功仕浙江提督，平蔡牵，封三等男，谥刚勇，配吴夫人无出，侧室王夫人生公，以亲子承爵，为乾清门侍卫。道光二十四年，由通州协副将调河间协副将。公以承平久，人不知兵，饭脱粟，习劳肄，教士卒搏力、句卒、嬴越之法，所部成劲旅。

咸丰三年，粤寇窜近畿，公昼夜设防，严兵律，固民团，寇不敢犯。时楚皖发捻披猖①，土匪蜂起，河南当其冲。天子知公能军，四年六月，特授公南阳镇总兵。公赴新野防次接篆，禁无以家事关我。九月，平光州、息县捻匪。方息兵固始，而粤寇由蕲黄窜武汉。上命公严防楚豫要隘，即驻师西双河。五年，叙光州擒贼功，赏花翎。匪复陷光息，扫清之。六年，张落刑扰归德。张落刑者，逆捻之桀黠也，横行颍亳间，官兵无如何。巡抚英桂调公往剿，连破之石榴堌站，捣之雉河集老巢，薄之三河尖，追之太和境。逆回

---

① "发"指太平天国；"捻"为其时在北方与太平天国呼应的农民起义组织。

踞雉河,公复飞绕亳州,蹑之,转战江信、溜赵旗屯,大挫之。逆穷蹙鼠窜,畏公如虎,咸称公为"老虎"。适襄阳土匪起,英桂调公回救邓、新。张落刑伺隙分寇陈州。公兵过州城,逆遁,遂进克邓州,剿楚匪几尽。七年二月,赴楚光化协剿。匪由均州犯李官桥,公率轻骑星驰援邓州,擒内乡匪首朱中立,歼焉。方张落刑之败也,公持之急,几获。因调办襄阳,匪逆兔脱,至是,重扰光固,分距淮河南北岸。公自邓州移营追剿,旬日之间,大小十余战,战无不捷,斩获甚多,光固、襄阳两路悉平。当道附名入告,加图萨兰巴图鲁。公益奋,誓不与贼俱生,侦知张落刑伏霍邱、六安,纠集残匪,即分兵扼要。匪旋陷正阳关,公与胜保夹攻克之,军威大振。忽有捻党啸聚泌阳,蔓至赊旗店,南阳戒严,民望公如望岁。公至,匪惊溃,降者宥死,不降者歼之。银洞山事甫藏,调赴内乡剿西山逃匪,山路峻折,过十八盘,冒雪攀藤,翻越前进。匪见公至,大队由山后遁,留者分伏岩壑,时有杀获。英桂奏剿办不力,摘翎顶。公料匪走山路窜回泌阳,遂统众疾乘入角子山,生擒捻首胡伦修等,又搜查牙山搜擒老捻张汶成等,匪无漏网者。捷闻,复翎顶,命驻汝宁。八年三月,粤寇陷麻城,公扼光山南沙窝集。四月,寇阑入董范店,截击之,寇奔黄安。楚军克麻城,寇复北走,几扑商城。公由徐集银山畈,越岭腾壑,历八昼夜追及,迭败之,斩获及落涧死者无数,寇丧胆不敢再窥豫。公以逆首稽诛,肤功未奏,提戈慷慨将赴陈州,约皖军相机合剿。师抵息县,巡抚恒福以光属空虚,调驻光州。会逆捻张落刑率众扰周家口,分兵轰击,贼狼狈夜逃,正在穷追,而恒福调统全军驻鹿邑,东捻刘猾为张之悍党,拥贼突入。九年二月十六日,公闻归德围急,自鹿邑督马步四千驰抵李口,探贼数万,分布掣官军,另遣悍贼剽行,窜宁陵、睢州。公捲甲疾驱,战克二城。贼狂奔西华,公昼夜跟追。恒福劾公剿贼迟,夺职。二十二日,在西华之夹河套逍遥集,接战两日,斩数千级,救出难民,获器械辎重山积。贼趋郾城,忽分股由五沟营奔上蔡，公以汝宁喫紧，令参将穆特布分兵追蹑，其大股窜舞阳之北舞渡。公恐贼扰襄城，窥汴梁，亟由郾城之新店绕向北舞渡，交仗于西北原。贼奔东南隅，前有沙河横阻，冀可一鼓成擒。追至喫虎桥，伏发。我军列队迎敌，自辰至未战四时，狂风大作，天地晦暝，贼马数千压两翼下。公立阵前，催左右奋击，复单骑入阵，所向披靡，而贼愈聚愈众，围数重，马跌，遂殁于阵。距生于嘉庆十七年十月十七日，年四十有八。闻者无不哀恸。

公忠诚性生，行军纪律严明，信赏必罚，尤不嗜杀人。兵到处，居民争献刍，公不受，委诸营门，酬以值，民亦不受。公所带队兵，常不过千，而勇或一二万，或三四万，勇亦感公威信，遵约束，秋毫无犯。统兵各路，廉俸悉充军饷，署中乏食不问也。公在豫，提孤军奔命，四涉数千里，赴蹈艰险，顾肩失股，贼反以逸待劳，往往主客不相敌，卒以致命。悲夫！公殉难十余日，获尸麦地内，目怒视如生。绅民献梓敛如礼，哀声殷天。

同治元年，炳忠等扶榇归闽，沿途妇孺，持纸钱哭奠不绝。观豫民爱公如此之深，则公功德入豫民者，益可见矣。配苏夫人，四川总督苏公廷玉次女；簉室袁氏。子三，炳忠、炳信、炳义。女一，适内阁中书黄贻楫。以同治七年葭月十九日，葬公于嘉禾里江头山。铭曰：

  坡惊落凤，地惨彭亡。自来名将，入险罹殃。桓桓邱公，蒲璧是将。早列虎贲，作羽林郎。壮为虎将，镇南汝光。阚如虓虎，肃我戎行。飙驰电激，誓扫欃枪。旅军转进，有死无生。杀敌致果，喫虎桥横。死绥节重，活国身戕。裹尸马革，纪绩太常。功宗曰可，登于明堂。一腔热血，千载馨香。江头之麓，体魄焉藏。世臣乔木，永永无疆。表兹元石，以鸿厥庆。

## 邱刚勇公传

### 黄家鼎

邱良功，字玉韫，号琢斋，马巷金门岛后浦人。幼孤，事母至孝，母病痢，尝粪。长隶金门营为兵。乾隆六十年，随总兵李芳园出洋缉匪，在苏尖洋获许江等，在乌浔洋获林凤等，又擒张春等，并船获焉。芳园深器之，拔补外委。是年，复在南日洋获陈合等，祥芝洋获刘叹等。嘉庆元年，随游击魏成德巡洋，迭获剧盗刘三、张训、王时、陈明、吴班等。次年，又获王忠、杨善等。五月，在祥芝外洋遇盗艇，一跃登舟，擒匪首莫阿三等。六月，在深沪庙内获贼酋陈三贵，升把总，旋在永宁获高集等，在崇武獭窟洋获曾春，在将军澳获艇匪张阿四。督抚奏请议叙，奉硃批可嘉，并于良功姓名，加硃圈焉。良功以末弁结主知，感激益自奋，其后又迭获陈六、郑梅梅、吴秤、黄克正等，旋补千总。引见，擢守备。是时，洋盗蔡牵、朱渍方横行海上，分扰闽、浙、粤三洋。七年，良功在铜山港获牵匪伙陈质等，复送部引见，升游击。复随浙江提督李长庚，在江省扁礁洋获骆然等。十年，蔡牵窜扰台湾，随长庚赴台剿捕，并护理台湾副将，统率师船在台、澎各洋侦缉。十一年，牵以朱渍方扰北路，突犯鹿耳门，攻台湾。良功乘其不备，以火攻之，歼其众于洲仔尾，转由北汕与长庚夹击牵船，几获，会潮涨逸去。奉旨，摘去顶戴。乃率舟师至大鸡笼，进剿朱渍，沉其艘；又灭白衣匪于笨港。牵再扰鹿耳门，良功冲阵败之。疏入，上复硃圈其姓名，加副将衔，赏花翎，盖良功忘身殄寇，其简在帝心固已久矣。逾年，追朱渍于沪尾，渍东窜入鸡笼洋，值潮退，堵港口困之。南澳总兵王得禄率舟师夹攻，擒匪首林红等。渍遁入生番界，穷追抵苏澳，毁其巢，叙功一等，授安平副将，擢定海总兵。未赴任，值长庚殒于阵，上念海上将材可继长庚者，无逾良功，乃授浙江提督，代统其军。良功随长庚久，痛其功败垂成，以灭牵自任。

十四年，带领舟师出洋督捕，获牵匪伙王鸟等。侦知贼中绿头大船，牵坐艇也，遇于渔山外洋，良功挥令诸将击散别船，自以坐驾专攻之。得禄亦率闽师至，连夜追过黑水洋。良功股被炮伤，裹创擂鼓，督战益力。飓风骤起，浪起伏如山，牵船大篷猝挂良功帆上，压船几覆，军士多落水，势急甚，犹指挥奋击。贼船坏，牵坠海死。其妻及余党二百五六十人并歼焉，生擒胡有均、郭浅等。捷闻，上大悦，谕曰："邱良功左骸受伤，着加恩晋封男爵，""仍赏给白玉翎管一个，白玉四喜搬指一个，金鬃丝搬指套一个，大小荷包各一对。"良功愈感恩遇，虽极贵不敢稍自逸，尝于田螺洋面瞭见贼船，戗帆追之至东机外洋，风雨暴至，官船、贼船皆漂散，良功坐船亦折断大桅，桩舵、杠具尽坏。次日，始收泊，亟派兵弁沿海搜捕，获庄姜等，盖料贼船被漂，必登岸修葺也。十六年，入都陛见。回任，复出巡洋，获蔡险、郭魁、虞焕章、徐进才、翁阿三、叶三豹、邱合发、癞头四等。次年，复获陈登、陈乌青、施阿兴、蔡胜玉、王有升、骆阿楚、孔阿三等。良功遇盗不避危险，坐船尝为贼炮洞穿，水暴入，兵弁皆失色，而良功夷然也。十八年，又获陈彩能等。十九年，复请觐。回任，迭获胡时智、柴武魁、王文星、陈祖金等。二十年，又获梁成起、洪启大、郭乃姐、陆瑞伦、舒玉燕等。二十一年，又获何金凤、陈得奇、潘永光等。二十二年，又获张和尚、梁阿川等。是春，奏请述职。出都，于八月三十日，行次甘泉县，病殁，年四十九岁。遗疏入，上震悼，予祭葬，赐谥刚勇。子联恩，以三等男承袭，官总兵，自有传。

良功性端谨，谦以下人，严以驭将。专阃九年，以清廉著。其官水师也，衽席波涛，殄剧寇无算，即生擒交地方官讯办者，亦几及千人，贼见良功旗帜，无不股栗。嘉庆朝，以水师名将称者，首数李长庚。然长庚始扼于总督玉德、阿林保，所志不得遂，洎受知仁庙，几成功矣，竟殒于阵，则天为之也。良功随长庚为偏裨，独见宠任，官把总，即邀九重特达之知，卒歼巨逆以功名终。其遭际有胜于长庚者。闽中多将帅材，漳、泉两郡五等之茅土备焉。联恩死捻乱，尤能以忠孝世其家。於戏！与戚继光、俞大猷争烈矣。

邱成勋，后浦人，良功从子。常从良功出洋缉匪。嘉庆十四年，良功追蔡牵至渔山，逾黑水洋，舟相比，喷筒火箭，迸集如雨，成勋奋身格斗，中伤落海死。事闻，照把总例，赐恤世袭云骑尉。

许攀桂，后浦人，安平中营把总。嘉庆十一年，蔡牵突犯鹿耳门。攀桂掉快船力战，中贼炮焚死。荫一子外委，祀后浦昭忠祠。

李合成，古宁头乡人，安平左营外委。嘉庆十一年，从邱良功击沉朱溃党巨舰后，复击朱溃于沪尾洋，死之。赐恤袭，祀后浦昭忠祠。

## 苏廷玉传

### 黄家鼎

苏廷玉，字韫山，号鳌石，马巷翔风里人。少孤，力学，年二十一，补博士弟子员。嘉庆戊辰，举于乡；甲戌，成进士，改庶吉士，散馆，改刑部主事。勤于讯鞫，有能声。道光丙戌，擢员外郎；丁亥，京察一等，升郎中。明年，记名以道府用。己丑，补松江府知府，未抵省，已奏署江宁府。先是安徽建德典史秦学健京控一案，株连多人，皖省讯五年不能结。总督陶文毅公举以相属，廷玉穷百日夜，独鞫之，学健服。任松江甫三月，调署苏州府。吴赋重甲天下，漕征尤民重绅轻，廷玉饬所属绅户照纳，民户减完，民称颂焉。次年，升陕西延榆绥道，奏署江苏粮道，壬辰始，受代行次丹阳，调苏松太道，又升山东按察使。

平亭多要狱，高密李孟山杀奸一案，府、县均以擅杀罪人拟绞，廷玉判曰："奸所杀奸，且在登时，于律应勿论。"破械释之。府、县胥役私设押所，曰"老虎洞"，控案稍有牵涉，辄私禁勒赎，久为民患，廷玉廉得之，亲往勘办，数百人皆发长被面无人色，立纵之去。癸巳，调四川按察使，署布政使，甲午回本任。川省帼匪横肆大邑,李碑喜等带刀强抢妇女轮奸,捕治,置重典,匪皆敛迹。乙未,峨边夷匪出巢焚掠,布政使李义文督师往剿,廷玉兼理藩条,捐廉万金济饷,赏戴花翎。丙申,升布政使。其明年,马边屏山雷波猓夷又大出劫掠,总督鄂山调兵万余,两路进攻。廷玉进曰:"师行逾万,而总督不亲往,事权不一,恐偾事。"鄂山以老病谢,两路师卒无功而返。戊戌二月,成都米价骤翔,时当青黄不接,人情汹汹,有不可终日之势,廷玉以本省频年皆丰稔,且两湖、江西亦有年,藏谷既多,又无转运,此必奸商囤积居奇所致,因饬各州县排日巡察乡场囤户,责令出粜;又倡同官捐廉买米入城,假为商贩,减价发售,民乃贴然。是秋,鄂山卒于任。朝命廷玉署总督,加兵部侍郎衔,而别简刘韵珂为布政使,实授之命,盖克日可待矣。廷玉感激恩遇,因念四厅猓夷扰害蜀都,恒千百为群,恣意淫掠,边民水火已及十年。历任总督,虽剿抚兼施,皆粉饰边功,傅会了案,非发兵剿捕,不足以张国威而除民患,遂会同将军凯音布、提督张必禄,具疏沥陈,并单衔附片,以蜀中赋则甚轻,请先发帑金三百万供饷。川赋则每一两加征五钱,匀十年摊还部款。疏入,成皇帝以摇人心,伤元气,切责之,降廷玉按察使,拔去花翎。凯音布、张必禄及臬司多欢皆交部严议。圣主慎言用兵,尤恶加赋,廷玉冒昧陈奏,其获咎固宜,然当日廷玉方骎骎向用,使但委蛇保位,可以躐致真除,而乃激于愚诚,勇往自奋,其谋虽疏,要非俯仰随人者所能及。故上终怜其戆,但左迁焉。是年十月,廷玉在总督任内,值贵州怀仁奸民穆继贤等妖言惑众,啸聚五百人作乱。川属綦江实与接壤,知县毛辉凤、外委章泗明带兵勇三十名与怀仁县王鼎彝会捕,泗明为所戕。是时,怀仁文武思委过川省,转以川中匪徒越界滋事为词,巡抚贺长龄据以入告。廷玉不与辨,仍檄总兵张作功等入黔会剿,并济之军火。穆继贤就擒,论功不及川省,廷玉亦不与争,其遇事善持,大体类如此。庚子,内用大理寺少卿,旋命休致回籍。

三年，英吉利扰上海，命以四品京堂起用，办理苏州粮台，甫到，抚局已成。次年，乃归居家，颇留心时事。英人窥厦门，廷玉招神枪，教式于福州五虎门，训练土氓皆成劲旅；又捐资筑土堡于泉州海口，以防窜突。咸丰壬子卒，年七十岁。著有《亦佳室诗文钞》《从政杂录》，其《时务说》《示儿书》，尤有关于安边御寇云。

## 邱武烈公传

### 黄家鼎

邱联恩，字伟堂，前浙江提督良功子也，生颖异，有父风。良功卒，年仅八岁，闻讣，迎丧哀毁如成人。事嫡母吴，生母王，以孝称。弱冠袭爵，挑充侍卫，直乾清门。

道光癸卯，选授直隶通州副将。甲辰，调河间协副将，所至纪律严明，得兵民心。咸丰癸丑二月，粤寇扰近畿，联恩始防留智庙。后防景州，寇皆不敢犯。甲寅六月，升河南南阳镇总兵。时武汉新复，逆匪下窜，联恩率队驻光州堵御，战于息县，殪匪千余，擒捻首丁心田，而黄家庄一带，匪遂灭迹。乙卯三月，以防固始、信阳功，赏花翎。当是时，楚皖发捻并起，发匪由蕲黄直趋武汉，捻匪张落刑扰归德，窜光州，出入颍亳间。朝命联恩严防楚豫交界，以杜北窜，联恩先复息县。丙辰正月，赴归德剿捻股，战皆捷，斩馘数千，亳州久被贼围，兵至立解；又攻克雉河贼巢，毙匪无算。九月，襄阳土匪扰邓州、新野，回军往援，适落刑围陈州，联恩登陴固守，时出奇兵纵击，落刑东窜去。十月，邓州失守，移师恢复之，并破秦集、薛集各踞匪，楚豫交界断贼踪焉。丁巳二月，匪复窜回豫境，屯淅川、光化之间。联恩督小队往剿，猝与贼遇，山深箐密，我兵被围不得出。联恩躬冒炮火，冲贼阵七次，毙骑马悍贼数十人，贼始惊溃。是役也，以少击众，威名震远近，皖以南无不恃之为长城矣。

匪复北窜，陷内乡，联恩拔队往援，克内乡，斩逆首朱中立于阵,及余匪二千余,跟踪至屈家湾,搜捕贼党殆尽。落刑又窜光固,联恩驰抵光州,踏平凤尾集贼垒十余座,进攻方家集老巢,又破之,光固皆平,赏图萨兰巴图鲁。八月,与胜保会师夹攻正阳关,克之。十月,抵泌阳之银洞山,获胜,余匪缴械降。十一月,督兵入内乡、西山搜剿窜匪,山绝险,蚕丛鸟道,马不能行,联恩徒步奔驰,足皆重跰。至十八盘,山石磥砢嵯峨,上下数十里,气喘不得,属天寒雨雪,泥没髁尺余,人马多坠深礀死。联恩亦屡跌屡仆,趱行较迟,粮垂尽,士卒皆忍饥觅路,而贼早已远遁。巡抚英桂疏劾,剿办稽延。奉旨摘顶翎。联恩既出险,料贼必窜泌阳,遂由角子山出马谷田邀击之,连战皆捷,生擒捻首胡伦修,杀余匪数千。老逆张汶成挟死党百十人,匿查牙山高洞中,联恩乘夜往攻,悉数擒获。所过村庄、镇集,男妇老幼,莫不遮道跪迎,馈送牛酒不绝,以为将军重活我也。英桂复奏剿匪出力。奉旨赏还顶翎,并令驻扎汝宁,以为后路声援。

戊午春,皖匪陷麻城、黄安,迭次往援,匪皆纷散。麻、黄既复,匪窜商城,联恩率师翻越山岭,历八昼夜及之,三战三胜,杀贼千余,遂驻商城,以防回窜。八月,移师陈州,次息县。巡抚恒福檄调驻光州。会落刑扰周家口,联恩分兵轰击,贼狼狈宵遁,正蹑追间,恒福又调驻鹿邑,贼得回蹯亳州。己未二月,联恩闻归德围急,由鹿邑督四千兵驰抵李家口。是时,贼向西窜,马步数万,剽行甚疾,宁陵、睢州相继陷。联恩卷甲穷追,战于夹河套逍遥集,杀贼二千余,克二城,救出难民无数。恒福疏劾剿匪迟误,奉旨夺职。

联恩自以受国重恩,誓死灭贼,常提孤军转战数千里,赴艰涉险,寝不解甲,顾受文吏牵制,冒观望名,感愤不能平,乃慨然有致命疆场之志矣。嗣落刑窜至舞阳之北舞渡,将图北犯。联恩绕道截遏,欲迫之沙河,一鼓成擒。二十五日,行抵打虎桥墓志作"喫虎桥",待考。距北舞渡二十里,匪已蜂拥来扑。联恩大队犹未至,亲出迎敌，将士莫不死斗，自辰至未历四时，狂风忽起，天地昼晦，队不能收。贼骑数千，分两翼压阵而下，联恩激厉亲军奋力抵御。贼聚愈多，势渐亟，乃跃马冲入贼阵，横刀左右砍杀，身中数创，马蹶，遂遇害，年四十八岁。越十余日得尸，面如生，尚凛凛有怒气。恒福以状闻，文宗震悼，诏开复原官，以提督例优恤，赐祭葬，予谥"武烈"。南阳北舞渡及原籍，准建专祠。子三人，炳忠、炳信、炳义。

## 陈上国传

**黄家鼎**

陈上国，字克润，号愧堂，马巷内官乡人。父必高，官外委，于乾隆五十二年，死台湾林爽文之难，给云骑尉世职。必高无子，以族弟举人贯中子上国为嗣，并承袭焉。

道光二十年，英人陷厦门，上国方在水师提标学习，接仗七次无怯色。时鸦片禁甚严，洋商多勾结内地奸民窝囤销售，上国奉檄查拏，获邱宣、陈乾、陈往、蔡庄等，又以访拏蔡炒、陈光营等，匪纠众拒捕，上国额脑中石子，伤几毙而遇敌仍不少缩。提督窦武襄公深器之。次年，在温州洋击沉盗船三只，获李买等十八人。二十四年，权千总，获戕官要犯陈狃等十人，皆置极典。上国捕盗善侦踪迹，购眼线而又蹈危涉险，誓不返顾，故自官千戎至署游击，所破劫案至二十余起，生擒剧盗至二百余人，落海淹毙者尤伙，有其乡李忠毅、邱刚勇风。

咸丰三年，海澄黄得美倡小刀会，踞厦门。上国随总统李廷钰进剿，所向辄克，厦门复，以功升游击，赏戴花翎。其时黄得美虽诛，而兴化土匪林俊犹据仙游。巡抚王靖毅公檄上国赴军营差遣，随大军捣贼巢，生获乌白旗匪首陈尾等。伪先锋陈万年，贼中骁桀也，上国断其左腕，枭其首以献。事平，补海坛游击，加副将衔。

六年四月,出援江西,驻建昌府城南,发逆屡扑,屡胜,相持半年。贼胁土寇四面环攻,城陷,上国率勇力战,殁于阵,年四十二岁。事闻,诏以参将例,赐恤,又给一云骑尉世职。

# 李廷钰传

## 黄家鼎

李廷钰,字润堂,号鹤樵,忠毅公所抚同姓子也。忠毅子廷驹,字诚骥,早卒,乃以廷钰承袭。封爵服阕,欲改就文职,格于例不行。嘉庆癸酉,年二十二岁补二等侍卫。庚辰,奉派随围预领侍卫章京,前后凡扈跸出塞者三;度居庸者再,临易水者五。上早识之于属车豹尾间矣。行走期满,将外补,以忤权贵被劾。上特宥之,再留当差三年。

道光甲申,授江西南昌城守营副将,葺垣墙,缮炮械,守备甚严。丁亥,署九江镇总兵,镇辖姑山,俯瞰大江,沿江业渔小艇以千数,山寺魏道士与勾结为奸,见客舟遇险,阴举黄旗为号,渔艇蚁集,劫抢一空,查办七年不得端绪。廷钰到任不匝月,破之,寘重典[①]。戊子、癸巳,两权南赣镇,会昌滩河险阻,滨河三十里,赖、刘、黄三巨姓,恃众暴横,掠劫勒赎,甚且杀人。廷钰同郡守率兵剿捕,获首犯赖维福、维庄兄弟,并余犯五十余名,起获炮弹赃私无数,毁其巢穴;又迭获会匪安远公、张公简,粤匪朱房长、吴老满、朱永兴等,奸宄为之敛迹,升广东潮州镇总兵。潮为粤中奥区,民俗强悍,盗贼藉为渊薮,廷钰侦知普宁之首涂洋等乡最为稔恶,严饬搜捕,先后查办斗、劫案五十余起,获犯千一百六十余名,分别惩究,此风乃渐戢焉。壬寅,命赴江苏军营,抵杭州,调补江南狼山镇总兵,未之任,升浙江提督。时英人方就抚,谕令会同巡抚刘韵珂,办理海防事宜。廷钰请将额,设战船,改造同安梭船四十只,八桨船八十只,吴淞海口战船亦减半照改。廷议,江浙战船

---

① 寘,同"置"。

各先改造梭船二只,八桨船八只,其船工责成廷钰一手经理。船成试验,颇不宜于江南,于宁波、定海等处称便焉。其时,夷氛不靖,海盗亦乘机肆扰。廷钰以黄岩洋面多土匪,温州洋面多闽盗,乍浦洋面多江南阔头舢板,匪船率皆越界抢掠,严饬水师一体梭缉,洋面渐次肃清。乃于其间,遵旨筹拟《练兵章程九条》《造船募水勇章程六条》《宁郡定海绍兴海口筹防章程十条》覆奏。奉旨报可。嗣又遵旨会拟《选练防江防海章程二十四条》。其前十二条云:提标左营兵丁,应改为外海水师;镇海营应改隶提督管辖;石浦地方应酌添兵丁,并将昌石营都司移驻其地;乍浦兵数应酌量加增,并将该营参将升为副将;海盐县之澉浦地方,应添设外海水师;海宁州应添设内河水师;现拟添设之员弁、兵丁应在本省各营裁拨;通省陆路兵丁应选择十分之三专习火器;乍浦驻防兵丁应专习陆战;水师应令以巡缉为操练;水师各镇应照例出洋统巡,并按期会哨;提督应每年亲往沿海各营,校阅兵技。其后十二条云:巡抚每年应亲赴乍浦等处,校阅兵技;水师额设战船应俟同安梭船造成试验后,按营分别安设;钱塘江内应添设船只学习水战,水师应召募善于泅水之人教习各兵;招宝、金鸡两山及乍浦等处,原建各炮台,应照旧修复,并择要添筑;镇海、乍浦之后路均应添筑炮台,并将海宁州凤凰山原建炮台移置山下;海宁、海盐交界之谈仙岭,应建筑石寨,内修炮台;沿海城寨应择要修复,备藏伏兵船,分艅抄袭;各兵所需赏项应酌裁,马兵亦应节省经费,选练枪炮;各兵所需火药、铅弹应分别添制;各处炮台及战船内应配炮位,应分别添铸;各营遗失器械并饬如数补制;应修应建各炮台及城垣、衙署、兵房各工,应分别动款兴办,劝谕捐输。奉旨依议。癸卯,奉谕"江南善后事宜,着耆英李廷钰,各就地势,悉心讲求,妥议章程具奏;其江北一带,着会同李湘棻办理"。廷钰即咨会江省督抚、江南提督,覆奏请于福山添设水师总兵一员,将福山营官兵抵作一营,尚应添设两营,或游击或都司二员,兵丁一千五六百名,与狼山、崇明互相犄角，内可拦截江口，翼蔽苏州，外可控制吴淞、海口，方为久安之策。寻复遵旨覆奏，酌定善后事宜，议请苏、常镇标各营，应与毘连各营互相操巡；福山营、狼山镇标左营，应专管福、狼一带江面；京口左右两营，应分防鹅鼻嘴、圌山关等处；高资营兵应分班操船，兼防圌山关；三江营守备应改为内河水师，长江战船应先制木筏；总督应按年巡阅圌山关、鹅鼻嘴江防一次；鹅鼻嘴、圌山关外之江心沙洲，乃镇江、扬州之门户，江宁省城之内户均应备兵炮，以昭严密；吴淞口应设防兵，吴淞、上海及江北各后路亦应备兵炮，以资救援；上海地方应移驻同知，提标右营游击应升为参将，并加副将衔；常熟、昭文二县内向无城守官兵，今拟移驻陆路千总，并抽添弁兵，以资防守，操练水师兵丁以备巡防，练习泗水兵丁以收实用；提镇、副将应亲身出洋、出江考校，统巡陆路汛守兵丁应一体操练，以免缺额充数；酌裁外海、内河水师营马匹，节省经费，加给操巡水师兵丁口粮，鼓铸炮位，补制各营遗失器械，修复江海要隘、汛房，慎选镇将、都守、守令；调和文武，消弭伏莽。共二十八条。上皆嘉纳。廷钰综核缜密，苦心焦思，颇为朝廷所倚畀而邻省江防皆命会筹，忌者侧目。

是年，以巡洋稍缓，为言者所弹，夺职归。乃自侯宾乡移居泉郡，葺靖海侯废园居之，杜门却轨，惟以笔墨自娱。所校订之《汉唐名臣传》《陶渊明全集》《契丹国志考证》《宋刘文靖公全集》、《简可编》刻印精工，艺林称善本。

咸丰癸丑，粤寇破金陵，蔓延闽疆。侍郎王庆云奏请会办泉属团练。四月，漳州会匪黄得美作乱，久据厦门，巡抚王靖毅公奏起剿贼。七月，进兵斩伪元帅黄潮，枭伪公司黄英暨通贼之武举黄逢日，乘势进攻，所向皆捷。赏二品顶戴，督办同厦军务。十月克厦门，磔黄得美于市，事闻，授福建水师提督。次年，又赴海澄等处搜捕余匪，获逆属黄德人，旂首李燕及苏因、苏景、苏换、黄振、林闯、陈总、黄东、郭泰等诛之。丙辰，旨着来京，另候简用。

请假回籍。辛酉三月，江右发逆拦入闽省。督抚奏办厦门团练，未赴防。

六月二十七日，以病卒于家，春秋七十岁。廷钰将家子，而恂恂有儒者风，善诗文，工书画；又善鉴别古法帖真赝。所至常与诸名士论文、赋诗，有小李太尉之目。丁酉，入觐，乞调简缺。上顾谓"尔能文，必能坐镇岩疆"，不许廷钰退镌"帝许能文"私章，以志荣宠。然缮性忠诚，遇事有胆识。官江右时，永丰监生周贡芳，以平粜激变，殴官焚署，势汹汹。廷钰驰往勘，至则尽撤兵卫，开诚晓谕，勒献首犯，反正者，悉宥之。不旬日，反侧皆安，地方静谧，若无事。壬辰，大水。当事出示招赈，饥民麕集多至四十余万，自沙井抵乐化，连棚三十里。风雪交加，道殣相望，有过章江城攫食者，粮既不继，而招之使来，无辞以谢，议发兵阻拒。廷钰力陈不可，锐身往谕，令散归。饥民涕泣听命。每棚酌给川资，备民船送之，凡五日去尽，无一人留者。其才足应变如此。

善捕海盗，尝遣营弁汪忠豪招募水勇，得闽省渔户何达等二十三人，用为眼线，降巨盗柯濆等五十九名，余匪皆遁。又于崇武洋击伪水元帅黄马义，落水死。先后饬弁擎，获积匪多至二三百人，淹毙者无算。林俊余孽陈岁等攻扑泉城，廷钰发劲卒五百人，命子逢时，星夜驰援，城围立解，不以事属陆营，稍分畛域。泉人至今德之。待民以慈惠为怀，权南赣时，赣民以贩私盐被系者，囹圄几满，廷钰密启江督蒋节相，谓："粤私只碍商私，无损官课，今概以法绳之，是驱民为盗也。且损商济民，于理无害。请仿王文成法，凡自梅岭肩盐来者，悉勿问。"于是盗案岁减半。治军严而有恩，金厦七营兵饷，省放银、钞各半。是时钞贱，贯抵钱六十，兵皆觖望。廷钰请就厦门官钱局及关税项下，拨银四千余两，匀给兵食，余仍赴省请领。兵以为便。又以鹭岛甫经兵燹，非表扬忠义，无以作士气，割廉建昭忠祠，以祀死事者。故兵弁皆乐为之用云。所著《七省海疆纪程》《新编靖海论》《行军纪律》《美荫堂书画论跋》《临各家帖砚铭》皆刊刻行世。其《秋柯草堂文集》《承恩堂奏稿》《自治官书》，并诗集七种未梓。子二十一人。

李增阶，字益伯，号谦堂，忠毅公从子也。嘉庆三年，忠毅讨蔡牵为舟师统帅。增阶随营缉匪，战最力。忠毅殁于阵，增阶常愤激流涕，以灭牵自任。邱良功之追牵也，增阶率八百人为前锋，先煅精铁为二签，长丈有咫，嵌于鹢首。至是，及之于黑水洋，舰相衔，风猛浪激，签戳入贼舟不得解。两军皆拼死狠斗，兵刃短接，火箭横飞，忽流炮洞火药舱，两舟皆焚，烟焰蔽天日。牵毙于海，增阶亦负重创落水，后舟捞之起。将士得活者，仅二十九人。捷闻，赏戴花翎，并赏翎管一枝。增阶在洋二十余年，大小二百余战，获盗匪四十二起，沉盗舟二十八，获盗舟三十三，手刃剧盗五百余人，割首级四十余颗，迫毙于海者万数。嘉庆朝，由偏裨洊擢至广东水陆提督。道光朝，授南洋总巡大臣，赏换双眼花翎，赏玉搬指一。某年卒，著有《外海水程战法纪要》行世。

李懋庸，字炳辉，号鸿山，增阶三子。少能文，纳粟为国子生。三试南闱不售，乃投水师营为战兵，屡随提督窦武襄公出洋缉盗，获朱禄、魏正、林候等。咸丰初，会匪黄得美陷厦门，随总统李廷钰往剿，获股首黄逢日，伪副元帅陈必。又随总兵孙鼎鳌巡洋，获谢元等，积功洊升守备。十一年，随闽安副将吴鸿源追贼于崇武洋，风逆戗帆进，船碎，与子曦旸，同沉于海死。总督庆端奏闻，旨赠一级，以千总难荫世袭，入祀昭忠祠。同时，李懋元，字正亨，亦忠毅从侄孙。随增阶出洋，获海盗十余起，官广东电白游击。咸丰十年，升山东登州镇总兵。旋随僧邸剿捻匪，复淄川县城，题升提督。旨饬先回本任，卒。李家世官水师，皆能以功名显，海内以比汉之北平，然李广立功边塞，数奇不侯。忠毅则裂土胙茅，泽流奕世。圣朝优待劳臣，诚超越于寻常万万耳。

# 林向荣传

黄家鼎

林向荣，字战志，号龙江，马巷柏头乡人。道光十三年，入金门镇营为战兵，在洋缉获海盗陈芒、王七、陈甘、康田、陈妙、陈改、王信、蔡华、李买、林进、林应、陈分、陈尔等数百人，牵获及击沉匪船多只。在乡跴获林密、林涂、林衣、陈牛、杨晚、魏勇、林兜等，及烟贩褚克配、施工吴勤凉等数十人。总督刘韵珂以为能，奏请鼓励，奉旨以千总应升之缺，尽先补用，并于"向荣"二字，加硃圈焉。二十六七年间，又在洋迭获林贤略、魏正、林坻、林垎等，补南澳守备，旋升海坛游击。

咸丰三年，升广东海门参将，未抵任，值厦门黄得美之乱，因雇勇不慎，落职。旋捐资募勇，随总统李廷钰攻复厦门，开复原官。四年，补水提中军参将。逾年，获海坛镇总兵，在南日外洋，击沉匪船二只，擒胡阿好等；在湄洲洋攻获盗船一只，大炮二尊，擒苏松等，升闽安副将。八年四月，发逆由江右窜闽上游，陷邵武郡县，围建宁，破浦城、松溪、政和、崇安、建阳等邑，檄署建宁镇总兵，先后克复各城池。七月，战于毛垟塔岭，师挫，革职留任。八月，又进攻吉阳，毙伪丞相杨甲，伪大将军钟大红、黄纯富，伪兵部曹甲。移师建阳，搜获逆首杨三仔等斩之，以功复职。九年，授广东碣石镇总兵，调台湾镇。同治元年三月，台湾土匪戴万生作乱，戕官陷城，南北路皆震。向荣率师进讨，驻八掌溪候粮，大雨溪涨，粮不时至，退扎盐水港。巡道洪毓琛以向荣进兵延缓，揭诸省巡抚徐清惠公，奏请暂行革职。是时，贼围嘉义急，镇、道不相能，向荣催粮辄不应，军心渐懈。向荣乃发书至家，倾家资七千金，募亲勇五百人赴援。六月，进攻，解嘉义、斗六围。七月，复剿灭大仑等庄。闰八月，贼又围斗六，向荣星夜驰救，苦战十日，围复解。贼侦知我军乏粮，十三日，率众十余万来攻，飞书告急，粮与兵皆不至。兵勇采树子,刮木皮,捞浮萍,罗雀鼠充饥,死亡相枕藉。贼围益急,向荣激厉士卒,无不发愤争先,日有斩获。相持至九月十七日,贼以牛车载草,焚烧壁垒,蜂拥环扑。向荣督勇死拒血战,彻夜抵晨,阵亡,尸被支解,年四十九岁。胞弟附生林向皋,次子外委林张成,从子署外委林忠成,勇首林福、林烈、林子义、林廷邦、林敏,侄孙外委林其寿,额外林其僯、林立、林名才、林大猷,并亲勇四百七十八人殉焉。妻吴氏闻变绝粒死。洪毓琛奏闻,奉旨开复原官,赏给骑都尉世职。赐祭葬银七百两。七年,御史范熙溥奏请建专祠。上以向荣血战捐躯,忠节萃于一门,随死将弁至数百人,均属深明大义,准于台湾府城并本籍地方建立专祠,从死者一体附祀。光绪十六年,钦奉懿旨,赐祭一坛。呜呼!劳臣勤事之忱,朝廷旌忠之典,可谓两无憾矣。

## 陈烈妇传

### 黄家鼎

烈妇姓陈氏,马巷厅人。父德莹,以诸生侯选训导;母彭氏。光绪八年壬午,烈妇年十七,归澳头乡童生苏圻荆为妻。圻荆早岁以攻苦得损疾。父炳举,母许氏窃以为忧。烈妇至,侍夫疾必尽诚,事翁姑必尽孝,戚鄹皆贤之。明年,炳举卒,圻荆以毁,故疾益剧。又明年,烈妇举一子,甫弥月,而圻荆遽殒。当圻荆病亟时,烈妇已决以身殉。至圻荆卒,不食已五日矣。家人百计劝慰,卒不食,凡绝粒九日而死,盖甲申闰五月二十日也。十九年癸巳,余倅斯厅,下车首访节烈,闻烈妇事,赋诗以纪,迫于时日,未及为之请旌。二十一年乙未,重莅兹土,举人陈鸿文等复以为言。余曰"有司之责也",乃为据情上达。鸾章宠贲,指日在门。而其子并蒂,年已十二,抱书入塾,彬彬如也。乌乎!烈妇亦可以少慰矣。

论曰:烈女于苏圻荆之死,固不必以身殉也。即使有迫于不能不殉者,而上有迈姑,下有尺孩,几何不有辞以自解也。乃烈妇之心,惟知有夫。其决计相从,若有稍迟徊,濡忍而不可者。乌乎!世之苟活偷生,显悖名义而不顾者,大抵皆有辞以自解者也。岂知托一辞以自解,固烈妇之所不屑为哉。

# 附录卷中

鄞县黄家鼎骏孙纂

## 梅花赋

宋·邱葵

天地栗烈，枯摧朽拉，彼茁者英。瑞此穷腊，月方盈十，胚毓消息；此如先天，昼前有易，苞萌未露。曰贡已具，此如河图；中藏五数，谥我乎贞乎，而尚德以清乎，而展如之人兮，孤高不羁。含者如仁，秀者如语，拆者如粲，坠者如舞。苍官青士，列位岩坳，如晏平仲善与人交；霜风撼倾，华萼敷荣，如苏中郎抗节龙庭。互交递倚，条枚万蘖，又若武侯草庐未起；林薄摧颓，霜饕雪埋，又若园绮皓鬓皓皓。庶类不可得而友，东皇不可得而臣。可以冠抡魁，而独步于摇落之后；可以胹鼎实，而栖身于寂寞之滨。清而不隘兮与俗无竞，涅而不缁兮与道为邻。此崇桃积李所弭耳，下风而不敢继其后尘也。呜呼噫嘻！古今爱梅之人奚啻千百。不污以寿阳之脂粉，则诬以高楼之羌笛。不比色于东邻之艳冶，则较香于南海之耶律。是皆未识梅之丰采，而徒外观其形迹。林逋、何逊赋咏何益，余对梅花不言而默。

## 洪学静先生诔词

明·蔡复一

呜呼！名司寇之胤[①]，而志节能绍厥家，以任子簪绅随牒，而殖学澡身科名。士肃然雅拜之，未尝专城，雨其泉于万物，而廉和所蓄泄，随斛成润，育育者鱼，此君之为君也。盖年来新乘且华

---

① 胤，刻本缺右边，应属避讳。

衮，君以劝修，重邑文献间矣。君之家有以子宦，有以仕也。年逾老传而大归，何憾乎？吾党犹不能无慨，念君怀忠孝节甚，永不宜遽化，即化而决不泯泯耳。君自黔置键户谢病，吾党结真率社弗从，往谒亦不数见。虽病日一浴，弟子谏止之，为延医疏方。君挥去曰："吾年至此，委运而已，何肯仰药活人？"疑君病久，懑悦无聊，其能知君者谓之达，而俱未尽也。君父静庵公，以姜桂性，迕权奸，中奇祸，抱愤以徂；君抗疏矢不共日月，拜杖血肉沾陛楯间，一殉为快。宁自计全至今耶？冰山颓而君再讼冤，明主为伸其义，拔拭用之。君竭职官下，忍啬口腹以自媚于细民。绾上林篆，尽却陋例，约束署属，民得力莳灌蓄挚。字当迁，而父老以第一廉官，伏阙乞留。及治黔以慈姁调人法，拊生熟苗，柔龙虵为赤子。凡若此者，欲以扬司寇公教不孤，弃昭雪之恩也。井渫稍汲，收敛寒泉，以待先司寇公，风车云马之游。君诚乐之而徘徊，其晚何懑悦之有，而又何达之足名哉。司寇公如严霜削壁，风稜见惮，而君春云平陆，循循于家邦之内，足以被天和而食地德。然司城暴上林民，君抗疏纠之，以怒其视五城之御史，为所击排而屹然不动，斯其矫举又何让焉。吾党所不忍泯没君者，有在于是敬，因公奠述之，以侑椒浆且旌士能自立者。不系科名，或君之所乐闻也。若君之孝友慈惠多可思，而诸子克以文事，世当汲君源泉大雨于天下，自忠孝之余券之矣。

## 为夫辨冤本

### 明·洪朱氏

原任刑部左侍郎洪朝选妻臣朱氏谨奏：为奸恶朋谋，阴计媚势，杀陷全家，恳乞天恩，亟赐剪治，以彰国法，以伸生死极冤事。臣夫洪朝选，少登仕籍，历官三十年，中间榷关、督学，抚治东土与夫条黄河，议王庄，颇劾忠悃。荷蒙圣知，晋秩卿贰。晚年解职，杜户读书，非敢有一毫贪昧苟且，以干国宪而得罪乡间，如劳堪所奏者，此臣合邑士民所共亲见也。只因赋性刚直，不能容人过失，为仇恶刘梦龙、梦骀等所忌。

先年刘梦龙、梦骀与叶絃告争赌债，何巡抚廉其事，将治之，疑夫中伤，乃构买奸党，诬奏臣夫。蒙孙御史勘审无他，具题定夺矣。近仇恶父原任副使刘存德死，自疑积恶将发，虑有夫在，思欲置夫死地，遂不爱万金之产，任状师逃军吕应魁、林骐等为主谋画策；聚棍徒林子荣、叶国、林耀、叶崇宪等牙爪，发纵搏噬；结衙恶陈策、吴达卿、袁端、李德等为心腹，透诱机关；出没告状，则有利嘴快牙许子才、汝正、周二仔、刘君谟、李复元等二十余奸；打点使用，则有细蜜便佞吕造卿、林伯羽、黄履祥等二十余徒，知调任知县没利使气，乃以千金分家人荣宗黄以考、履祥子全至家为寿，复遣伊男孟麟百金拜为门生，自是称通家，宴饮追随，固若胶漆，而梦龙、梦骀等之潜行矣。

适金枝隐报贼情，为耿军门住俸，遂潜夫所致，以激其怒。又金枝亲弟自县回家，梦龙计令家人以潮子省、王秀等带十余党，于前途查点杠数，诡云"洪侍郎差人"，而金枝之怒益不可解矣。疑形既开，怨隙既成，遂与吕应魁、林骐等入衙设计，五日方出。因思夫先年奉旨勘辽庶人狱，权臣利辽庶人业者，欲诬以谋反大逆，夫穷究无寔迹，以他典论罪归奏。权臣有不悦臣夫之意，而近者权臣恶言事，诸臣辄嘱地方官陷之死。梦龙、梦骀等计议，惟此策可以死臣夫，遂诬臣夫与耿军门讲道，私议权臣匿丧，及换臣夫与吴内翰、邹进士书，连络入京，广贿行间，命达之权臣。于是，权臣果中其计，授意劳堪急欲杀臣夫矣。劳堪不知为奸党之谋，密令金枝撺拾夫短，益堕彼算，遂将完销奏词，架造无稽揭条，以左兴奏牍。旨命未下，邸报未至，随集奸党林子荣、叶国等捏名謷告，照依款条以符同奏启。月前，吕应魁对众扬言曰："同安有奇事，洪侍郎无几时人矣。"是劳堪之疏，全出金枝；金枝之揭帖，尽出刘梦龙、梦骀、吕应魁，上下合谋，陷夫以不白之冤，本末昭然可镜也。

且奉旨提问，原非拏问，而差把总杨昌言带兵三百名，金枝添之以兵快一百名，刘梦龙助之以家丁于爵、王博、康富等数十人，五鼓围屋撞门，持刃迫寝，毁发扭辱，徒跣驱行至县门。刘梦龙、金枝得意敖美，星夜解府，幽禁冷铺二十余日，已而解省，两日夜驰五百余里，绝其仆从衣饷，标兵露刃拥唱，群凶万状挫辱，到省押送按察司狱。令狱官梁栋送入重囚柙中，又差中军官赍带锁封，非法凌虐，示无生理。幸副使谭启，怜夫无辜受辱，力为唤家人洪宗全入监奉侍，仍幽置别所。

越宿午，夫不知作何身死，形容惨黑，面目非人，沿身发泡，十指勾曲，大肠突出。夫既身死，复谬言服九日丹诈死，挨延六日，发涨臭烂无证，方准收尸。又将棺柩封寄大中寺，差兵击柝环守，臣男望寺哭奠，仍被诸兵赶逐，沿街痛绝，泣愬无门。行道皆为夫家挥泪，搢绅皆为夫家饮血。岂意臣夫叨列亚卿，身无他罪，一旦遭奸人之毒，遂凌虐至死，至于此极。岂惟国家所未有之条，亦古今所未闻之事也。

后知公论难容，欲重夫罪，以掩己过，密嘱赃败知府陆通霄，百计罗织罪名以复，奉案"琉球失船"题奏已有成案，而诬夫截贡海洋劫掠，被害并无人证。而诬夫纵党，或业在臣夫未生之先；概谓势占乡事，多臣夫在官之日；概诬主唆，二仔本男子而谓妇人，张英仔七岁溺死而谓迫奸，许氏族无其人，而谓姿色，林氏、蔡氏三品淑人，而谓妓妾。至如许子才盗赃，王氏当官被夹所供，移坐夫弟朝冕；诬指朝夔、朝声，俱欲网尽，坐赌坐赃，革去微程。广开告讦之门，大收无稽之状，乙告甲则曰"洪党"，甲诉乙则曰"洪党"，凡所告非洪姓者不准，甚至建宁距泉半月余程，谬告洪一、洪二而状即准收，牵撺连及三千八百余人。刘梦龙、梦驺令牙爪子省、伯渊、李荣、林必谦、陈显、吴十、李心泉、郑仁、谢兴等买差顶票，谬指藏匿，恣意吓骗；被害千家，得银不数；锁押盈道，桎梏满狱；富者倾家，贫者鬻子；即党锢之祸不惨于此矣。

劳堪不为善类扶正气,而为权势酬私怨;不为大臣惜名节,而为大侠萃渊薮;以徒隶之辱,施应议之臣;以提问之旨,作拿问之举;是侮陛下之法也。夫寔死于非命,而疏云"惧罪自缢";夫实尸骸暴恶,而疏云"以礼殡之"。夫臣夫生平所为,自反无可愧怍,且圣明在上,自有昭雪之日,何必自经于沟渎?五日不许收殓,十旬未加一漆,何谓以礼?是欺陛下之听也。根连株引,系纍拘禁,悲怨之气,郁而不舒,是虐陛下无辜之赤子也。

臣男洪兢万里含冤,陈诉阙下,刘梦龙探知,飞报把总杨昌言达于劳堪,仍遗千金求其暗地扶持。劳堪阴遣承差数十辈,赍厚币,兼程至京,视男所为,而设机伏穽以待之。搢绅闻其事,皆为臣男必不复还,赖仁圣宥以不死,臣殊感激天恩,岂敢复行奏扰?但杀夫之冤未伸,旷古之惨未雪,臣夫地下之目未瞑也。且迩见陛下振肃朝纲,录召言事诸臣,及追究御史刘台冤死之事。臣夫虽非建言,然以不忍背朝廷亲亲之意,轻讯辽府,取忤权臣,竟为奸人所媒蘖,以致杀身,今其死之冤,似亦不异刘台。陛下岂忍置之而不问耶?伏乞陛下特悯旧臣之大冤,遍恤赤子之无罪,将臣章奏勅下法司,将情节逐一查勘,辨锻炼之冤,推臣夫致死之由,庶造谋巨奸不至漏网,而生死怨气可无重结矣。臣不胜恐惧,战栗之至。

万历十年　月　日

## 请御朝讲疏

**明·洪　兢**

都察院简较臣洪兢,为恳乞圣明朝百官、御经筵,以充圣德之纯,以图弭变之要事。臣顷见礼部接出圣谕:"兹者星象示异,天戒垂仁,咎在朕躬,深用警惕;大小臣工各宜奉公率职,宣力分猷。一切怠玩私邪,虚文积弊,务加洗涤,以称朕修,寔应天意,修省事宜。尔礼部查例举行，钦此！"臣一见，不胜雀跃，庆幸宗社天下无疆之福也，然臣深惟应天以实不以文，修省以行不以言。陛下感悟天变，惕然念咎，逐刑锐、焚刑具，左案书"忍"字，右案书"省"字，可谓以实而以行矣。然此得其小节而于肯綮要领，尚背驰而未合者，盖陛下有过而辄知悔，圣资之天纵也，既悔而复有过，圣学之疏阔也。陛下何不日朝百官之众，时御讲读之筵？夫明明在朝，穆穆布列，则燕僻之私，不形于其躬；上穷邃古，下稽近世，则兴亡之训，日警乎其耳。

是以，古先尧、舜诸君称神圣矣，犹必都俞吁咈，扬言赓歌，忧勤惕厉于庙堂。下至历代之英主，亦必坐朝问道而不懈。彼岂不知自暇逸哉，顾思木受绳则直，金就砺则利。博闻广采而日参省乎己，则知明而行无过矣。陛下诚采蒭荛，择狂瞽，以臣之言有可纳，奋然出御殿陛，日召三公九卿及讲读之臣，与之谕今议古。臣见委贽之士，贞亮者多。圣世之朝，愿忠者众。宁无论及禹恶旨酒者乎？夫人情多沉酣于酒，而大禹独恶之，其亦以甘洌醲醴，乃腐肠之药，仰亦以彝酒崇饮，酿丧德之端，陛下聆而惟之有补益矣；宁无论及窈窕淑女者乎？夫人情多蛊惑女色，而文王必贞淑之女始述之，其亦以蛾眉皓齿为伐性之斤，仰亦以妖姬嬖妾，实厉阶之梗，陛下聆而惟之有补益矣；宁无论及乐正司业，父师司成，一人元良，万国以贞者乎？夫天下有君矣，而建立储贰，辅太子当早图者，其亦以将来社稷之计，系继体之主，而太子德器之成，在早教之功，陛下聆而惟之有补益矣。

其余拾遗补阙，赞勷圣德，难以枚举。臣故曰，朝百官、御经筵为弭变之要也。陛下若但托疾不出，长居深宫之中，则终日无及义之言，穷夜有昏醉之习。即夜气清明，善端萌动，将必牿而亡之矣。牿之反复，将必蔽锢之深。谓天变不足畏，人言不足恤矣。孟轲尝有山木之喻，盖谓此也。陛下三年以前，圣母一言，视如蓍龟，旱魃方见，布衣步祷，何励精也。使循是而不变，将驾唐虞、轶夏商矣。孰意其乃有不然者,以故水旱之灾,流播各省;星变之异,垂象京邸。今陛下一念善心之萌,正群臣纳约自牖之会。小臣不胜区区之心,故不敢避出位之诛,进一言以渎天听,伏惟少垂察焉。臣不胜战慄待罪之至。

万历拾玖年闰三月　　日

## 谨陈名色烦多民力凋尽疏

明·洪兢

上林苑监右监丞臣洪兢,为名色烦多,民力凋尽,恳乞圣明体天子民,更张善治,以奠民生事。臣窃惟天之爱民甚矣,其民生不能自治,故生人君以治之。是君者,上为天之子,下子天之民者也。溯观尧、舜、禹、汤、文、武之为君,其治效不曰时雍,则曰风动,不曰弼成,则曰允殖、曰永清,皆能体天爱养元元之意,故仁与天地并流,名与金石相倾也。今天畀皇上之位,即天畀尧、舜、禹、汤、文、武之位。况皇上天纵聪明,卓越千古,苟轸念民瘼,精励求治,则二帝不足三,三王不足四也。臣任上林苑,见百姓食犬彘之食,父子共牛羊之衣,其困极矣。

臣谨条其苦之由,愿皇上体天而拯救之。彼其春生、夏长、秋收、冬藏,时序然也,至于花草果蓏之属,亦莫不有时。今皇上之宫中奇花悦目,瓜果适口,尽时物哉。由富于财者,设奇法以种之,时风日以养之,其费不赀,以人巧而夺天工者也。皇上试观宫中之圃畦,其生意何如也?推类而闾阎可识矣。夫以民间所无,而责之使办,其势必与富而种者,市民安得不典卖而穷也。国家赋法大抵什一,罕有十二三者,今署中科敛,姑无望其什一,求其止于什二三而不可得矣。有大官钱,有小官钱,计一亩所输至银二三钱,甚至四五钱。夫一亩岁收不过一石,今悬磬而取之,是使民露体涂足,终年尽四肢之敏者,而竟无担石以糊口也。甚至家破产荡，无地可耕，而名在果户，身在土著者，亦当肩担背负，佣雇以完官钱。

兴言及此，良可悲伤。我成祖置上林苑，闻诸父老曰指为龙袖，郊民宫女杂扰，悉皆蠲免，德至渥也。今世远法湮至有驱民为商人者，商人之法，先责其供，后偿其值。署民既贫，焉能市物以上供；署民又愚，焉能通贿以求直？势必至于赔累顿踣，而为沟中瘠也。伏愿皇上自念不虚生，天将赖皇上以开太平，其心思智虑，不必用之他，而惟博施济众，以追尧、舜、禹、汤、文、武之轨，勅下户部，稽间阁生植之常，核瓜果成熟之候，定荐新之期，立品物之数；按顷亩之籍，编赋徭之法，禁无名之征，革商人之扰。使四署之民，除急公奉上之外，稍有赢余，以仰事俯育。则圣泽之流也与帝王齐驾，若汉、唐、宋诸君，皆瞠乎其后者矣。臣不胜激切，祈望之至。

万历二十五年二月初二日

## 邱钓矶诗序

#### 明·卢若腾

吾邑邱钓矶先生，品著于宋末元初，论定于昭代，既列祀乡先贤，且配享紫阳书院矣。《八闽通志》齿之，《儒林传》中以其曾著《四书日讲》《易解疑》《书直讲》《诗口义》《春秋通义》《礼记解》《经世书》《声音既济图》《周礼补亡》等书，为大有功经传也。然其书悉被元人取去，今已无传，仅存者惟《周礼补亡》及其《诗集》耳，学士家每用惋惜而要之。先生所以取重千秋者，不专在是。南宋以后，开辟来创见之变局也，一时名搢绅，委身从尘者比比。先生草茅士耳，抗节不回，壁立千仞，《辞聘》一诗，胸中斧钺懔然，终身以不挽江河为恨；死诫诸子勿治坟茔，谓其心不与日月争光可乎？

故老又传先生遣一子，随张世杰入粤复仇，热肠非但托诸空言，直见诸行事之实矣。其子后飘泊琼山，遂占籍焉，邱文庄公即其裔也。文庄评史每至《春秋大义·内外之防》，一篇之中，三致意焉，岂非有得于乃祖之训而然耶？夫为学莫急于明理，明理莫大于维伦。先生伦完理惬，行谊堪为后世楷模。即不著书立言，固足以俎豆学宫而无愧。矧其穷究天人，洞彻性命，晚年吟咏篇什，实见其大概，又何必以诸书亡失，为先生致惜也。《通志》不跻先生于道学，而厕之儒林，盖犹有未尽之位置矣。

先生一坏土①，不立碑碣，入国朝二百余年，无知之者。万历年间，或利其地形之胜，遂指为祖兆而争之。官为勘验，剧地得志铭，乃加封而表识焉。马鬣巍然，遂与先生渔矶，俱后天地老矣。先生不求身后名，而名卒不可掩；无意以徼天之报，而天卒昌厥后。士生世上，其可不择所以自处也哉。

《周礼补亡》今流传海内，《诗集》则惟其家有写本。林子稷，吾邑志节士也，借得之，喜而示余。读之苦多亥豕，稍为订正脱简，则仍缺之，拟俟他时梓行，非徒表章吾邑人物，亦欲使后学知所兴起也。近世小说家有移先生《辞聘诗》，为杨廉夫辞我圣祖之诗者。子稷辩之甚详，议论痛快，故当与先生并垂不朽云。

**庚子春，下弦日**

## 天下要书自序
### 国朝·张星徽　青屿人

史学之重于天下久矣。有史而即经者，典谟训诰是也；有史以传经者，左国公穀是也。若夫史而戾于经，而史之功，实自可孤行于千万世者，则《战国策》而已。

编年始于左氏，纪传创自司马，之二体者，策未有一焉。然策

---

① 坏[péi]：同"坯"。

则实鼎峙于左史之间者，盖雄杰之气，精密之法，直接左氏薪传；至于奥突族賸，曲摺起灭，又开史记法门。夫周季风声气习，其可耻亦甚矣，阴谋权变，谲诞倾危，至从横捭阖之计，而无以加矣。虽使当时之人，犹有心知其事而不能言，言之而不能如其纡回曲折；顾彼著书者，独能以数十字或一二字而尽之，且使览观者如亲接行事于耳目前，则真有工夺造化之奇焉。若使之成忠、孝、节、义之书，其可歌可泣，又当何如？

是书自刘子政校正，而后再订于曾南丰，注家则有高诱、鲍彪、吴师道；评家则唐荆川、茅鹿门而外，又指不胜屈。诸公用意若是，其勤者得非如袁悦斋以还都所称天下要，唯此书者耶？夫书不必尽合于经义者而后可存，《梼杌》与《晋乘》并列，则亦经之余也。况策上承左氏而下引子长，并史家开山祖，其功又匪浅鲜哉。

近坊本摘录颇多挂漏，学者以不得见全书为恨。器出于秦、汉以上，犹婆娑而珍惜。古书之存者希矣，先秦尤古之最，于其依稀之仅存者，奚堪再刊落也。余不揣固陋，攟摭诸家同异，而参核之，字比句栉，裒为全集。盖亦有昔人至宝之好，而乐与世之耽古玩者，共击节而欣赏之也。因据袁氏之说，名之为"天下要书"。海内好古之士，其以余言为不谬否。

雍正丁未秋

## 四传管窥自序

### 张星徽

夫经所以载道，而传所以翼经也。易谈理，诗书纪事，春秋因事以明理。本天道以志是非得失、废兴成败之迹，阴阳消长，察微知著书中有易也。

自王纲解纽，政教凌迟。厉、宣、幽、平，以贪天祸，文侯之命，属宜臼之始年，《终风》《绿衣》，即弑完所由起。《春秋》比事属词，既与诗书相次,其义亦互相表里。盖诗之亡为《国风》,书之亡为《国誓》。诗书之亡而又为《国史》。故变风终陈灵而知楚之所以霸;变誓终秦穆而知晋之所以衰。谓诗书与《春秋》为经中之三史可也。诗书删述而已,《春秋》则操百王之令典,以伸儒生之讨伐,盖述而兼作者。其书有大义、有微言,后世欲仰窥圣裁,以测化工之高深者,舍传,何由综其本末,而明褒贬予夺之所以然①。此左国公穀所以为有功于素王也。左氏学博识渊,才全能钜,亲见尼山笔削。论断不合于圣人者盖寡,又采摭列国所记,稍加润色以为《国语》,传益所未备。二书均为文字宗祖,公穀渊源。卜子夏笔力超脱奇拗,不类左氏,要自可与抗行。左氏叙事详而释经略,公、穀释经精而叙事简,各挟所长,以卫护斯文,昭昭乎若揭日月而流江汉。谓《左氏》与公穀为史中之三经,亦可也。汉世表章六经,一家之学,转相传授。武帝尊《公羊》,宣帝善《穀梁》,二子并列学宫,而左氏尚微。至东京而肃宗雅好左氏,始置博士,虽比诸家最晚出,然出乃大盛,高赤亦瞠乎后,其显晦固自有时哉。

夫膏肓废疾,买饼家排击不谓不力矣,抑执此以议开西汉宗风,成学治古文者津梁。于是乎在,又非平缓卑弱,如南宋所能厕足于其间。夫不通众经,无以穷一经之蕴;不会诸传,无以晰一传之精。长袖善舞,多财善贾,此言虽小,可以喻大。

**乾隆四年秋**

## 改建同民安坊为关劝捐序

### 林应龙

盖闻精华融结,人杰必藉夫地灵;罅漏补苴,天巧还资乎物力。同邑三秀峙后,双溪汇前,鸿渐雄于东南,莲华秀于西北,固

---

① 襃[bāo]:古同"褒"。

已极山川之胜概,壮疆域之巨观矣。惟是小盈岭畔阙其一隅,迨至朱子簿同,遂手书"同民安"三字,建坊以障之。银钩铁画,彷佛兰亭快剑,交柯摩挲石鼓。维是人文蔚起,咸叨过化之新;井邑康平,尽识贻谋之远。惟善颂兼之善祷,故宜民且复宜人。其验聿昭,厥功匪浅。不谓漂摇风雨,忽折铜盘。埋没荆榛,几迁愚叟。爰来斗蚁难求百室之宁,时见吞牛辄逞匹夫之勇。先民不作,谁为匡救斯灾;前事可师,何不弥缝其阙。龙等志切绸缪,思殷修复。已将修建情由,呈请邑尊。蒙准议捐,定期举造。谨告里人,务期同志。愿慷慨以从事,勿吝一毛;当踊跃以赴公,俾成千腋。漫云填海,敢辞精卫之劳;共乐补天,早踵娲皇之绩。将见苞桑磐石,年年保我黎民;通德鸣珂,户户增其余庆矣。是为序。

**时乾隆戊子端月**

## 重修宁波府学记

### 李长庚

庠序之教,广大悉备,礼乐出其中,兵刑出其中。《礼记·王制》云"天子将出征,受命于祖,受成于学,出征,执有罪。反,释奠于学,以讯馘告"是也。

两浙濒大海,浙东之门户在宁波,宁波之屏藩在定海。曩余镇定海,海氛未靖,宋邑侯(如林)练乡兵,擒间谍;王学博(鸣琦)鸠绅士,卫闉阇。余无内顾忧,乃亲率舟师远追穷寇,归则集邑人申明大义,又捐俸金百葺横舍,使文武生饮射、读法于其间。今驻宁波,统水陆军务,陆居时少,又兼定海镇篆,事益繁多。赖兵备墙公(见)(羮)昕夕督材官、造楼船如法;郡守杨公(兆鹤)慎简乃僚,周行海澨,讥察非常;我三人相倚如左右手。

事稍定,议修府学,各输钱数百缗为令长倡经之、营之,庶民子来庶几哉。六邑之秀士,萃斯学者,习射上功,习乡上齿。春秋礼乐,冬夏诗书,咸帅教焉。抑闻鲁僖作泮宫,淮夷攸服,安见今之不古。若乎上之人克明其德,下之人克广厥心。平居则载色载笑,匪怒伊教也;有事则不吴不扬,不告于讻也。矫矫虎臣,在泮献馘。济济多士,在頖献功。飞鸮食椹,亦将怀我好音矣。海定波宁,宁第诸生之庆哉。

## 厦门志序

### 陈化成

　　道光四年,予奉天子命,镇金门;至十一年,又奉命提督全闽水师,建牙厦门。时官兴泉永道为富阳周芸皋先生,先生负文章经济才,前由史馆出守襄阳,迁黄德道,移官于此。下车即访三郡志,兴利除弊,政声四起,阖厦商民尤便之。其为人坦亮无城府,遇有公务,予辄喜与商榷,前后共七载。

　　暇时,尝语予曰:"厦门东抗台、澎,北通两浙,南连百粤。人烟辐辏,梯航云屯。岂非东南海疆一大都会哉!乾隆间,鹭江固已有志矣;特繁冗与疏漏交讥,凡形胜、兵防、吏治、民生,一切要略皆阙,是不可不广其纪述,以为一方文献。"[①]予极怂恿之。会宫保孙平叔制军,奏修《通志》,檄征郡邑乘,备志局采。先生遂广集群书,延绅士陈征君雪航、凌孝廉文藻、孙都尉仪国、诸生林逊甫,分门辑纂,自总厥成,而先生迁台澎道去,故未付梓。客岁,署厦防同知卢大令凤棽与予所延教读师洪孝廉香沙读之,喟然曰:"是芸皋先生一生精力所存,不可不为葳厥事,以示不朽。"予喜成人美,爰捐俸以为之倡。

　　夫厦为予所治地,山川、阨塞、边防、要辖与夫军民、风土情状,日往来于胸中。忆自海氛告警、鲸鲵鸱张,予时方从诸将戮力行间,荡瑕涤秽。先生固未莅斯土,即莅此,亦军书旁午,无遑及也。幸数年葎苻潜踪,得从容讨论于铃阁余闲。菲才如予,亦获

---

① 两淛:即"两浙"。

时聆其教益，岂非三生幸事哉！独惜其人已往，不及亲见付梓为可恨耳。然书成，后之官斯土者，观先生之纂述，资先生之治理，流连反复，如见先生之风采绪论。不唯先生之文章不朽，而惠泽亦垂于无穷矣。九原有知，不且辗然泉壤耶？

至于是书肯要，高舍人已详其言，兹不复赘；故第叙其交谊及书之缘起颠末如此。

## 李谦堂军门外海水程战法纪要序
#### 刑部主事·蔡勋

古之名将，天分特优，其意想所及，往往出奇用间，决胜千里外。世称淮阴而后，唯岳武穆一人用兵不仿古法。尝以野战制敌，其余则恪守纪律。盖阵图、营伍之式，坐作、击刺之方，虚宲、客主之形，非平昔讲求，则将士不用命。孙武子之书所以流传至今也。我朝揆文奋武，每岁有军政之设。特派阅兵大臣，在内则有满汉绿营，在外则分水陆二路。而水师惟江、浙、闽、粤四省，海面辽阔，风云变幻，潮汐起伏，尤难臆揣，古未按海志里者。

将军自少随其从叔忠毅伯，建牙海上三十余年，拔队歼渠，立功报国，经大小百余战，未尝少挫，故能邀九重特达之知。予接谈之顷，犹奉聆其英姿迈往，使人肃然生敬。因出是书见示，知其留心经世，随时随事纪载于篇，凡目所未覩，又参访员弁，以求其确。大略专主水战而言，至四省洋面以至外洋；自某处起，以至某处止，分晰标题，程途远近，尤能综览大要。予怂恿将军付之剞劂[①]，以诏来者。将军不自信，谓："闽俗土音，他省不解。"余谓："旁注音义、释文，可使阅者了然，则是书大有造于世。"因序数语，俾附以传焉。

---

[①] 剞劂：雕版，刻书。

## 李谦堂军门外海水程战法纪要跋

罗定牧·景沅　寿光

公是书以训水师将士,顾寄示余。余读而思之,不言舟式者,有定制也;不言器用者,有成法也;不言操练与巡缉者,有军令也;不言权谋、术数者,古人已言之。至神明变化,存乎一心,言之亦不可尽也。然则何以言火攻一策,是则公行之而人知之者也。

公少侍从父忠毅公。忠毅公总师闽浙,选兵八百人,厚其廪给,以公帅之,战则为前锋。忠毅公追盗首蔡牵于黑水洋,中炮而殁。公方奉命登陆制军用,闻难赴已不及。八百人见公至,伏恸不能仰,公大呼复仇报国,皆收泪跃起,眥裂发指,矢以死。或曰:"不得盗首目不瞑!"顾盗首所驾似外夷舟,高大且固。远攻不相中,近与战,败则飏去,将若何?公曰:"是无虑。"煅铁为二签,长丈有咫,缚于鹢首,迎盗首舟而上,风力猛,签入盗舟,合为一,不可解,兵相接,适飞炮洞两舟,火药震,烟焰蔽天,盗舟焚而公舟亦焚,志与盗俱烬也。蔡牵毙于海。公亦沉且重伤,后舟救之起。兵获救者二十九人。战酣时,恍惚见忠毅公额流血,以红帕束首,手执红旗,立于舟尾,是非忠孝之所感者乎?

余官琼山,公方奉命镇雷琼。公持已廉,抚士卒有恩,违令者不少贷,以故兵民咸服。与余议事意合,数相过从。闻公谈海洋事,公操闽音,余初不解,再三问公。不以为嫌,喜与余谈,杯酒盘飧即留客,漏残灯跋,娓娓不倦,眉飞色舞。余询剿蔡牵始末,言及忠毅公,泪随声堕。公为余言水师事宜甚伙,不能尽记,记公尝以酒甑蒸海水,水淡可饮。公笑曰:"有是,不患出洋无取水处矣。"今读是书,所言多不之及,将以其事琐屑不必言耶?仰兵家言不可以尽也。

时道光八年

## 外海水程战法纪要自跋

### 李增阶

尝思水战较陆战难,外洋较江河更难。海涛汪洋,飓台靡定。水师一出,则士卒之身命托于统兵,而统兵之权,首在得人。夫将如腹心,兵如指臂,同心报国,协力战贼,此必胜之师也。然使水程不知远近险易,流潮不知消长顺逆。舟船驾驶不灵,炮械运用不准,即幸济一时而难于屡试,是不可以不预矣。余束发从叔父忠毅公涉历四省,亲蒙指授,剿灭洋匪无算。迄今三十余年,所历习略得一二,亦可以备采择焉。

### 道光戊子春

## 刻岛居随录序

### 罗联棠 归化人

有明贞臣,曰卢巡抚牧洲先生,遭时叔季,卓然以文章气节,与闽士相砥砺,士林至今重之,读其书益复哀其志,悲其遇,而想见其为人也。林子瘦云倜傥而嗜古,得先生《岛居随录》,宝同拱璧,顾不欲私为枕秘,将以寿诸梨枣。窃闻先生著书等身,乃文集仅有存者;又闻其《留庵值笔》二卷甚佳,皆经史及诸子中,心得之语,应尚在人间。是书亦颇佚其后半,它日若获裒成全集,以餍学者之心,斯则瘦云之上愿也。

是书似专为格物而作。夫不物于物,所以物物。盖将自"元会运世"言之,寅开而戌闭,始于乾,品物流形,讫于未济,辨物居方也;自蠢假繘终言之,卯开而酉闭,和同不可以内一南而物生始,肃不可以赢一北而物成也。挚子纽丑亥以二首法,乾元坤元,六身象六子,阴阳阖辟,互为其根荄,成告甘荼,成告苦敦,实豆实珍。若天赐至焉,诸横生尽以养纵生,诸纵生尽以养一丈夫。夫然故物理可得而推，人极可得而立也。且物生而有象，象而滋，滋而数，数不可穷也。

名以命之，类以从之。探絪缊之原，通消息之故，博繁颐之彚，极虫沙之变。然则是书虽连犿无伤也，刿于目，怵于心，惊犹鬼神其言，若河汉而无涯也。其间珠联绳贯，似有脉络。分别部居，似有次第。今皆不敢妄为附会。独计先生当颠覆流离之际，愤时事不可为，欲以澎湖作田横之岛。自托殷顽，日与波臣为伍，所见皆蛮烟瘴雨，鲛人蜃舍，可惊可愕之状。羁孤冢墓倾跌至八九不悔，而犹抱遗编究终始。非直比张华之《博物》，《齐谐》《夷坚》之志怪也。其《离骚》《天问》之思乎？

道光辛卯至日

## 明监国鲁王墓考

### 周　凯

世传明监国鲁王薨于金门，葬后浦，墓久湮失。道光壬辰春，林生树梅访得之城东鼓冈湖之西。墓前合灰土为曲屏，不封树，土人称"王墓"，不知何王墓也。下一墓，形制相似，相传瘗王从亡，岁久，为耕犁所侵。林生急白凯，檄金门县丞清界址，加封植，禁樵苏，树碑以表之，期于勿替。

顾据外史诸家所载，王薨葬年月互异，辨之者亦异，兹就凯所见诸书为考证。据阮之锡《夕阳寮集》谓："王薨于金门，岁在庚子。"无名氏《台湾外史》亦云："王以庚子十一月殂于金门，郑成功令兵部侍郎王忠孝礼葬于后浦。"江日升东旭《海滨纪录》及鹭岛道衲梦庵《海上见闻录》所载并同。全祖望《鲒埼亭集》，据沈光文《斯庵集·挽王诗序》，则谓王薨于壬寅冬十一月，在成功卒后。且谓王同成功入东宁，故即葬焉。引张煌言《苍水集》与卢牧洲书，以成功既卒，海上诸臣议复奉王监国，及《祭王文》有"十九年旄节"之语，由乙酉监国，数至癸卯适合，以为证。邓传安《蠡测汇钞》辨之，谓："谢山据杨陆荣辈野史讹传'成功沉王于海'一语为昭雪而并易其年月、薨葬之地，以释群疑。"其说当存疑。而引外史诸书，主阮夕阳说，为庚子，且言鲁王未尝至东宁。沈斯庵居台湾在郑氏之先，何由与王唱和？台湾太湖之鲁王墓，疑为王世子极皇葬处。诸臣尊宗室亦称鲁王，并疑议复奉监国之鲁王亦为王世子。其说虽近臆创而辨王之未至东宁为较确。然则墓何由在东宁，又《鲒埼亭集》之讹也。凯又按林霍子穫《续闽书》载："王素有哮疾，壬寅十一月十三日，中痰薨。生万历戊午五月十五日，年四十有五，葬于金门王所尝游地。"林生树梅又搜得卢若腾牧洲《岛噫集》有："辛丑仲夏，寿鲁王诗，壬寅仲夏，作《泰山高》寿鲁王诗。"按林子穫，同安榄里人，学诗于牧洲，自少与纪许国、阮夕阳遁迹鹭岛，称遗民，必及闻见之。牧洲，金门人，从王于岛上。其诗与《续闽书》诞日符合，岂有王薨而犹为寿者？则壬寅又若可据。

凯要而断之，成功之攻台湾也，以辛丑三月，克以十二月。其卒也，以壬寅五月。当渡台攻取时，胜负未可知，断无挟王同行之理，则邓说为是。遯荒诸遗老与宁靖王及诸王子之渡台也，皆在郑经袭位，二岛将破之时，当在癸卯、甲辰。牧洲之作寿王诗，犹在金门也。又纪许国《石青集》亦有寿王诗，不载年月。而《续闽书》并详记王薨之日，则似当以壬寅为是。盖当日诸臣流离琐尾，道途梗塞，传闻异词，故所载亦异词。而墓在金门后浦，则无疑焉。今墓前之鼓冈湖，广四十余丈。湖南多石，镌王手书"汉影云根"四字，并镌从亡诸公题咏。其为王尝游处，又似可信。甲辰以后，二岛糜烂，或碑碣无存。惜不得《沈斯庵集》而读之。其云墓前有太湖，谓"鼓冈湖"耶？抑谓台湾之"大湖"，即今"鲫鱼潭"？即凯尝游其处，鲁王墓亦无考焉。

呜呼！王以有明宗室，间关颠沛，漂泊海上数十年，惟郑氏是依，而又不以礼待，致受沉海之诬，卒至埋骨荒岛，榛莽为墟，春霜秋露,麦饭无闻,亦可悯已。我国朝加惠前代,自陵寝及名臣、贤儒坟墓,俱有禁令;于明史不讳唐、桂诸王事;靖节诸臣,皆锡之谥典。圣德皇仁,超越千古。若鲁王墓,固守土者,宜恪遵禁令,急为防护者也。而斯邦人士,展念陈迹,宜何如之感慕、叹息,保守之期,勿再失乎!因为考以实之。

## 重建金山书院碑记

### 杨秉均

金山书院者,昔之浯江书院也。明之世,人文蔚起,结构焕然。厥后倾颓,而年代渐远,湮其旧址,遂为农人稼圃之地。乾隆庚子岁,卜镇后浦文衙署之西,踵浯江之名以补其额。逮道光癸未岁,诸同人忽有复古之志,就其古址而重建之,颜之曰金山书院。际兹工力告竣,爰将各乡捐题姓名,开列于左。

道光乙未岁伍月谷旦,鉴塘杨秉均撰并书。

董事姓名:

吕世修、黄鸣鸾、蔡鸿略、杨学之、蔡占魁、杨秉均、陈元音、陈梦篆、张基壮、蔡煌、张世品、蔡尚光、黄志修、张兴济、黄超吟、陈明徽、张善济、张美荣、戴国俊。

捐资姓名:

进士郑用锡捐银壹佰伍拾员;

平林蔡德成捐银壹佰肆拾员;

浦边周茂川捐银捌拾员;

平林蔡芳苑捐银柒拾员;

砂美张芮官献地壹所;

长福里戴石官捐银伍拾员;

英坑黄昆官捐银伍拾员;

南安黄彦官捐银伍拾员;

西黄庄文炎捐银肆拾员;

浦头黄超琅捐银叁拾员；

浦边周应梦捐银叁拾员；

砂美张大老捐银叁拾员；

官澳杨宽裕捐银叁拾员；

平林蔡庆兴捐银叁拾员；

平林蔡尚异捐银叁拾员；

水头黄士、徐官捐银叁拾员；

长福里戴国俊捐银叁拾员；

官澳杨民官捐银叁拾员；

欧厝欧永官捐银叁拾员；

大地吴周官捐银叁拾员；

大地吴悦官捐银叁拾员；

山后蔡朝宗捐银叁拾员；

砂美张质、寅官捐银贰拾贰员；

官澳杨耿光捐银贰拾员；

塘头杨国枢捐银贰拾员；

山后杨亨五捐银贰拾员；

官澳杨汜淮捐银贰拾员；

水头黄蒲官捐银贰拾员；

庵边吕传官捐银贰拾员；

峰上郑檀官捐银贰拾员；

高坑乡公捐银贰拾员；

斗门乡公捐银拾捌员；

塘头杨定财捐银拾柒员；

英坑黄煌官捐银拾陆员；

浦头黄超均捐银拾伍员；

西黄黄记官捐银拾贰员；

庵边吕陷官捐银拾贰员；

砂美张世品捐银壹拾员；
洋山王巧官捐银壹拾员；
砂美张妈官捐银壹拾员；
砂美王梧官捐银壹拾员；
砂美张竟官捐银壹拾员；
西黄叶赤官捐银壹拾员；
水头黄迪义捐银捌员；
浦头黄超远捐银捌员；
水头黄鸣皋捐银捌员；
砂美张房官捐银捌员；
官澳杨等官捐银捌员；
蔡店苏耿官捐银捌员；
砂美张管官捐银捌员；
水头黄爱官捐银捌员；
李洋郑桓官捐银陆员；
青屿张长春捐银陆员；
水头黄俊官捐银陆员；
大地吴锐官捐银陆员；
赤后陈溪凉捐银陆员；
平林蔡尚光捐银陆员；
下坑陈三棣捐银陆员；
下湖王志照捐银陆员；
李洋吴　执捐银陆员；
水头黄彦官捐银陆员；
山外乡公捐银陆员；
砂美张请官捐银伍员；
砂美张典官捐银伍员；
砂美张廉官捐银伍员；

高坑陈夺官捐银伍员；

砂美张课官捐银肆员；

浦头黄寅官捐银肆员；

下湖吕江官捐银肆员；

东店黄悦官捐银肆员；

官澳许约官捐银肆员；

砂美林学仁捐银肆员；

砂美连吉官捐银肆员；

蔡厝蔡孝义捐银肆员；

下坑陈块官捐银肆员；

下坑陈永合捐银肆员；

浦头黄五官捐银肆员；

下新厝陈钦官捐银肆员；

湖前陈通官捐银肆员；

寮罗谢牙官捐银肆员；

水头黄天富捐银肆员；

寮罗黄璇玑捐银肆员；

澜厝汪奏官捐银肆员；

山外陈士海捐银肆员；

官澳杨腆官捐银肆员；

洋宅乡公捐银肆员；

砂美张最官捐银叁员；

砂美张敖官捐银叁员；

官澳李启官捐银叁员；

西黄陈在官捐银叁员；

青屿张基壮捐银贰员；

新厝黄鸣鸟捐银贰员；

西村黄世修捐银贰员；

浦头黄超佐捐银贰员；

砂美郭情官捐银贰员；

砂美陈助官捐银贰员；

西黄黄绀官捐银贰员；

西黄黄绍官捐银贰员；

西黄黄慢官捐银贰员；

古龙头李抽官捐银贰员；

西黄黄述官捐银贰员；

浦头黄汪官捐银贰员；

砂美辛广官捐银贰员；

后山陈接官捐银贰员；

内厝蔡居官捐银贰员；

田墘蔡恒度捐银贰员；

何厝蔡缎官捐银贰员；

砂美张世法捐银壹员；

浦头黄超馥捐银壹员；

新墘陈三元捐银壹员；

合共捐银壹仟陆百叁拾壹员；

计共费建造银壹仟陆百叁拾壹员。

捐充祭费姓氏：

周史云等。

## 苏烈妇传

### 苏廷玉

烈妇苏氏名兰姑，同安马巷厅十四都澳头乡人也。年十八，嫁同里傅印为妻，事姑孝。逾年生一女。甫五月，印贾于浙之乍浦。乡人自乍回述印已死，烈妇一恸几绝，水浆不入口，日夜哭不绝声。邻有劝者，不答亦不言。越六日，姑与邻妇又劝之。烈妇入房片刻,疑其不出,入视之,已缢于床楣,气绝矣,年方二十岁。此道光二十七年正月二十七日事也。

夫烈妇生于乡僻,父与夫皆贫穷。其母早死,既无师姆之教训,而以死殉夫,深明大义,绝无迟回眷恋,较之古来忠臣殉国,其铁石心肠如出一辙。盖天地纲常,赖人维持,而节烈之气,求之女士尤难。烈妇死义,荣于生存矣。

烈妇父名钟烟,为余缌服侄。余旋里闻其事,喟然曰:"傅氏有烈妇,则吾家有烈女矣。"哀其志而怜之,恐海隅僻陋,后将湮没,何以发幽光而慰贞魂耶?故为之传,以俟后之采风者,有所考焉。

## 《海疆要略》序

### 李廷钰

从来筹海之书多矣,类皆文人之敷衍笔墨,虽工,然无裨于实用。就中惟陈公《海国闻见录》庶几为济世之具,且图说兼备,瞭如指掌,犹虑其所见诚然所闻,殆未敢深信也。此册既非亲历,亦非摭拾传闻。盖出之老于操舟者,身历其处,辄笔于册。惜乎,无图可索,第较之盲人赴路者,不犹有把握乎。爰是与寮寀黄参戎诸君校订,粗可观览。俾我同人各挟一册以自随,庶几履险如夷,共跻安善。夫然后得以同心戮力,扫荡幺氛,以冀毋负我国家设立水师至意。予未谙水务,不敢强解。愿诸君之留意焉。

**咸丰丙辰秋**

## 励志论 并序

### 李廷钰

天下事,诚坏于不实为,然为之亦须有渐,如镕金则一注而方圆即成,揉木则必从容而后克就规矩。学之一道,亦镕耳、揉耳。强人于善,亦未尝不然。余杜门息影久矣。春昼花阴,猿鹤饱卧,念身处尘埃，不惯流俗往还，惟日对古人，听儿曹读书声，间尝作小诗，以自娱。家且穷矣，身已老矣。园有蔬可羹也，郭有田可食也，机上之布可衣也，数椽陋室可居也。诗书之乐，乐且未央。所不敢怠忽者，惟励志耳。桑榆暮景尚然，勉励儿曹后生，恶可忽诸，因著《励志论》。

观夫天生斯人，性无有不善，犹水之无有不下也。人莫不有学也，学之乃可以成善，非为济恶之谓也。其所以致之使然者，习之分耳。本善无恶，性也，好善恶恶，情也。去善从恶，习气也；改恶从善，工夫也。学必以渐，亦必以勤，心必以虚，志亦必以励。夫志贵存高远，心慕前贤，绝情欲，弃凝滞，使庶几清明之气，揭然有所存，恻然有所感。忍屈伸，去细碎，广咨问，除嫌吝，投身远害，偃息衡门，何损于美趣设也。憍慢则不能研精，险燥则不能理性。碌碌滞俗，永窜伏于凡庸，不免于下流矣。浮图书云"无有一善从懒惰懈怠中得；无有一法从骄慢自恣中得"，此名言也。

不加功而谈命，犹不凿井而求泉也。人必备尝险阻，固天所以玉汝也。松柏不历冰霜，几与凡卉无异。大丈夫岁寒之节，正须受得摧挫，纔有根器可致远大。人之进退，惟问其志。士无幽显，道在则尊。虽生刍之贱，其人如玉。论德欷薄，说居处贫。勿以薄而志不壮，贫而行不高。日与友生讲肄书传，孜孜昼夜，衎衎不怠。取必以渐，勤则多得。山涧至柔，石为之穿；蝎虫至弱，木为之弊。胡可以小善不足修，忽而不为，中人情性可上下也，在其检耳。若放而不检，则入恶矣。昔西门豹佩韦以自宽，宓子贱带弦以自急，改身之，恒为天下名士。君子之行，静以修身，俭以养德。非学无以广才，非静无以成学。年与时驰，意与岁去。穷庐悲叹，将复何及。

世之浅陋者，正坐易足而自高耳，未能执笔，已斥颜、柳不谙晋人书法；未解遣词，已呼苏子瞻为阿轼。欲毁弃孔、孟之书，已指程、朱说经之谬。纷然辩驳,不自愧耻。是不知有天地日月,既求欲自树,恶可得哉。譬夫彝器之喻也,始乎斲轮,因入规矩,邻中廉外,枵然而有容者,理腻质坚,然后加密石焉;风戾日晞,不副不声,然后青黄之、鸟兽之,饰乎瑶金,贵在清庙。其用也,羃以养洁;其藏也,椟以养光。苟措非其所,儡然与破甄为伍矣。尚何望他年为一代之伟人哉。学业之道,要在发愤羲轮,若飞忽焉,扶桑忽焉。崦嵫嬴粮,跃马惟恐后时。

古人云"小愤小彻,大愤大彻,不愤不彻",勾践曰"下守溟海,鱼鳖是见,智沉而思,密精之会焉",是之谓发愤。负薪跨角,锥股悬梁,身处草野之微,志凌风云之大,苦心志,劳筋骨,动心忍性,增益其所不能。语曰"孝子爱日,志士惜时",吾侪智逊人先,力歉人后,安得闲工夫说闲话,管闲事。必闲人之所忙,忙人之所闲,庶几不忝所生焉。

## 陈生润渠殉难纪遗

### 陈庆镛

咸丰三年夏四月,逆匪黄德美寇厦门,童生陈润渠死之。生,马巷人也,以字行,少读书,负奇气,颇不修边幅。

道光己酉,余主讲玉屏书院,生来受学,矫然自命不群,遇事辄与人忤,有少忿必争,争不胜必讼,讼不胜不休,必得其人慑服而后快;然于师长之前,却又逡巡畏惧。余屡责之,向而请罪,悚惶气不容息,遂不复讼。但少选一有眦睚,故态复萌,仍作相寻报复,世多衔之,而同学亦以此不齿。

至是,本邑富豪黄逆作乱,起事于锦宅之乡,与其党黄位攻陷漳城,遂率众数千,驾五篷船三十,于月之十二日,直犯厦门。时水师提督施得高出哨,官军猝不及备,惟游击郑振缨拒战于镇南关,力竭而败。

生撰讨贼文,满贴城市街衢,大呼于众,誓共灭贼。贼入探知,徧迹之。生闯然手执长矛,乱斫数贼,被执。贼知为义士,且有勇胆也,忍之,寻延之上座,欲奉为军师。生闻益恚,目眥皆裂,骂不绝。无何,钩其舌而出之,口犹作呵咤声,骂如故。贼怒甚,遂支解而曳之衢。越日,市人殓其尸而殡之。呜呼!生以一介庸儒,始而凌轹当时,有不可一世之概;继而敌忾同仇,欲以一人当万夫敌。似不量力而进,近于匹夫之勇,然其一时孤愤,杀身成仁,夫非所谓豪杰之士哉?

逾旬,官军云集,提督李廷钰统陆师而下,诸将率舟师而上,四面夹攻,复其城。匹马只轮无反,群党聚而歼殄,而逆首亦为其乡捆献,磔诸市朝,籍其家产数十万贯,妻妾一概受俘。则所以为生报仇者,亦大快人意矣。

是役也,叙功则自李提帅而下,赐赍有差;而叙节则以生之死为最烈。事闻,天子悯之,诏祀昭忠祠,世职云骑尉,复以恩骑尉罔替。呜呼!生自足千古矣。兹因叙仙游王怀佩先生事,复续而为之记,以俟后之修史志者,采择焉。

## 重修三忠宫碑记
### 陈贯中

有宋三忠,当年辅幼主南奔。同心戮力,正气溢乎两间;殉难捐躯,馨香留诸万古。里人就所经之地,大道之冲,构祠祀之。其地东望出米岩,西绵御踏石,南拱王朝山,隐然旧君警跸,犹在目前。行人过客到此停骖,未尝不欷歔凭吊,谓宋之三忠与殷之三仁千秋鼎峙,遂以"三忠"颜其宫,并以"三忠宫"名其社。邦家之光,亦闾里之荣也。厥后戎马蹂躏,仅存遗址。康熙年间,邑侯朱明府奇珍捐俸重兴,至乾隆四十二年,乡耆陈昌盛、陈锡珪重加丹雘勷垔,庙貌一新。道光七年,贡生陈清时出为鸠金,复修旧绪,是皆向义可嘉也。

迩来蚁蠹侵蚀,榱栋几颓,神光降驾,命余领首立捐簿举事,合境善信无不踊跃输捐,因得集腋成裘,择吉兴修,经始于春初,落成于冬季。此固神光之灵,亦不可谓非诸人相与有成之力也。谨将敬捐士女姓名勒石,庶几共沐神庥,以垂不朽,而获福岂有涯哉。

咸丰十年秋八月,詹事府主簿衔、举人陈贯中谨序,鳌头陈志仁书丹,泉郡石室氏上石。

捐资姓名:

闽安协镇陈上国捐银拾贰员;

丙洲职员陈庚捐银念四员;

霞漳贡生郭履端捐银拾贰员;

赵厝方春生捐银肆员;

龙头林金雀捐银肆员;

仙殿僧情素师捐银肆员;

流传千总郭荣光捐银贰员;

厦门陈和泰捐银贰员;

李厝李光鞋捐银贰员;

丙洲陈琢如捐银贰员;

龙头石林蚵捐银贰员;

本境陈景生捐银壹员;

鼎按,万君友正所撰《重修马巷厅三忠宫记》,今遍访之,未见石碑。仅以粉额书悬梁上,历年稍久,字迹晦黯;陈孝廉此记名谓"上石",实亦勒诸经尺砚石,嵌于廊壁,恐难寿世。故亟为手录,附存于此。

### 厅主桐轩程公去思碑　在刘五店花生埕

公名荣春,字桐轩,安徽婺源县人,以军功补福建大田县知县。咸丰六年春,调署马家巷抚民通判,政理民和。越明年夏,永春土匪林俊倡乱,攻泉州府城。时岁歉,谷价昂贵,所属骚然,道途梗塞。而马家巷素称难治者,民独安帖,不惟公之才足以镇之,亦公之德有以孚之也。今公去马巷六年矣，民思公不能忘，诸父老共为碑，以寄甘棠之慕焉。

同治贰年仲秋谷旦，马家巷部民公立

## 重建马家巷厅衙署碑记

### 鲍复康

粤稽府志，通判衙署原驻郡城，雍正、乾隆间，大吏筹议海疆，前后请于　朝，移驻分辖，凡三徙焉。马巷经始者，历胡、马、万、温四任而规模大备。万、温殚厥辛劳，惜碑志无传，父老云"曾縻金钱过万，基址宏敞"，其信欤。嗣修葺鲜扩，日以朽蚀。咸丰三年，会匪一蠢，土贼丛沓折毁，因之淋潦倾圮，遂同荒驿，奉檄来者，亲朋相为咨嗟不幸。风俗偷而政令驰，虽人事亦气运使然也。复康自浙奉横湖任内奉调从军，宫保爵帅左旋，奏代斯篆，自维谫陋、起颓、振废，恐非其人，而气运与人事潜移，竟有不期然而咸与维新。是役也，禀请发款，即蒙批准，动支厘金，丙寅仲夏开工，丁卯孟春工竣，领制钱七千贯，兵米羡银足之，实用制钱八千贯有奇。缮造细数册说，通送存案。

吁！不有废者，其何以兴。忆下车时，满目苍凉，益动沧桑之慨，所愿后之君子，推循废兴，缘起指疵，复康未尽，随时补捄，海隅苍生，蒙休养之福，岂不懿哉。除草定衙署，岁修专款，六科书吏条示缮卷，流交不录外。是为记。

大清同治六年，岁次丁卯正月谷旦，权通判事新安鲍复康撰并书。

## 舫山书院课艺序

### 厅倅洪麟绶钱塘人

制艺代圣贤立言，首宗理法。凡驰神运思，选义考词，则视乎平时识力,而未可概论也。余自溷风尘,方谓此事可废,不图足迹所至,都人士咸以老马识途,群相问字。不获已于退食余闲,详加评阅,然簿书鞅掌,深惧弗胜焉。庚午秋闻,事葳来守舫山,下车后,循例观风,就书院扃试生童数百辈,类多自拔之才,又各竞趋时尚。因即文之长于书理者,逐一点窜,列诸优等。自是按月一课,必悉心校核,以期无负,而课作亦日渐改观。每届岁科试,则厕上庠,游璧水者,联翩接踵;秋试领乡荐者,并不乏其人。以是知多士之争,自濯磨其进取,正未有量也。爰择如千首付诸剞劂,以公同好,并望后之学者,皆知所从事云。

时光绪元年

## 舫山书院课艺二刻序
### 厅倅洪麟绥钱塘人

士人握管成文,虽本天资,亦关风气。八闽作者,惟晋安与首郡相颉颃。马巷地处海滨,并工摹揣,朝夕讲贯,类能心领神会。由此而力求根柢,则层楼日上,当更不凡。初春,曾有院课之刻,兹复择若干首,并付手民,以公同好,因缀数语于简端。

光绪乙亥,清和月上澣

## 新刻舫山书院课艺序
### 龚显曾晋江翰林

自汉立精舍为经生授业之地,即后来书院之滥觞。书院之设,昉于宋之金山、徂徕、鹅湖、鹿洞。明则辄有废兴。至我朝乃大盛,自省会、郡县,以洎方隅僻壤,莫不喁喁向学。地有讲堂,盖集徒授教,所以辅学校而使之昌明也。

泉郡渊源理学，自昔有海滨邹鲁之称。郡中向有四书院，若欧阳，若温陵，若小山丛竹，若石井讲学之区，以是为古；近则清源、梅石、玉屏数书院，讲习观摩，蒸蒸日上。其秀硕俊伟，往往翘然特出，以经济文章著者，后先辉映。而其课艺之流传，郭远堂中丞、章果堂太守，两刻之后，显曾复续选。清源、石井两院文艺授梓，士之各呈其业者，经风厉奖美观听，乃更振兴也。

马家巷舫山书院，创建几二十余年，学校之士其向风慕学，亦与数书院接踵而兴。洪丽笙前辈，以名太史来守是地，下车伊始，即以兴学为切务，延师教育，悉如故事。而官课考校，尤慎重甄别，取其华实兼美者，拔之优等；而又于偭规错矩者，则汰之；于大醇小疵者，则正之，谆谆勿勩，蕲于无憾，而后安肆。业其中者，既人才辈出，争自濯磨。乃复精心选拣，刊布士林，以为矜式。有志之士读此编者，不特通经学道之宏业，得引其端，亦且鼓舞趋学，日进而不能已，则尤先生之所厚觊也哉。

**光绪元年仲秋**

## 镏江协戎曾公去思碑 在镏江渡口

镏江背山面海，地瘠民顽。自会匪扰后，附近乡村，山则同室操戈，而械斗之风炽；海则驾舟窃发，而劫夺之习成。惜乎！无人以治之也。夫求治不在多言，顾力行何如耳。同治丙寅之夏，协台曾公奉建后营府署，荣莅斯土，约束严明，爱民如子。强则抑之，弱则扶之，械斗由此息矣；晨则巡之，昏则缉之，劫夺由此除矣。民处其间，夜门不闭，得以聊生。盖由我公设兵护卫，不动声色，使镏江之地，安如泰山者也。是岁五月，公调任海坛，卸篆之月，男妇老幼，攀辕遮道，皆引领望曰："使公重莅斯土，吾民幸甚。尤愿接踵而官者，尽如我公，则民之戴新不同戴旧哉。"今公去矣，民思而不忘，与古之思召伯者何以异？公印"文章"，号焕堂，谨将德政芳名镌勒诸石，以垂不朽云。

光绪贰年，岁次丙子陆月日

镏江绅衿耆老暨标下弁兵同勒石

### 厅主丁公纫臣德政碑　在小盈岭道旁

公丁姓，官章"惠深"，号纫臣，粤之丰顺人也。由劳绩出知马巷通判，自下车即殷殷以修通利庙为急务。通利庙者，其后楼祀宋徽国公朱子者也。始事之日，乡之人窃窃然疑之，谓"是役也，不急且重烦"。都人士咸额手走相告曰："丁公其有勤民劝学之心乎？"未几，义学兴矣，孤寡恤矣。凡地方之可为民利者，无弗兴也；凡地方之可为民害者，无弗除也。

巷属素强悍，械斗、花会盛行。公谂其俗，遇下乡，夫价自给，手谕不许受民间一丝一粟。其有取民间一丝一粟者，罪无赦。吏胥相顾失色，民困顿苏。堂上设一竹筒，民有冤屈而不能遽达者，连击数声，立即坐堂判理，案无留狱。数月以来，讼庭芊芊草满矣。人谓"清如丁公，勤如丁公，慈惠又如丁公，宜若满傲而自大者"。然而，公顾虚怀下士，爱才如命，书院考课赐予有加无已。

於戏！此其所以为丁公也。使公而久于其位，民之福，公之愿也。公而不久于其位，而超擢以去，公之德望宜也。而民之望之者，其曷有不兴起于其未去之时欤？因谋诸匠人而泐之石。

光绪玖年，岁次癸未花月谷旦治下举人陈旭升、陈鸿文、郭世杰、陈耀磻公立

# 诗

## 观物四首
（宋）邱葵小嶝屿人

太虚寂无朕，妙感何絪缊。
清浊一浮沉，二仪奠乾坤。
客形与客感，万变日纷纷。
形感本来无，志诚谅斯存。
气聚则明施，气散则明匿。
孰能知其妙，聚散乃为客。
法象乃糟糠，真机乃虚寂。
大哉无方体，是谓神与易。
万物即一物，一物即一身。
妙合气与灵，知觉日以新。
物物为过化，性性为存神。
践形者惟肖，其斯之谓人。
春蒲发华滋，潮涨失沙觜。
好风自西来，吹皱一江水。
何人掉孤舟，撑入春蒲里。
不见舟中人，一阵鸥飞起。

## 送熊退斋归武夷

穆穆朱夫子，于道集大成。
嗟予亦私淑，奥义终难明。
退斋独何幸，而乃同乡生。
虽后百余载，玄机若亲承。
斯文幸未坠，载道来桐城。

平生疑惑处,喜得相考评。
秋风吹庭树,忽然作离声。
吾侪各衰老,何时重合并。
愿言且小住,勿弃斯文盟。
圣贤千万语,只在知与行。
前修倘可企,勖哉共修程。

### 独步芝山

平生独往愿,颇得山林趣。
轻阴春漠漠,澹日随行屦。
犹嫌影趁人,特入深深处。

### 新　晴

新晴登峈嵝,欣此冻初解。
春风入条肆,枯柄依然在。
有美北山薇,良苗正堪采。
我欲携短筐,悠悠隔沧海。

### 闭　户

自我来兹泮,闭户交游绝。
经生一二辈,长庚伴残月。
芹藻自青青,谁与共采撷。
唯于泼泼处,见得源头活。

### 题竹西独宿寮

独行不愧影,独卧不愧衾。
乐哉抱吾独,守此一片心。
此心寂不动,众欲无由侵。
孔昭在潜伏,所贵唯一钦。

**自龙潭归**

策蹇下平岗,挂帆渡安流。
平生不行险,问道旋故邱。
高堂有鹤发,安敢事远游。
负米虽不多,过冬亦稍优。
所愧无甘旨,一饱良易谋。
兢兢保遗体,无遗慈颜忧。

**钓　鱼**

钓鱼如之何,亦惟钩与丝。
为学如之何,亦惟行与知。
择善必固执,诚意毋自欺。
博我复约我,至之而终之。
先民莫不然,予曷敢有亏。
但恐寒者至,庄敬以自持。

**风雨中与吕之寿读文公诗传**

泠泠叶上风,瑟瑟檐头雨。
天分本无私,人性皆相似。
譬之入山林,斧斤随所取。
华年舍我去,初心日以负。
勖君岁寒心,保此栋梁具。
圣械廓悠悠,修途未容驻。

**跋巨然晓山图**

秋曙已生白,朝暾尚潜红。
是时天地气,正在贞元中。

千峰虽历历，众树犹濛濛。
群动又将作，平秩一日东。
洒然人欲尽，天理将昭融。
闲窗自展玩，妙处谁能穷。

### 寻从子伯恭不遇

汲井欲灌园，草木有同根。
我行独踽踽，聊复寻诸孙。
诸孙各有役，谁复相温存。
彼茁者汀芦，上有鹡鸰谨。
衡门可栖迟，清风自妍暄。

### 禽 言

春泥滑滑雨潇潇，田妇力汲收坠樵。
归来不敢道姑恶，我自忘却婆饼焦。
去年冬旱无麦熟，阿婆饼焦难再得。
门前忽报谷公来，灶冷樽空难接客。
阿兄提壶沽浊醪，阿弟布谷披短簑。
不时脱却布袴渡溪水，只愁行不得哥哥。

### 北 山

朝见北山青，暮见北山紫。
顽然土与石，此色何处起。
无情草木含清辉，朝露夕阳助明媚。
四时烟雨姿态异，天机滚滚何曾已。
人见山上有青天，谁知天在青山里。
欲问巨灵知不知，孤鸢飞处白云起。

### 怀古愚兄　二首

紫帽之峰兮高且巍,白云一片兮空依依。
我有兄兮在海湄,三月不见兮使我心悲。

紫帽之峰兮高且嶒,白云一片兮空悠悠。
我有兄兮在海陬,三月不见兮使我心忧。

### 钱侯寺

福唐钱氏子,爵命古诸侯。
老树护灵镇,神鸦迎客舟。
晨昏两潮汐,尸祝几春秋。
参佐凭风景,轻嚣走不休。

### 寄南剑詹野渡先生

圣哲已往古,吾侪空自今。
六经寻断脉,千里遇知音。
莫笑因缘浅,相期造道深。
可怜山海隔,无路盍朋簪。

### 读石隐淡吟稿

借师新稿读,睡睫不曾交。
璧月沉寒濑,琪花著老梢。
一吟三叹息,只字几推敲。
晓雨驱炎暑,僧窗尽得钞。

### 寄陈儒正

论心才署夕,握别已凉秋。
月照陈蕃榻,风生王粲楼。

哀音虫外笛,远影雁边舟。
欲写相思意,题诗寄水流。

### 秘藏院
才入空门里,尘心便欲抛。
土花生石缝,野蔓上林梢。
栋老蜂钻穴,檐低雀结巢。
僧中无贾岛,得句自推敲。

### 书山翁壁
山翁有山癖,尽日对山青。
笕水晨煎茗,炉香夜诵经。
雨畦蔬长甲,风径竹添丁。
独有曾游客,清癯似鹤形。

### 偶 成
风雨三间屋,乾坤一腐儒。
营生妻笑拙,学古客言迂。
坐久灯花落,吟成砚水枯。
方书俱遍览,无药可医愚。

### 白 鹭
众禽无此格,玉立一闲身。
清似参禅客,癯如辟谷人。
绿秧青草外,枯苇败荷滨。
口体犹相累,终朝觅细鳞。

### 过野塘用杜老韵
蛙浮成出字,雨点作圆纹。

荷叶乱于草,炊烟远似云。
水清鱼可数,邻近鸭成群。
何日营茅屋,来兹避世纷。

### 哭吕朴卿师[①]　三首
已拟持荷囊,俄抽似叶身。
甘为南地鬼,不作北朝臣。
屋壁遗文坏,邻舟战血新。
劫灰飞未尽,碑碣托何人?

潮士瞻韩木,莆民爱召棠。
名随天共远,身与国俱亡。
血碧一时恨,汗青千载香。
玄虬方陨魔,螾蛭恣飞扬。

斯文天欲丧,好学有谁如。
无复谆谆诱,空令咄咄书。
秋风坛上木,夜月墓边庐。
每与诸孤道,相看泪满裾。

### 贫
相见尽言贫,能贫得几人。
文成休送鬼,钱乏那通神。
形瘦何妨鹤,衣悬一任鹑。
饥来眠仰屋,鼻息撼梁尘。

---

[①] 吕朴卿,即吕大奎(1230—1279),字圭叔,号朴乡,南宋泉州南安朴兜村人,邱葵曾师事之。

### 初六日早过后浦庄

秋晚庄邨憩,青山对掩扉。
轻风随步屣,残露湿征衣。
水满菰蒲乱,田荒鹳雀飞。
欲行还小立,旅思重依依。

### 九　日

海山秋索寞,不见菊花开。
节与贫相弃,年将老共催。
艰难思故里,牢落对残杯。
旧日登高伴,今无一个来。

### 寄曾子方

别来俱不饮,相忆若为情。
交态忘贫富,相知似弟兄。
君非殊夙昔,子亦负平生。
惟有子城月,年年是旧盟。

### 瑞光亭有作

终年萧寺里,人迹往来稀。
雀踏梁尘落,蜂穿木屑飞。
佛幡书古偈,僧壁挂禅衣。
此景惟予爱,冷然契道机。

### 游贤阪书赠可大

十月寒犹未,幽人乐自便。
看山行觅句,扫石坐谈玄。

一径藤萝月,数家桑柘烟。
旧时钓鱼处,枯木倒寒泉。

### 游龙湖庵

一路堑花开,春阴满树苔。
旧时僧已去,前度客重来。
浮世年年变,尘心事事灰。
坐消清昼永,日暮不知回。

### 九月二十七日归侍

邶庄一樽酒,谁与语悲辛。
衿佩空相负,诗书不救贫。
天寒负米客,日暮倚门人。
遥睇长江水,西风犹怆神。

### 书陈氏小轩壁

一榻自徜徉,悠然古意长。
地幽如佛舍,轩小似船房。
萱草依堂绿,荆花夹树香。
我来访幽隐,话里雨声凉。

### 悠　悠

江上形容老,竹间窗户秋。
悠悠忘岁月,落落少交游。
无食令儿瘦,有诗消客愁。
古今多少事,易卷在床头。

### 春日闲游过石所山

盎盎春流水,微微风动苹。
江山一片石,童冠两三人。
落魄从渠笑,逍遥得我真。
百年浑是客,一月几佳辰。

### 次长卿韵

秋尽始相见,宵残即语离。
将归悲宋玉,不饮愧袁丝。
送远意未惬,思家计颇迟。
可怜镜山夜,未与小盘期。

### 寿萧东海

乐哉东海老,天与以遐龄。
前一辈人物,为诸生典型。
头因嗜书白,眼不要人青。
岁岁桑蓬旦,人间活寿星。

### 夜　诵

夜诵琅琅罢,山斋人迹无。
虫声助叹息,月影伴清癯。
黄卷十年客,青灯一腐儒。
时危无用处,我自笑非夫。

### 幽　趣

幅巾篁竹下,幽趣与僧同。
坐对忘忧草,行歌解愠风。

鸭头池水绿，猩血石榴红。
解作晴天雪，松梢鹭一丛。

### 贫　病

贫与病相约，贫来病亦来。
有僧时馈药，无鬼敢输财。
酒债偿仍欠，医书阖又开。
安贫吾自爱，且遣病魔回。

### 赠云岫上人

诸生多晚出，一老独高年。
月照遗经匣，云生破衲褰。
苔深埋屐齿，屋老带松烟。
何日尘氛断，从师此话禅。

### 题谊上人石室

接石为巢瓦缝欹，家风惟有白云知。
连筒远取煎茶水，种竹先寻挂衲枝。
庵小偏涵新世界，山空不见旧亭池。
清宵一段西来意，林影参差月上时。

### 沙头玩月

万片鱼鳞澹欲收，横空不碍素光流。
山河寂寂千年事，风露娟娟五月秋。
且作希夷闲枕石，惜无李白共登舟。
细看白兔何曾夜，应使深山魍魉愁。

### 夜卧中庭

一榻清风不用钱,卧看万里沉寥天。
明星落落才数十,孤月亭亭照大千。
但见衣襟如泼水,不知身世是何年。
可怜玉兔空辛苦,捣药终宵那得眠。

### 江边晚景

茫茫江水荻花秋,家在江干得自由。
稺子学渔携短网,行人争渡赁轻舟。
伴残霞去无孤鹜,向晚潮来有白鸥。
独立沙头谁共语,斜阳照破古今愁。

### 怀玉岩先生谪广州忽自古杭有书至

十二年前旧师友,书来欲拆泪成行。
几回相忆人千里,往事追思梦一场。
琴剑知辞南国久,干戈尚任北方强。
伤心吾道秋容冷,遥忆师门数仞墙。

### 重游离相院

三年托迹此丛林,今日重来思转深。
雨过残阳如月色,风来老树作潮音。
青山历历留人往,白鹭悠悠契我心。
日暮荒村苦无伴,虚廊杖曳自行吟。

### 赏梅分韵得殊字

梅是花中先觉者,天才回与众芳殊。
朔风如铁为寒骨,暖日投金作细须。

吐出奇芬春意思，描成疏影月工夫。
玉容清润丰腴甚，无限诗人错道癯。

### 与所盘诸君会石幡还 和杜老曲江韵 三首之一

絮云初擘未成衣，笑踏青莎桥上归。
诗酒堪过春日永，莺花却恨海山稀。
竹间长笛留人住，麦外游丝绊鸟飞。
满院东风不收拾，山僧何事苦相违。

### 秋 兴 二首

千年成败事悠悠，独上危峰满目秋。
底处归帆来远浦，何人吹笛倚高楼。
山和叠叠寒云迥，水带潇潇暮雨流。
回首故家零落尽，罇前谁与话离愁。
一岁四时秋最惨，况于人世尚流离。
向来犬吠鸡鸣处，今见猿啼鬼哭悲。
泪洒黄花金灿烂，魂销白骨玉参差。
满山寂寞秋梧冷，正是愁肠欲断时。

### 信 步

榻上残书已卷摊，幅巾藜杖出柴关。
卜居白鹭青凫处，觅句残庐败苇间。
心逐闲云横碧落，眼随飞鸟度青山。
忽然信步苔矶上，又得渔翁作伴还。

### 门 巷

门巷萧条绝市声，吟肩终日耸崚嶒。
瘦如华表秋来鹤，贫似丛林旦过僧。

渴吻漫消茶一碗，枯肠不饱稻三升。
交游岂是相违意，四十无闻自可憎。

### 破 屋
数间破屋住陈人，八尺空床卧病身。
赤脚婢沽深巷酒，苍头奴买对江鳞。
匣中菱镜难藏老，阶下苔钱不济贫。
百念已灰何自苦，迩来喜与孟家邻。

### 次韵徐学正九日
秋逢重九亦将阑，换得黄花青草颜。
节物只能催我老，人生那得似云闲。
有心采菊非知菊，无意看山却见山。
欲识渊明得真趣，夕阳倦鸟正飞还。

### 九 日
乱后黄花空满篱，惊心节序屡推移。
微吟聊续潘邠老，一笑难逢杜牧之。
浮蚁共拚今日醉，食饎空忆太平时。
牛山泪落龙山宴，付与西风一样吹。

### 独 行
孤烟落日是何邨，向晚春声隔水闻。
白鸟远来全似蝶，红霞淡处却成云。
愁当落叶飞无数，诗比秋山瘦几分。
客寄他乡原寂寞，独行不是故离群。

### 江　风

江风淅淅日将暮,庭叶纷纷天已秋。
对酒欲消今夕恨,挑灯又动昔年愁。
月如有意穿窗罅,虫故移声近枕头。
百感关心不能寐,起开尘匣看吴钩。

### 次韵寄苏仲质

十年前事付流水,清梦悠悠何处寻。
老去谁怜三献玉,生来不受四知金。
穷途赖有雷陈友,大雅应殊郑卫音。
俗子纷纷败人意,何时握手再论心。

### 元旦与可大江行

日出潮回生紫烟,水光山色弄春妍。
底须椒柏来为颂,且与鸥凫叙来年。
风动微波靴面皱,苔黏枯石佛头圆。
老来须与溪童乐,争倚芦花学放船。

### 过方广寺

故人昔日此题句,因入招提为觅诗。
石鼓长存僧屡换,窟泉犹在客何之。
风檐落叶仍唐桧,苔壁生尘且宋碑。
蝴蝶不知春已去,过墙犹恋旧花枝。

### 重　九

病余惟有骨崚嶒,节物催人只自惊。
肩比寒山为独耸,心将秋水觉双清。

整冠落帽真儿戏，采菊囊萸是世情。
寂寞空斋卷书坐，欲持杯酒待谁倾。

### 寄题朱推官竹斋
万紫千红转眼非，高斋惟与竹相宜。
自从出地有清节，直至参天无曲枝。
六月高标寒凛凛，三冬秀色绿猗猗。
此君妙处无心得，道在虚中人不知。

### 寓石钟院作
托身萧寺已踰年，独掩山门守我玄。
张旭一生耽草圣，刘叉几度发诗颠。
雨中裹饭无闲客，月下携瓶有老禅。
自笑五穷挨不去，缚船未了又烧船。

### 东归拟再访吕所盘不果，所盘有诗，因次韵 二首
对酒殷勤问后期，出门一步便相思。
自从剡曲回舟后，长忆巴山听雨时。
鹤发无成应念我，貂裘已敝欲从谁。
归途不向盘中过，却被清泉笑恶诗。

何处啼鹃送落晖，江山信美不如归。
子期死矣今安有，元亮来兮昨已非。
世事悠悠春梦断，人才落落晓星稀。
白头老伴惟君在，安得相随绕树飞。

### 题杨子岩
抗尘走俗令人憎，因觅桃源作此行。
畏日烧空时事恶，飞泉泻石道心生。

青天尽处孤舟渺,好鸟鸣时万壑清。
一老头陀癯似鹤,殷勤煮茗爨风铛。

### 怪　事

怪事年来见未曾,岸今为谷谷为陵。
可怜龙向灵湫蛰,忍见猱来古木升。
四载干戈多白骨,半宵风雨独青灯。
腐儒未识皇天意,不信荆舒竟莫惩。

### 自　知

古寺栖身又两期,西风吹我鬓成丝。
俗儿往往貌相敬,吾道悠悠心自知。
尽去皮毛方是学,若无情性定非诗。
可怜千载相传授,只为秦人煨烬遗。

### 和所盘九日

石铓如剑梦犹危,风帽桥边且任吹。
山送落晖应恨速,月临归路不妨迟。
欲从此夕颓如醉,试问明年健者谁。
一笑樽前俱是客。可堪摇动菊花期。

### 示　儿

喫紧为人毋自欺,吾犹失学况吾儿。
人谁无过过须改,道不远人人莫知。
一定万牛浑不动,少差驷马亦难追。
如今老去空惆怅,八十年前尽背驰。

### 白露日独立

西风吹我鬓鬅鬙,独立庭中影随形。
一岁露从今夜白,百年眼对老天青。
经秋不脱无多树,近月能明有几星。
惆怅前修人去尽,后生谁可嘱遗经。

### 闻吴丞图漳倅

黄屋南巡去不回,乾坤举目是尘埃。
风轻山鸟犹啼恨,露重园花亦溅哀。
只影独看西日落,满城争喜北人来。
先生莫为浮云动,忧国双眉皱未开。

### 养 气

养气须令四体充,饥寒不动是英雄。
常羞仲子徒三咽,稍似颜渊只屡空。
举动未尝为物碍,精神若可与天通。
氤氲开阖无穷妙,只在绵绵一息中。

### 题信中隐秋江捕鱼图

逸兴寄沧洲,高风落木秋。
欲携我簑笠,渡口上渔舟。

### 晚行书所见

山涧雨初收,涓涓水乱流。
树根一片石,童子坐牵牛。

### 客　中　二首

孤客思家坐似瘖，溪风吹树为悲吟。
溪中流水深千尺，未抵慈亲忆子心。

晓起征衫瘦渐宽，可堪秋入鬓丝寒。
客窗落叶皆归本，自把床头易卷看。

### 北山闻钟亭

晓来草木自澄鲜，不到山中又五年。
惆怅闻钟人不见，空余古木锁寒烟。

### 归憩涧亭桥

雨后溪流深更深，倚栏照见一生心。
青山只在桥南北，枉自穿云渡水寻。

### 溪西李家

秧针初出未全青，昨夜江头冷雨晴。
日暮采樵人去后，一痕淡月乱蛙鸣。

### 赠颜孝子　应佑

（元）上官民望

闽泉南诏各一隅，道途相去万里余。
巴巫水急过于簳，关索岭峻能摧车。
颜生远来忧且喜，视之不啻如平砥。
客中见母迎母归，此生始信堪为子。
吁嗟世俗日已漓，为枭为獍不自知。
事父母能竭其力，颜氏之子其庶几。

## 乌反哺行

(元)黄居佳鄞人

为闽人颜应佑赋

北方有鸟,生知反哺。

南方有鸟,飞伏云路一解。

云路万里,飞伏何为。

乌鸣哑哑,为寻其慈二解。

饥常不得食,砂石塞喉干。

小栖彭泽树,仁人投饭丸三解。

反哺六十日,追寻廿六载。

云南蜻蛉峰,果见慈乌在,乃负慈乌度山海四解。

双翼肤裂血沾涂,反哺归守浯洲椐。

待看群乌衔鼓集,立县还旌孝子庐五解。

## 题太武岩

(元)卢琦惠安进士

　　欲上疑无路,羊肠绝壁县。

　　倚松穷目力,隔水聚人烟。

　　小住猿为伴,常居犬亦仙。

　　羡他沧海月,夜夜宿山颠。

## 舟望小嶝屿

(元)周太初晋江举人

　　淡淡云山细细沙,绿榕丛里有人家。

　　传经处士归何处,棋石渔矶噪暮鸦。

## 赠洪少司寇　朝选

（明）邵应龙金门所人

海国仪型少，高山仰止时。
文章悲屈宋，风俗较淳漓。
秋色倚天剑，春山伐木诗。
平生忠爱念，尽日顾恩私。
显晦天难问，迂疏我自冤。
芳春回北雁，深夜啸玄猿。
贫向江湖得，心从台鼎论。
更怜衰朽质，词赋为招魂。
云会谁能料，风期自有因。
功名初识别，意气老来亲。
望系苍生日，病余死战身。
清尊临涨海，双剑动星辰。

## 题高贞妇巷

（明）洪朝选柏埔乡人

夫兮妇所天，夫死妇何依。
辟彼叶上露，须臾待日稀。
如何有余力，能及老惸嫠。
懿哉高氏妇，皎节霜日辉。
时命不我逢，早与同心违。
分甘拚一死，义重觉生微。
堂上有老姑，白发垂领肌。
朝餐尚苦晚，夕哺常苦饥。
含辛三十载，奉养幸无亏。
既完平生节，复垂千古规。
我歌贞孝章，以配柏舟诗。

**送少司寇郑环浦致仕**

我昔怀古人，梦寐想见之。
行行半海内，如何所见希。
岂为无其人，举世尚诡欺。
机械日以巧，纯白日以漓。
遂今古风微，世道吁可唏。
伟哉陶元亮，读书诵其诗。
斯人何真朴，千古见光仪。
当其饥寒迫，出仕良云宜。
及至耻折腰，归去复奚疑。
雅性本耽酒，举杯复不辞。
若还不得酒，吟哦亦自怡。
去留曾不恔，心事固易知。
淳风邈不作，高驾逸难追。
安知千载后，公也嗣音徽。
长翮戛宇宙，昂然孤鹤姿。
又如松与柏，众卉伏以卑。
往昔莅大藩，高论固葳蕤。
自知不谐俗，归卧一茅茨。
性亦嗜醇酒，杯至不停挥。
酒酣大笔落，屹屹森戟旗。
时来通塞异，脱履登君墀。
抗章复謇谔，立论亦恢奇。
今岁得赐归，还向江海湄。
昔如云无心，今如鸟倦飞。
宛然两陶公，千载结襟期。
世故婴人怀，尘土涴人衣。

羡公得解脱，如我尚韈韈。
寄语山中月，招要幸勿迟。

### 送王明斋归姑苏

往岁禅林居，逢君同栖止。
予抱子舆疾，君洗巢父耳。
同赋招隐吟，肯效弹冠喜。
嗟予志不就，冠带束疲苶。
黾勉江东行，意君云雾里。
胡为尘土间，逢子亦在市。
髭发半霜根，垢衣露敝袅。
良久开口谈，始忆君名氏。
君有博古才，五车在牙齿。
上精苍颉书，下综姬公礼。
羲画卦之初，机经兵所起。
星书甘石文，地志神禹纪。
探诣各穷源，名状何切理。
遂令侯贵间，传客播芳美。
颇似惊座陈，还如使气祢。
忽惊风露零，顿使家园迩。
去来本无心，离别亦倏尔。
夫椒山窈深，五湖水清泚。
请君具扁舟，高卧从此始。

### 俞妇何氏贞顺诗

结发事君子，眷言期有终。
胡意中道乖，云散雨濛濛。
良人既夭折，嗣续仍不昌。

昔如茑萝荣，蒙密被长松。
今如饮露蝉，寂历抱枯丛。
上堂奉晨昏，敛束处空宫。
舅姑嗟年少，秉志何忡忡。
邻里叹女流，诗书宛在躬。
一朝激恩义，幽明誓相从。
遂尽介然分，之死趋穴同。
白日掩光晶，悲风卷断蓬。
岂为一忼慨，感彼俞氏宗。
国风有贞女，高节凌苍芎。
作配以斯媛，相与垂无穷。

### 秦孝子诗

维秦有孝子，人称无间言。
问之胡能尔，声价百玙璠①。
答云无他奇，只能承亲欢。
慈母性嗜酒，严亲废双观。
生事常奔走，讵能侍晨昏。
家贫徒四壁，何以充杯盘。
伤哉孝子心，见此不为难。
战兢复黾勉，学成而德尊。
经师虽无数，脱履常在门。
束修既不薄，甘旨及生存。
上堂毕嘉庆，下帷著讲论。
邻邦闻其风，延致重席温。
亦知道不远，其如鲜弟昆。
遂却百金赠，恋此桑榆暾。

---

① 玙璠：美玉。喻指美德或品德高洁的人。

我闻三太息,感激薄夫肝。
圣贤垂大训,孝为百行原。
奈何好名者,靡靡逐波澜。
庐墓与刲股,争驰如奔湍。
事岂不奇伟,行怪圣所叹。
何如秦孝子,理得心亦安。
勖哉世上人[①],愿将兹义敦。

### 送文武诸君会试  二首

霜风振林木,寒鸟鸣咿嘤。
百虫早已蛰,水泽坚而凝。
之子适何许,凌寒远徂征。
答言往京国,献赋奏承明。
天子垂御衣,群公彰华缨。
宫殿郁嵯峨,观阙何纵横。
丈夫志四海,况复值升平。
会当驷马归,冠盖塞路迎。
慷慨即长途,勿为儿女婴。

九边连朔漠,二广极南陲。
八荒既无外,一统良在兹。
往昔胡马盛,寒垣遭疮痍。
兵家有长策,贡市谅羁縻。
边烽既不警,瓯脱空尔为。
奈何备南寇,戎轩岁奔驰。
征戍不得息,衣甲生虮虱。
将帅各承恩,谁为守方维。

---

① 勖:同"勖"。

子行当折冲，何以称拊髀。
努力行阵间，毋为世所嗤。

**题乾山风木图为林生嵘赋**
试披风木图，因忆风木语。
树木本无争，风摇不得处。
人子于双亲，岂不欲长事。
大限有所终，羲驾安得驭。
戚哉孝子心，图本寄毫缕。
天风有时来，木和相尔汝。
声出泪与俱，终古恨何许。
我闻先公贤，勋名勒鼎吕。
世业绍箕裘，地下望亦伫。
请将陟岵心，移永先令绪。

**庚辰岁于田家获稻作**
我本农家子，衣食赖田桑。
春来固肆耕，秋至亦筑场。
数口幸免饥，敢求菽与粱。
自从入仕途，言饱官太仓。
虽免素餐耻，惭愧斯民康。
己巳始归来，田园尚未荒。
艺黍种麻菽，岁岁荐馨香。
今年始治田，植禾薙莠稂。
及兹登场圃，一斗二斛强。
农夫来相贺，今岁值上穰。
东田收得薄，地土固其常。
西田收固多，非我生长乡。

人生贵止足,一饱愿所臧。
寄谢富家子,毋用夸仓箱。

## 山居四章

### 怀 古

了无谐俗智,遂与世情乖。
独拥寒衾卧,寤寐觌所怀。
古人不可见,今人未易皆。
展转至清旭,幽思浩难裁。

### 读 书

终岁亲书册,还如童子时。
不知古人远,但觉性相宜。
会处疑非我,悟来更唤谁。
堂堂儒者事,莫作钝毛锥。

### 卧 病

经时不出户,庭树几荣枯。
想见新池水,青青长旧蒲。
何方医懒病,无计系年徂。
独与息心侣,清谈到夕晡。

### 酒 杯

酒杯元不着,棋癖又非能。
终日闭门坐,收心赖佛乘。
兰芳风欲度,荷长露初凝。
近得山居法,熟眠胜户增。

### 题凌烟清梦卷

夜静月明花影簇,筦簟居然卧茅屋。
万虑齐向一时明,千休百休中俱足。
忽然身到华胥乡,郑公俯身相酬酢。
自言我身即汝身,托生轮回今犹昨。
天女在傍捧朝衣,朝冠制古非时为。
逡巡不敢当前着,胪称帝言匪尔私。
冠称首戴衣称躯,便教拜舞下彤墀。
本是儒生寻常事,翻令传为千古奇。
复斋仙郎好事者,凌烟册叶为题写。
飘飘似向真境游,欸吸开张何潇洒。
井络降精虽蜀土,嵩岳生申乃周雅。
我闻自昔富贵人,多是贤达生后身。
楞伽一字元不识,开卷何啻触手新。
又闻辛毗曾梦松,梦中自诧非凡庸。
十八年后持使节,三公命数尽相同。
曾君今为瓯宁尹,名位自应补帝衮。
纵无奇事理何疑,况复休征必拟准。
我嘱曾君力仡仡,擎天铜柱森矶砷。
愿今人宝清梦图,如宝郑公当时笏。

**送苏紫溪北上长歌**①

苏君苏君何奇杰,壁立孤高森巀嶻。
往岁读书山寺中,门外蓬蒿人迹绝。
我时解绂赋归来,千里之足尚竭蹷。
君独闭户受诗书,我尚不顾人莫谒。
一朝鹏力饱培风,九万飞腾坐超忽。
视之锱铢若无有,布袍芒屦巾雨折。
守制家居踰三年,穷空四壁囊羞涩。
邻邑闻风争致贻,却之甘守固穷节。
有书不肯干王侯,有口不肯向关说。
终岁据觚事吟哦,长篇短句相啁哳。
君不见古时豪杰士,饥食西山禾,
渴饮易水流,不如今之人徒悠悠。
苏君苏君慎勿休,直清寅敬帝所求。
行当典礼佐虞周,先以三后次九州。
苏君苏君慎勿休。


**题独立朝纲图　少司马陆公北川所贻**

秋风萧瑟天雨霜,草木黄落雁南翔。
烟收云敛峰峦出,刻削有如刀剑铓。
是时鸷鹰神正王,目如愁胡嘴距壮。
杀气稜稜来九天,劲翮直下平芜上。
扫尽狐兔杳无迹,羁禽伏兽皆辟易。
毛血洒地谁能收,虞人罢师空叹息。

---

① 苏浚,字君禹,号紫溪,晋江苏厝人。明万历元年(1573)中解元,五年举会魁,历官南京刑部主事、陕西参议、广西按察使、广西参政等。他为官公正廉洁,又"政尚简易,兴文化俗",并善于选拔人才。

画工写此有深意，谓与台纲了无异。
吴兴司马欣得之，祝我中丞遥相寄。
人言台纲须搏击，我言台纲须别白。
鹰兮慎无矜嘴距，要使鸩鸾分舜跖。

### 次韵黄忍江教授九日同游香山岩　二首之一

名峦今始到，游客几回新。
海涌疑游若，山朝似毕臣。
寒桃赏夏果，村酿酽家珍。
漫落龙山帽，风流骨已尘。

### 次韵邵伟长参戎应魁以诗代启见候　三首之二

相识江防日，论交故里时。
传杯情浩荡，把笔字淋漓。
放达宁无酒，穷愁合有诗。
吾衰未落寞，三益豁予私。
自罢云中将，谁言魏尚冤。
将予飘雨梗，值子失林猿。
读易明忧患，谈玄费讨论。
尚须韦作佩，不用楚招魂。

### 送俞雉峰大尹致仕　二首

陶令休官日，邴生自免时。
无心恋斗米，何意计官资。
咄咄当年事，悠悠去后思。
荣名终幻假，勿以累襟期。

慷慨辞簪绂，吏民犹未知。
虚名吾已厌，直道尔何疑。

麦饭山中裹，鱼羹江上持。
归舟无别物，好载送行诗。

　　　喜　雨　二首之一
自爱林泉卧，时看氾胜书。
谋生才本拙，忧国计终疏。
枯井新回脉，流庸渐复居。
波臣今已活，涸辙免为鱼。

**寄题卢后屏尚书日涉园**　二首
省署辞归早，园林寄卧宽。
绛桃频结子，绿竹又生孙。
醉酒挥荷盏，吟诗侧箨冠。
寂寥千载后，不负陶公言。

风景越称秀，公园景更真。
山环窗户绕，水汎沼塘春。
晚菊霜中玩，疏梅月下亲。
尚书日曳履，苔厚自无尘。

**送陈翀吾掌教太仓**
十上何知返，才高世所惊。
还从汉文学，去教鲁诸生。
海雨沾书幌，江流溅画屏。
毋言狥寸禄，终自取公卿。

**送会试诸友**　二首
送别东郊道，遥遥指凤城。
欲酬平昔志，宁计远行程。

朱果车前坠，青山舟际迎。
伫看得意日，还赋子虚成。

曾赴春闱试，年来三十秋。
时文今几变，古调有谁求。
作室须名木，济川要巨舟。
期君一振翮，早解庙堂忧。

### 题瑞应河图卷　二首之一
文运今秋盛，多才贡泽宫。
人称龙马瑞，数与洛河同。
奇事传应遍，新题咏尽工。
要知栽培力，领郡有文翁。

### 非　材
非材嗟倦仕，惯孄得安居。
洗耳听农语，斋心受佛书。
长贫无底事，好友有谁渠。
日暮松阴下，行歌信所如。

### 送曹见斋少参致仕归浮梁　二首之一
正尔瞻佳政，云胡薄壮游。
犹存尊足在[①]，肯作俛眉羞。
蠹简乡舟送，新诗野寺留。
从今谢物役，羡子早归休。

---

[①] 下有夹注：见斋有足疾，以此罢官。

### 谢病归借张道士所居施宅山庄养疴承彭东海翁枉赠佳章依韵奉答　二首

姓名久已汙朝端，敢向明时说挂冠。
宦拙那堪行作吏，囊空又自笑因官。
归耕负郭田何有，寄卧名山室也宽。
从此便为长往矣，征书那望出金銮。

少小追陪厕末光，于今十载喜堪当。
吟诗作赋公才敏，问舍求田我病妨。
于世已拚为弃置，逢人那免笑清狂。
山灵知免相移否，敢拟他年草木香。

### 赵特峰邦伯邀坐小亭有赠

亭小原无一亩方，养鱼给水学濠梁。
两行珠桧霜余绿，几树木犀雨后香。
子俸屡分邻舍养，宦衣犹解儒时装。
我来清坐能终日，不把芳樽意自长。

### 苏诚斋侍御量移湖州节推奉寄

闻君司理得吴兴，水绕山环是治城。
画舫时穿菱叶过，豸衣多傍柘林行。
好将谈笑求民隐，肯把惠文佐郡刑。
问俗宣风应有暇，停桡一吊苕溪生（古陆羽）。

### 寄李振南

得辞吏牒拥诸生，浙水吴山眼倍明。
顾渚茶甘经可著，乌程酒美邑偏名。
决疑已觉矇皆发，待问还如虚应鸣。
共说才多兼乐育，河汾门下半公卿。

### 赠邵伟长参戎　应魁

百战曾闻护朔边，归来四壁也萧然。
短衣博带还更制，枕革翻经亦并禅。
未论雄心销已尽，且看秀句世争传。
山中同侣如君少，不叹论交在晚年。

### 次韵朱白野郡公九日病中有怀　二首之一

天时人事漫相催，五马曾歌何暮来。
已见寒衣迎节换，新逢丛菊到秋开。
吟边元鹤传清唳，梦里花骢忆旧台。
缘木宦情何足愿，衮衣暂为一徘徊。

注：双行夹注"唐人有'缘木宦情知非愿'之句"。

### 岁暮有感　二首之一

役役何如推磨牛，悠悠好似上滩舟。
诗书博我真遮眼，山水迎人欲点头。
行有觚棱资本拙，言多皂白虑焉周。
行年半百今过四，细检平生合早休。

### 春日村居有述　二首

闭门不复扫烟霞，篱落春风小隐家。
自摘椒花供岁酒，旋烧荔叶煮岩茶。
功名懒似卧阶鹤，世事繁于过眼鸦。
百技年来都卸却，未忘书棹尚咿哑。

注：双行夹注"近置一舟载书其中，随处读之，命曰'书航'"。

不用栖云与卧霞，茅茨自是野人家。
相邀酒伴尝春酒，自检茶经认雨茶。

檐畔蛛丝全网蝶,门前芦橘半供鸦。
桔槔碌碡长年挂,才到春来便轧哑。

### 送少宰林对山之南都　二首
东观摘文似昔雄,说经况复汉儒风。
抑扬圣训词多直,启沃天聪意最忠。
白下山川供丽藻,周南人物属宗工。
独怜来就盍簪者,却向都门叹转蓬。

海内簪缨公最称,森森乔木映门庭。
素风耆旧袁三世,家学源流董一经。
直以忠清培世泽,更将仁义叩皇扃。
悬知别后能相忆,云树江东只么青。

### 使郢道中有怀余桐麓王荆石二太史　二首
京国相逢最感知,临歧尊酒更难辞。
岂缘梁狱须田叔,敢谓汉庭用不疑。
冒暑尚嫌绨葛重,带星犹觉使车迟。
故人念我能相勉,定赋皇华第一诗。

石渠虎观接明光,文采翩翩汉署郎。
荆璞照人难自隐,峄桐孤出更晞阳。
自疏书札怀偏切,每得篇章喜欲狂。
为问玉堂编校处,勋华应已迈虞唐。

注:双行夹注"时方修《世宗皇帝实录》"。

### 游武当山　二首
岩纡谷转露巑岏,尚有天门更郁盘。
磴道疑从星汉度,峰峦真作子孙看。
半山岚翠晴犹滴,万壑风涛昼亦寒。
寄语世人休扰扰,还来同宿白云端。

太岳今朝始一登,山围冈抱翠层层。
才看已觉风光好,直上方知气象增。
楼观参差霞缥缈,峰岩起伏浪崩腾。
吾生山水原非癖,为悟玄机愧未能。

### 九日陪诸公大轮山登高次林双湖韵　　二首

出郭登高有古邱,相携只爱旧朋俦。
未须选胜寻金谷,安用销忧唤莫愁。
绕径寒花明野路,落沙浮雁舞溪流。
山中日月杯中酒,一岁还应一度游。

着处黄花尽放花,可无樽酒答芳华。
恼人秋色花无赖,醉客村醪酒亦嘉。
食樲还应知世味,饷瓜何必自侯家。
归途好伴东溪月,一任苍茫暮景斜。

注:双行夹注"是日清江送瓜,三庭出蔗共嚼"。

### 村居六言　　四首

篱下落英童扫,堂前乱帙风翻。
交头行蚁似语,接翅坐鸠无言。

垂实棚瓜掩映,抽藤楥豆髼松。
日餐近学释子,岁事远继豳风。

牛背稳行鹳鸹,船梢惯宿蜻蜓。
牧童逐雀未返,渔父醉酒初醒。

六月黄牛耕地,百头赤鲤下池。
客来鱼羹荐饭,秋至黍粥溜匙。

### 四时六言　四首

舍南草绿铺绮，屋角花黄曜金。
乍雨乍晴天气，如煤如墨云阴。

徐转树阴长日，快传花韵轻风。
鹭窥莲上炫白，鸟投果里啁红。

月浸寒潭宝镜，云辞远岫梳鬟。
兔惊鹊落草上，燕去巢寄梁间。

蝇僵蚊冻无迹，松茂柏翠交加。
风雪牛衣儒屋，红炉兽炭侯家。

### 赋参府亭前花卉　六首之一

高秋野寺开曾詑，暮雨江城见却惊。
总是山花开处处，无端飞梦忆南征。山茶

### 过香山岩有感　二首

空山一望遍衰烟，古树无枝野蔓悬。
寂寞老僧无底事，独持盂水灌秧田。

度壑穿林此一邱，潺潺涧水尚东流。
人间不尽兴衰感，鸦背夕阳几度秋。

### 题扇面　八首

漠漠江天断片云，丝丝岸柳弄晴春。
一声长笛渔歌晚，忙尽江头归去人。

奇峰簇簇尽千霄，树里人家半住桥。
驴背稳骑吟正好，奚童漫促去程遥。

壮怀无计可厮捱，起步闲行月满街。
凉露满天清沁骨，诗情月色任挨排。

一瓢不自挂木颠,持向街头乞煖钱。
风雪归来寒凛凛,烧残榾柮冷无毡。

饱看千顷碧玻璃,家住芦花路不迷。
尽日横舟无一事,簑风笠雨午桥西。

不持网罟持渔竿,岂惮上钩吞饵难。
未满蒲筐归去也,鸡声报罢午炊残。

雁影离离月下鸣,无端篯语弄咿嘤。
山风不尽殷勤意,送与幽人着意听。

君作樵夫我钓徒,青山绿水各征途。
生涯底本沙头事,一束枯藤一丈蒲。

## 登金门城南啸卧亭

明·丁一中泉州同知

飞斾乘风信海潮,金城门外陟岩巉。
南溟地接三山近,北极天连万里遥。
逸客淹留尘迹徧,将军啸卧瘴烟销。
苍波漠漠情无限,欲附归鸿向日飘。

## 游慈济宫

明·胡宗华漳州人

缥缈珠宫十二楼,化人已去白云留。
殿开三珤当兴地[①],山近丹霞欲尽头。
川岳有灵功自著,神仙无迹境逾幽。
凭谁学炼丹砂诀,来往蓬瀛海上洲。

---

① 珤,古同"宝"。

## 登太武山

<small>明·李时明 龙溪布衣</small>

太武障东海,耸翠凌云霄。
宋主驻跸处,遗迹犹岩巅。
良辰际美景,怆悦增心恍。
兰芷变萧艾,桐梓栖鸱鸮。
皎皎双凤姿,松柏岁后凋。
高风师百世,日月与同昭。

## 登太武山

<small>明·阮旻锡 同安诸生</small>

叠嶂高标大海前,东南岛屿点微烟。
才登绝顶三千仞,已洗尘襟二十年。
废塔荒岩唐日月,残屯旧戍宋山川。
风波一夜渔舟杳,白鹭村低隔水天。

## 劝 世

<small>(明)卢若腾 贤聚乡人</small>

莫涎他人田,莫觊他人屋。
涎田为种获,觊屋图栖宿。
人生如寄耳,修短安可卜。
一物将不去,底事空劳碌。
况夺人所宝,内外咸怨讟。
或云田屋在,堪作儿孙福。
岂知机心萌,已中鬼神镞。
纵使营置多,终当破败速。
但看已前人,后车勿再覆。

独　醒

人于天地间，号为万物灵。
祸福所倚伏，贵在睹未形。
未形众所忽，而我偶独醒。
彼醉醉视我，我言讵足听。
彼醉醒视我，我乃眼中钉。
徒令明哲士，劝诵金人铭。
交态阅历徧，何殊水上萍。
顷刻聚还散，风来不得宁。
昔者阮嗣宗，率意辙靡停。
当其路穷处，哭声震雷霆。
道傍人大笑，何事太伶仃。
寸心不相逾，双眼几时青。
拟作哭笑图，张之堂上屏。

病　马

入门作病人，出门骑病马。
可堪贫如洗，两病都著哑。
我马不能言，主人笔代写。
所病病在饥，消瘦剩两踝。
无复霜雪蹄，迟迟行其野。
感主相怜意，垂鞭不忍打。
他人富刍粟，食多恩恐寡。
愿守主人贫，忍饥伏枥下。

### 遣 马

久矣劳尔力，不能充尔食。
尔意亦良厚，忍饥依我侧。
我贫日以甚，尔饥日以逼。
中夜闻悲鸣，使我心凄恻。
我无媚俗骨，宜与穷饿即。
忍并尔躯命，市我弊帷德。
赠将爱马人，剪拂生气色。
努力酬刍豢，驰驱尽若职。
道途倘相逢，长嘶认旧识。

### 多 悔

平生多悔事，尤多文字悔。
乐道人之善，笔墨无匿彩。
所期励姱修，臭味芬兰茝。
乃因习俗移，面目幻傀儡。
远者十余年，近仅三两载。
多少深情者，抵掌笑吾駾。
人具圣贤资，讵可逆亿待。
吾自存吾厚，虽悔不忍改。

### 石 言  鼓冈傍诸石为董沙河剿刻殆尽

我家南溟滨，湖山隐荒僻。
日月几升沉，云烟相叠积。
何来沙河翁，侨寓事开辟。
欲以文字位，易我混沌席。
卧者剿其腹，立者雕其额。

伏者琢其背，躃者镌其跖。
湖光照山容，伤痕纷如列。
我顽亦何知，闻之展游客。
不夸笔墨奇，但叹湖山厄。
胜事未足传，我骨碎何益。
愿言风雅人，高文补其隙。

## 文　章

文章自有神，立言贵牣获。
伧父浪结撰，视之如戏剧。
不惜涴屏障，兼嗜灾木石。
矢口任雌黄，名篇供指摘。
非关胆气粗，只为眼界窄。
秦世吕不韦，阳翟大贾客。
悬书咸阳市，一字莫能易。
人岂不爱金，相国威自赫。
目前无定价，未是文章厄。

### 行路难　有序

白乐天歌云："行路难，不在水，不在山，只在人情反复间。"余翻其语，使乐天今日见之，当不以为刻耳。

行路难！不待人情反复间，
人情有正方有反，有仰方有覆。
当其未反未覆时，尚觉彼此两相关。
如今人情首尾都险绝，安有正反仰覆之二端。
呼天谈节侠，指水结盟坛。
芬芳可以佩，甘美可以餐。
此时蜜中已藏剑，岂有肝胆许所欢。
吁嗟乎！吾不能如鹿豕之蠢，

木石之顽,安能与人无往还。

往还未竟凶隙成,闭门静坐不得安。

行路难！念之使人心胆寒。

### 泰山高

壬寅仲夏,寿鲁王也。

泰山高,群岳之长帝所褒。

春来烟雾相亏蔽,丛薄时闻狐虎嗥。

风景一至朱明盛,碧空澄霁妖兽逃。

五十余盘天孙座,俯临万象见秋毫。

十洲三岛在咫尺,召集仙人奏云璈。

仙人手酌流霞杯,荐以三千度索桃。

桃花桃子开又结,泰山之高高莫垺。

### 叶茂林  有序

叶茂林晋江张维机之仆也。甲申三月,闯贼入京师,先帝殉难。贼令京官尽赴点名,不至者斩。维机时为宫詹,年七十余矣。其仆曰："主年高而位尊,宜早自引决,以全君臣之义。岂可逐队谒贼,为天下万世羞?"不听,竟为贼械系拷掠,勒索赂金,至缝皮箍其首,而以木杙插之,痛楚万状。仆不胜悲愤曰："不听某言,致此戮辱,请先主死,愿主决计。"遂夺贼刀自刎。维机赃私狼籍,饱贼所须,得全残喘。迨至贼遁,南人踉跄逃还,仅以身免为幸,而维机尚运数千金抵家。盖素多智数,危难中犹能与财相终始也。归又数年,方病死,愧其仆多矣。每询此仆姓名,未有知者。壬寅七月,入鹭门饮冯参军家,其庖人能言京师甲申三月事。盖当时事,曾随维机在京者,因言义仆姓叶名茂林云。作此以吊之。

叶茂林,报主颈血怨主心,心心爱主翻成怨。

为主不死辱更深,慷慨刎喉先主死,焉能视主汤火燀。

嗟哉累累若若辈,身濡鲜血献黄金。缓死须臾竟死矣,遗臭万年讵可任。

惟有茂林终不死,长使忠义发哀吟。

### 哀烈歌为许初娘作

按：初娘为陈京妻。国初，京从军远出，初娘遭伪遵义侯郑鸣骏任缵绪所迫，击跌致死。

哀矣乎，哀妇烈。
烈妇之操霜比洁，烈妇之骨坚于铁。
烈妇之冤天地愁，鬼神环视皆泣血。
幼承闺训本儒风，长遵礼义无玷缺。
结发嫁得名家子，有志四方远离别。
别婿归宁依父母，晨夕女红忘疲苶。
世乱穷乡靡安居，豪家揿入争巢穴。
瞥见如花似玉人，多衔金珠买欢悦。
不成欢悦反成嗔，罗敷有夫词决绝。
夜深豪客强相逼，拒户骂贼声不辍。
一时喧哗邻里惊，客翻赖主勾盗窃。
举家拷掠无完肤，女呼父母从兹诀。
我死必诉上帝知，莫患仇家怨不雪。
千箠万楚不乞怜，甘心玉碎花摧拆。
哀矣乎，哀妇烈。
夫婿归来讼妇冤，妇冤不白夫缧绁。
道路有口官不闻，半畏豪威半附热。
我欲伐下山头十丈石，表章正气勒碑碣。
我欲磨砺匣中三尺剑，反缚凶人细磔剡。
时当有待志未伸，慷慨歔欷歌一阕。
哀矣乎，哀妇烈。

### 殉衣篇为许尔绳妻洪和娘作　　按：尔绳，名元

妾为君家数月妇，君轻别妾出门走。
从军远涉大海东，向妾叮咛代将母。

妾事姑嫜如事君，操作承欢毫不苟。
惊闻海东水土恶，征人疾殁十而九。
犹望遥传事未真，岂意君讣播人口。
茫茫白浪拍天浮，谁为负骨归邱首。
君骨不归君衣存，揽衣招魂君知否。
妾惟一死堪报君，那能随姑长织缶。
死怨君骨不同埋，死愿君衣永相守。
骨可灰兮怨不灰，衣可朽兮愿不朽。
妾怨妾愿只如此，节烈声名妾何有？

### 鬼鸟篇　有序

洪兴佐，世家戚也，性本凶暴，兼倚势作威，屡以小过杀婢仆。来寓浯之后洲村，村民徧受毒虐。婢新儿触怒，拷掠无完肤，复缚投深潭溺而杀之，裸瘗沙中。踰年，兴佐病，咯血垂危。有鸟花色短尾，红目长嘴，厥状殊异，来宿兴佐屋后树间，更不他适。兴佐病久，燥火愈炽，求睡不得。而鸟日夜嘲哳聒扰之，已径升其堂视兴佐，鼓翼伸爪，作啄攫状。发矢放弹击之，终莫能中。时有巫能视鬼，召令视之。巫作鬼言曰："吾新儿也，枉死不瞑，今化为鸟索命耳。"于是家人呼新儿，则鸟随声而应。兴佐始惶惧祷祝。鸟去三日而兴佐死。死之日即去年杀婢之日也。村民转相传述，谓死者有知，人不可妄杀。余闻而悲之，亦快之，作《鬼鸟篇》。

鬼鸟鬼鸟声何悲，非鸦非鹏又非鸱。
何处飞来宿村树，晨昏噪聒不暂移。
忽复飞入病人屋，跳跃庭中啾啾哭。
病人扶向堂前看，张嘴直欲啄其肉。
群将矢石驱逐之，宛转回翔无觳觫。
假口神巫说冤情，举家惊呼故婢名。
鬼鸟应声前相讶，似诉胸中大不平。
病人惶恐对鸟祝，我愿戒杀尔超生。
鬼鸟飞去只三日，病人残喘奄奄毕。
知是冤魂怨恨深，拽赴冥司仔细质。

年来人命轻鸿毛，动遭磔剁如牲牢。
安得化成鬼鸟千万亿，声声叫止杀人刀。

### 鲁王将入粤赐诗留别次韵奉和
　　耻作池中物，春风护去樯。
　　身原关治乱，迹不碍行藏。
　　碧水连云驶，丹心向日将。
　　翠华今渐近，攀附即飞翔。

### 留云洞次前人刻石韵
　　云是何方物，任人说去留。
　　灵踪波共渺，静意石相犹。
　　世事棼难定，劳生老未休。
　　偶来空洞坐，寥廓得真游。

### 辛丑仲夏恭贺鲁王千秋
瞻望寿星光陆离，岱宗祥霭亘天池。
神呵十斛丹砂鼎，客醉千年白玉卮。
鹤背吹笙来子晋，螭头献药集安期。
谩言好道非雄略，潜见跃飞贵及时。

### 重游万石岩次旧韵
山灵应喜混沌开，绝顶新成缥缈台。
历落人烟堪指数，微茫海市欲飞来。
石峰竞簇参差笋，泉溜长溅不谢梅。
到此幽奇看未足，僧雏何事促传杯。

### 仲秋初度登太武岩次蔡发吾韵
奇观十二岂虚哉，衰乱谁珍能赋才。

兴到狂歌频看剑,人来载酒且衔杯。
夜阑独伴鸡声舞,晓望何多蜃气台。
弧矢半生成底事,可堪白发鬓边催。

### 哭曾二云相国师 讳樱

峻嶒品望着朝端,一木独支颠厦难。
误倚田横栖海岛,忍看胡马渡江干。
何曾先去为民望,[①]惟有舍生取义安。
惭愧不才蒙寄托,展观遗札涕汍澜。

### 三忠宫

国朝·蔡仕舢晋江方伯

千载之间此庙存,谁人吊得古忠魂。
我来只解瞻遗像,事在何劳奠一樽。

### 惠安道中送员笔田宰修文

许 琰后浦人

漫云黔甸远,万里戴皇灵。
驿堠驰斋马,洞溪望福星。
地偏勤保甲,邑小省租丁。
行当褒宠召,重与醉都亭。

### 轮山送同年秦毅庵宰齐东

二月帝城春,铜章拜命新。
鱼盐滨海地,民社读书人。

---

① 原有夹注:兵尚未渡海,中左守将郑芝莞,先运赀入身为逃计,人心大摇,去不可止。相师姑遣家眷出城,而自誓必死。芝莞反出示自解曰:"曾阁部先去,以为民望。"

烂漫潘花盛，清和顾酒醇。
君宁多让此，报绩上枫宸。

### 轮山送同年汪秋浦宰新淦

春雪迟初柳，长桥骤远蹄。
杯分金市上，花种玉江西。
丛枳聊栖凤，新硎暂割鸡。
轻车薄篝外，剩得一琴携。

### 鹭门观海

张对墀青屿人

康回凭怒折地维[①]，精卫木石无所施。
茫茫大地汇为水，至今东南名天池。

天池何浩浩，近接鹭门岛。
帆影蔽津梁，桅尖拂苍昊。
龙户耳目奇，马人须眉老。

凿齿雕题重译声，南金大贝诸夷宝。
家涂翠碧与丹青，人饰珊瑚及玛瑙。
试问此物所从来，尽说梯航由海道。
海色漭然朝宗，百川白回岛屿。
苍绕市廛山头，返照港口横烟。
汹汹涌涌，森森囷囷。
九年水不潦，七年旱不干。
昔闻黄河之水天上来，今见沧海之水天外接。
更上山头第一峰，海外奇观收目睫。
排天风浪雪山倾，浴日鲸波金冶泄。

---

① 康回，古代传说中人物，即共工。

十寻楼橹挂高篷,看似空中舞片叶。

须臾万里乘长风,依稀篷影亦渐灭。

纵有钱镠之弩能射潮,伍胥之风能鼓浪,一旦对此亦应心魂怯。

吁嗟乎！海之源,无底止；海之阔,无涯涘。

洞庭云梦真可吞,江淮河汉浮沤耳。

我欲临流乘风访八遐,冲风破浪不用指南车,直向吾家博望借仙槎。

扶桑旸谷皆游徧,身骑烛龙排云霞,回首泥涂煦沫者,纷纷辙鲋与井蛙。

### 万石岩

袍笏时时拜米颠,别开蓬岛隔尘缘。

一泓清浅沙为路,万窍玲珑石作天。

佛洞云深连树霭,僧房日午起茶烟。

欲携胜景囊中去,拟与秦皇借一鞭。

### 小盈岭

<small>黄道泰 同禾里人</small>

南同分界处,岭路辨东西。

地僻村墟迥,山深草木齐。

一春蝴蝶梦,十里鹧鸪啼。

翘首江城近,归心趁马蹄。

### 挽卓孝子

<small>吴必达 同禾里人</small>

至性人同具,纯孝古今难。

卓子幼失怙,事母力能殚。

海氛讧未靖,播越历江干。

参商阻中道，恸哭摧心肝。
廿载走漳市，凄凄漳水寒。
明神皆觉路，转恨少羽翰。
引领瞻嵩岳，云树何漫漫。
自顾无长物，行囊涩可叹。
生我痛离别，我生何足欢。
埋儿与鬻儿，千古同辛酸。
徬徨出乡井，万里一身单。
山程和水驿，足茧步蹒跚。
中州见母日，还疑梦中看。
寻母终得母，悲喜两交攒。
扶病向归路，乞食亦心安。
行行列江浒，鼓枻凌深湍。
封姨撼樯柱，哀祷回狂澜。
惟凭诚之格，磨折任千端。
归来隆色养，晨夕勉加餐。
依依十六载，采彻南陔兰。
圣朝崇孝治，锡类典綦宽。
九重应入告，褒扬垂不刊。
伊余非所职，珍重属春官。

### 五议洞题壁

林应龙

五臣姓字半遗忘，洞里筹谋喜对床。
一自龙髯攀断后，雪山终古自苍苍。

### 美人山
#### 陈迈伦

灵峰秀削影离离,妬杀秦娥又楚姬。
眉黛浓经新雨翠,髻鬟高拂晓云奇。
寒潮落月魂俱断,秋水凌波步不移。
极浦何时回趑趄,贞心却笑望夫痴。

### 冬日庐山晚眺
#### 刘日耀

平冈穷眺望,落日满高城。
烟树千家夕,霜天一雁晴。
白拖遥浦练,黄映隔溪橙。
暝色苍苍外,峰头月又生。

### 普陀寺
#### 汪士杰

钟鼓楼高宝殿雄,大江南汇小林东。
流飞石笕山腰水,声落松涛谷口风。
梵磬静时僧入定,海云寒处雁横空。
浑疑身到潮音路,不尽天花法界中。

### 戏 成
#### 李长庚侯宾乡人

富贵本浮云,去来任自适。
挥之不肯去,求之不可得。
茫茫世上人,鹿鹿无休息。
或为风涛苦,或为车尘役。

何如安造化，枉自费心力。
所以古达民，不作名利客。
神仙少定踪，难望亦难即。

### 哭陈春亭参戎　名魁

一死报君恩，君才惜未展。
哀哉两代亲，泪滴陈江满。
视同掌上珠，爱比珊瑚管。
教训喜成名，忠孝日相勉。
自从涉风涛，誓把妖氛剪。
舆论将材推，声名振边远。
遭际亦不虚，所恨命途蹇。
廿载负勤劳，官阶始两转。
杀贼竟如麻，身死名亦显。
为念戢狂澜，真诚见危险。
南望吊孤忠，一恸申情款。

### 寄怀从弟温人

揖别几经年，流光如丸转。
思慕一何深，无从道悃款。
往来执讯稀，尺素通情罕。
忆昔诸棣萼，同堂交相勉。
何期各分飞，雁行忽中断。
兴言每及此，潜潜泪老眼。
嗟予不孝躯，岂复能追远。
浮名虽以成，负疚怀难遣。
顾影独抱惭，霜鬓两边满。
自叹日衰庸，益觉精神短。

回首望故乡,晨昏共缱绻。
为问诸犹子,谁能骥足展。

### 登石门洞

溜急舟行滞,滩高纤步迟。
千峰环古洞,一水注天池。
地秉山川异,泉成瀑布奇。
个中真意趣,可有几人知。

### 次荫山见怀韵

万顷奔驰险,狂涛晓夜加。
海洋长作客,舟楫竟为家。
索句同吞蜡,思乡类嗜痂。
渠魁如献馘,定驾访君车。

### 普陀梵音洞

南海名山夙所钦,梵音瞻现鉴私忱。
当年只道神机渺,今日方知佛力深。
五蕴皆空观自在,六根清净识多心。
精诚到处天还格,岂有慈悲不可寻?

### 舟过蛟门感怀

篷窗黯黯一灯摇,风雨征帆叹寂寥。
霖霖细流惊幻梦,咿哑兰橹劈寒潮。
蛟川门外洪波溅,虎屿山前巨舰飘。
今日提军重过此,不堪往事念终朝。

去岁八月追剿蔡牵,舟过蛟门,随师各船被浪冲击,漂搁虎屿,坏却巨舰二号,今日过此,为之怆神。

恭读九月初六日谕旨,感激涕零,令人思死图报。
而清公知己之感,亦不能忘。恭赋二章,以志不朽　二首之一
　　天语煌煌感且惊,水师有过李长庚①?
　　烽烟未靖劳宵旰,臣职难伸负圣明。
　　海外妖魔齐涣散,军前士卒尽欢腾。
　　不才自愧非良将②,辜报君恩惧此生。

　　　　除夕舟中寄内子　二首之一
　　汪洋历碌事多乖,岁月蹉跎鬓已华。
　　识力总因思虑减,雄心每为折磨差。
　　长洋夜静鸣刁斗,战舰风和听鼓笳。
　　寄语闺门休念我,捷书一奏便归家。

　　　　读张船山太史诗寄此奉怀
　　华国文章迥出尘,行空天马有谁伦。
　　眉山远绍风徽古,鳌禁争传结构新。
　　好句环生清到骨,笔花怒发艳于春。
　　闲来屈指诸名士,才望如君得几人。

　　　　次韵奉酬阮芸台抚军　元
　　文章高映斗牛虚,绛节重临护象胥。
　　帏幄森严三尺法,指挥妙合六韬书。
　　不嫌樗栎加丹漆,着意箴规灭金鱼。
　　漫许胸中有兵甲,运筹未称待何如。

　　①　原有夹注:上谕有"试问水师有过李长庚者乎"。
　　②　原有夹注:上谕有"朕岂不自失良将耶"。

### 游佛顶

仄径穿幽谷,萦纡鸟道同。

当前如峭壁,翘首即苍穹。

一步一回顾,随湾随曲通。

方登菩萨顶,顿觉俗尘空。

展礼瞻庄像,焚香诉隐衷。

普陀称胜地,创始亦神功。

余早遭手足之痛,孤身独立,每当风晨月夕,思慕不置。夜来孤雁声悲,触景伤怀,爰赋此诗用志悲感

海外孤鸿痛失群,晚来孤苦守黄昏。

欲归故国山千里,长伴天边月一轮。

顾影不堪怀雁阵,闻声更觉忆篪埙。

也知尘世多离合,依旧凄凉到十分。

念尔只身逢岁暮,亏他两鬓尽霜痕。

可怜韵杳音难续,犹自伤心唤弟昆。

### 建宁道遇乡人

曲曲湾湾水,重重叠叠滩。

凭君归故里,为报我平安。

### 思 归

淅淅西风起,尊鲈此际肥。

海洋波未息,迟我一年归。

### 哭骥儿

恍惚犹如在膝前，呼儿名字始凄然。
双垂泪眼悲秋尽，老态何人慰暮年。

### 寄示次儿廷钰

年来颇觉风涛苦，寄语吾儿要读书。
文武虽然同报国，荷戈总说是征夫。

### 过严子陵钓台

<small>苏廷玉 翔风里人</small>

暮宿桐庐城，晓过富春驿。
迤逦七里泷，钓台剩遗迹。
慨想严子陵，丛祠倚峭壁。
峻节与清风，留世可千百。
汉鼎四百年，至今无寻尺。
老子一羊裘，留重青山色。
醒眼尘世中，忘机数行客。
嗟余沦落人，风波常役役。
来往已春秋，蓬窗吊古昔。
名利亦纷心，汗发颜俱赤。
去去从此行，不敢拜几席。
风雨暗长空，攀跻不可及。
高山草自青，寒江水自碧。
先生若笑人，定知双眼白。

### 吊比干庙墓　　在卫辉府治北二十里

贤圣六七作,独夫乃荒淫①。

天心不悔祸,直臣当剖心。

丰碑屹道左,苔藓不敢侵。

丛祠倚古冢,树木何森森?

天地有正气,魂魄帝天临。

吁嗟乎!形骸入土皆灰烬,满腔热血何处寻。

惟有懦顽闻风起,真诚忠孝无古今。

### 紫柏山谒留侯庙次明赵文肃韵

三年两度来蜀道,看山极目入飞鸟。

五十三年人将老,勋名事业如何好。

红尘滚滚犹未了,惭拜功成辟谷早。

君不见紫柏山中道气深,千秋古迹未销沉。

### 游鼓山宿涌泉寺

素有游山癖,登高绝万缘。

况当秋乍爽,恰值月初圆。

夜气无声画,清心入定禅。

听残更漏永,相伴是炉烟。

### 敬题曾即庵先生遗稿

胜国干戈日,江湖有散民。

都将蓬勃气,发作苦吟身。

志洁凌今古,诗成泣鬼神。

残篇寥落甚,端赖后之人。

---

① 原有夹注:淇县有殷庙六七贤圣,故都碑文后有庙

### 伏暑同人游南普陀寺

屴崱芙蓉接翠峦，天风万里海涛宽。

梵音佛法诸天静，石枕苔茵六月寒。

一觉槲香心证果，三庚茗话舌翻澜。

攀藤且向峰头立，四面烟岚刮目看。

### 哀郭烈妇　有序

厦岛郭略妻郑氏名金娘，归郭六日，郭以操舟为业，讹传郭遇盗死。郑即日自刭遇救得苏。越数日，雉经而亡。烈妇殉后十余日，郭逃归，誓终身不娶。同人为请旌，兼征诗云。

白鹭洲边山水奇，天生烈妇振纲维。

无心可化望夫石，有泪空沾绝命词。

百代声名凝血刃，六朝香粉断红丝。

乾坤正气凌今古，铁铸肝肠付女儿。

### 题李润堂勋伯自画秋柯草堂图

梅花骨格几生修，习静心如不系舟。

遮碍全无观自在，闲云老树一天秋。

魏阙江湖局已分，秋心犹恋故山云。

不妨落笔开生面，如许深情付鹤群。

### 题吴蕴畦春江载酒图

　　　　吕世宜西仓乡人

葡萄美酒木兰舟，乘兴春江事胜游。

人世风波多不管，且浮绿蚁且盟鸥。

### 登石佛阁

李廷钰 侯宾乡人

晨兴延佳趣，逶迤出城北。
烦嚣远渐稀，溪流清可掬。
萦纡不觉遥，俄顷及山麓。
曲磴浮岚光，山风栉林木。
闻香望古殿，听泉思濯足。
瀑飞雪满溪，石磊星错落。
筑室傍岩阿，琢像入石腹。
留诗石作笺，供佛石作阁。
梁栋却公输，圬墁谢承福。
恍惚疑鬼工，天然无斧凿。
高台旷胸怀，远眺快心目。
长江环襟带，修迳婉蛇蝮。
鱼队入城闉，蚁阵旋郊郭。
表道树苍茫，乘风舟疾速，
俯瞰陇亩间，秋禾半黄熟。
转瞬递登场，仓箱欣积谷。
俗阜易声教，民安自淳朴。
土室动鸣机，书声出茆屋。
滞云雨脚收，急溜滩头促。
搅此感人情，人情恒反复，
世路尽蚕丛，邱砜多朴樕。
禄命总由天，胡为竞逐逐。
蕲王且骑驴，东山亦丝竹。
太息望飞鸿，高骞正寥廓。

### 易水吟　扈从经易水作

秦王生头不可割，壮士披肝沥胆血。
一声然诺无二心，那管刀头白如雪。
当年此地别燕丹，掣电追雷入长安。
长安猛将若云雨，报仇未有似君难。
督亢真图咸阳献，图穷闪烁匕首见。
揕胸绕柱正相持，死士生王决金殿。
水流花谢空悠悠，姓字相传历万秋。
易水至今犹有恨，英雄一去不回头。
秦王宫阙今何处，壮士故乡尚如故。
沙明月白最伤心，时有杜鹃泣来去。

### 鹭江即事　二十首之一

鹭岛重登日，镏江再渡时。
不知身是寄，长与世相违。
野菊经霜瘦，江梅带雨肥。
谁怜沧海上，独鸟倦还飞。

### 题海忠介公诗翰

允称扬名谥，贞诚不计危。
忠言多贾谤，党论复奚辞。
闻篆中丞句，凭栏少保诗。
琼山堪鼎峙，千古几男儿。

### 咏　慨　二首之一

蹇劣何劳上谤书，绝无薏苡况明珠。
拔营岂意妨巢燕，探穴宁甘纵釜鱼。

语好是非矜口给,事关得失要心虚。
因人成事原多愧,幸荷君恩鉴下愚。

**谢杨雪椒光禄见寄绛雪山房诗集**
廿年宦辙各分驰,同幸归田未迈时。
已分沙场归马革,岂期燕寝读君诗。
从容进退身名泰,蕴藉文章格律奇。
齐水鲁山遗爱在,家家绣像买新丝。

**夜泊南康**
山城寂无声,鸿雁哀鸣哑。
明月满空江,独照未归客。

**咏松六言**　　四首之二
虬背佳禽对语,灵根闲坐牧童。
春雾迷蒙溪谷,白云深处闻钟。
涧幽泉冷石瘦,涛声断续随风。
诗思花飞子落,啼鸦夕照山空。

**梅花六言**　　三首之二
桐庐江畔霜早,罗浮山上月斜。
香雾苍苔玉蝶,白云茅屋人家。
五月江城吹笛,小春岭上先开。
碧落彤云密布,一时香满瑶台。

**园居无事以绘事娱老**
未习刘伶醉不醒,亦殊李贺博诗名。
残年倍觉君恩重,补过朝朝学写生。

## 汉镜歌为吕西村先生作

林树梅 后浦人

龙精埋土土花长,千九百年遇真赏。
谁其赏者西村翁,古月直落今人掌。
此翁是我金石交,鉴我胸襟发爽朗。
此镜于翁亦有神,汉代风徽犹可想。
公孙古貌不可留,古物摩挲足慨慷。
我观搨本转思翁,镜中人远心先往。
别来颜色更如何,对镜分明得涵养。
定知夜半读汉书,应有光怪出林莽。

## 登福州钓龙台

岿然百尺汉时台,极望苍茫感慨来。
王气已从龙井泄,壮怀犹对虎门开。
雨余松磴留重雾,春老梅花点绿苔。
试听江涛喧万鼓,年年长此沸风雷。

## 送二徒之京

明·释笑堂

客路逢秋意惨凄,吴歌楚些听如迷[①]。
海天一色雁双去,山月半弓猿自啼。
心动故园频入梦,诗逢好景易成题。
孤霞落鹜西风外,更向何山去托栖。

---

① 些[suò]:《楚辞》中的句末助词。

## 忆太武山兼讯西林道友

国朝·释圆珏

忆旧曾游海上山,石屏清景透禅关。
桥悬流水鸟争渡,月带好风人共闲。
老寿将无留白发①,同来能得几苍颜②。
飞声为讯西林叟,何日丹梯借往还③。

## 课 子  按:氏为厅辖生员林冲飞母

闽秀林黄氏

白日莫闲三刻半,闻鸡读起五更前。
针为铁杵磨方细,帐染灯烟业始专。
映雪苦吟寒岁夜,囊萤朗诵夏时天。
从来有志皆成事,急把潜修学圣贤。

## 啸卧亭吊明俞武襄

厅倅黄家鼎鄞县人

暮秋日光薄,虚亭凝积阴。
严飙动幽壑,落木相侵寻。
岸巾倚翠壁,曳履攀丹岑。
田空饥雀集④,海阔潜龙吟。
感兹在行役,苍茫独登临。
闻声结瑶想,流眄豁素心。
缅怀古贤达,蕴抱多深沉。

---

① 原有夹注:山有老僧年百余岁
② 原有夹注:同游十余人,询之不过数辈
③ 原有夹注:山头一石至海,前辈镌万丈丹梯四字于上
④ 原有夹注:八月初二飓风,田禾大损

勋迹表史册，高名垂至今。
当年此栖筑，淡退倾霞襟。
顷世正多事，艰难谁能任。
往者不可作，芳躅犹堪钦。
遑哉成公欷，渺矣牙生琴。
海舟卷急浪，溪树啼寒禽。
俯仰托微尚，恻怆予怀深。

### 烈妇行

为澳头乡民妇苏陈氏作

五甲街头有女子，盼英其名陈其氏。
阿爷头衔署冷官①，阿母单生掌珠似。
十七于归苏圩荆，瑟琴好合托生平。
上堂羹汤下堂织，机声夜伴读书声。
一衿未青郎所憾，一举得雄慰妾憨。
房帏甫闻汤饼香，霹雳当空天地暗。
问年才历十九春，此身已作未亡人。
藐孤好仗慈姑育，鸩酒一盏辞红尘。
人间既无齐眉福，地下唱随自可续。
此妇殉夫非殉情，足挽马巷招夫养子之恶俗。
玉陨兰摧近十载②，姓氏未经輶轩采。
鳌秀山前连理树，树下至今双棺在。
君不见，岛噫集中殉衣篇，健写洪和节操坚。
又不见，鳌石先生亦佳室，曾为兰姑挥椽笔。
二公虽往文献存，每从简上吊贞魂。
搜岩剔穴本吾责，鸾书指日旌其门。

---

① 原有夹注：父候选训导陈德莹
② 原有夹注：殉节在光绪甲申闰五月二十日

### 金门吊明监国鲁王

大厦倾难独木支,人心推戴见当时。
中兴一旅思龙种,遗老孤忠泣豹皮。
跋扈将军空寄命,崎岖海岛孰持危。
残棋已覆犹争劫,宰树苍凉启后疑。

### 登啸卧亭次明丁少鹤刻石韵　二首录一

儒将风流好听潮,城南盘石矗崔嵬。
健儿散后门生在①,亭子成时都督遥。
遗爱不随泡影灭,名区能辟劫灰销。
剥苔遍读摩崖句②,忘却飞涛满袖飘。

### 重九登太武山次明黄逸所韵　六首录一

太武岩高欲顶天,宋时寺在小山巅③。
不将冠盖惊鸡犬,为具芒蔾谒佛仙④。
石密不容荑着种,地偏赖有菊相延。
野僧却解迎官意,火急茶烹蟹眼泉⑤。

马巷厅志附录卷中终　　　　　　　　　福州吴玉田镌字

---

① 原有夹注:亭为武襄门人杨宏举建
② 原有夹注:亭右石壁有明丁一中诗,杨宏举记。新旧厅县《志》及同治间新续《金门志》均云"其文不可辨认"。今予录其全首
③ 原有夹注:寺建于宋咸淳间
④ 原有夹注:寺先奉通远仙翁,今奉大士
⑤ 原有夹注:在山麓,以形似名

# 附录卷下

鄞县黄家鼎骏孙纂

## 马巷通判题名记

黄家鼎

古者,省台院寺皆有题名之碑,以纪历任姓氏官里,盖欲以一命之荣,标表来世也,于是外之监司、守牧、丞倅、令长,亦接踵而起。凡功德在民,固彼都人士所乐道,即循理奉职安静为治者,亦例得兼书,是以题名之记几于无署不有矣。然人重官,非官重人。若同安一邑,古今令尉不胜偻指,而千古流传不朽者,首推一主簿朱文公,则人当知所自择矣。马巷本同安地,乾隆四十年,始立抚民通判,即以原设金门通判移驻之,割同安三里地方为所辖。厅倅万君友正,建衙署,领关防,创厅志,规模与巨邑抗衡,惟通判题名记则阙然。盖万以前诸倅始驻府治,继移安海,再移金门,皆与马巷无预,故后之记巷倅者,当自万君始。

余后万君百十有八年,来承是乏,自问才识远逊前哲,何敢稍事更张?然新政旧告,萧规曹随,不知其人可乎?因纲罗散佚,作为《马巷通判题名记》,勒于厅壁,亦一时得失之林也。记中姓氏,府志成书在设厅以前,无可引据,采诸厅志者,仅万、朱二人。自任震远以逮白凤二十八人,乃据嘉庆时《同安志》录之。又据省志于屠珂后,宋树垣前,增王兆麟一人。而冯国柄、俞益等十人,亦录自续修省志,典籍所载,止于此耳。自图他本,迄今凡四十五任,除回任再任者,实得四十一人。往牒尽灰,老吏物化,数月搜求,幸获全备。自图以前,或有脱漏,自图而后,其履任年月,发憾无遗,窃以自慰。俾后之续厅志者,得以循名而索实,讵独名之存已哉。惟诸人字里出身间有失考，急欲竣事，不遑旁索，心殊耿耿。偶忆昔之传循吏者，于汉文翁佚其字，王成佚其里，以余之谫陋，更何伤乎！尚望后之君子补坠拾遗，以匡余之不逮，实是记之幸焉。

万友正，字端甫，云南阿迷举人。乾隆四十年六月任，时通判始由金门移驻马巷。

朱国垣，贵州平远举人，一作云南永善籍。乾隆四十一年十二月初六日任，甫旬日，调邵武同知。

万友正　乾隆四十一年十二月十五日再任。

任震远　乾隆四十二年七月任。

刘亨基　湖南湘潭举人，乾隆四十三年任。

齐永龄　直隶宛平举人，乾隆四十四年七月任。①

杨有滉　乾隆四十五年任。

刘　彤　山东掖县拔贡。乾隆四十六年任。

沈世隽　浙江海宁举人。乾隆四十七年正月任。

孙王民　乾隆四十七年七月任。

范芳春　乾隆四十八年五月任。

刘　诗　山东诸城进士。乾隆四十八年八月任。

张　崧　一作松，陕西绥德州进士。乾隆四十八年十一月任。

方维宪　乾隆四十九年三月任。

延青云　山西阳城人。乾隆四十九年四月任。

陆士锟　江苏吴县监生。乾隆四十九年十月任。

张　鼎　直隶通州监生。乾隆五十年任。

吕憬蒙　安徽旌德人。乾隆五十二年四月任。

清　华　满州人。乾隆五十二年十月任。

赵继祖　乾隆五十二年十月二十六日任。

---

①　自刘亨基至齐永龄，两版本字迹不清，幸其中有人以钢笔补就，以补就为准。

| | |
|---|---|
| 简以仁 | 乾隆五十二年十一月任。 |
| 史必大 | 乾隆五十三年正月任。 |
| 常　明 | 正红旗满州生员。乾隆五十三年十二月任。 |
| 侯永萼 | 乾隆五十五年四月任。 |
| 樊　晋 | 乾隆五十五年十二月任。 |
| 邹学曾 | 乾隆五十六年十二月任。 |
| 李维梅 | 乾隆五十七年二月任。 |
| 周　燮 | 浙江钱塘监生。乾隆五十七年十一月任。 |
| 屠　珂 | 一作阿，江苏武进进士。乾隆五十八年三月任。 |
| 王兆麟 | 正黄旗汉军人。乾隆五十九年任。 |
| 宋树垣 | 乾隆五十九年五月任。 |
| 白　凤 | 江苏阳湖人。乾隆六十年十月任。 |
| 冯国柄 | 浙江会稽监生。嘉庆元年任。 |
| 王绍兰 | 字南陔，浙江萧山进士。嘉庆六年任。 |
| 黄嘉训 | 江西新建举人。嘉庆八年任。 |
| 丰　裕 | 镶黄旗汉军监生。嘉庆九年任。 |
| 温凤韶 | 广东顺德监生。嘉庆十二年任。 |
| 张映斗 | 山东海丰举人。嘉庆十八年任。 |
| 傅锡璋 | 广东兴宁监生。道光元年任。 |
| 庆　善 | 镶白旗满洲监生。道光五年任。 |
| 乌竹芳 | 山东博平举人。道光八年任。 |
| 俞　益 | 江苏金匮监生。道光十八年任。 |
| 图他本 | 字立峰，满洲举人。道光二十五年十月二十六日任。 |
| 李廷泰 | 字用九，直隶大兴人。道光二十九年二月初四日任。 |
| 朱　璐 | 字米堂，安徽副贡。道光三十年二月二十七日任。 |
| 宓惟慷 | 字心衢，浙江海宁供事。咸丰二年正月二十四日任。 |
| 常　毓 | 直隶丰润监生。咸丰二年十一月二十日任。 |
| 陈汝实 | 字茂夫，广东海康监生。咸丰四年二月二十日任。 |
| 郭学埼 | 字子厚，广东潮州人。咸丰五年十一月二十五日任。 |

程荣春　字桐轩,安徽婺源人。咸丰六年二月十一日任。

袁鸣钰　湖北人,一作浙江人。咸丰七年十一月二十二日任。

宋志璟　字湘亭,浙江仁和举人。咸丰八年二月初五日任。

清　和　咸丰九年七月二十日任。

宋培初　字鹤舫,浙江乌程附生。咸丰十年七月十六日任。

喻　湘　字竹生,江西南昌人。一作字梦池,湖南长沙监生。咸丰十一年六月初二日任。

赖恩铨　字沛临,广东新安监生。同治元年正月初六日任。

盛在渌　字涟水,浙江慈溪廪生。同治二年十月十二日任。

姜臣瓘　字崑仙,江苏金匮附生。同治四年七月二十一日任。

鲍复康　字吉初,安徽新安监生。同治五年四月十二日任。

王惟叙　字泽臣,湖北人。同治六年十月初五日任。

钟鸿逵　广东海阳监生。同治七年二月十七日任。

蒋宝光　字寿山,浙江金华拔贡。同治八年二月十五日任。

郑秉机　字云襄,广东香山人。同治八年二月二十七日任。

张重飏　字赓堂,广东长乐监生。同治八年四月十三日任。

洪麟绶　字丽笙,浙江钱塘进士。同治九年十一月十一日任。

冯国成　字逊生,广东南海人。光绪元年七月初一日任。

洪麟绶　光绪元年十月二十二日回任。

赖济成　字宝田,广东始兴监生。光绪二年二月二十七日任。

丁策勋　字鼎臣,湖南醴陵监生。光绪二年十一月十五日任。

邹舒宇　字晓村,江西安仁拔贡。光绪四年六月初八日任。

杨高德　字寿隆,四川华阳监生。光绪四年七月十二日任。

金　相　字勤之,浙江钱塘监生。光绪五年十月二十一日任。

丁惠深　字纫臣,广东丰顺监生。光绪六年六月初三日任。

殷执中　字心斋,浙江平阳监生。光绪六年七月二十二日任。

石鸣韶　字虞琴,山西介休举人。光绪七年三月初二日任。

龚　超　字绍海,浙江仁和附生。光绪八年二月十九日任。

丁惠深　光绪八年四月初十日再任。

| | |
|---|---|
| 郑宗瑞 | 字谨臣,四川西昌进士。光绪九年四月二十七日任。 |
| 赵家琦 | 字玉农,河南祥符举人。光绪十年八月初十日任。 |
| 丁策勋 | 光绪十一年十月初二日再任。 |
| 郭荣禧 | 字和卿,江西新建监生,光绪十三年五月十二日任。 |
| 沈学海 | 字绍先,浙江山阴监生,光绪十四年二月初九日任。 |
| 王金城 | 字铭卿,江苏高邮监生。光绪十六年四月初二日任。 |
| 黎景嵩 | 字伯崿,湖南湘潭监生。光绪十六年四月二十日任。 |
| 戎陈猷 | 字泉生,浙江钱塘监生。光绪十六年十一月初六日任。 |
| 黄澍鋆 | 字清和,江苏阳湖监生。光绪十八年八月初二日任。 |
| 戎陈猷 | 光绪十八年十月初一日回任。 |
| 黄家鼎 | 字骏孙,浙江鄞县人。光绪十九年六月二十七日任。 |

## 马巷舫山书院碑记

### 黄家鼎

古者党有庠,术有序,里社皆有塾。弟子自胜衣就傅,即有问业之所、考德之方,其为教也,盖亦周且至矣。三代而下,往制渐湮,及宋,始有书院。然如衡麓、鹅湖、白鹿洞,皆因前贤讲学之地,略拓规模,其制犹未大备。明时,书院最盛,及其衰也,乡校之士,乃敢以横议阴挠朝权。张江陵当国,遂藉书院而尽废之。然而,东林复社接踵而起,其学愈骏,其气愈嚣,其议论愈谨,呶而不可究诘,明社亦随之以亡。嗟乎!伪学之足以害天下,其祸顾如是之烈哉。

国朝文教昌明,各直省书院其大者,均发帑金以资膏火,故道德、经济之彦,莫不从书院中来。马巷僻在海隅,久无议建者。其志书所称,乾隆间,厅倅万君友正捐设虚舫书院,在城隍庙后,今不可考。即同安教谕何君兰所撰《舫山书院碑记》,亦指通利庙之文昌阁而言,非书院也。同治间,新安鲍君复康来倅是厅,念蒸蒸髦士,不可无横经鼓箧之区,乃首解廉囊,并集户捐,择地于后埕营造。周围广八十余丈,缭以高墉,巍然屹然。院坐乾向巽,分金亥巳,面五梅名山而背三秀名山,出米岩峙其左,笔架山横其右,或俯或仰，如障如屏。外为照墙，深凡三进。头门以内，明堂平旷，树木苍郁，荫可数亩；二进则分为三门，中为平房三间，东西翼以学舍各三间；三进则正厅三间，左右有房，山长所居。东西廊墙外学舍各四间，再进则月台，夹以花墙，外植花果。每当春华秋实，香气拂拂，从画槛出。最后三楹，中供朱子塑像，虚其左右室，可庋典籍。其上为楼，中祀朱衣神及梓潼帝君，傍祀有功于书院者。角门以外左为空地，杂植果木，右平房二间，庖厨在焉。四围夹道宽皆数丈，以便徼巡。经始于丁卯三月，历己巳八月落成，縻金钱五千缗有奇。制度宏敞，丹漆辉煌，诸生彬彬然，弦诵于其间，鲍君之有造于艺林者，岂不伟哉。役既竣，鲍君旋卸篆去。

其明年，王君惟叙来代，复详请酌抽土布厘，以充经费，年约可入七百有余缗。书院得以有费者，又王君之力也。上年有道断王、彭二姓海地租，岁收百缗，今已积二百缗，余为存典生息，以增膏火。苟能按年收足，于院费岂小补哉。癸巳季夏，余承乏斯厅，以前任眷属久栖署中，故寓书院厅事者。踰匝月，公余瞻眺，见前人培植士类，各具深心，慨然欲为文以纪，因进诸生而告之曰："书院者，上之所以育才，下之所以向学也。学者何亦学为圣贤而已矣。马巷旧属同安，为朱子莅官之地，其流风余韵，犹有存者，故其人多砥砺廉隅，束修自好。然使不奋厉于学，则其见终囿于一方，而所学特世俗之学耳。今者，讲舍聿新，有师友之可乐，有讲贯之可资。诸生于帖括之余，研精性理，由邱钓矶以上溯朱子，由朱子溯孔孟之传，则穷可以独善其身，达可以兼善天下，又岂徒以文章鸣国家之盛已邪！"诸生唯唯而退，爰诠次其语，以为之记。

**舫山书院条规**

一，书院每年议定考课二十次，官师各十课。惟端腊两月停课，其余各月，朔日官课，望日师课，不准愆期紊乱。此外，观风小课，悉听官师随时示考。

一，书院每年以二月朔日，第一次官课作为甄别。值年董事先期请官牌示晓谕，所有合厅生童，送名应试者，无论多寡，须到礼房报名造册，届期齐到书院，听官点名入院考试，凭文取录，名曰在课。若初次甄别，不蒙取录，此后不准与考。至初次甄别，如有生童或因事故未到，或因路远不及，以后各课准予附考，苟能考列超等上取者，方许补入在课，一律取给膏火，但不得领取附课，第一次考列膏火耳。

一，书院考课为培养人才起见，若有无耻生童，抄袭刊文三句以上，以及彼此雷同四五句以上者，一经查出，定将该生童榜示除名，不准与考，以端士习而肃院规。

一，书院初次考课，凡与考生童，每名各给青单一纸，以后交卷、领卷及支取膏火，悉以青单为凭，庶无替代假冒情弊。

一，凡本辖生童到院赴考，宜填本身正名，以凭取舍。不得混填越辖生员名字并假冒监生，致乱院规。

一，马巷生童散处四乡，非城市聚居者可比。凡有官师课期出题以后，统限三日内一律交齐汇缴，逾限概不送阅。若官长亲临到院，扃门考试，限一日内呈阅，迟延一概不送。

一，马巷地瘠民贫，所有书院经费，全赖本辖妇女所织布疋，藉抽机杼之厘，作为多士膏火，培植本辖子弟。是以定章，越辖生童概不准考，并非吝于取与，实缘经费支绌。惟有来巷设帐教读者，不论生童，均系师傅，准予一律考课，以崇师长而别假冒。

一，书院每次考课，取录名次定额，生员超等八名，特等八名，其余均列一等。童生上取十名，中取十名，此外概列次取。

一，书院考列超等生员及上取童生，名曰内课。原定膏火钱四百文以外，第一名加赏四百文，第二三两名各加赏钱一百文，以示奖励。此外照章给付，不予加赏，以观后效，至考录特等生员及中取童生，名曰外课。原定各给膏火钱二百文，其余一等生员、次取童生，概不给赏膏火。所有额给膏火及格外加赏，俱由书院经费动支，若官长考课不限名数，另加奖赏，出自厅主恩裁，并无定额，随时酌给。

一，书院延聘山长，或进士，或举人，务须品学兼优，口音相通者，方能得益。定章由各绅董集众妥议，选择本府所属端方先达，然后禀官备关致聘。如有官荐，亦须公议妥洽，方准送关。不得徇情滥聘，以及支取乾脩各情弊，如违禀究。

一，书院山长来院开学以及散馆，两次舆夫各费，均由院定章开发。其余，山长自行理给。

一，书院经理财帛者，名曰司出纳；其接应事务者，名曰斋长；其查察是非得失者，名曰稽查；以上三项董事，俱以正途端方绅衿充当。其余常川在院者①，名曰院丁；又一名曰打扫夫；又收取布厘帐目者，名曰总收。

一，书院每年出纳之费，俱有旧帐定额可查，司出纳董事，一律照数开发。此外如有别项应用以及添配器物，必须邀集斋长等公众议定，方准开销，不得私自擅用。如违，着落赔还，以昭慎重而垂久远。

一，书院每年一应进出费用，着司出纳者，将全年出项进款，逐一造册，报明厅主查察存案，并另抄一纸，交在事各人彚核，榜于书院头门以外，凭众核算以示公信。倘有混开情弊，察出着赔。

一，书院所有置备桌椅、器具，均着落在院，各人收管。如有遗失、短少，应归在院各人分摊赔补。

**舫山书院每年费用条目**

一，山长每年束脩一百二十元，按作两季致送；薪水每月八元，按月致送；关聘节敬共二十元，随时致送；其跟丁小礼，每年六元，年终给付。以上各项每元计库平六钱六分，不许增减。

一，官师考课每次超等生员八名，每名膏火钱四百文，共计三

---

① 常川：经常，连续不断。

千二百文；特等生员八名，每名膏火钱二百文，共计一千六百文。又上取童生十名，每名膏火钱四百文，共计钱四千文；中取童生十名，每名膏火钱二百文，共计钱二千文。并超等、上取生童第一名加赏四百文，第二三两名各加赏一百文，两共计钱一千二百文。每课一次统共计膏伙、加赏两项钱十二千文。全年十个月，官师二十课，统共用钱二百四十千，此系全年定额。如各生童，因赴府、县、乡试，不能如期考足，可以随时损益，不在一定开销。

一，生员故后，家况萧条，其妻守节抚孤，衣食难度，向院求帮，每名每月给钱一千文。多则三四名，少则二三名，量费伙助。

一，书院开馆散学两次，共钱十五千文。

一，书院春秋祭祀两次，共钱十六千文。

一，普度每年一次，计用钱八千文。

一，每年二月初一日，初次开课甄别，凡与考生童到院考试，应给火食钱十二千。若士子众多，不敷开发，准随时酌给。

一，书院司出纳、斋长、稽查三项董事，每人每年薪水钱俱各二十千文，不得增减。

一，院丁一名，每月工食钱一千六百文，全年十九千二百文，遇闰照给。

一，打扫夫一名，每年工食钱二千四百文。

一，官师考课所有填名发榜，俱归礼房承办，每年给发笔、墨、纸张银十二元，每元计库平六钱六分，不得增减。

一，书院神座前香烛，每月给钱三百文，若逢元旦、上元、七夕、中秋、除夕，加添香烛、火炮，随时酌用。

一，鳌背布局设丁两名，每日每人各给伙食钱六十文，每人每年各给辛工钱二十四千文。

一，鳌背局屋一所，每年贴租钱六千文。

一，院中收取布厘，总收一名，每年薪水钱二十四千文。

一，书院每届考课卷纸，无论官师之期，俱归院丁发卖，每卷定钱十二文。

**书院捐资姓名**

厅主鲍捐银叁百两。

陈淳斋充地基契面银壹千员。

苏瑞书捐银贰百员。

陈如泉捐银壹百叁拾员。

蒋协源捐银壹百叁拾员。

陈合源捐银壹百员。

陈盛兴捐银壹百员。

陈宏源捐银壹百员。

陈广春捐银壹百员。

陈万泰捐银壹百员。

许昆和捐银壹百员。

李隆发捐银捌拾员。

苏万发捐银柒拾员。

洪源泉捐银陆拾员。

洪长源捐银陆拾员。

郭得福捐银陆拾员。

王和顺捐银陆拾员。

苏保泰捐银伍拾员。

苏联发捐银伍拾员。

蒋光浑捐银伍拾员。

李振丰捐银伍拾员。

黄盛利捐银伍拾员。

陈金科捐银伍拾员。

陈合春捐银伍拾员。

陈德和捐银伍拾员。

王和春捐银伍拾员。

蒋金卯捐银肆拾陆员。

蒋俊德捐银肆拾陆员。

蒋源裕捐银肆拾贰员。

康廷芬捐银肆拾员。

蔡德荣捐银肆拾员。

魏盈芳捐银肆拾员。

林连金捐银肆拾员。

王涌源捐银肆拾员。

陈万发捐银肆拾员。

林泉春捐银肆拾员。

林天五捐银肆拾员。

李应辰捐银叁拾陆员。

洪长泰捐银叁拾贰员。

蒋文韬捐银叁拾员。

蒋绍楠捐银叁拾员。

刘赞尧捐银叁拾员。

李祥丰捐银叁拾员。

郑隆成捐银叁拾员。

郑晋裕捐银叁拾员。

朱盈储捐银叁拾员。

苏德荣捐银贰拾捌员。

蒋光打捐银贰拾伍员。

蔡永清捐银贰拾肆员。

陈恒茂捐银贰拾肆员。

陈骏三、允彩合捐银伍拾员。

陈振源捐银贰拾员。

陈履泰捐银贰拾员。

许隆成捐银贰拾员。

孙源昌捐银贰拾员。

蒋光崎捐银贰拾员。

蒋良郁捐银贰拾员。

张大经、庆治合捐银肆拾员。

王职臣捐银贰拾员。

梁　杨捐银贰拾员。

王柯观捐银贰拾员。

许观澜捐银贰拾员。

戴天配捐银拾陆员。

李瑞益捐银拾陆员。

刘绍业捐银拾陆员。

吴合美捐银拾捌员。

邱　圭捐银拾陆员。

王玉章、神驹合捐银叁拾员。

徐静深、君重合捐银叁拾员。

蒋全浦捐银拾伍员。

蒋甘棠捐银拾伍员。

陈克问捐银拾伍员。

梁吉兴捐银拾肆员。

林源美、义发合捐银贰拾陆员。

苏屋城、篇放合捐银贰拾陆员。

洪万安捐银拾贰员。

李文鱼捐银拾贰员。

林恒发捐银拾贰员。

陈云汉、允执合捐银贰拾员。

王开盛捐银拾员。

郑赞成捐银拾员。

蔡青藜捐银拾员。

方青扬捐银拾员。

张协裕、协春合捐银拾员。

许天送捐银拾员。

蔡尚度捐银拾员。

李联顺捐银拾员。

王泉兴捐银拾员。

朱崇金捐银拾员。

朱和春捐银拾员。

朱晋丰捐银拾员。

王日春捐银拾员。

苏福兴捐银拾员。

苏根湿捐银拾员。

徐盘郁捐银拾员。

施金山捐银拾员。

施金九捐银拾员。

高鸿源捐银拾员。

高叶胜捐银拾员。

许建业捐银拾员。

洪金水捐银拾员。

王妈邀捐银拾员。

郑寿恒捐银拾员。

陈源修捐银拾员。

潘德利、隆合捐银拾捌员。

蔡厝乡公捐银伍拾员。

彭甘草、夏赖合捐银拾肆员。

孙金燃、传畅合捐银拾贰员。

彭文昂、自托合捐银拾贰员。

陈金奇捐银陆员。

吴光八捐银陆员。

陈永录捐银伍员。

彭沙堤捐银伍员。

郭嘴、石合捐银拾员。

彭茹花、开颜、培美合捐银玖员。

陈旭升捐银贰员。

郭世杰捐银贰员。

## 马巷节烈祠碑记

### 黄家鼎

古人重妇德，故易首咸恒，诗首关雎。春秋为圣人刑书，而左邱明作传，开章第一义便云"惠公元妃孟子"，诚以妻妾乃观型之本，闺房为起化之原，其所关固非浅尠也。赵宋而后，尤重节烈。程伊川有云"妇人饿死事小，失节事大，"由是巨家世族，寒嫠窭孀，皆顽廉懦立，而冰蘖之性，松筠之概，遂皭然与日月争光。

国家久道化成乌头绰楔，不惜帑金以待有司之请，而复于各直省设立节孝祠，春秋遣官致祭。其所以风厉末俗，用意尤为深远。马巷地属海滨，妇女多明大义，然自乾隆三十九年移设厅治，而俎豆馨香之奉尚寂寂无闻。考厅志艺文载有卢公若腾《节烈祠碑记》云"祠在太武山，而芳莽蔽人，莫知其处"，盖当时之遗老尽矣。

光绪戊子，鉴湖沈君学海，来倅是厅，念白首完贞而丹楹莫妥，非所以阐潜德而发幽光也，乃相地营建。祠坐北向南，外为重门，内为正室、暖阁三间。中祀蒋、施氏等二十有五人。左祀张、彭氏等二十有九人。右祀林、刘氏等一百七十有三人。四面缭以高垣，制度虽隘，气象森然。经始于己丑三月，越明年辛卯仲冬落成。土木甓石之需，縻金钱一千二百余缗。其款项则有主之家量力捐助，尚余百数十缗，流存董事，按年收息，尚不足抵两丁祭之资云。

癸巳，余服阕南来，适承斯乏。都人士砻石请为文以纪。余维从一而终，虽妇人之义，然夫死别适，令甲不禁。盖王者不强人所难能，而特县一旌表之典，以为天下之为人妇者劝，则其情固大可见也。

马巷蕞尔区而以节烈著者，多至二百余人，其未经举报，湮没不传者，又何可胜道，则谓天地清淑之气，特钟于妇人者，不信然欤。余观博带峩冠之彦，侈言忠孝，一旦猝遭变故，有苟免偷生而恬不知耻者，以视各节烈，生则含辛茹苦，百折不回，没则风雨一堂，如闻聚泣，其贤不肖之相去，又何如耶？惜无卢大司马其人以椽笔传之。文既成，复为神弦之曲歌以侑之，其迎神曰："神之来兮风鸣咽，冰比清兮霜化洁。子规千古犹啼血，洞箫一吹山竹裂。"其送神曰："神之去兮云蔽野，瓠瓜无匹嫦娥寡。图画甘泉方待写，丰碑屹屹照金厦。"

是役也，举人陈旭升，职员陈宝三，生员彭福同、郭鸿图、陈国奎、郑锦文，封职林辅龙，实董其事，例得并书。

**节烈祠规条**

一，节妇不论正室、侧室，三十岁以前，夫故守节，至年逾五十岁以上，或未及五十而身故。其守节年分与例相符，果系孝义兼全，阨穷堪悯者，出具族邻切结，由绅董转报。

一，未婚贞女，按照节妇年限一体开报。

一，贞女过门守节，未符年例而身故者，亦准开报。

一，孝女因父母未有子孙，终身奉亲不嫁者，概由绅董开报。

一，烈女闻讣自尽，烈妇夫亡自尽者，一体开报。

一，烈妇本系箆室，夫亡自尽，无论正室、身故、现存，一体开报。

一，节孝贞烈各项妇女，虽业经禀报旌表，而尚未建坊者，一体报明在事绅董，设牌入祠。

一，节烈祠系载祀典，凡遇春秋两季，概须祭祀，即每月朔望，亦须请官拈香，以昭诚敬而慰幽灵。

**节烈祠费用条目**

一,节烈祠每年春秋两祭,每次用钱六千文。

一,节烈祠每年七月普度一次,用钱三千文。

一,节烈祠所存经费无几,未派董事专司其事,查祠宇与育婴堂毗连相通,所有祠内一切祭祀及朔望拈香各事,应由育婴堂值董暂兼照顾。每年略贴薪水钱四千文,以资办公,而免倾废。

一,节烈祠每日早晚香烛,每月用钱三百文。

**建祠捐资姓名**

洞庭乡郭姓公捐银壹百员。

澳头乡公顺和号捐银壹百员。

澳头乡苏瑞祯捐银壹百员。

前吴乡郑运金捐银壹百员。

西边乡林辅龙捐银陆拾员。

澳头乡蒋山异捐银肆拾员。

周边乡林定邦捐银肆拾员。

洞庭乡郭锽叠捐银肆拾员。

鹭江乡陈维贾捐银肆拾员。

洞庭乡郭赞襄捐银肆拾员。

彭厝乡彭光训捐银肆拾员。

髻山乡补过氏捐银肆拾员。

浦园乡李捷成捐银叁拾员。

刘五店刘鹏抟捐银叁拾员。

海头乡刘钞手募捐银叁拾员。

洞庭乡郭起凤捐银叁拾员。

下许乡公捐银贰拾员。

西边乡诚德堂捐银贰拾员。

上苏乡苏景达捐银贰拾员。

亭洋乡陈旭升捐银贰拾员。

澳头乡福心堂捐银贰拾员。

澳头乡敬日堂捐银贰拾员。

澳头乡孝慈堂捐银贰拾员。

炉前乡魏习熟捐银贰拾员。

许厝乡许宗授捐银贰拾员。

五甲尾郑怡堂捐银贰拾员。

西边乡徐景周捐银贰拾员。

上吴乡洪怡然捐银贰拾员。

城场乡林日秋捐银贰拾员。

侯亭乡陈洵美捐银柒员。

董坑乡洪万兴捐银拾贰员。

新店乡洪璧亭捐银贰员。

曾林乡蒋圭赖捐银贰拾员。

洞庭乡郭洙惜捐银拾贰员。

洞庭乡郭洙降捐银拾贰员。

洞庭乡郭光牙捐银拾员。

湖厝乡陈元吉捐银拾员。

鹭江乡金怡远捐银拾员。

侯亭乡陈金珠捐银拾员。

井头乡林文和捐银拾员。

城场乡林永珪捐银拾员。

朱王宫洪天吞捐银拾贰员。

东园乡张在秦捐银拾贰员。

东园乡张聿豫捐银拾员。

五甲尾张乾元手募捐银拾员。

侯亭乡陈存义捐银捌员。

亭洋乡陈清泉捐银柒员。

龙头乡林液铭捐银陆员。

双髻山魏福建捐银拾员。

厦门郭恒丰捐银拾员。

许厝乡许妈得捐银拾员。

上苏乡裕德堂捐银拾员。

澳头乡苏机云捐银拾员。

山侯亭陈文拱捐银叁员。

山侯亭陈元德捐银贰员。

澳头乡裕远堂捐银拾员。

楼仔内陈徧捐银拾员。

湖厝乡陈渠捐银拾员。

林尾乡黄宅捐银拾员。

东园乡张和朗捐银拾员。

东园乡张宅捐银拾员。

东园乡张姓公捐银拾贰员。

东园乡新厅公捐银拾员。

山前乡戴章捐银拾员。

欧厝乡王清僻捐银贰拾员。

鹭江岛裕成号捐银肆员。

龙头乡林玺捐银贰员。

珩厝乡王神佑捐银贰员。

珩厝乡王锦丰捐银贰员。

已书未缴者不登。

## 马巷节烈祠牌位名次

### 中龛

皇清节孝鳌东封奉政大夫蒋昭文之妻施宜人

皇清旌表节孝故儒士郭兴之妻许孺人

皇清节孝赠朝议大夫林豪传之妻彭恭人

皇清诰授奉政大夫晋封通奉大夫直隶州知州苏梅舲之妻慈顺王夫人

抚养孤弟轻生全义洞庭孝烈郭贞女

皇清旌表节孝武德佐骑尉苏希舟之妻洪宜人

皇清节孝沙美乡彭孔学之妻张孺人

皇清节孝故儒士彭培林之妻陈孺人

皇清旌表节孝故儒士彭知止之妻张孺人

皇清节孝故儒士许子稍之妻苏孺人

皇清贞烈下许乡许枞未婚妻陈孺人

皇清旌表节孝故儒士郭梓会妻洪孺人

明未婚贞女欧阳氏

皇清旌表节孝故儒士李道之妻许孺人

皇清旌表节孝故儒士郭恺钦之妻洪孺人

皇清旌表节孝乡进士候选知县刘学道妻蔡安人

皇清节孝故儒士刘钞之妻苏孺人

皇清节孝故儒士许大金妻李孺人

皇清节孝徐人之妻刘孺人

皇清节烈亭洋乡故儒士陈久长妻郭孺人

皇清旌表节孝故儒士许文巩妻慈慎洪孺人

皇清旌表节孝故儒士许文蔚妻慈孝洪孺人

皇清节孝故儒士蒋维泽妻朱孺人

皇清旌表节孝魏宗儒妻王孺人

皇清旌表节孝故儒士洪承汜妻黄孺人

### 左龛

皇清节孝故儒士张其颜妻彭孺人

皇清旌表节孝故儒士张阵之妻彭孺人

明贞女张氏

明捐躯全姑节妇张门林孺人

皇清节孝故儒士戴毅轩妻苏孺人

皇清节孝故儒士郭梓巷妻洪孺人

皇清节孝故儒士陈位妻洪孺人

皇清节孝故儒士陈玉真妻洪孺人

皇清节烈故儒士苏铭卿妻庄烈李孺人

皇清旌表节孝雍进士陈上进妻张孺人

皇清节孝故儒士陈文郁妻蔡孺人

皇清节孝故儒士陈昆榆妻洪孺人

皇清节孝故儒士陈端朴妻苏孺人

皇清节孝故儒士陈元吉妻叶孺人

皇清节烈故儒士黄折衷妻陈孺人

皇清节孝故儒士陈金大妻戴孺人

皇清节孝故儒士苏根禄妻洪孺人

皇清节孝乡饮大宾洪鸿渐妻李孺人

皇清节孝故儒士林决妻陈孺人

皇清旌表节孝故儒士魏肇饬妻慈勤许孺人

皇清节孝故儒士张乾元妻陈孺人

皇清旌表节孝故儒士魏肇坌妻淑慎苏孺人

皇清节孝故儒士陈绍惇妻苏孺人

皇清旌表节孝故儒士郭文满妻谢孺人

皇清节孝邑庠生洪如莲妻林孺人

皇清节孝故儒士陈清周妻洪孺人

皇清旌表节孝故儒士郭文镇妻洪孺人

皇清节孝故儒士张克轩妻许孺人

皇清节孝故儒士张允顺妻陈孺人

右龛

林荣科妻刘孺人

郭恺城妻黄孺人

许士金妻林孺人

郭应妻黄孺人
蔡好妻洪孺人
许得庆妻龚孺人
郭炳成妻赵孺人
洪殿邑妻魏孺人
洪联甲妻朱孺人
汪绍中妻洪孺人
洪志枞妻吴孺人
蔡纯妻洪孺人
郭清玦妻郑孺人
郑疋泽妻王孺人
郭恺恭妻许孺人
周登榜妻许孺人
许得扬妻蒋孺人
洪殿昂妻郭孺人
陈瑶斌妻黄孺人
余饘妻林孺人
许文吐妻陈孺人
苏道妻郭孺人
江丙寅妻洪孺人
戴寻妻吕孺人
施应妻蒋孺人
许近金妻李孺人
张甫妻王孺人
张文老妻洪孺人
张聿秀妻郑孺人
陈廷嫩妻蒋孺人
张克扬妻陈孺人

张在力妻王孺人

黄得时妻张孺人

王闻撰妻陈孺人

王腾蛟妻陈孺人

王克寨妻吴孺人

陈题名妻许孺人

陈克灵妻苏孺人

魏止仁妻高孺人

李懿昌妻林孺人

刘绍希妻郭孺人

林仰圣妻余孺人

许端正妻蒋孺人

苏根义妻许孺人

洪仲琳妻许孺人

郭根貌妻林孺人

洪思镇妻黄孺人

许子辑妻江孺人

郭恺瑾妻刘孺人

洪尔艾妻陈孺人

蔡叫妻彭孺人

郭炳泰妻洪孺人

蔡文焕妻洪孺人

彭天时妻王孺人

王耀伉妻郭孺人

洪缄妻李孺人

洪尔益妻钟孺人

洪包玉妻彭孺人

陈君炽妻洪孺人

郭恺向妻陈孺人

陈瓜桃妻许孺人

郭恺圭妻许孺人

故邑庠生陈嘉宪妻林孺人

陈华国妻林孺人

陈公缄妻宋孺人

郭恺铬妻陈孺人

郭逢日妻洪孺人

郭恺磷妻陈孺人

郭锽浸妻杨孺人

郭锽允妻王孺人

郭锽敢妻李孺人

陈祖映妻蔡孺人

陈廷萃妻方孺人

陈克藏妻李孺人

郭原洪妻林孺人

郭文奎妻苏孺人

陈克潜妻吕孺人

陈绍皎妻郭孺人

苏培照妻张孺人

苏钟驹妻林孺人

苏培桐妻叶孺人

苏培宽妻彭孺人

苏清跳妻洪孺人

江献欣妻杨孺人

洪志宣妻陈孺人

洪培妻谢孺人

陈随妻戴孺人

徐溥厚妻刘孺人

苏根爵妻洪孺人

王恳妻陈孺人

张蛏妻李孺人

张克亨妻杨孺人

洪美炭妻蔡孺人

王来成妻李孺人

黄大钟妻林孺人

彭来淳妻徐孺人

陈春茶妻赵孺人

陈矸妻戴孺人

戴舜顾妻叶孺人

陈伯音妻王孺人

陈绍厚妻沈孺人

陈君茂妻林孺人

郭元才妻蒋孺人

陈绍笃妻郭孺人

陈公汪妻洪孺人

陈吉来妻李孺人

洪尔爽妻吴孺人

叶填妻张孺人

彭昌妻王孺人

洪汉老妻朱孺人

许继成妻康孺人

苏士林妻郭孺人

许廷钦妻欧阳孺人

苏根盛妻林孺人

蒋克昌妻施孺人

林献妻陈孺人

许子等妻魏孺人

许英华妻朱孺人

郭锽度妻康孺人

郭焕之妻王孺人

王盒之妻陈孺人

杨霆徽妻许孺人

苏清为妻郭孺人

王清源妻苏孺人

苏清壤妻郭孺人

苏清幸妻王孺人

苏清扬妻朱孺人

苏钟富妻蒋孺人

陈促之妻郭孺人

洪尔七妻陈孺人

洪春光妻颜孺人

苏鹤之妻洪孺人

苏清安妻王孺人

苏蝉之妻洪孺人

朱庭明妻黄孺人

徐禀之妻苏孺人

陈绍祖妻郭孺人

陈日潜妻郑孺人

陈雨举妻洪孺人

李妙之妻张孺人

陈大祥妻杨孺人

陈士希妻林孺人

陈克笑妻洪孺人

陈克鲍妻蔡孺人

施凿之妻刘孺人

苏根片妻蒋孺人

许恐妻洪孺人

苏钟笔妻彭孺人

陈公泉妻王孺人

郭炳宽妻洪孺人

陈绍皎妻郭孺人

郭金焕妻王孺人

郭炳谦妻陈孺人

郭炳志妻洪孺人

郭名珍妻黄孺人

郭诚敦妻苏孺人

郭恺谋妻洪孺人

郭恺琛妻林孺人

郭恺焱妻林孺人

郭恺心妻黄孺人

陈伯奇妻王孺人

陈进华妻魏孺人　以上皆节孝。

陈克营妻郭孺人

陈绍淇妻黄孺人

陈伯环妻蔡孺人

陈行权妻李孺人　以上皆节烈。

吴泰妻康孺人

陈清溪妻石孺人　以上贞烈。

余翔风女淑娘　孝女。

吴泰未婚妻康孺人　明烈女。

**新增**

皇清旌表节孝建坊崇祀勅封安人故生员陈祥恒妻○贞静洪安人

皇清待旌节烈澳头乡故儒士苏圻荆妻陈孺人

## 马巷育婴堂碑记

### 黄家鼎

昔《康诰》言"如保赤子",孔子言"少者怀之",曾子言"上恤孤而民不倍",孟子言"幼吾幼以及人之幼",诚以孩提初生,鞠育保抱需人而成,故古之圣人,不惮谆谆然垂为训诫。初不意后世有身为父母,忍于自杀其子,恶俗相沿,漫不为怪。如溺女者,噫,是亦人伦一大变也。

溺女起于唐宋,盛于今日,于是朝廷比照祖父故杀子孙之律,县为厉禁。而读书之士复作为诗文、杂引、果报,以示劝惩,而此风终不能革。迨育婴堂设,贫者不能藉无力喂乳以为词,富者见大人先生孳孳然,抱溺由己溺之怀,亦内愧于心,不令而自戢。一乡有此堂,所全活者无算,一邑一都有此堂,所全活者尤无算。《书》曰"好生之德,洽于民心",其育婴堂之谓欤。

马巷溺女之风甚炽。顾自乾隆甲午移辖至道光戊申,相距七十稔,金门始设堂育婴,而马巷仍无闻。同治癸酉,钱塘洪君麟绶来倅是厅,轸念民,依倡捐廉泉壹千串,又拨赃罚壹百贰拾串,募捐殷户陆百串,抽捐当厘、布税贰千余串,乃谋诸绅耆,就厅署之东,择地营建。堂坐北朝南,周围广约四十余丈,缭以高垣。前为头门三间,中为室如之,正祀临水夫人,左祀洪君,礼也;右祀福德神,循常例也。临街左右各有门,迤逦旁通,则两花厅在焉。室后,天井果木丛发。又后,有平屋九间,可畜乳媪。此外东西相对,复有平屋各二,小厢房各一,朝南房各一,墙留夹道,徽者居之。盖自祀神宴客,寓人办公以讫,为庖为溷,罔不工坚料实,轮奂有加。经始于癸酉六月,至次年九月落成,凡土木、砖石、灰瓦、丹漆之需，縻金钱二千四百缗有奇。又设分堂，一切更縻壹千八百缗有奇，略及所捐募之数。其常年支销则别筹。当利、房租、土布各捐约可得钱捌百余缗，则闻风兴起，好善者各有同心也。

余以今夏承乏斯篆，捐廉购置堂头门前民田一坵，长宽各二十余弓，出租生息，以备将来起盖余屋之用。堂成久未勒碑，至是都人士请为文以纪。余维天地之大德曰"生"，圣贤之经国曰"生"，聚浸假残杀相寻，则人类亦几乎息矣。洪君此举保全婴命以千万计，其用心抑何仁哉。然天下事，善作必有善承，洪君往矣，其所以维持斯堂于不坠者，亦余与诸君子之责也。爰揭颠末，寿诸贞珉，以谂来者。监工为职员陈宝三，例得并书，是为记。

**堂内规条**

一，生女之家果系赤贫，无力养育者，无论地段远近，须脐带未断之时，抱带婴孩赴堂报明姓名、住址，并女婴生产年月日时，由在堂董事查验后，填记号簿，剪去毛发一片作为志号，发给牌单，仍交本生之母领回自行乳哺。

一，赴堂报明育婴查验给牌后，先发保婴钱二百文，半月以后，再给二百文。此后则每月望日，将所报女婴及原领牌号，由本妇抱带赴堂点验，按月总给钱四百文。

一，设堂育婴原所以体天地好生之心，惟是马巷地方，蕞尔偏隅，筹费不易，是以不能雇请乳媪在堂育养，仍令本生之母自乳，按月给发保婴钱文，亦通权达变之一法耳。

一，本堂育婴经费并无置有业产，亦无捐集鉅款发商生息，仅藉巷辖妇女机杼余厘，是以不克久育。议定每婴每月给钱四百文，四个月限满，将牌追销，停止给发。非谓四月婴孩，可以不乳而活。惟巷辖习俗抱媳居多，是保婴四月以后有人抱作养媳，亦因俗成风，随地制宜之一法也。

一，贫苦之家，产后妇故，初生婴孩乏人乳哺，亦许央同保人到堂报查,每月准给钱四百文,听其自觅亲邻乳哺,所给保婴钱文即所以帮贴寄养之人,统以一年为限,所有报堂查验,给牌发钱,悉照前条办理。

一,极贫之家,夫已病故,妻生遗腹,有关嗣续而无所依靠者,准一体报堂,格外酌增,或一年,或二年,庶于矜孤之中,兼寓恤寡之义。

一,设堂为贫家救婴起见,事贵实济,如有赴堂所报住址、姓名不符,从中图钱朦混,若被巡婴之人查出,将牌追销,概行停给。

一,家非贫困及生养多时,始行赴堂报明者,其中情弊多端,一概不给。倘有因报未经准给,仍前狃于积习,将婴孩溺毙者,察出禀官究治。

一,马巷出产仅止布匹一宗,议就出布之时,酌抽丝毫,每布一匹于购买之人多加一文,责成商贾于出布之时开明发单,令挑市之人交鳌背堂丁收存查验。于每月底,由堂丁将所收一月发单,寄至堂内董事,向各布商核算支取。如此些微出者无伤于本,受者沾惠良多。

一,本辖市镇诸多萧索,惟本街与刘江、澳头、新店各处较为稠密。所有零星小铺及小本手艺,概不摊派;其余各店每户每年抽店税一个月,业主租户各半出钱,以昭公允而裕堂费。

一,本辖典当虽然无多,而为经营之魁,允应量为欤助。议定每当资本钱千串,行息二分者,每年捐抽钱三千文,以充经费而广育养。

**育婴堂用款条目**

一,住堂值董一名,每月薪水钱四千文,又伙食每月钱二千四百文。

一,月董每月来堂两次,不论地方远近,每月开发往来轿价钱一千六百文。

一，堂内诸董事，每年会算两次，伙食夫价共开发钱八千文。

一，经理帐目董事一名，全年薪水钱四十八千文。

一，住堂杂差一名，全年辛工钱十二千文，又伙食每月一千八百文。

一，巡婴一名，全年辛工钱二十千文。

一，住鳌背堂丁一人，每月辛工伙食共钱四千八百文。

一，住莲河堂丁一人，全年辛工银十八元。

一，堂内油火香烛，每月钱一千五百文。

一，堂内每年八月十七日，普度一次，定用钱拾捌千文。

一，临水夫人三位，每年正月十五日、三月二十三日、九月初九日寿诞，每次定用钱壹千陆百文，共用钱肆千捌百文。

一，洪公每年三月二十八日寿诞，一次用钱肆千文。

**建堂捐资姓名**

厅主洪倡捐廉银壹千壹百贰拾员。

苏瑞书捐银壹百员。

陈起庄捐银伍拾员。

黄盛利捐银伍拾员。

李应辰捐银肆拾员。

蒋长源捐银叁拾员。

刘美龙捐银贰拾员。

梁吉兴捐银贰拾员。

蒋昭雅捐银贰拾员。

林瑞思捐银拾陆员。

蒋顺源捐银拾陆员。

陈西允捐银拾肆员。

蒋克明捐银拾叁员。

林恒发捐银拾贰员。

戴天配捐银拾贰员。

朱金貌捐银拾贰员。

李文鱼捐银拾贰员。

蒋振利捐银拾贰员。

陈挑生捐银壹拾员。

康辍观捐银壹拾员。

苏剑观捐奶壹拾员。

许天送捐银壹拾员。

王日春捐银壹拾员。

陈金文捐银捌员。

李学正捐银捌员。

王天生捐银捌员。

洪信记捐银捌员。

朱和春捐银捌员。

**救婴捐资姓名**

蒋心斋捐钱叁拾千文。

许天送捐钱陆千文。

潘木观捐钱贰千文。

方吁观捐钱陆千文。

王竹观捐钱肆千文。

徐仲观捐钱叁千肆百陆拾文。

陈金科捐钱陆千文。

陈育老捐钱伍千文。

陈持观捐钱贰千文。

方心德捐钱肆千文。

张髻观捐钱肆千文。

蔡浅观捐钱叁千柒百柒拾叁文。

王鹅观捐钱贰千贰百文。

王圈观捐钱壹千贰百文。

德利号捐钱陆千文。

林转来捐钱伍千文。

陈秋观捐钱肆千壹百零叁文。

林天五捐钱叁千玖百文。

孙沫观捐钱陆千壹百贰拾文。

吴金八捐钱伍千壹百文。

李滩观捐钱捌千文。

陈泉水捐钱陆千文。

许篱观捐钱肆千零零捌文。

李祥观捐钱陆千文。

李田观捐钱陆千文。

## 募置金门节孝祠祭业引

### 黄家鼎

盖闻乾坤清淑之气,莫肃于孀嫠;国家旌表之荣,不遗乎嫠妇。诚以摩笄矢志,饮蘖励操。冰雪不足喻其坚凝,竹柏无以方其劲挺。台高巴蜀,烂然银榜之书;祠筑露泾,赫甚明珰之像。此朝廷所以教节,亦长吏所以风民也。

金门天辟井疆,俗敦忠厚。非特男子之文章韬略,常炳丹青;即若妇女之取义成仁,亦光史册。巾帼须眉,天所赋也。春秋俎豆,礼亦宜之。惜哉!太武之祠,久沦蔓草;牧洲之记,空剩遗篇。光绪壬辰岁,万二尹鹏偕韩都司汝为各捐鹤俸;林举人豪、洪举人作舟、林茂才慰苍,力任鸠工,乃于县丞署之右,浯江书院之左,诛锄草茆,谋重建焉。落成之日,分祀四百一十有二人。或赍志于青春,或完贞于白首,或劙面目而不悔,或甘刀锯而如饴。萃正气于一堂,如闻歌泣;扶大伦于千古,独挂纲常。在未亡人第行其心之所安，在士大夫宜表其风于已泯。本厅方欲旁搜事实，作志传以阐幽，广索友朋，征诗歌以示后。然一字之荣褒已定，而四时之祭典宜修。侧闻是祠仅具堂楹，绝无产业，何以洁苹蘩之供，伸酒醴之虔，固守土之羞，亦邑绅之责也。除本厅捐廉倡首外，尚望诸君子慨解丰囊，共襄盛举。公置祭业，用肃明禋。庶几集腋成裘，长壮几筵之色；聚花作塔，弥昭肸蠁之灵。是为引。

**附金门新节孝祠牌位姓名**

清儒士黄妈令妻许淑娘

清儒士许金鱼妻郭劝娘

清儒士郭扬耀妻许氏

清儒士郭秉睿妻许秉娘

清儒士翁主妻李氏

清儒士翁待妻王款娘

清儒士薛允听妻黄锦鸯

清儒士陈香妻董留娘

清儒士马团妻周素娘

清儒士陈宗当妻黄面娘

清儒士黄振德妻许贝娘

清儒士李设妻黄西娘

清儒士李沙妻王花娘

清儒士辛物妻郑茧娘

清儒士杨隈妻许识娘

清儒士许七雄妻李悦娘

清儒士许伯烟妻郑抱娘

清儒士郭世论妻许英娘

清儒士吴三吉妻王时娘

清儒士黄贻点妻周宜娘

清儒士施芸儒妻傅英娘

清儒士陈正妻李疼娘

清儒士李藕妻张泮娘

清儒士黄超宰妻杨良娘

清儒士黄寮妻吴昧娘

清儒士王实妻许族娘

清儒士蔡职藩妻洪氏

清儒士蔡克观妻黄氏

清儒士蔡克仑妻辛氏

清儒士蔡君辑妻李氏

清儒士蔡君范妻黄氏

清儒士蔡子正妻李氏

清儒士蔡子茂妻陈缓娘

清儒士蔡子质妻王氏

清儒士蔡子芳妻陈氏

清儒士蔡子舟妻陈氏

清儒士蔡仲弼妻陈氏

清儒士蔡仲爵妻吕氏

清儒士蔡仲雍妻王氏

清儒士蔡仲绵妻许氏

清儒士蔡君见妻洪氏

清儒士黄允中妻吴纫娘

清儒士许天庭妻苏诸娘

清儒士颜起芳妻蔡振娘

清儒士黄振义妻董益娘

清儒士颜灶芳妻许真娘

清儒士黄路妻陈端娘

清儒士许光杏妻傅仰娘

清儒士蔡尚达妻陈氏

清儒士黄坤维妻林轻娘
清儒士颜银龙妻许意娘
清儒士许克似妻沈罔娘
清儒士蔡尚慎妻陈氏
清儒士蔡光渐妻周氏
清儒士陈致和妻苏氏
清儒士陈宗隆妻朱氏
清儒士陈钗妻洪宿娘
清儒士陈舜聪妻黄允娘
清儒士陈　丽妻黄湖娘
清儒士陈院妻蔡兰娘
清儒士许文通妻黄体娘
清儒士许允开妻蔡却娘
清儒士黄景侯妻张嫌娘
清儒士陈亲妻黄氏
清儒士黄德妻陈春娘
清儒士林四强妻许外娘
清儒士翁六妻叶慎娘
清儒士翁案妻刘染娘
清儒士黄九妻张劝娘
清儒士黄光丽妻薛锡娘
清儒士蔡克潘妻黄妙娘
清儒士黄国妻林昭娘
清儒士王朝荣妻许香娘
清儒士许立宗妻李勉娘
清儒士许海妻黄论娘
清儒士郑德倩妻陈忍娘
清儒士陈廷芬妻许受娘

清儒士陈合妻李尽娘

清儒士张　酉妻许氏

清儒士颜鹤算妻辛花娘

清儒士颜首妻何笑娘

清儒士颜广生妻许氏

清儒士许经妻董氏

清儒士洪乳妻白氏

清儒士蔡料旦妻黄朕娘

清儒士蔡光川妻陈氏

清儒士蔡登科妻陈氏

清儒士蔡炳强妻陈氏

清儒士蔡积粟妻张氏

清儒士蔡永相妻陈氏

明儒士黄日望妻陈六娘

明儒士黄钊妻梁氏

明儒士卢宣妻董懿娘

明儒士李有成妻蔡一娘

明儒士许良伟妻洪氏

明儒士许良植妻陈氏

明儒士许尧民妻蔡氏

明儒士许从锐妻卢氏

明儒士许元夫妻蔡氏

明儒士许挚夫妻卢三娘

明儒士洪公抡妾刘氏

明儒士洪忠宪妻翁氏

明儒士王如升妻赵氏

明儒士蔡邦成妻许氏

清儒士陈宽妻蔡凉娘

清儒士黄盛妻陈皆娘

清儒士林平妻郑牵娘

清儒士林突妻王培娘

清儒士蔡尚位妻陈氏

清儒士卢进祖妻蔡幼娘

清儒士卢凯妻杨畏娘

清儒士颜钦芳妻陈惜娘

清儒士蔡子波妻康氏

清儒士蔡永诚妻陈氏

清儒士蔡希谅妻何氏

清儒士黄月妻陈转娘

清儒士蔡梅村妻陈氏

清儒士蔡妈轻妻黄氏

清儒士蔡维燨妻吴氏

清儒士黄弄妻张每娘

清儒士黄标妻陈秀娘

清儒士周福孙妻许整娘

清儒士翁江耸妻杨雪娘

清儒士翁文维妻李苏娘

清儒士翁地妻陈圭娘

清儒士许三会妻卢幼娘

清儒士许庆池妻吴氏

清儒士蔡进修妻许恬娘

清儒士许五礼妻叶妹娘

清儒士林光溪妻沈吉娘

清儒士傅培若妻蔡草娘

清儒士蔡荫妻纪洗娘

清儒士欧据妻许亲娘

清儒士许队妻王儿娘

清儒士王先力妻陈税娘

清儒士王海妻辛进娘

清儒士郭家俊妻林琴娘

清儒士汪清河妻刘热娘

清儒士杨只妻卢桃娘

清儒士杨香妻薛玉娘

清儒士杨岳英妻洪甘娘

清儒士杨光焕妻谢六娘

清儒士杨登科妻刘早娘

清儒士周瑞临妻谢疼娘

清儒士廖全妻张金娘

清儒士洪庭妻欧式娘

清儒士陈明妻卢勅娘

清儒士卢赞民妻黄泰娘

清儒士童蒙恩妻许八娘

清儒士蔡俊人妻陈招娘妾许瑞姐

清儒士蔡克佐妻洪氏

清儒士蔡尚江妻吕氏

清儒士陈家相妻胡氏

清儒士张隐妻林氏

清儒士张宪妻庄氏

清儒士张育凤妻毛氏

明儒士蔡宜族妻吴氏

明儒士蔡宜新妻吴氏

明通判蔡宗德妾杨氏

明提督蔡攀龙妾林氏

明举人陈思诚妻黄氏

明庠生苏子度妻张氏

明庠生陈良选妻萧氏

明副贡生陈绶妻林氏

清庠生王登泰妻张氏

清庠生陈宏骥妻郑氏

清庠生陈琦妻胡氏

清外委文其珍妻邱氏

清庠生黄元善妻许玉娘

清把总许忠旺妻李凉娘

清外委文成锦妻李受娘

清貤封淑人薛师言妻蔡淑人

清诰封一品夫人邱志仁之妻许太夫人

明诰封宜人陈甫烈妻许宜人

清外委文成辅妻陈氏

清把总文成佐妻邱氏

清把总吴朝辉妻郭氏

清太学生颜正禧妻庄教娘

清世袭云骑尉都司李秋香妻倪雀娘

清把总郭定清妻傅骞娘

清把总江明妻许恬娘

清国学生黄秦妻许和娘

清儒士张石妻黄锭娘

清儒士许金田妻陈栽娘

清儒士许成妻黄静娘

清儒士许晏妻薛芥娘

清儒士薛立桃妻李凉娘

清儒士陈中权妻辛帏娘

清儒士陈盛妻许缓娘

清儒士陈未妻李衔娘

清儒士卢彬妻黄惜娘

清儒士陈真妻李玉娘

清儒士王沛妻陈花娘

清儒士林景谅妻王笑娘

清儒士林景秀妻董惜娘　　此二名见下一门四节

清儒士王马力妻许莲娘

清儒士傅高唐妻许粉娘

清儒士许湄妻庄养娘

清儒士杨振桃妻李晏娘

清儒士薛霞妻杨甘娘

清儒士吕克器妻郑爽娘

清儒士洪茹生妻翁谨娘

清儒士洪继耀妻李缅娘

清儒士林江海妻蔡染娘

清儒士林略妻陈兰娘

清儒士蔡尚机妾李氏

清儒士蔡尚得妻黄氏

清儒士林代妻周乖娘

清儒士许太然妻陈莚娘

清儒士许炎妻杨牵娘

清儒士许榜妻林平娘

清儒士吕开妻陈美娘

清儒士傅绪火妻辛姣娘

清儒士王义妻林居娘

清儒士王庆宗妻邱甘娘

清儒士傅冉妻林尔娘

清儒士傅判其妻李氏

清儒士许迎妻颜令娘
清儒士许蓄妻傅纯娘
清儒士傅兴隆妻许氏
清儒士郭德妾王氏
清儒士陈伯高妻赵氏
清儒士许笃妻傅森娘
清儒士薛挑妻李凉娘
清儒士薛允烈妻黄珠娘
清儒士薛继挺妻董敬娘
清儒士薛允请妻许凉娘
清儒士薛继品妻黄情娘
清儒士薛允众妻许氏
清儒士洪密妻陈果娘
清儒士黄裕妻张彩娘
清儒士洪拔妻陈甘娘
清儒士黄合妻吕凉娘
清儒士许愈妻黄珠娘
清儒士王国彩妻翁氏
清儒士陈圭彬妻翁慎娘
清儒士许克楯妻陈好娘
清儒士邱永胜妻许氏
清儒士蔡尚静妻林氏
清儒士蔡尚纯妻郭氏
清儒士蔡仲驹妻陈氏
清儒士蔡仲蛟妻黄氏
清儒士蔡仲寿妻杨氏
清儒士蔡仲时妻黄氏
清儒士蔡仲羡妻倪氏

清儒士蔡尚吉妻陈氏
清儒士蔡永炎妻陈氏
清儒士蔡永庆妻黄氏
清儒士蔡永泽妻宋氏
清儒士蔡永达妻李氏
清儒士蔡永连妻许氏
清儒士蔡永会妻许氏
清儒士蔡永秀妻傅氏
清儒士蔡永雅妻何氏
清儒士蔡永济妻陈氏
清儒士蔡永第妻陈氏
清儒士蔡仲朋妻陈氏
清儒士蔡克佑妻洪氏
清儒士蔡克融妻刘氏
清儒士张酉妻许氏
清把总萧焕彩妻戴满娘
清外委郭定邦妻辛款娘
清额外薛鸿荣妻吴爱娘
清外委许朝阳妻黄氏
清副将林廷福婢王香娘
清把总李启明妻黄醒娘

**烈妇**

清儒士蔡善才妾戴爽娘
清儒士许三台妻王片娘
清儒士陈国丽妻张氏
清儒士陈尘妻李香娘
清训导郑纪南妻薛金兰
清儒士薛梦麟妻洪妹娘

清儒士谢元晓妻陈都娘

明儒士蔡茂瑞妻陈氏

明儒士蔡伯受妻萧氏

明儒士蔡允荣妻刘氏

明儒士蔡允恬妻陈氏

清儒士张应斗妻李氏

清儒士蔡仲德妻颜凤娘

清儒士蔡仲环妻陈氏

清儒士蔡尚闻妻陈氏

清儒士蔡尚神妻黄氏

清儒士许世岩妻黄大娘

清儒士许天骥妻黄氏

清儒士张迎妻何氏

清儒士蔡克藩妻陈三娘

明庠生许文潜烈妇妻黄顺娘①

明林伯谦妻许氏

明军余杨廷树妻范引娘

明黄维桢妻杨氏

明张凤岐妻陈氏

明吕润妻陈氏

明陈肇岗妻刘细娘

明董尾吉妻王英娘

明陈汝光妻许莲娘

明许致允妻张七娘

明王廷椿妻蔡二娘

明林继贤妻李锦娘

明王忠妻陈懿娘

---

① "许文潜烈妇妻"应为"许文潜妻烈妇"。

明儒士蔡士训妻洪四娘

明儒士陈京妻许初娘

明儒士张绥妻周仲娘

明儒士张一睦妻叶三娘

明儒士董嘉遇妻陈八娘

明儒士黄美妻徐赛娘

明儒士黄贞妻许靖娘

明儒士王廷岳妻许九娘

明儒士陈耀奎妻戴一娘

明儒士吕登三妻许西娘

明儒士许元妻洪和娘

明儒士张县妻黄孕娘

明儒士卢长卿妻李聚娘

明宋隐山子妇许梅娘

明儒士谢玉妻邱引娘

明庠生李起沧妻陈西娘

明儒士黄鼎在妻许良娘

明儒士陈台宜妻王六娘

明儒士张子异妻李怨娘

明儒士陈安众妻黄大娘

明儒士洪伯大妻许端娘

明儒士陈以恕妻何三娘

明儒士陈元登妻许七娘

明儒士卢真赐妻陈大娘

明儒士许奎妻陈宇娘

明儒士蔡亚奇妻卢惜娘

明儒士高对妻王招娘

明儒士许元奎妻郑居娘

明儒士许元洛妾黄招娘
明儒士许复晋妻陈氏
明儒士黄士观妻赵氏
明儒士许子辉妻吕氏
明儒士许世谦妻陈氏
明儒士倪固根妻许氏
明儒士张廷谐妻许氏
明儒士欧妹妻翁氏
明儒士王式妻吴氏
明儒士蔡仲宜妻陈氏
明生员蔡宏经妻谢吉娘
清儒士蔡为绣妻洪静娘
清儒士蔡凤辉妻陈随娘

## 贞女

清儒士陈其蓁未婚蔡升娘
清儒士许观佑未婚吕肃娘
清儒士蔡玉立未婚傅云英娘

## 烈女

明儒士吕仲熙未婚陈大娘
明儒士陈五美未婚谢爱娘
明儒士许世钟未婚王五娘
清儒士王凤未婚黄易娘
清儒士林世芳未婚洪汝敬
清儒士黄乔未婚许妙娘
清儒士张读妻康氏
清儒士蔡贯妻许球娘
清儒士蔡简妻杨氏
清儒士卢天然妻蔡错娘

清儒士林招妻蔡约娘

清儒士郭绵妻陈只娘

清儒士许济宗妻吴喜娘

清儒士王珍妻翁蒞娘

清儒士吴旺妻杨罕娘

清儒士林芳妻叶枣娘

清儒士王十全妻文和娘

清儒士沈沛然妻谢名娘

清儒士许金枣妻张梓娘

清儒士林　漳妻李荫娘

清儒士黄光守妻周益娘

清儒士杨文良妻洪密娘

清儒士傅恩光妻叶姜娘

清儒士傅尊妻王卿娘

清儒士傅哲妻辛粉娘

清儒士傅光英妻石孙娘

清儒士傅探妻陈宝娘

清儒士许榜妻林苈娘

清儒士许前妻陈宣娘

清儒士许长妻吴质娘

清儒士许卓妻蔡心娘

清儒士吴深渊妻许秀娘

清旌表节孝诰封太安人儒士李英之妻陈氏

明奉旨竖坊旌表节孝儒士李云胜之妻蔡氏

清钦旌节孝儒士傅俊生妻许孺人暨长女薛春风妻傅氏

清旌表节孝儒士杨四海妻黄氏

清旌表节孝故儒士黄义登妻陈氏

清旌表节孝故儒士黄翰之妻王氏

清旌表节孝故儒士黄义国妻林氏

清钦旌节孝邑庠生林焕章妻许氏

清旌节孝诰封太安人儒士黄肯之妻林氏

清奉旨旌表节孝例赠登仕郎黄向之妻蔡孺人

清旌表一门四节儒士林景谅妻王氏、林守礼妻叶氏、林景秀妻董氏、林守绵妻洪氏

清旌表节孝诰封太宜人儒士黄义之妻薛氏

明庠生吴景唐妻林氏

清儒士卢怀萼妻黄春娘

清儒士蔡尚淮妻黄氏

清儒士陈敦德妻颜氏

清儒士陈朱妻林氏

清儒士陈衡妻叶氏

清儒士陈克宽妻王柔娘

清儒士薛永蓟妻许庆娘

清儒士彭兆雄妻王劝娘

清儒士薛真万妻许贱娘

清儒士谢应仁妻林大娘

明儒士蔡伯宜妻陈氏

清儒士王水炎妻黄喜娘

清旌贞孝许氏闺秀玉兰、玉荷

清旌节孝薛前桢之妻许安人

清旌节孝黄坤维妻林氏

清旌节孝武信骑尉许侯英之妻浒宜人

清旌节孝许文通妻黄安人

**贤媛**

宋乡贤邱葵妻许氏

明儒士蔡公受妻李佑姐

明进士张凤征女张文英

明儒士卢饶妻蔡氏

## 三忠庙祭三先生文 并序
### 黄家鼎

光绪癸巳夏,家鼎承乏泉州马巷厅事,厅西北十二里有三忠庙,祀宋末文信国、陆丞相、张越国公三先生也。相传帝昺南奔,诸臣扈跸于此,故筑室以祀。

考宋室播迁,由闽入粤。厥后越国战殁,丞相殉君,独信国开府赣州,兵败被执,未尝一至泉州,曷以不曰"双忠"如唐张巡、许远之例,颜常山可不与焉,而必曰"三忠"者,何哉?孔子称"殷有三仁"。要之一去,一奴,一死,虽踪迹不同,其贞纯亮节则一也。三忠犹三仁云尔。于是涓吉刑牲,爰为文以祭曰:

乌乎!士怀非常之才,抱非常之志,岂不愿保泰持盈,措天下于盘石。不幸生丁末造,国破家亡,出万死一生之计,将使决裂金瓯,斡旋无缺,不避险阻,不畏艰难,此岂与遭逢际会,因人成事者流,可同日语哉?当宋迫于元,临安失守,徒存疏逖,逋臣如三先生者,立君以主社稷,滨海图存。苟天水之祚当延,即循有仍辙迹亦未可知,乃卒至崖山舟覆,赵氏孑遗并葬于鱼腹。其才虽未竟,其志苦矣!夫海上小朝廷,差强于山中孤儿也,三先生之扶持补救,不亚于程婴、杵臼也[①]。一则兴焉,一则亡焉,岂非天哉?然天能斩人之祀,倾人之宗,而必不能阻人以成名,则名之不朽于后者,直与日月争光。所谓人定胜天,非耶?三先生见危授命,百折不渝,身家之有无,系于其国。迄于今,在国家有褒忠之典,在庠序有劝忠之经,至妇人孺子,各乐道其事,俎豆千秋,讴歌八极。凡庙食之所,岂仅闽南一隅已哉?家鼎登其堂,瞻其容,敌忾之须眉宛在,勤王之磬欬如闻。庶几来尝来格,以福我马巷之民。

---

① 程婴、杵臼:见"赵氏孤儿"故事。

按今三忠宫额曰"三忠庙",不知旧《志》因何误庙为宫。致万、陈重修《记》,皆沿其谬,兹特更正,以存其实。癸巳腊八日,家鼎识①。

## 金门浯江书院祭子朱子文

黄家鼎

书院岁祭,定九月八日,余以录囚至金,万二尹鹏偕绅董请主奠,因拟此篇。

维光绪十有九年,岁次癸巳秋九月,庚辰朔越七日丁亥,宜祭之辰,知马巷厅事具官黄家鼎,谨以羊一豕一,致祭于浯江书院先贤徽国朱文公之灵,曰:

乌虖!千古道统,剙自唐虞②。禹汤文武,相继都俞。成周之季,道在师儒。笃生宣圣,为世楷模。麟书始启,凤德非孤。不逢侧席,乃叹乘桴。退而传道,七二之徒。惟学一贯,径有岐趋。汉魏唐宋,派别攸殊。穿凿训诂,拘泥方隅。出奴入主,非墨是朱。晦盲否塞,道愈榛芜。我公崛起,上接泗洙。以德为矩,以礼为符。居仁由义,守辙循涂。异端必黜,元化独扶。大学纲目,语孟菑畬。抉理及奥,味经在腴。旁逮词赋,雅雅鱼鱼。持此致用,岂陋岂迂。奈何季世,学不愈愚。正心诚意,与俗龃龉。党人倾轧,路鬼揶揄。诏禁伪学,闽海饥驱。云雾四塞,莫破阳乌。忆公簿同,遗爱未渝。至今妇孺,饮食犹腒。况此浯江,公曾来居。存神过化,泽被海壖。明德匪远,旧学犹荂。剙为讲院,弦诵喁于。莘莘俎豆,循循诗书。配亨六子,为世播玙。左则许许升字顺之吕吕大奎字圭叔,林林希元字次崖接其裾。右则王王力行字近思邱邱葵字吉甫,许许獬字钟斗踵其跌。馨香可格,车服未徂。俨然山斗,灿甚球舆。嗟嗟公往,邪说渐诬。近者异教,天主耶苏。托为上帝,人杂言污。流俗披靡,应若鼓桴。微言已绝,大义谁呼。具官承乏,忧心

---

① 臘,古同"腊"。
② 剙:同"创"。

瞿瞿。窃闻宪典，侮圣必诛。矧其狂吠，等于巨卢。愿告士庶，簧鼓先袪。修我律度，黜彼恣睢。常饬簠簋，如铭几杖。优游剑佩，告诫錞釪。庶几他族，永息喙咮。苹蘩洁矣，酒醴甘乎。徘徊庭庑，想象履絇。公灵如在，饮此一壶。尚飨！

## 吴真人事实封号考

### 黄家鼎

马巷一弹丸地，而祠庙特多，附署四甲大街，有通利庙，祀保生大帝吴真人，每逢月朔，必循常例诣香焉。嗣催科下乡，见刘五店有龙腾宫，柏埔乡有武德宫，赵岗乡有保生庙，皆栋宇宏敞，祷者，祈者，犇走喘汗，所祀俱吴真人也。归检《厅志》，未载事迹。而《金门志》亦仅云"庙在北门后浦，祀吴真人"而已。乃博考典籍，得宋庄郡守夏《白礁乡慈济祖宫》、杨进士志《青礁乡慈济宫》两碑文。国朝李文贞公光地、颜校官兰《吴真君庙》两碑记。参合《福建通志》、泉漳两郡《志》，同安、安溪、龙溪、海澄诸《县志》，及近人黄化机《谱系纪略》，杨舍人浚《白礁志略》，所载为之考，俾续修《厅志》者，有补于坛庙焉。按：

神姓吴名夲从大从十，音叨，诸《志》多作"本"误，字华基，号云冲一作云衷，同安白礁乡人，或曰生于青礁宋龙溪地，今属海澄，又作安溪石门人见李文贞公《记》。父通，封协成元君；母黄氏，封玉华大仙，梦白龟而孕一作梦星入怀。宋太平兴国四年，己卯三月十四夜，大仙梦有神护童子，降于庭曰："是紫薇神人也。"越辰诞神。神生而颖异，年十七，遇异人，授以《青囊玉箓》，遂得"三五飞步"之法，以济人救物为念。其尤奇者，能呪白骨复生；背壶芦为童子。或疑其事幻诞，不足信。然，咸丰初年，江左八山人亦善此术。尝遇一男子为盗砍毙于道，脑出，胫三断，气已绝矣，有老媪哭于旁曰："三房只此子，今已矣。"八山人悯之，取豆渣代脑，削柳条为胫，呪之立活。世间不乏长桑君，特少见者多怪耳。当是时，神以医名天下,而又不取人一钱。于是,同安令江仙官一作少峰、主簿张圣者,高其义,皆弃官从神游。而黄医官、程真人、鄞仙姑,尤得神秘授。

仁宗时,尝至京师诊帝后疾愈,授御史见明《同安志》《安溪县志》不受。神兼通元术,明道元年,漳泉旱,民艰于食,神以法挽粮船赈救,经月不匮。越二年,又苦疫,神施符水以疗,存活无算。景佑三年《福建通志》、庄夏、颜兰《碑记》俱作六年,五月初二日,卒于家,享寿五十有八见杨志《碑文》。或云:拔宅飞升,鸡犬皆从。世传刘安、王子晋事,不尽诬也。殁后,民有疮疡疾疢,不谒诸医,惟神是求。焚香饮水,沉疴立脱。于是,乡之父老,私谥为"医灵真人",偶其像于龙湫庵在青礁。先是塈工盘礴,数日莫知所为,忽梦神告曰:"吾貌类东村王汝华,稍广其额便肖。"工愕然,运斤施垩,若有相之者。

溯神灵之护宋也,高宗为太子时,曾质于金,思归中原,步月崔子庙,忽闻廊下马嘶,遂乘之逃。金遣铁骑追至黄河,高宗仰天呼祝,忽见神幡蔽天,戟钺如雪,金将怯退,得从容渡河。靖康二年,高宗南渡,神亦显灵助战,深夜虔叩,始梦示姓名。绍兴间,虔寇猖獗,烽火迫境上,乡人鼠窜豚奔,相率请命于神。不数日,官军毙其酋李三大将,余党皆就擒。睹庙中神像,汗透巾带。庆元初,寇复至;开禧二年,贼警遍漳、泉,皆见忠显侯旗帜,不敢入界。明年丁卯,亢阳为沴,赤地千里,漳、泉民皆泣祷于神,甘霖突沛,岁大熟,民获奠安。更著灵于明代,太祖与陈友谅鏖兵鄱阳湖,飓作,龙舟将覆,云端忽露旗幡,大书"吴"字,天遂反风,太祖得安。成祖永乐间泉州府、同安县诸《志》俱作十七年,按《明史》文皇后崩于永乐七年,中宫遂虚,文皇后患乳,百药不效,诏求名医,神化道士诣阙,牵丝于外诊之,隔幔灸以艾炷,应手而愈。问其姓氏、官里,神以实告,且曰:"臣乃高皇帝时,鄱阳湖助战者。"世传灵济二徐真人,曾梦中授药,治文皇后疾,殆神之流亚欤。一时,庙食遍于郡邑,泉郡善济铺之有"花桥庙",漳郡上街之有"渔头庙",同安白礁乡、龙溪新垵社、诏安北门外,各有"慈济宫",海澄青礁乡有"吴真君祠",皆建于宋;长泰治东龙津桥畔之"慈济宫",南安治南武荣铺之"慈济真人祠",皆建于元;安溪湖市之"清溪宫",同安仁德里之"会堂宫",海澄祖山社之"红滚庙",皆建于明;《同安志》云:"明初,敕立庙于京师"则香火不仅在郡邑也,安溪石门尖有"吴真人祠",海澄新盛街有"真君庵",皆建于国初。繇是东逮莆阳、长乐、建、剑,西被汀、潮以至二广,莫不俎豆尊事,人心皈向,终始如一也。

神之封号,据《福建通志》:"宋开禧三年,封英惠侯,累封晋佑真君。"《泉州府志》谓:"宋庆元中,封忠显侯;开禧三年,加封英惠侯;明永乐十七年,封恩主昊天医灵妙惠真君万寿无极保生大帝。"《漳州府志》谓:"宋乾道间,封慈济真人。"《同安县志》称:"宋乾道二年,赐祠额曰'慈济';淳佑元年,升祠为宫;十五年,封显佑真人;宝佑五年,封守道真人,加封广惠;景定五年,封福善真人;咸淳二年,封孚惠真人;德佑元年,封普佑真君。明永乐七年,封万寿无极大帝;二十二年,封保生大帝,寻封恩主昊天医灵妙惠真君。"又称:"庆元中,封忠显侯;开禧初,加封英惠侯,累封普佑真君。"《安溪县志》称:"自宋迄明,敕封十五次,为无极保生大帝。"《龙溪县志》称:"宋乾道中,封慈济真人。"《海澄县志》称:"宋乾道丙戌,赐庙号为'慈济'。庆元丙辰,加忠显侯;嘉定间,封英惠侯,增康佑侯;端平乙未,封灵护侯;嘉熙己亥,晋正佑公;庚子从御史赵涯之请,改封冲应真人;淳佑辛丑,诏改庙为宫。"庄夏《碑》称:"庆元乙卯,封忠显侯;开禧三年,封英惠侯。"杨志《碑》称:"乾道丙戌,加'忠显'之封;嘉定戊辰,增'英惠'之号。"颜兰《碑》称:"庙立于宋绍兴二十年,不言封号。其书封号自明始,曰:洪武五年,封昊天御史医灵真君;永乐间,加封万寿无极保生大帝,不载何年事。"道光间,黄化机作《谱系纪略》称:"宋乾道元年,封慈济灵官;庆元二年,封忠显侯;嘉定间,封英惠侯;宝庆三年,封康佑侯;嘉熙三年,封正佑公,四年,封冲应真人,五年,封妙道真君按宋理宗嘉熙只四年,明年即淳佑改元;咸淳二年,封孚惠真君;德佑元年,封孚惠妙道真君。明洪武初，封昊天御史医灵真君；永乐七年，封万寿无疆保生大帝；洪熙元年，封昊天金阙御史慈济医灵冲应护国孚惠普佑妙道真君万寿无极保生大帝。"光绪初年，杨浚作《白礁志略》与黄化机《纪略》同，但增"端平二年，封灵护侯"一条。其谓封孚惠真君，在淳佑五年，而无永乐七年封号。各家所载纷如聚讼，惟庄夏、杨志俱以宋人言宋事，且距里未及三舍，距岁不过十纪，当似可信。

乃谓神之卒也，或纪景佑六年，或纪三年丙子，或纪四年丙子。按景佑甲戌改元，四年后又改宝元，则丙子宜在三年，其称四年丙子者固误，而云景佑六年者，尤其谬也。余维洪荒之世，茹毛饮血，人无疾病，皆享大年，自火食兴而夭札之患以起，古之圣人于民之疾病，恒兢兢焉。神农尝百草，黄帝著《素问》，为医学所自昉，降而仓公、扁鹊。司马公作《史记》尝取其术之神奇怪诞者，著于《列传》，非好奇也，盖以六气之所受，六淫之所伤，无不可以药石起者。医者，能审阴阳，辨虚实，洞见垣一方，则因证下剂，奏效如神。庸医不知其理，以意摸索，其死者，则诿之于命，不知此特其术之未精耳。示以仓公、扁鹊之所以治病，而世之悬壶市上者，乃不敢刈人命如草菅。不然，医一小道耳，神以医名，亦一末技耳，而技进于道，生则救民之疾病，殁则捍民之灾患，而其威灵赫奕，乃至于裂赤县拟黄屋，而天下后世，翕然无异辞，此虽神之灵爽有以致之，而历代帝王，爱民保赤之深心，亦于此可见云。

## 小刀会匪纪略

### 黄家鼎

闽省襟山带海，俗尚礼义。漳、泉两郡民情虽好勇喜斗，然畏官守法，初不敢为犯上作乱事。自康熙二十二年，台湾平，荒服归附，金、厦各岛享太平之福者百余年，地大物博，萌蘖滋生。迨咸丰三年，乃有同安石兜社人李记作海澄辖，误黄得美之乱。

初，海澄县民江源与其弟发，以无赖武断乡曲。源归自外洋，购有洋小刀数百柄,遍赠同类,结为小刀会。其膂力绝人者,倍其刀,故又名"双刀会"。黄得美有田在龙溪浒茂洲,常受强佃抗租之苦,越境控追,官不为直,乃约族叔黄位—说得美养子同入会,以凌佃,繇是江党渐盛。海澄知县汪世清闻之,捕江源、江发,寘之法。黄得美愤甚,乃与位谋作乱,为源、发复仇,四月初六夜,率党破海澄。时,汪世清方赴邻封,游击崇安营兵许某、义民张香均遇害。初十日,破漳州,兵备道兼摄知府事文秀、总兵曹三祝死之。时匪氛甚炽,附近奸民皆闻风蜂起,自初七日至十四日,长泰、同安、安溪、漳浦诸邑,平和之琯溪,诏安之铜山及石码、厦门、云霄三厅,皆相继失守<sub>石码初七失,长泰初十失,厦门十一失,同安、安溪俱十二失,漳浦、琯溪俱十三失,云霄、铜山俱十四失</sub>,独南靖以知县马逢皋力守得全,其预于难者,惟长泰典史亢家駥、漳浦典史潘振烈而已。

贼之踞漳也,变起仓卒,肆意杀戮,城内几无孑遗,各乡义民遂奋起誓击贼。第三日,文秀子恩志,入郡求父尸,乡人感之,逐贼克其城。安溪、云霄随失随复。十五日,义民收同安。十七日,克漳浦。二十二日,复诏安之铜山。当漳郡初克时,诏安令赵印川权龙溪令,城守协饶廷选主城守。贼虽一再攻犯,终不能下。其入厦门也,窥提督施得高出师巡洋,厦门空虚,遂由石码率众入城,据其署。得高闻警,回泊中港,命游击郑振缨率兵二百往剿,战于镇南关。我师失利,振缨死焉。得高退泊刘五店。马巷童生陈润渠,素不羁,时方寓厦门,撰讨贼文,遍贴衢市。贼侦知之,执胁使降。润渠大骂不屈,支解死。后营外委许朝阳,驾船击贼,阵亡于篷礁港。得美乃遣伪元帅黄霸业、伪军师蔡茂昭,犯同安县。十二晨,入同安小西门,焚千户署,并毁县前七星灶。知县李湘洲、参将雅尔颂阿,皆避城外民舍,而孝廉某甲,雇鼓吹一部为贼前导。贼既踞城,掠财物,募民家之有军器者充伍,闾阎骚然。于是,举人陈贯中、纪鸣球,生员汪西之等,倡办义团,声言逐贼。贼骇,托言望祭郊神,即出屯西门外田湖乡,而同安文武乃回城,报克复。五月下旬，总兵吕大升督官兵来援，城中早无贼踪。而城外之贼，联络土人张音、邵敦、洪甜、杨联、胡孙轩等盘踞田湖社，吕军不敢过问焉。

当是时，赭寇起粤西，蔓延江、皖，闽虽完善区，而金门兵单饷绌，有岌岌不可终日之危。马巷距厦仅七十里，与同安、金门尤关唇齿，士民闻信大震。奸民许款、叶行等通贼，欲导攻金门，市中一日数惊。总兵孙鼎鳌、县丞郭学埰，召诸生林章梗谋之，议先缓其攻，无敢往者。章梗独与书吏黄求偕行至厦，说得美曰："金门瘠苦区土著者，上户无百金产，下户无三日粮，不足以供资斧。"得美遂无袭取意。章梗归，即禀商文武员弁，筹战守方略。于是，绅士林可远，捐资募勇，置备军装；其弟外委林荣邦、营员郑玉麟，并分兵堵截要害；岁贡生林焜熿、六品军功许侯熊、禀生许瑞瑛、生员郭以镜、许春奎等，设局于城隍庙，团练丁壮，日夜梭巡；侯熊又赴永宁各处购米接济，人心始安。右营守备黄某悝怯，鼎鳌即摘其印，委把总彭夺超，既受事，安营于中港口岸，布置井然。贼始知为章梗所绐，遂遣其党林沙等，统战舰四十余只，龙艚十余只，于六月十六日，乘流直抵后浦，燃炮擂鼓，锐意来攻。夺超先派一军驻金龟尾，自与荣邦等拒守中港，开炮轰击，贼不能近岸。可远、章梗等督战益力，见夺超火药垂罄，急运以济，诸军胆气愈壮。侯熊、焜熿等复以练军守后丰港，适潮涨不得渡。贼以龙艚迫岸，侯熊重赏小船急渡，既抵港，开大炮奋击之，贼始退。先是，许款、叶行等所集之党，已为我军招充练勇，择亲信者监之，故内应不敢逞。其由金龟尾来犯者，将欲登岸，官军突然横击，连毙数贼。贼遂溃，返帆欲遯，参将林向荣督千总薛师仪、林向日、把总陈登三，争先堵截，前后夹攻，而林章荣以巨舰犁股首坐船沉之。是日，歼贼数百，毁贼船无算，生擒林沙等七十余名，诛之。黄逆倡乱以来，四出剽掠，经此一大创，气乃稍馁。

其初据厦门也，有卖卜者洪甲，同邑洪厝乡人，诣贼营上十策略云：漳、厦悉滨于海，宜整水军以图远举；石码、福河船厂向为官府造船之区，宜速采龙邑大木，赶造船只以资水战；水战有具，则晋江、南安唾手可得矣；粤西洪伪王已据有东南诸省，宜亟遣使赍表遥结声援，倘能乞一旅之劲，由浙、温处袭闽，则省垣先为我有；省垣得，而台湾可图矣，粮糈之供，毋取乎巷捐户派，倾李、林二姓家资，足经年食矣，种种悖论，颇足欸逆。及见黄位，长揖告坐，自称山人。位唾其面逐之，后为参将蔡润泽所得，禁于幽室，不知所终。而厦门水陆四达，被踞稍久，啸聚日盛。

巡抚王靖毅公懿德，奏起前提督福建水师世袭壮烈伯李廷钰督师讨贼。廷钰原任浙江提督忠毅公长庚子也，久历戎行，号知兵，及是以韩嘉谟、陈上国、蔡润泽为偏裨，遣吴鸿源治水军。树纛之日，获通贼武举黄逢日，斩以祭。于七月二十三日，由镏江济师。二十五日进兵金瓜亭，迫文灶贼营破之，斩伪元帅黄潮，擒伪公司黄英，枭其首；黄位等仅以身免。时，贼股狡甚，每遇官军进仗，辄有西路贼从西孤隙董内岩、山边岩突出冲击，廷钰患之。于是析军为二，分营于南路曾厝垵，以分其势；又令吴鸿源督水师由北路专备水鸡腿、美头社，杜贼横冲，自是中路得进攻白鹤岭、溪岸、粪窟渡头、深田内、层山头、花园等处，遂拔金榜山，蹂将军祠，燔美头社，所向披靡。贼气夺，尝语其党曰："他日官军再捷，吾党让之。"既又潜结漳浦、云霄红白旗匪，诏安、马巷善鸟枪匪，为负嵎计。旋以骁桀贼陈自来、廖有才被擒，再战再北，欲夜遁不得脱。十月初八日，廷钰移师溪岸，北军薄箕篑港，南军迫镇南关，贼拼死很斗，血战一昼夜。我军莫不攘臂争先，呼声动天地。十一日昧爽，由东门驾云梯肉薄登埤，刃股首詹泉、陈兴于谯楼。贼惊溃，皆鸟兽散。黄位独窜西门出，乘海艇逸去。得美逃匿乌屿桥。十二日，锦宅乡耆绅训导黄伦、生员黄燕、黄永梧等惧骈诛及族，乃缚得美及其叔黄光箸，即大箸，股逆黄光揭以献，磔于厦市，藉其家得财产数十万贯，妻妾皆戮。惟黄位窜安南不能获。

是役也，阅七十三日，历四十八战，擒斩及坠海死者以万计。十四日，廷钰传邀远近。明日，海澄、石码贼即弃城走，长泰、琯溪亦次第收复，余贼悉反正。同安田湖乡贼就抚稍后，然黄霸业、蔡茂昭等均擒斩，无漏网，小刀会告肃清焉。捷闻，授廷钰厦门提督，各官升黜有差。

嗟乎！国家承平几二百年，民老死不见兵革，一时匪徒揭竿发难，烽火照三四百里，不特草野愚民，亡魂失魄，即守土文武，亦以未睹戎事，缩朒不能出一谋。马巷虽未罹锋镝，然陈润渠，马巷长生洋乡人也，许朝阳，马巷后浦人也，一骂贼，钩出其舌，视死如归；一中贼炮，折断双股，扑舷犹大呼"杀贼"，使忠义之气，贯于日月。李廷钰亦马巷侯宾乡人也，卒统大兵，聚幺魔丑类而尽歼之，复登斯民于衽席。是小刀会之乱，其关系于马巷者，固非浅尠也，故详考始末，著之于篇，俾后之修志乘者，有所取焉。

## 校补泉州府马巷厅志序

### 黄家鼎

癸巳之春，余服阕来闽。其夏五月，以役炮捐旅于厦岛。适马巷通判戎君陈猷，调判兴化大府，檄余承其乏。既受篆，欲询厅之故以资治，而绅衿耆老言焉弗详，乃喟然曰："厅固有《志》乎？吾取其便于古者通于今，庶有当乎？"取而读之，其《志》凡十八卷，自星野、建置、都里，以迄艺文、杂记，虽繁简互异，而宋、元以前，因革之迹，炳然具存。于是，厅之利弊，十得五六，而吏胥不得因缘以售其奸。又喟然曰："《志》之有裨于治者若此。"顾厅设于乾隆三十九年[①]，其冬，阿宁万君友正接署，乃倡为此《志》。割厅之后，迄今百十余稔，惟光绪九年，厅倅丰顺丁君惠深，翻刻一次，鲜有取是《志》续修之者，亦守土之羞也。然以作《志》之难也，夏殷

---

① 与前面《校补泉州府马巷厅志序》"厅设于乾隆四十一年"不符，应以此为设厅之始。

以前尚矣。《周礼》小史掌邦国之《志》，而四方《志》外史职之。说者曰，若晋《乘》、楚《梼杌》、鲁《春秋》是已，《春秋》为孔氏特笔，垂示万世，大义昭然。然但纪事目而其说不书"子曰"。我欲载诸空言，不如见诸行事，以是为鉴戒足矣，奚取乎空文直削之耳。左氏之徒不达，复取已删薙者，附以侈靡不经之谈，启佞诲邪，失其旨矣。由是观之，《志》者，志行事而已。秦、汉以还，郡、县曷尝无《志》，居位者矜贤，簪毫者骋说，势家侈其谱牒，文士滥其词章，如是勿志可耳。

余早岁入官，未谙吏治，虽欲披榛莽，穿闾巷，以求隐微之迹，其能无遗历乎？虽欲访故家遗老，多闻广识，以拾古今之眇论，其能无遗说乎？虽欲集诸子百家载笔之书，以求其事之备者，其能无遗览乎？况马巷东南面海，为金门、烈屿、槟榔屿，楼橹所指，适当其冲。自郑氏降，蔡牵灭，烽堠不举者，几将百年。今则万国通商，海禁尽驰，电灯若镜，铁舰如梭，其海防一门，尤当思患豫防，绸缪未雨，以基隆为前车之鉴，壮厦岛后路之威，特非庖代者所遑卒业耳。此编刻时，丁君但期留存旧本，未经雠对，鲁鱼亥豕，杂出其间。又以板藏舫山书院，久废刷印，故间有霉烂。使及今不为校补，则新者未续，旧者复亡，将千百年一方掌故，日就湮没，后之操丹漆者，其何以发汲冢以考安厘，求蜀老而询诸葛耶？乃于案牍之暇，息心披阅，讹者正之，脱者补之。惜无万君原本，可资讨论，其必不可通者，姑沿其旧存之，亦阙疑之义也。

是役也，穷匝月之力，校出讹字三百五十有七，重刊烂者一十七板，别刊万君原《序》冠于卷标签，例得更署，仍庋书院，嘱董事陈训导德莹慎守之。若夫赓续成书，深望于后之君子，或请俟以期月三年云。

## 新建马巷四忠祠记

### 黄家鼎

国家祠祀之典，掌之礼官，其所以崇德报功，风世厉俗，立意固深且远也。然祀有不必尽属乎地者，如武圣之庙，纯阳之宫，赫声濯灵，震襟耳目，其神之在天下，若水之在地中。无地无水，即无地非神，此固无祀而不可也。若夫人杰之产，实本地灵，其旁魄郁积之气，远或百十年，近或数十年，而一钟诸魁垒之彦，果毅之臣，勒名鼎钟，血食奕禩。若不就其生长之邦，虔修松桷，其何以绘褒鄂之英姿，腾韩彭之侠气哉。

马巷自乾隆三十九年，割同安所辖，设厅分隶以来，人才辈出，勋爵烂然。嘉庆朝，有浙江提督伯爵李忠毅公长庚，系厅辖侯宾乡人；浙江提督男爵邱刚勇公良功，系后浦乡人。道光朝，有江南水师提督陈忠愍公化成，系丙洲溪左人。咸丰朝，有河南南阳镇总兵邱武烈公联恩，系刚勇长子。此四公者，韬略冠时，战功超众，或临阵捐躯，或立功后病故，均奉特旨，于原籍地方建立专祠。虽经有司在同安县城分别建祠，乃其生长本乡，并无庙食。溯缘马巷厅辖分自同安，当时辟疆画土，未设文武学校，所有士子考试，乃隶同邑，即乡宦进身仕阶，凡履历册结，亦载同安。是以马巷有厅治而无厅籍，故四公籍贯载之史乘，传之天下后世，亦鲜知其为马巷人也。家鼎抵任以来，既广搜四公事迹，编入附录，以为后来增纂之计，惜四公准建专祠，均远在同安，官马巷者于春露秋霜，旱干水溢，转不得躬奠椒浆，一伸其凭吊祷祈之意，为之歉然，抱憾者久之。屡拟就厅治附近，为四公合建一祠，俾彰忠烈而资观感，格于无地无资，欲举仍辍。

近有厅民陈光岩，于节烈祠左捐地一区，可以改建；又有标封陈姓充公楼仔内乡住屋一所，可以变价移充土木之赀，适家鼎更十六阅月，复权巷倅，遂禀明大府，如议兴工。昉于乙未年仲夏之月，踰三十余日而落成，糜金钱四百有余缗。庭庑俨肃，丹漆焕然，上梁之辰，衣冠跄济，笾豆祗将，酒醴苾芳，工弦谐协。仰瞻云气，有若马者，有若车轮者，有若古兜鍪丈夫执戟而立者，有若旌旗杂沓，斜趋而渡海者，欻忽变灭，不可名状。其殆四公之灵联袂偕至,而喜其有所式凭也耶?家鼎乃砻石纪之,其监督为县丞姚铺,始终襄役为职员陈宝三、训导陈生寅、生员陈必芬,例得并书。

马巷厅志附录卷下终　　　　　　　　　　　福州吴玉田镌字

# 后　记

　　《翔安古志》分为两大部分。第一部分是万友正于乾隆四十一年编纂,分为十八卷,是光绪八年重刻版,其中异体字较多,也有部分地方特有用字,刻版粗陋;第二部分为清光绪十九年厅倅黄家鼎编纂的上、中、下三卷《附录》,是为以后《马巷厅志》重修作准备的,虽有异体字,但因是新版,字体端正清晰。

　　此次点校,参考了　　的版本,该籍来自台湾。其所据版本多有漏字、衍字,点校者并未参考善本,却径直增补,又多错讹,句读点断也有诸多不妥。避讳缺笔处、漏字处并不提示。古今字、异体字,多用今字,此次点校,一并改正。

　　次校采用读校,两人对执,一读一校,点断依韵,参酌旧校。凡句读处,依旧校停顿,异处审辩,否则注释。转页处统计当页字数,方便检核。句读尽量不施其他标点。凡文中双行夹注,校本以小字排版,以为提示。古本转行,校本亦转行。部分俗字,径改本字。有异同处,加注释提示,提醒读者注意。部分名词难解之处,亦加注解释,方便读者。刻版上有避讳缺字,敬语缺字,转行顶格等,点校本一律省略,以免影响阅读。读者如有兴趣,可参看点校本。该书有部分闽语,既属闽语,又属古语,殊为难解,详加注释。

　　初次整理成电子档时,汉字输入系统中的字符不完善,造字较多。后来字符中又增加了许多生僻字,但仍有以下字符不在其列:

汭,地方生造字,因丙洲位于县治丙方海边,故丙加三点水。

舣,《广韵》都计切,《集韵》:丁计切,音帝。舣艚,水战船。

颶,《马巷厅志》风信一节中,对"颶"与"飓"两字的区别,已有解释。

艕,地方生造字,应是篷船的"篷"。

蝐,蝐盐,不知何物。

鮽,音午,鮽鱼,鲈之别种,圆厚短蹙、味丰,漳泉有之;

髉,《广韵》《集韵》:居六切,音掬。乱发也;

扁,不解。

鱡,亭历切,音狄。东海有马鱡鱼。

蛇,《唐韵》:除驾切,音秅,水母也。一名鰿,形如羊胃,无目,以虾为目。《玉篇》:形如复笠,泛泛常浮随水。

鱧,据闽南语音生造字。鲤鱼,地方音称"鱧鱼"。

鯢,以物触之即填腹如气球,亦曰"嗔鱼"。白背有赤道如印,鱼目得合与诸鱼不同,即今河豚也。音规。

蚁,王伐切,音越。《类篇》:蟛蚁似蟹而小。

蜮,仓历切,音戚。《篇海》:蟾蜍别名。《志》中不是这意见。

楷,巨九切,音柏。即"柏"字。

㯟,应是" "字。

铿,人名。

壽,人名。

響,许亮切,音向。人名。

訑,商支切,音施。

烝,闽南人名用字,闽南语读如"娶"。

飅,不解。飅飅,应是风盘旋之状。

霢,谟官切,音瞒。《集韵》:雨露浓貌。

蟹,木作切,音镞。《类篇》:虾虫头上距。应是附着于船底的海洋生物。

魆，恭于切，音拘。《说文》:挹也。《博雅》:抒也。《玉篇》:酌也。

趂，匹陌切，音拍。逼也。

鏾，人名，似同"链"。

裏，"裏裏"同"徘徊"。

  校注中，遇到许多异体字、生僻字，因木刻版大多如此，不影响点校，就不一一指出。原本遗漏无法校正的字，模糊不清的字不多，权用□代替。本着认真对待的态度，未对原版有任何增删，存疑部分也只对部分进行标注，以保证原版本的真实性，以飨读者。本书点校时，依编者对志书的理解，采用现代标点；在繁体字与简体字转换中，部分字仍不符合现代汉语的统一要求。

  点校过程中，承蒙上级领导的关怀、指导和相关单位的支持；在此表示衷心感谢。倘若点校者因学识浅薄，再有讹误，敬请读者不吝赐教。